Das Deutschbuch

für Berufsschulen

Erarbeitet von
Kerstin Ansel-Röhrleef, Gabriele Harff-König, Birgit Karnbach, Nicole Kaufmann, Regine Kirtschig, Olga Lentge, Petra Pascher, Christoph Scheele, Martina Schulz-Hamann, Barbara Siebert, Helmut van Züren, Juliane Wagemann

Unter Mitarbeit der Verlagsredaktion

Cornelsen

Inhaltsübersicht

Sprechen und Zuhören

I Grundlegende Lern- und Arbeitstechniken: Das Lernen – gewusst wie 9

I.1 Lerntypen und die Orte zum Lernen 10

I.2 Lern- und Arbeitstechniken 12

I.3 Sich auf eine Prüfung vorbereiten 14

I.4 Arbeitsplan und Zeitmanagement 16

II Grundlegende Lern- und Arbeitstechniken: Mit anderen zusammenarbeiten 17

II.1 Gruppenarbeit 18

II.2 Ich-Botschaften 19

II.3 Aktiv zuhören 20

II.4 Feedback geben und nehmen 21

II.5 Frei vor Gruppen sprechen 22

1 Man kann nicht nicht kommunizieren 23

1.1 Der Körper spricht mit 24

1.2 Höflich kommunizieren 26

1.3 Äußerungen untersuchen 29

1.4 Kommunikationsstörungen vermeiden 32

2 Im Berufsalltag kommunizieren 35

2.1 Gespräche mit Kunden führen 36

2.2 Betriebsinterne Gespräche 42

2.3 Kritik annehmen und äußern 44

›› ***Lernszenario*** 47

Lesen und mit Texten umgehen

III Grundlegende Lern- und Arbeitstechniken: Sich informieren 49

III.1 Informationen in Bibliotheken beschaffen 50

III.2 Sachkundig nachschlagen und zitieren 51

III.3 Texte markieren 54

Inhaltsübersicht

3 Texte verstehen 55
3.1 Texte richtig nutzen 56
3.2 Textinformationen strukturieren 61

» ***Lernszenario*** 65

Schreiben

IV Grundlegende Lern- und Arbeitstechniken: Eigenen Texten den letzten Schliff geben 67
IV.1 Das Schreiben planen 68
IV.2 Sätze treffend verbinden 70

4 Richtig schreiben 73
4.1 Fehler erkennen und korrigieren 74
4.2 Richtig rechtschreiben 77
4.3 Zeichen setzen 85
4.4 Grammatik 88

5 Sich bewerben 97
5.1 Kompetenzen und Fähigkeiten klären 98
5.2 Eine Bewerbungsmappe erstellen 102
5.3 Das Vorstellungsgespräch 106

6 Inhalte von Sachtexten erfassen und schriftlich wiedergeben 109
6.1 Wozu eine Inhaltsangabe nützlich ist – Die Funktion erkennen 110
6.2 Einen Sachtext knacken 112
6.3 Schritt für Schritt zur Inhaltsangabe 115

7 Schriftlich kommunizieren 119
7.1 Beschreiben und berichten 120
7.2 Private und geschäftliche Briefe schreiben 129

» ***Lernszenario*** 138

Inhaltsübersicht

Sachtexte und nicht lineare Texte verstehen und nutzen

8 Diagramme und Schaubilder verstehen und nutzen 139
8.1 Das Zusammenspiel von Text und Schaubild erkennen 140
8.2 Diagrammarten analysieren 142
8.3 Manipulationen erkennen 147
8.4 Eine Schaubildanalyse verfassen 148

9 Was in der Presse steht – Textsorten kennenlernen/Inhalte visualisieren 151
9.1 Textsorten im Überblick 152
9.2 Informierende Texte visualisieren 158

10 Stellung nehmen und erörtern 165
10.1 Wie man ein Argument aufbaut 166
10.2 Die eigene Position schriftlich darlegen 168
10.3 Eine Stellungnahme verfassen 169
10.4 Pro- und Kontra-Argumentation – Eine dialektische Erörterung verfassen 173

11 Eine Texterörterung verfassen 177
11.1 Empörung – eine Frage der Würde 178
11.2 Einen Text erschließen und wiedergeben 180
11.3 Die Textanalyse durchführen 184
11.4 Die eigene Meinung einbringen 186
11.5 Die Sprache eines Textes knacken 188

» ***Lernszenario*** 191

Literarische Texte verstehen und nutzen

12 Literarische Texte verstehen 193
12.1 Reisen, egal wohin ... – Zugänge zur Literatur 194
12.2 Fremde Orte, andere Zeiten – Texte untersuchen 196
12.3 Inhaltsangaben zu literarischen Texten verfassen 201
12.4 Exkurs: Spaß am Lesen – Die Buchvorstellung 205

Inhaltsübersicht

13 Literarische Texte interpretieren 207
13.1 Texte aus verschiedenen Zeiten lesen 208
13.2 Sich kreativ mit Texten auseinandersetzen 213

» *Lernszenario* 223

Medien verstehen und nutzen

14 Neue und alte Medien nutzen 225
14.1 Print oder digital – was sind unsere Vorlieben? 226
14.2 Online finden, was man sucht 230
14.3 Soziale Netzwerke und ihre Folgen 237
14.4 Medienkompetenz – eine unverzichtbare Qualifikation 239

15 Vortragen, referieren und präsentieren 241
15.1 Ziel und Aufbau der Präsentation 242
15.2 Referieren für alle Sinne 247
15.3 Inhalte visualisieren – Medien nutzen 250

» *Lernszenario* 254

Sprache und Sprachgebrauch untersuchen

16 In einer Diskussion clever argumentieren 255
16.1 Zielorientiert kommunizieren 256
16.2 Überzeugend argumentieren 257
16.3 Den Diskussionsablauf im Blick haben 262

17 Wie Sprache wirkt und beeinflusst 267
17.1 Mit gutem Stil 268
17.2 Werbeanzeigen untersuchen 272

» *Lernszenario* 277

Inhaltsübersicht

V Grundlegende Lern- und Arbeitstechniken: Konzipieren, organisieren, realisieren – Arbeiten im Projekt 279
V.1 Von der Projektidee zum Projektauftrag 280
V.2 Ein Projekt planen 282
V.3 Ein Projekt durchführen 285
V.4 Ein Projekt abschließen 287

18 Textpool 289
18.1 Sachtexte 290
18.2 Literarische Texte 297

19 Operatoren kennen – Arbeitsanweisungen verstehen 301

Verzeichnisse

Textquellenverzeichnis 305
Bildquellenverzeichnis 307
Textsortenverzeichnis 308
Verzeichnis der Methoden und Arbeitstechniken 309
Sachwortverzeichnis 309

Wie Sie mit dem Deutschbuch arbeiten können

Dieses Buch ist in folgende Kompetenzbereiche unterteilt:

- Sprechen und Zuhören
- Lesen und mit Texten umgehen
- Schreiben
- Sachtexte und nicht lineare Texte verstehen und nutzen
- Literarische Texte verstehen und nutzen
- Medien verstehen und nutzen
- Sprache und Sprachgebrauch untersuchen

Zu Beginn der Kompetenzbereiche finden Sie Kapitel zum Üben oder Wiederholen von grundlegenden Lern- und Arbeitstechniken.

In den Kapiteln helfen Ihnen die folgenden Elemente bei der Bearbeitung:

Kompetenzen, Methoden und Arbeitstechniken

Hier werden die Kompetenzen und Methoden genannt, die im vorliegenden Kapitel vermittelt bzw. geübt werden.

» GUT ZU WISSEN

Wichtige Inhalte und Arbeitstechniken werden in diesen Kästen näher erklärt.

Aufgaben, die in zwei Spalten parallel nebeneinander abgedruckt sind, bilden unterschiedliche Niveaustufen ab:

In der linken Spalte befinden sich einfachere Aufgaben mit mehr Hilfestellungen.

In der rechten Spalte befinden sich die schwierigeren Aufgaben.

Diese Zusatzaufgaben sind für schnelle Schülerinnen und Schüler gedacht, die eine weitere Aufgabe lösen möchten.

Dieses Piktogramm zeigt an, dass sich an dieser Stelle eine Hilfestellung für die Lösung der Aufgabe befindet – eine Starthilfe.

Dieses Piktogramm kennzeichnet eine Aufgabe, die sich mit sprachlichen Phänomenen beschäftigt, die bei dem jeweiligen Thema wichtig sind und geübt werden sollten.

Ob die Aufgabe in Partner- oder Gruppenarbeit erarbeitet werden soll, zeigen diese beiden Piktogramme.

Kompetenzcheck: Am Ende eines jeden Kapitels wird der Lernerfolg überprüft. Die Aufgabenstellungen erfordern den Einsatz unterschiedlicher Kompetenzen aus mehreren Unterkapiteln.

Lernszenario: Szenarien aus Alltag und Beruf erfordern komplexe Lösungswege, die Sie selbstständig planen, durchführen und bewerten.

Das Lernen – gewusst wie

- I.1 Lerntypen und die Orte zum Lernen
- I.2 Lern- und Arbeitstechniken
- I.3 Sich auf eine Prüfung vorbereiten
- I.4 Arbeitsplan und Zeitmanagement

Es gibt Momente und Situationen, in denen Ihnen das Lernen leicht fällt. Aber das ist nicht immer so. Mithilfe dieses Kapitels können Sie herausfinden, woran das liegen könnte, und was Ihnen beim Lernen hilft.

Führen Sie Buch und halten Sie die Erkenntnisse, die Sie über Ihr eigenes Lernverhalten gewinnen stichpunktartig fest.

Kompetenzen	Methoden und Arbeitstechniken	
✔ Den eigenen Lernprozess reflektieren	✔ Brainstorming	✔ Lerntagebuch
✔ Lern- und Arbeitstechniken kennen und nutzen	✔ Cluster	✔ Merkhilfen
	✔ Mindmap	✔ Arbeitsplan
	✔ Lernkartei	

Lerntypen und die Orte zum Lernen

Die Deutschstunde

Tim *(stöhnt)*: Heute haben wir wieder Deutsch! Eigentlich ist das Thema ja ganz cool, aber Herr Mens redet immer so viel, nach 5 Minuten schalte ich ab!
Tine: Komisch, ich finde das gut. Er erklärt ganz toll und ich verstehe dadurch den Stoff ganz schnell! Und wenn wir dann noch darüber reden können, bleiben kaum Fragen offen.
Ömer: Ja, finde ich auch. Aber am besten finde ich die Tafelbilder. Da hat man alles Wichtige noch mal auf einen Blick und kann sich den Stoff prima merken. Wenn er das noch als Kopie verteilt, mit ein paar Erläuterungen zum Nachlesen – perfekt!
Tim: Das mit dem Tafelbild stimmt und Kopien hefte ich natürlich auch gerne ab, gibt ein sicheres Gefühl. Aber wenn ich mit dem Stoff nicht konkret an einem Beispiel arbeite, am besten mit anderen, oder mir die Zusammenhänge nicht wenigstens selbst aufschreibe, verliere ich mein Interesse und komme irgendwann nicht mehr mit!

1 *Geben Sie die Unterschiede beim Lernen wieder.*

a) Erläutern Sie, wie Tim, Tine und Ömer am besten lernen.
b) Ordnen Sie die Abbildungen zu: Wer von den Dreien bevorzugt welche Lernsituation?

» GUT ZU WISSEN | **Lerntypen und Lernwege**

Lernen ist die Aufnahme, Verarbeitung und Speicherung neuer Informationen. Das geschieht auf verschiedenen Wegen, weshalb die moderne Lernforschung von unterschiedlichen Lerntypen spricht. Dabei geht es hauptsächlich darum, welche Wahrnehmungswege ein Mensch bevorzugt, um erfolgreich zu lernen.

Der **auditive Lerntyp** bevorzugt das **Hören**. *Lernweg:* liest gerne laut bzw. bewegt beim Lesen die Lippen, merkt sich Inhalte aus Referaten und Tonaufnahmen gut, favorisiert einen ruhigen Arbeitsplatz

Der **visuelle Lerntyp** bevorzugt das **Sehen**. *Lernweg:* arbeitet gerne mit Texten, merkt sich Geschriebenes (Schaubilder, Skizzen, Bilder, Tabellen) gut, schreibt Wichtiges in übersichtlicher Form auf, schätzt Filmbeiträge

Der **haptisch-motorische Lerntyp** bevorzugt das **Handeln**. *Lernweg:* setzt den ganzen Körper ein (Handbewegungen, hin und her gehen), probiert und experimentiert gerne, zieht das praktische Tun vor, nutzt häufig farbige Markierungen

Der **kommunikative Lerntyp** bevorzugt das **Gespräch**. *Lernweg:* tauscht sich über Inhalte aus, lernt gerne in Gruppen, schätzt das Abfragen

Wie viel Prozent des Gelernten nehmen wir darüber auf?

über Hören:	10–20 %
über Sehen:	15–30 %
über Hören + Sehen:	25–40 %
über Hören + Sehen + Reden:	30–50 %
über Hören + Sehen + Reden + Tun:	bis 90 %

Sage es mir, und ich vergesse es;
Zeige es mir, und ich erinnere mich;
Lass es mich tun, und ich behalte es.

Konfuzius (chinesischer Philosoph, lebte vermutlich 551–479 v. Chr.)

2 *Erläutern Sie die Angaben und vergleichen Sie Ihre Erkenntnisse mit Konfuzius' Ausspruch.*

3 *Entwerfen Sie Ihren optimalen Lernweg: Wie lernen Sie am besten? Berücksichtigen Sie dabei die Informationen aus Aufgabe 2 und* » GUT ZU WISSEN.

4 *Lernen ist auch Arbeit und Arbeit braucht (einen) Platz! Nehmen Sie Stellung zum Foto.*

5 *Überprüfen Sie Ihren Lernort.*

a) Führen Sie anhand der Checkliste ein Partnerinterview durch und stellen Sie anschließend den Arbeitsplatz der Partnerin oder des Partners vor. Geben Sie Tipps für eine bessere Gestaltung.

b) Entwerfen Sie einen optimalen Lernplatz für sich.

Tipp

Machen Sie Ihren persönlichen Lerntypencheck, z. B. bei http://arbeitsblaetter.stangl-taller.at/TEST/HALB/Test.shtml.

CHECKLISTE | **Lernort**

- ☑ Es gibt einen festen Ort ausschließlich für Lernarbeiten (z. B. Schreibtisch).
- ☑ Der Lernort ist funktional eingerichtet (geeignete Beleuchtung, große Schreib- und Ablagefläche, evtl. Regale, höhenverstellbarer Stuhl usw.).
- ☑ Notwendige Arbeitsmaterialien (PC, Stifte, Taschenrechner, Papier usw.) und Hilfsmittel (Nachschlagewerke usw.) sind übersichtlich angeordnet und leicht zu erreichen.
- ☑ Es wird ein bestimmtes Ordnungssystem verwendet.
- ☑ Die Atmosphäre ist angenehm (weitgehend störungsfrei, angemessene Ordnung, angenehme Raumtemperatur, Tageslicht).

Lern- und Arbeitstechniken

1 *Das Lernen kann man mit bestimmten Techniken unterstützen. Stellen Sie Ihren persönlichen Werkzeugkasten zusammen. Testen Sie dazu die folgenden Methoden jeweils mindestens einmal für sich oder im Unterricht.*

» GUT ZU WISSEN — **Brainstorming, Cluster und Mindmap**

Brainstorming, Cluster und Mindmap ermöglichen es, Ideen und Wissen zu sammeln und zu sortieren.

Beim **Brainstorming** wird spontan, stichwortartig und ungeordnet alles zu Papier gebracht (in Gruppen: Kärtchen), was einem zu einem Thema oder einer Aufgabe einfällt.

Das **Cluster** gibt den Überlegungen schon eine erste Struktur. Das Thema wird in die Mitte eines Blattes geschrieben und umkreist. Spontane Gedanken dazu werden darum herumgruppiert und mit Linien verbunden, wenn sie thematisch zusammenhängen (Assoziationsketten).

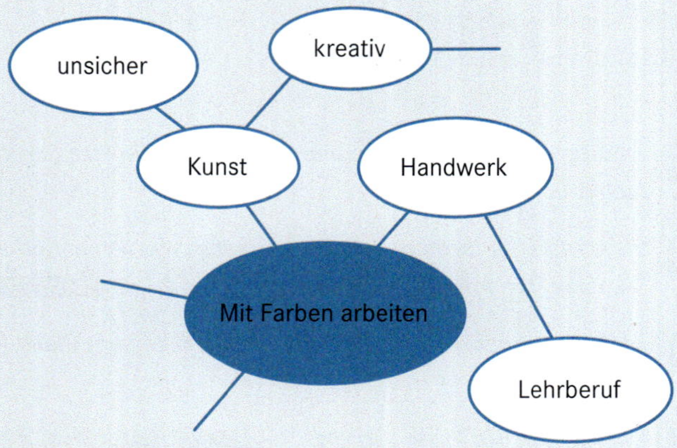

Die **Mindmap** ist sehr stark strukturiert und stellt das vorhandene Wissen in seinen Zusammenhängen dar. Auch hier steht der zentrale Themenbegriff in der Mitte, doch die Linien (Äste), die davon abgehen, führen nicht zu spontanen Gedanken wie beim Cluster, sondern sind bewusst formulierte Gliederungspunkte. Von diesen wiederum gehen Nebenäste aus, die zu Untergliederungspunkten führen. Eine Mindmap kann zu einer sehr fein verästelten Gedankenlandkarte werden und eignet sich sehr gut zur Strukturierung von Wissen zu einem Thema, zum Planen von Vorhaben oder zur Bearbeitung von Texten.

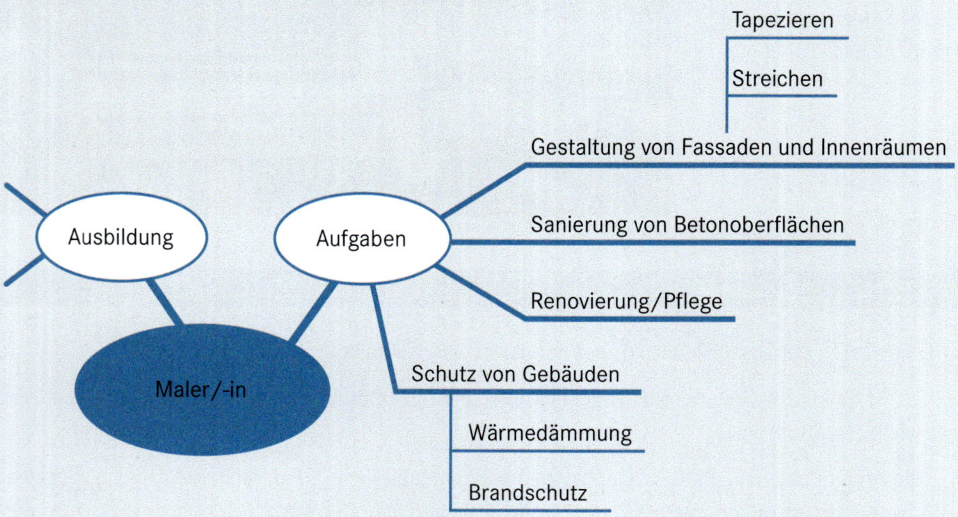

» GUT ZU WISSEN | **Lernkarten und Lernkartei**

Bei einer Lernkartei notiert man zu lernende Inhalte (wie Vokabeln oder Aufgaben) auf der Vorderseite einer Karteikarte; die Lösung wird auf die Rückseite geschrieben. Zusätzlich braucht man einen passenden länglichen Kasten (z. B. einen Schuhkarton), der in mindestens drei Fächer unterteilt wird.

In das erste Fach kommen die Kärtchen, deren Inhalte man **noch nicht** beherrscht.

Im zweiten Fach befinden sich die Kärtchen, deren Inhalte man **noch nicht sicher** beherrscht.

In das dritte Fach legt man das **gefestigte** Wissen ab.

Die Karten wandern je nach Wissensstand weiter. Für Wiederholungen zu einem späteren Zeitpunkt sollte man ein weiteres Fach anlegen.

Mitschrift im Unterricht

Tine Meier: Deutsch 12.11.2014	
Thema: Mitschriften **Übersicht/Formular erstellen** ↙ ↘	☺
Notizen *– Tafelanschriebe* *– Diktiertes* *– eigene zusätzliche Notizen* **Randspalte zum Vermerken** *– nicht Verstandenes* *– Zusammenfassungen* *– Definition* *– Beispiele usw.*	*Def.*
→ *alles optisch strukturieren (Unterstreichung, Abstände, Aufzählungen), eigenes Zeichensystem verwenden*	*!!!*
ZIEL: ***– während des Unterrichts mitdenken*** ***– Verstandenes strukturieren*** ***– Wiederholung des Stoffes erleichtern***	*Ziel*

2 *Tine hat während eines Vortrags zu Mitschriften im Unterricht eine Übersicht angefertigt. Erklären Sie Ihrer Lernpartnerin bzw. Ihrem Lernpartner anhand Tines Notizen, wie man eine sinnvolle Mitschrift anfertigt.*

3 *Fertigen Sie eine Woche lang Mitschriften nach Tines Vorgehen an. Tauschen Sie Ihre Unterlagen mit einer Lernpartnerin oder einem Lernpartner aus und prüfen Sie, ob die Mitschriften übersichtlich und verständlich angelegt sind.*

Sich auf eine Prüfung vorbereiten

Ob das Lernen erfolgreich war, wird meist in Prüfungen abgefragt. Einiges müssen Sie dazu vielleicht einfach auswendig lernen, aber das meiste müssen Sie verstanden haben, um es langfristig anwenden zu können.

1 *Stellen Sie Ihre Prüfungserfahrungen vor.*

a) Beschreiben Sie im Team, welche Art Prüfungen Sie schulisch, beruflich und privat schon erlebt haben und wie es Ihnen dabei erging. Haben Sie persönliche Tipps und Tricks zur Vorbereitung und Durchführung?

b) Entwerfen Sie ein Cluster (➪ S. 12) dazu, wie Sie entweder die mündliche oder die schriftliche Prüfung erleben. Vergleichen Sie in Partnerarbeit Gemeinsamkeiten und Unterschiede.

c) Nennen Sie Prüfungen, die in Ihrem privaten und beruflichen Leben möglicherweise noch auf Sie zukommen. Diskutieren Sie in der Lerngruppe, ob es Unterschiede je nach Berufsgruppe gibt.

2 *Erstellen Sie ein Lerntagebuch (» GUT ZU WISSEN) zu einer beruflichen Aufgabe, die Sie in dieser Woche beschäftigt. Führen Sie es mindestens zwei Wochen lang mit Blick auf eine anstehende Überprüfung.*

3 *Tragen Sie in der Lerngruppe schwierige Lerninhalte zusammen. Teilen Sie sich nach Berufsgruppen, Fächern oder Themen auf und erfinden Sie passende Merkhilfen (» GUT ZU WISSEN). Vergleichen Sie die Ergebnisse und übernehmen Sie die besten Beispiele in Ihre Unterlagen.*

» GUT ZU WISSEN — Lerntagebuch und Merkhilfen (Mnemotechniken)

Führt man ein **Lerntagebuch**, hält man in einem Heft fest, **was** man gelernt hat und vor allem **wie** man es gelernt hat oder noch lernen will. So kann man das eigene Lernen besser durchschauen und organisieren. Beispiel:

20.06.2013 ***Thema:*** *Erörterung*
Ergebnis: *Aufbau (pro-kontra, Blockprinzip in ➪ Kapitel 10, S. 173) gut verstanden, Beispieltext geschrieben*
Noch unklar: *Aufbau eines Arguments*
To do: *im Deutschbuch auf S. 166 nachlesen; Tine noch mal fragen*

Wenn man bewusst **Merkhilfen** anwendet, kann man Sachverhalte besser und länger im Gedächtnis behalten.

- Anfangsbuchstabenmethode: Man will sich merken, dass man Fachtexte am besten erschließt, wenn man sich eine Übersicht verschafft, Fragen zum Text stellt, genau liest, Begriffe aufschreibt und Inhalte zusammenfasst (➪ S. 58). Aus den Anfangsbuchstaben der Arbeitsschritte (Übersicht, Fragen, Lesen, Aufschreiben, Zusammenfassen) bilden Sie das Kunstwort ÜFLAZ.
- Eselsbrücke: Sie verbinden das schwierige Wort ÜFLAZ mit einer lustigen oder einfachen Aussage, z. B. „Überflieger mit Latzhose".
- Geschichtenmethode: Sie binden den Lernstoff in eine Geschichte ein, z. B.: „Der Autofahrer verliert die **Übersicht** und **fragt** an der Tankstelle nach. Der Angestellte **liest** sich die Adresse durch und schreibt eine Wegskizze **auf**. Der Autofahrer fasst die Beschreibung noch mal **zusammen**."

4 *Bereiten Sie sich auf eine Prüfung vor. Berücksichtigen Sie die Checkliste unten.*

a) Erstellen Sie im Team eine Lernkartei zum Prüfungsthema (➪ S. 13).

b) Üben und wiederholen Sie die schwierigen Lerninhalte.

4 *Bereiten Sie eine Prüfung für andere Lernteams vor. Wählen Sie eine Möglichkeit aus.*

a) Entwerfen Sie ein Quiz oder ein Kreuzworträtsel zum Thema.

b) Nutzen Sie die Operatoren (➪ S. 301 ff.), um anderen Lernteams Aufgaben dazu zu stellen.

c) Die Lerngruppen führen die Prüfungen durch und werten gemeinsam das Ergebnis aus.

Schriftliche und mündliche Prüfungen

Für das Gelingen einer schriftlichen Prüfung ist es wesentlich, die Arbeitsanweisungen richtig verstanden zu haben. Zunächst sollte man alle Aufgaben genau durchlesen und dann erst mit der Bearbeitung beginnen. Hilfreich ist zu Anfang ein Brainstorming oder das stichwortartige Notieren der Antworten, bevor man mit der Ausformulierung beginnt. Am Ende sollte genügend Zeit für einen Korrekturdurchgang eingeplant werden. Es bietet sich folgende Aufteilung an: ein Viertel der Zeit für die Vorbereitung, die Hälfte zum Schreiben, ein weiteres Viertel für die Korrektur (Uhr mitbringen). Die mündliche Prüfung ist häufig mit mehr Prüfungsstress verbunden. Sie bietet aber die Möglichkeit, den Prüfungsverlauf mitzugestalten, etwa durch Rückfragen oder Eingehen auf Teilbereiche, in denen man sich besonders gut auskennt. Bei einer mündlichen Prüfung sollte man einen sicheren Eindruck vermitteln (Begrüßung, Blickkontakt zu den Prüfern, offene Körperhaltung, ruhig sprechen) und das Gespräch nicht stocken lassen.

5 *Stellen Sie die Anforderungen von mündlichen und schriftlichen Prüfungen in einer Tabelle dar.*

6 *Üben Sie eine mündliche Prüfung in der Lerngruppe. Nutzen Sie dazu Prüfungsunterlagen aus vorherigen Jahrgängen.*

a) Bereiten Sie eine Aufgabe unter Zeitdruck vor.

b) Spielen Sie die mündliche Prüfungssituation im Rollenspiel durch. Bestimmen Sie einen Prüfling, einen Prüfer und einen Beobachter.

Tipp

Checklisten, auf denen Sie die notwendigen Arbeitsschritte zur Prüfungsvorbereitung festhalten, unterstützen Ihren Lernprozess.

CHECKLISTE **Richtige Prüfungsvorbereitung**

- ☑ Der optimale Lernweg ist bekannt.
- ☑ Der passende Lernort ist eingerichtet.
- ☑ Ein Überblick über die wichtigen Aspekte des Lerninhalts ist vorhanden.
- ☑ Alle Inhalte sind verstanden bzw. geklärt.
- ☑ Der Lernstoff ist in realistische Portionen aufgeteilt.
- ☑ Ein Lern- und Arbeitsplan (➪ S. 16) ist erstellt.
- ☑ Es sind ausreichend Pausen und Wiederholungsphasen vorgesehen.
- ☑ Die Bedeutung der wichtigsten Arbeitsanweisungen (Operatoren, ➪ Kapitel 19, S. 301 ff.) ist bekannt.

Arbeitsplan und Zeitmanagement

Ihr Arbeitstag wird von vorgegebenen Strukturen geprägt: Arbeitszeiten, Stundenpläne, Hausaufgaben, Abgabetermine und Prüfungen – ganz zu schweigen vom Freizeitstress. Da kann der Überblick schnell verloren gehen. Gerade in Prüfungszeiten oder Zeiten mit hohem Arbeitsaufkommen ist es entlastend, seine Zeit geplant zu haben.

1 *Erstellen Sie einen Arbeitsplan.*

a) Fertigen Sie eine Tabelle mit sämtlichen Tagen der Woche an und tragen Sie alle festen Termine ein; auch private Verpflichtungen gehören dazu. Kopieren Sie die Tabelle.

b) Notieren Sie, welche Aufgaben Sie in welcher Zeit erledigen müssen, und erstellen Sie wochenweise einen flexiblen persönlichen Arbeitsplan nach den Regeln der Checkliste unten.

KW: 12	Mo.	Di.	Mi.	Do.	Fr.	Sa.	So.
8–10 Uhr	Betrieb	Unterricht	Unterricht	*Feiertag*	Betrieb	*Ausschlafen, Einkauf, putzen*	*Ausruhen, Waldlauf* *Puffer für Mathe*
10–12 Uhr							
12–14 Uhr		*Freistunde: Gruppenarbeit Referat*		*Üben für Matheklausur*			
14 Uhr						*Hausaufgaben; Referat für Di.*	
15 Uhr		Unterricht		*Ab 15 Uhr zusammen mit Ömer*			
16 Uhr					*Übersicht: Was steht nächste Woche an?*		
17 Uhr	*Treffen mit Ömer*	*Hausaufgaben*	*Hausaufgaben*			*Bundesliga!!*	
18 Uhr							
19 Uhr	*Recherche für Referat*		Fußballtraining	*Chillen*			
20 Uhr		*Verabredung mit Tine und Ömer*			*Party!!*		*Entspannter Fernsehabend*
21 Uhr			*Tanz in den Mai*			*Was geht?*	

2 ***Arbeiten Sie drei bis vier Wochen lang mit den Arbeitsplänen. Tauschen Sie in einer Kleingruppe Ihre Erfahrungen aus und erstellen Sie eine Tabelle mit den Spalten „Meine Zeitfresser" und „Meine Zeitsparer".***

CHECKLISTE **Arbeitsplan**

- ☑ Der Zeitbedarf pro Fach und Aufgabe ist realistisch eingeschätzt (persönlicher Arbeitsrhythmus, Leistungskurve).
- ☑ Längere Zeitabschnitte sind für Aufgaben reserviert, die arbeitsintensiv sind (z. B. Bericht schreiben) oder Vorrang haben (ggf. auch das Wochenende einplanen).
- ☑ Kurze Zeitlücken sind für Routinearbeiten (Arbeitsblätter einheften oder kleine Teilaufgaben, Recherchen usw.) genutzt.
- ☑ Unnötige Störungen sind abgeblockt (spontane Besuche, Telefonate usw.).
- ☑ Ausreichende Pausenzeiten sind eingeplant und sinnvoll genutzt (Snacks, Bewegung, frische Luft).

Mit anderen zusammenarbeiten

In der Schule und im Beruf arbeiten Sie mit Mitschülerinnen und Mitschülern oder Kolleginnen und Kollegen gemeinsam an der Lösung von Problemstellungen. Ihr Ziel ist es, bestmögliche Ergebnisse zu erzielen. Dabei hilft es Ihnen, wenn Sie wissen, was eine erfolgreiche Zusammenarbeit auszeichnet.

Kompetenzen	Methoden und Arbeitstechniken
✔ Kooperativ zusammenarbeiten	✔ Ich-Botschaften
✔ Verantwortung übernehmen	✔ Aktiv zuhören
✔ Kritik äußern und annehmen	✔ Dreischrittinterview

Gruppenarbeit

Die Arbeit in Gruppen hat viele Vorteile. Probleme und Aufgabenstellungen lassen sich leichter lösen, wenn jedes Gruppenmitglied seine Fähigkeiten und Stärken einbringt. Auch im Beruf ist die Zusammenarbeit im Team von größter Bedeutung.

1 *Erarbeiten Sie eine Schwarze Liste: „Das behindert eine erfolgreiche Gruppenarbeit". Stellen Sie Ihre Ergebnisse in der Lerngruppe vor und tauschen Sie sich aus.*

2 *In der Gruppe übernimmt jeder – oft unbewusst – eine bestimmte Rolle. Setzen Sie sich mit den Rollen in einer Gruppe auseinander. Berücksichtigen Sie* »GUT ZU WISSEN.

a) Entscheiden Sie sich für zwei Rollen und fertigen Sie dazu Rollenkarten an.

b) Bilden Sie Teams. Es sollten für möglichst alle Rollen jeweils Kartenvorschläge vorhanden sein. Diskutieren Sie Ihre Ergebnisse.

a) Fertigen Sie Rollenkarten für alle Mitglieder einer Gruppenarbeit an. Notieren Sie jeweils die Handlungsmöglichkeiten und Grenzen.

b) Stellen Sie Ihr Ergebnis der Lerngruppe vor.

Gesprächsleitung
Ich leite das Gespräch.
Ich achte auf Sachlichkeit.
...

Zeitwache
Ich achte auf Zeitplanung.
Ich achte auf Redezeiten.
...

c) Integrieren Sie die Ergebnisse in Ihre zukünftigen Gruppenarbeiten.

3 *Prüfen Sie, ob aufgrund Ihrer persönlichen Erfahrung weitere Arbeitsregeln für Gruppenarbeiten aufgenommen werden müssen.*

» GUT ZU WISSEN — Arbeitsregeln für Gruppenarbeiten

Vorbereitung: Der Gruppenarbeitsplatz sollte zügig und leise eingerichtet werden (Tische und Stühle umstellen, Material bereitlegen). Alle sollten die **Aufgabenstellung** verstanden haben, Unklarheiten werden zu Beginn mit der Lehrerin oder dem Lehrer geklärt. Es wird ein **Arbeits- und Zeitplan** anhand folgender **Leitfragen** erstellt: Was wollen wir erreichen? Was ist zu tun, von wem, bis wann? Was brauchen wir für unsere Arbeit?

Durchführung: In der Gruppe einigt man sich auf **Rollen**, die jedes Gruppenmitglied während der Arbeitsphase übernimmt, z. B. Gesprächsleitung, Zeitwache, Schreiber/-in, Themenwache, Redezeitbeobachtung oder Lautstärkeregelung. Jedes Gruppenmitglied wird gleichberechtigt an der Arbeit beteiligt. Es ist für die übernommene Aufgabe und das Gruppenergebnis verantwortlich. Bei längerfristigen Aufgaben wird die Arbeit so eingeteilt, dass die Gruppe zu jeder Zeit arbeitsfähig ist, auch wenn einzelne Mitglieder fehlen (z. B. Materialien und Ergebnisse an zugänglichen Orten deponieren).

Gesprächsregeln: Es gelten die **Grundregeln der Kommunikation**: freie Meinungsäußerung, einander zuhören, ausreden lassen, Blickkontakt halten, respektvoller Umgang miteinander, keine übermäßigen Redeanteile Einzelner, keine Nebengespräche führen (➩ Kapitel 1).

Ich-Botschaften

Situation

Die Arbeitsgruppe von Tine und Tim hat sich getroffen, um die Präsentation der Ergebnisse am nächsten Tag vorzubereiten. Tim hat den Plakatkarton, den er besorgen wollte, nicht mitgebracht. Tine äußert ihre Meinung:

Version 1

Tine: Das hätte ich mir denken können. Natürlich hast du wieder deine Sachen nicht dabei. Du bist so unzuverlässig, mit dir kann man nicht arbeiten!

Version 2

Tine: Also Tim, ich bin jetzt wirklich sauer und gestresst. Wir hatten uns für heute verabredet und wollten das Plakat fertig machen. Jeder von uns war für eine Aufgabe verantwortlich: Du wolltest den Karton mitbringen. Jetzt sitzen wir hier und der Plakatkarton ist nicht da – wie sollen wir bis morgen fertig werden?

1 *Versetzen Sie sich in Tims Situation. Vergleichen Sie die Wirkung der beiden Aussagen. Formulieren Sie jeweils eine passende Antwort.*

2 *Formulieren Sie die Äußerungen in vollständige Ich-Botschaften um. Nutzen Sie* » GUT ZU WISSEN.

Aussage 1: Kannst du mal lauter sprechen? So kann dich kein Mensch verstehen!
Aussage 2: Wo hast du die Klamotten her? Damit kannst du dich vor der Klasse nicht sehen lassen!
Aussage 3: Was quatscht ihr dauernd über euer Wochenende? Beteiligt euch gefälligst mal an der Aufgabe! Wegen euch will ich keine schlechte Note riskieren.
Aussage 4: Kannst du nicht wenigstens einmal pünktlich zu einem Treffen kommen? Wahrscheinlich hast du auch nachher nicht mehr so viel Zeit – na toll, da werden wir wieder nicht fertig mit dem Referat.

» GUT ZU WISSEN **Ich-Botschaften**

Die Unterscheidung zwischen Ich- und Du-Botschaften geht auf Thomas Gordon (amerikanischer Psychologe, 1918–2002) zurück. Während die Du-Botschaft den Gesprächspartner angreift, verurteilt oder gar verletzt, ist die Ich-Botschaft eine Möglichkeit, **Kritik** am Verhalten des anderen **konstruktiv zu formulieren**. Die Ich-Botschaft macht dem Betroffenen deutlich, wie sein Verhalten auf die andere Person wirkt und welche Folgen sich ergeben.

Eine vollständige Ich-Botschaft besteht aus drei Teilen:

- Beschreibung der problematischen Situation (Tim hat den Plakatkarton nicht mitgebracht.)
- Benennung des ausgelösten Gefühls (Tine ist verärgert und gestresst.)
- Aufzeigen der Folgen (Die Präsentation wird nicht fertig.)

3 *Überlegen Sie mit einer Partnerin oder einem Partner ein strittiges Thema und setzen Sie sich mit verschiedenen Formulierungsmöglichkeiten auseinander.*

Aktiv zuhören

1 *Ob ein Gespräch gelingt oder nicht, hängt auch vom Zuhören ab. Vergleichen Sie die Bilder miteinander und arbeiten Sie die Störungen heraus.*

Dialog 1
Ömer: Ich komme in dem Betrieb einfach nicht klar!
Tim: Ach, du übertreibst bestimmt.
Ömer: Nein wirklich, ich verstehe manches nicht.
Tim: Mach dir nichts draus! Ich verstehe auch nicht immer alles, wird schon, immer locker bleiben!
Ömer: Ich weiß nicht ...

Dialog 2
Ömer: Ich komme in dem Betrieb einfach nicht klar!
Tim: Aha?
Ömer: Es ist immer so hektisch da, der Meister hat nie Zeit für mich!
Tim: Der Meister hat also nie Zeit für dich?
Ömer: Na ja, ‚nie' ist vielleicht übertrieben. Vielleicht sollte ich mehr auf günstige Zeitfenster achten!
Tim: Ja, das könntest du vielleicht tun.

2 *Untersuchen Sie den Unterschied zwischen den beiden Dialogen. Nutzen Sie* » GUT ZU WISSEN.

3 *Führen Sie ein Rollenspiel zum aktiven Zuhören durch.*

a) Eine Mitschülerin bzw. ein Mitschüler erzählt von einem Streit mit einer Arbeitskollegin bzw. einem Arbeitskollegen.

a) Wählen Sie ein eigenes Thema. Beobachten Sie, wie die Methode auf Sie während des Gesprächsverlaufs wirkt.

b) Diskutieren Sie in der Lerngruppe die Möglichkeiten und Grenzen dieses Verfahrens.

» GUT ZU WISSEN | **Aktives Zuhören**

Das aktive Zuhören ist eine Methode, die dem Gesprächspartner Wertschätzung vermittelt und ihm signalisiert, dass man sich ernsthaft und interessiert auf seine Aussagen einlässt. Das zeigt man seinem Gegenüber mit

- **nonverbalem Verhalten (nichtsprachlich):** körperlich zuwenden (Oberkörper, Kopf), motivierende Mimik und Gestik (offen, freundlich, erwartungsvoll schauen), motivierende Gestik (nicken, offene Haltung), Blickkontakt halten, Nebentätigkeiten vermeiden
- **verbalem Verhalten (sprachlich):** anteilnehmende Bestätigungslaute wie „aha, mhm", ausreden lassen, Kommentare und Ratschläge zurückhalten, klärende Rückfragen („Habe ich richtig verstanden, dass ..."), Aussagen in eigenen Worten zusammenfassen und spiegeln („Du hast dich also missverstanden gefühlt?")

Feedback geben und nehmen

Feedback als Gesprächs- und Arbeitstechnik meint mehr als die Reaktion auf eine Äußerung: Es ist die sowohl positive als auch kritische Rückmeldung zu einem beobachteten Verhalten. Das Ziel ist dabei immer eine Qualitätsverbesserung.

GUT ZU WISSEN | **Feedbackregeln**

Feedback geben

- Zu Beginn werden immer positive Bemerkungen geäußert („Mir hat gefallen, dass ...“, „Besonders gelungen fand ich ...“, „Sehr verständlich war für mich ...“).
- Wertende Begriffe werden vermieden (nicht: „Die Schrift auf dem Plakat ist krakelig“, sondern z. B. „Die Schrift ist schwer zu lesen“).
- Ich-Botschaften werden verwendet („Mir ist aufgefallen ...“, „Ich habe beobachtet ...“, „Ich hatte Schwierigkeiten ...“) (➪ S. 19).
- Man äußert sich konstruktiv, konkret beschreibend und sachlich („Die Schrift ist relativ klein und die Schriftfarbe ist blass. Auf die Entfernung ist sie schwer zu lesen“).
- Verbesserungsvorschläge können angeboten werden, wenn die Feedback nehmende Person einverstanden ist („Man könnte ...“, „Eine Möglichkeit wäre ...“, „Vielleicht sollte man ...“, „Ich schlage vor ...“).
- Das Feedback bezieht sich nicht auf die Person, sondern nur auf einen Sachverhalt.

Feedback nehmen

- Die Feedback gebende Person lässt man ungehindert aussprechen.
- Man nimmt eine offene, aktiv zuhörende Haltung ein. Rechtfertigungen oder Diskussionen werden vermieden.
- Man reagiert immer mit einem Dank auf das Feedback, auch wenn man sich getroffen fühlt.
- Ob und wie das Feedback angenommen wird, kann in einem zweiten Schritt überlegt werden. Auch eine kurze Rückmeldung in Form von Ich-Botschaften ist möglich (z. B. „Zunächst möchte ich mich für deine offenen Worte bedanken. Die Tipps zur Gestaltung des Plakats fand ich sehr hilfreich. Unangemessen und unangenehm waren für mich die Aussagen ...“).

> *Ich weiß nicht, was ich gesagt habe, bevor ich die Antwort meines Gegenübers gehört habe.*
>
> Paul Watzlawick

1 *Bilden Sie einen Innen- und einen Außenkreis und geben Sie sich reihum positive Feedbacks (Kugellager, ➪ Kapitel 3, S. 62).*

Mir gefällt an dir, dass ... – Ich mag an dir vor allem, dass ... – Ich finde gut an dir ...

2 *Überlegen Sie sich private, schulische und betriebliche Situationen und üben Sie das Feedbackgeben und -nehmen nach Art eines Dreischrittinterviews (GUT ZU WISSEN).*

Themenvorschläge: Sie haben eine Verabredung vergessen – Sie stören Ihren Sitznachbarn häufig im Unterricht – eine Kundin ist mit Ihrer Arbeit nicht zufrieden

GUT ZU WISSEN | **Dreischrittinterview**

Neben den beiden Rollenspielern A und B gibt es im Dreischrittinterview immer einen Beobachter C, der zuhört und seine Beobachtungen notiert. Das Rollenspiel verläuft in drei Schritten; jeder/jede Teilnehmer/-in übernimmt einmal Rolle A, Rolle B und Rolle C. Wichtig ist der Austausch über die Wahrnehmungen und Beobachtungen.

Frei vor Gruppen sprechen

Kurz, aber prägnant etwas vorstellen – das ist häufig gefordert. Damit man hier nicht ins Stottern kommt, sollte man einige Grundsätze beachten.

1 *Stellen Sie private, schulische und berufliche Situationen zusammen, in denen Sie frei sprechen müssen.*

Diskussionsbeiträge, Anfragen für Ferienhäuser, Ergebnisse einer Gruppenarbeit

2 *Heute ist „Tag der offenen Tür" in Ihrem Unternehmen. Sie haben die Aufgabe erhalten, sich am Vormittag um eine Gruppe von Schülerinnen und Schülern zu kümmern. Am Nachmittag sollen Sie jeweils zur vollen Stunde Ihren Arbeitsplatz interessierten Besuchern vorstellen.*

a) Erstellen Sie eine Begrüßung für die Schülergruppe.
b) Stellen Sie sich der Gruppe vor. Was wollen Sie von sich erzählen, was interessiert die Zuhörer?

a) Erstellen Sie eine Begrüßung für den Besuch am Nachmittag.
b) Entwerfen Sie eine Kurzvorstellung Ihrer Person.

c) Stellen Sie sich wechselseitig Ihre Ergebnisse vor und beurteilen Sie, ob Begrüßung und Vorstellung für die Situation angemessen sind.

3 *Erstellen Sie einen Kurzvortrag zu Ihrem Arbeitsplatz für den Nachmittag (➪ Kapitel 15, S. 241 ff.).*

a) Teilen Sie sich Ihre Zeit für Begrüßung, Einleitung, Hauptteil und Schluss ein.
b) Stellen Sie Informationen zu Ihrem Arbeitsplatz zusammen und wählen Sie aus, was für Ihre Zuhörerinnen und Zuhörer davon interessant sein könnte.
c) Notieren Sie Ideen für den Schluss. Wählen Sie einen zur Situation passenden aus.
d) Erstellen Sie Stichpunkte für Ihren Kurzvortrag, insgesamt höchstens sechs Stichpunkte: einen für die Begrüßung, einen für die Einleitung, drei für den Hauptteil, einen für den Schluss.

4 *Präsentieren Sie Ihr Ergebnis in Kleingruppen. Geben Sie sich gegenseitig Feedback, berücksichtigen Sie dabei die unten stehende Checkliste.*

5 *Planen Sie in einer Kleingruppe ein Rollenspiel und führen Sie es der Lerngruppe vor.*

a) Erarbeiten Sie einen Kurzvortrag zu einem Thema Ihrer Wahl und planen Sie das Rollenspiel als Negativbeispiel.
b) Lassen Sie die Fehler von der Gesamtgruppe analysieren.
c) Führen Sie das Rollenspiel nun als positives Beispiel durch.

CHECKLISTE | **Einen Kurzvortrag frei halten**

- ☑ Der Vortrag ist mindestens einmal durch lautes Sprechen geübt worden.
- ☑ Die Begrüßung ist passend für die Zuhörerschaft gewählt.
- ☑ In der Einleitung wird der Kontext des Vortrags klar (Bezug auf andere Vorträge, auf das Ziel der Veranstaltung).
- ☑ Das Wichtigste ist im Hauptteil kurz und sinnvoll zusammengefasst.
- ☑ Der Schluss ist klar erkennbar und passend.
- ☑ Der Vortrag ist deutlich und verständlich gehalten.
- ☑ Der Kurzvortag ist überzeugend (Körpersprache, Artikulation etc.; ➪ Kapitel 15, S. 241 ff.).

Kapitel 1

Man kann nicht nicht kommunizieren

Sie möchten mit Ihrer neuen Lerngruppe und Ihren neuen Kolleginnen und Kollegen erfolgreich zusammenarbeiten.
Die angemessene Kommunikation mit neuen Lernpartnern ist manchmal schwierig. Auch in beruflichen Zusammenhängen sind Sie bei Gesprächen mit Mitarbeitern oder Kunden ab und zu unsicher. Deshalb wollen Sie herausfinden, welche Regeln für eine gelungene Kommunikation gelten.

Kompetenzen	Methoden und Arbeitstechniken
✔ Körpersprachliche Signale verstehen ✔ Kommunikationssituationen höflich gestalten ✔ Symmetrische und komplementäre Kommunikationssituationen richtig einschätzen ✔ Bestandteile einzelner Kommunikationsbeiträge einordnen ✔ Unterschiedliche Gesprächssituationen gestalten ✔ Erfolgreich in der Gruppe arbeiten	✔ Standbilder bauen ✔ Kontrollierter Dialog ✔ Stimmenskulptur ✔ Inneres Team bewusst wahrnehmen

Der Körper spricht mit

1 *Sie kommen in Ihrem Betrieb in eine neue Abteilung und treffen dort auf die oben abgebildeten Personen. Beschreiben Sie, welchen Eindruck diese Personen auf Sie machen.*

a) Vergleichen Sie den Gesichtsausdruck, die Haltung, die Kleidung und die Umgebung der Personen.

b) Entscheiden Sie, mit welcher dieser Personen Sie nach dem ersten Eindruck am liebsten zusammenarbeiten würden.

a) Erläutern Sie: Erwarten Sie nach dem ersten Eindruck eine eher gute oder eine eher problematische Zusammenarbeit?

b) Begründen Sie Ihre Einschätzung.

2 *Sie begrüßen zwei Personen mit Händedruck. Bewerten Sie die Begrüßungen.*

- Eine von beiden hat einen sehr festen Händedruck. Beurteilen Sie, welchen Eindruck diese Art der Begrüßung auf Sie macht.
- Die zweite Person errötet leicht und reicht Ihnen eine leicht verschwitzte Hand. Bewerten Sie diese Form der Begrüßung.

3 *Wir schätzen unser Gegenüber automatisch bei unserer ersten Begegnung ein. Was bedeutet das im beruflichen Bereich, z. B. beim ersten Kontakt mit Kundschaft? Diskutieren Sie. Berücksichtigen Sie auch* » GUT ZU WISSEN.

» GUT ZU WISSEN Körpersprache

Achtzig Prozent des Gesprächseindrucks entstehen durch die Körpersprache, d. h. **nonverbal**. Wir schätzen beim ersten Zusammentreffen blitzschnell unser Gegenüber ein. In dieses erste Urteil fließen neben **Mimik, Gestik, Blickkontakt und Körperhaltung** unseres Gegenübers auch das **Umfeld** ein, etwa der Kleidungsstil oder persönliche Gegenstände (z. B. Schreibtisch, Werkstatt, Automarke). Obwohl diese Mechanismen bekannt sind, ist es schwierig, die eigene Körpersprache überzeugend zu kontrollieren. Reaktionen wie Schwitzen und Erröten lassen sich kaum steuern.

Körpersprachliche Kommunikation wirkt harmonisch, wenn beide Gesprächspartner eine ähnliche Körperhaltung einnehmen. Das geschieht häufig unbewusst. In **Beratungs- und Verkaufsgesprächen** wird diese Erkenntnis gezielt genutzt: Um eine gute Gesprächsatmosphäre zu erzeugen, nimmt man eine ähnliche Körperhaltung wie die Kundschaft ein, die Körperhaltung der Kundin oder des Kunden wird **„gespiegelt“**. Dabei achtet man auf eine angemessene Distanz zum Gegenüber.

4 *Interpretieren Sie die Körpersprache: Fassen Sie die mögliche Aussage jeweils in Worte.*

- Ihr Gegenüber runzelt die Stirn. – Ihr Gegenüber verschränkt die Arme vor der Brust.
- Ihr Gegenüber sieht verstohlen auf sein Handy-Display. – Ihr Gegenüber sieht Ihnen in die Augen und lächelt.
- Ihr Gegenüber sitzt breitbeinig und weit zurückgelehnt auf seinem Stuhl. – Ihr Gegenüber sitzt nach vorne geneigt auf dem Stuhl.

GUT ZU WISSEN **Standbilder bauen**

Ziel eines Standbildes ist es, eine Situation als **stumme Momentaufnahme** darzustellen. Zuerst wird festgelegt, was das Standbild ausdrücken will, z. B. Beziehungen zwischen Personen. Dazu werden Ideen in der Gruppe gesammelt, welche **Körpersprache** der Beteiligten sich dafür am besten eignet. Die Rollen werden eindeutig verteilt und ein Regisseur oder eine Regisseurin für den Aufbau des Standbildes wird benannt. Der Gebrauch von Requisiten ist erlaubt, aber nicht entscheidend. Bei der Präsentation wird das Thema genannt, die geplanten Positionen werden eingenommen und eine Weile gehalten. Die übrige Lerngruppe kann sich mit der Darstellung auseinandersetzen und nach Auflösung des Standbildes Feedback geben.

5 *Bilden Sie 4er-Teams und entwickeln Sie Standbilder für zwei der folgenden Situationen. Berücksichtigen Sie* GUT ZU WISSEN.

Situation 1: Der Auszubildende spricht mit seiner Chefin.
Situation 2: Die Auszubildende spricht mit einem Kunden.
Situation 3: Ein Auszubildender wird von einer Mit-Auszubildenden angesprochen.
Situation 4: Ein Schüler spricht mit seinem Fußballtrainer.
Situation 5: Eine Schülerin spricht mit ihrer Lehrerin.
Situation 6: Ein Schüler spricht mit seinem Vater.

a) Stellen Sie jeweils eine nicht angemessene Haltung und eine zur Situation passende Körperhaltung dar. Dazu schlüpfen zwei in die Rolle der Akteure, während die beiden anderen die Regie übernehmen. Wechseln Sie die Rollen für die nächste Situation.
b) Präsentieren Sie Ihre Standbilder vor der Lerngruppe. Die Zuschauerinnen und Zuschauer vergleichen die Präsentationsergebnisse mit der Checkliste.
c) Beurteilen Sie, ob sich die Regeln für Körpersprache im beruflichen und im privaten Umfeld unterscheiden.

CHECKLISTE **Angemessene Körpersprache in Schule und Beruf**

- ☑ Der Blickkontakt wird gehalten (Vorsicht: Das Gegenüber nicht anstarren!).
- ☑ Die Mimik zeigt einen freundlichen und aufmerksamen Gesichtsausdruck.
- ☑ Es werden ruhige Gesten verwendet (weder zappeln noch versteinern).
- ☑ Die Körperhaltung ist offen, aufrecht und zugewandt.
- ☑ Die Distanz zum Gegenüber ist angemessen.

Höflich kommunizieren

Situation

Sie befinden sich in einem Raum mit mehreren Menschen. Das Fenster ist geöffnet. Sie frieren, sitzen aber ein Stück vom Fenster entfernt. Es gibt verschiedene Möglichkeiten, wie Sie Ihr Ziel, ein geschlossenes Fenster, erreichen können:

verbal	↔	nonverbal
direkt	↔	indirekt
Frage	↔	Aufforderung
selbst tätig werden	↔	Lösung durch andere

1 *Erläutern Sie, welche der oben genannten Möglichkeiten Sie bei den Situationen nutzen:*

- Sie fragen: „Stört es jemanden, wenn ich das Fenster schließe?"
- Sie nehmen Blickkontakt zu einer Person auf, die neben dem Fenster sitzt, und signalisieren, ohne zu sprechen, dass diese Person bitte das Fenster zumachen soll.
- Sie sagen: „Mir ist kalt."
- Sie rufen: „Mach mal 's Fenster zu!"
- Sie sprechen jemanden an der Fensterseite an: „Würden Sie bitte das Fenster schließen? Vielen Dank."
- Sie sagen: „Alter, schließ die Luke."

2 *Bestimmen Sie mithilfe von* GUT ZU WISSEN *die Sprachebene der Äußerungen in Aufgabe 1.*

GUT ZU WISSEN | **Sprachebenen**

Je nach Sprachebene, die wir mündlich verwenden, wirken Äußerungen unterschiedlich höflich. Bei offiziellen Anlässen (z. B. bei Prüfungen) verwendet man die **Standardsprache**. In Alltagssituationen (z. B. beim Gespräch mit Nachbarn) verschlucken wir manche Wortendungen und verwenden umgangssprachliche Ausdrücke (z. B.: „Der kriegt das nich' auf die Reihe."). Diese **Umgangssprache** ist im Unterricht häufig noch akzeptabel, im Gegensatz zur **Jugendsprache**, die ausschließlich privat gebraucht werden sollte. Sie ändert sich schnell, ist gekennzeichnet durch Modewörter und oft drückt sie die Zugehörigkeit zu einer bestimmten Gruppe aus. Sie ist außerhalb davon für eine allgemeine, respektvolle Art der Kommunikation nicht geeignet.

3 *Erstellen Sie eine Rangfolge der oben vorgestellten Möglichkeiten, das Fenster zu schließen.*

a) Welche davon sind besonders höflich, welche weniger respektvoll?
b) Begründen Sie Ihre Zuordnung.
Letzte Variante: Im Raum befinden sich nur gleichaltrige, gute Freunde, es herrscht eine entspannte Atmosphäre. Sie sprechen immer so miteinander und zwischen ihnen ist es in dieser Form akzeptiert.

4 *Sie sitzen nach dem Sport mit Gleichaltrigen zusammen. Weil immer wieder jemand die Tür nicht schließt, herrscht Durchzug, Sie ärgern sich darüber. Entwerfen Sie eine unhöfliche Reaktion.*

a) Formulieren Sie eine sehr unhöfliche Variante, wie Sie in dieser Situation reagieren könnten.
b) Beschreiben Sie, was diese Äußerung oder Verhaltensweise so unhöflich macht.

5 *Formulieren Sie die Äußerungen eines Auszubildenden in höfliche Aussagen um. Berücksichtigen Sie die Checkliste unten.*

- Er unterbricht ein Gespräch zwischen dem Chef und dem Mitarbeiter Herrn Boll: „Herr Boll, da vorne steht eine Kundin für Sie."
- Zur Chefin: „Kapier ich nicht."
- Zu einer Mitarbeiterin: „Ich habe Sie gestern Abend im Restaurant gesehen. Mit wem waren Sie da?"

Wie sag ich's höflich?

- Verwenden Sie **Modalverben**, also *mögen, können, wollen, sollen, müssen, möchten, dürfen* (➪ Kapitel 4, S. 92 f.). Beispiel: „*Können* Sie mir bitte den Weg zum Bahnhof erklären?"
- Verwenden Sie den **Konjunktiv** (➪ Kapitel 4, S. 92 f.): „*Könnten* Sie mir bitte den Weg zum Bahnhof erklären?"
- Verwenden Sie ***würde*-Umschreibungen**: „*Würden* Sie mir bitte den Weg zum Bahnhof erklären?"

Gespräch im Supermarkt

Kunde: 19,99 Euro? Warum verlangen Sie nicht gleich zwanzig?
Kassiererin: Nun, meine Aufgabe ist es, Ihnen den zu zahlenden Preis zu nennen.
Kunde: Können Sie denn keine glatten Preise machen?
Kassiererin: Ich mache die Preise ja nicht, aber Sie können sich gern mit der Geschäftsleitung in Verbindung setzen und das vorschlagen.
Kunde: Behalten Sie ruhig das Kleingeld.
Kassiererin: Ein Cent. Vielen Dank. Aber wir dürfen kein Trinkgeld annehmen, so wenig oder so viel es auch sein mag.

(Anna Sam: Die Leiden einer jungen Kassiererin)

6 *Beurteilen Sie das Verhalten der Kassiererin mit Blick auf die Checkliste unten.*

a) Bilden Sie Dreierteams. Diskutieren Sie: Verhält sich die Kassiererin höflich?

b) Welche Äußerung der Kassiererin ließe sich noch höflicher ausdrücken? Formulieren Sie in Stillarbeit eine Alternative.

a) Erstellen Sie in Partnerarbeit eine szenische Darstellung, die einen möglichst höflichen Verlauf ausdrückt.

b) Präsentieren Sie Ihr Ergebnis vor der Lerngruppe und geben Sie sich Feedback.

Tipp
Der Ton macht die Musik: Vermeiden Sie einen ironischen Tonfall!

c) Diskutieren Sie in der gesamten Lerngruppe, welche Mittel am besten geeignet sind.

CHECKLISTE **Höfliche Kommunikation**

- ☑ Die Kommunikationssituation, das Alter und die Position des Gegenübers ist berücksichtigt.
- ☑ Die korrekte Anrede und eine angemessene Ausdrucksweise ist verwendet.
- ☑ Es wird aufmerksam zugehört.
- ☑ Das Gegenüber kann ausreden.
- ☑ Die Wörter „bitte" und „danke" werden verwendet.
- ☑ Wenn man etwas nicht verstanden hat, entschuldigt man sich und fragt konkret nach.
- ☑ Es werden Konjunktiv, Modalverben oder *würde*-Umschreibungen verwendet.

Sich interkulturell verständigen

Die interkulturelle Kommunikation stellt uns vor einige Herausforderungen: Wir treffen auf Menschen, die durch andere Erwartungen und Gewohnheiten geprägt sind.

1 *Setzen Sie sich mit den interkulturellen Unterschieden auseinander.*

a) Untersuchen Sie, welche Gesprächsdistanz als angenehm empfunden wird. Vergleichen Sie etwa Nordeuropa mit Mittelmeerländern.

b) Diskutieren Sie, wie die Begrüßung durch Wangenküsse, z. B. in Frankreich oder Tunesien, auf Deutsche wirken kann.

2 *Unterhalten sich Spanierinnen und Spanier, geht es oft laut und lebhaft zu, manchmal sprechen mehrere Personen gleichzeitig und fallen sich gegenseitig ins Wort. Untersuchen Sie, welche Verstehens- und Verständigungsprobleme mit anderen Kulturkreisen auftauchen können.*

a) Erklären Sie, welchen Eindruck ein deutscher Gesprächspartner, der zum ersten Mal dabei ist, gewinnen kann.

b) Erläutern Sie, wie ein „typisch deutsches" Gesprächsverhalten auf diese Gruppe wirken würde.

3 *Setzen Sie sich mit interkulturellen Unterschieden bei Vertragsabsprachen auseinander.*

a) Beschreiben Sie, wie das Verhalten der südamerikanischen Vertragspartner auf deutsche Mitarbeiterinnen und Mitarbeiter wirken könnte.

b) Beurteilen Sie, ob diese Einschätzung berechtigt ist.

4 *Befragen Sie Freunde und Verwandte nach Erfahrungen mit interkulturellen Missverständnissen im Alltag und auf Reisen. Diskutieren Sie die Beispiele in der Lerngruppe. Was könnte die Missverständnisse verursacht haben? Berücksichtigen Sie* » GUT ZU WISSEN.

Die Vertragsabsprache

Schicken Unternehmen Angestellte ins Ausland, bieten sie oft Vorbereitungskurse an, in denen man z. B. lernen kann, dass in Südamerika eine Ablehnung als unhöflich gilt. Wenn dort europäische Vertragspartner eine zu kurze Lieferfrist vorgeben, stimmen die südamerikanischen Vertragspartner zu, da es nach ihrer Vorstellung unhöflich wäre, den Wunsch eines wichtigen Gesprächspartners abzulehnen.

» GUT ZU WISSEN — Interkulturelle Kommunikation

Im Kontakt mit Menschen aus anderen Kulturen kommt der Körpersprache eine besondere Bedeutung zu. Sie bietet eine wichtige Möglichkeit, sich auch ohne gute Sprachkenntnisse zu verständigen. Allerdings kann die **Bedeutung körpersprachlicher Ausdrücke** in den einzelnen Kulturen **sehr unterschiedlich** sein: Ein Kopfschütteln kann z. B. auch Zustimmung bedeuten (im türkischen oder im indischen Raum). Die in Deutschland übliche Begrüßung durch Händedruck kann zu Problemen führen. Im asiatischen Raum sollte man nicht die linke Hand anbieten, da diese als unrein gilt. In einigen Kulturen wirft es Probleme auf, wenn Frauen und Männer sich mit Handschlag begrüßen.

Häufig entstehen bei der interkulturellen Kommunikation **Verstehens- und Verständigungsprobleme**. **Erziehung** und **Umfeld** bestimmen Verhaltensweisen, die als „richtig" empfunden werden. Dass ein von uns gezeigtes Verhalten in anderen Kulturkreisen zu Missverständnissen und Ablehnung führen könnte, kommt uns oft nicht in den Sinn. Ebenso spielen **Stereotypen, Klischees und Vorurteile** eine große Rolle bei den Kommunikationsproblemen. Höflicher und rücksichtsvoller Umgang vermindert Kommunikationsstörungen.

Äußerungen untersuchen

Wie stehen wir zueinander?

1 *Beschreiben Sie, was die Gesprächspaare auf den Fotos gemeinsam haben.*

Symmetrische und komplementäre Kommunikation

Wir untersuchen Gespräche, um zu verstehen, wie sie funktionieren und an welchen Stellen Probleme auftreten können. Wichtig ist dabei das Verhältnis der Gesprächspartnerinnen und -partner zueinander. Damit Kommunikation gelingen kann und als höflich empfunden wird, sollten beide Seiten das Verhältnis zueinander gleich definieren. Wenn etwa bei einer Gruppenarbeit ein Schüler Anweisungen an seine Mitschülerinnen und Mitschüler erteilt oder im Sport eine Trainerin sehr herrisch auftritt, besteht die Gefahr, dass die Autorität von den übrigen Gesprächspartnern nicht anerkannt wird. Beide Seiten können diese Art der Kommunikation aber auch als stimmig erleben. Kommunikationsprobleme entstehen erst, wenn die Gesprächsteilnehmer ihr Verhältnis zueinander unterschiedlich einschätzen. Entweder spricht die eine Seite zu vertraut mit der anderen Seite (z. B. duzen) oder erteilt Anweisungen, obwohl sich der andere gleichberechtigt fühlt. Die folgende Gegenüberstellung geht auf einen bekannten Kommunikationsforscher namens Paul Watzlawick (1921–2007) zurück.

Wie Gesprächspartner zueinander stehen können

symmetrisch	komplementär
Beide Gesprächspartner sind gleichberechtigt (z. B. Auszubildende des gleichen Jahrgangs, Schülerinnen und Schüler einer Klasse).	Einer der Gesprächspartner ist übergeordnet, der andere untergeordnet (z. B. Chef/-in und Angestellte/-r).

2 *Setzen Sie sich mit dem Modell auseinander.*

a) Erläutern Sie anhand dieses Modells, wie Jugendliche und Eltern als Gesprächspartner zueinander stehen.
Wie möchten Jugendliche von ihren Eltern behandelt werden und wie behandeln Eltern Jugendliche gerne?

a) Wenden Sie das Modell auf das Verhältnis zwischen Lehrerinnen/Lehrern und Schülerinnen/Schülern an.

b) Erläutern Sie anhand dieses Modells, warum Gespräche zwischen Jugendlichen und Eltern häufig problematisch verlaufen.

3 *Untersuchen Sie Ihre Beziehungen zu anderen Auszubildenden. Gibt es Situationen, in denen Ihr Verhältnis zueinander komplementär ist? Begründen Sie.*

Die vier Seiten einer Nachricht

Sprechen wir mit anderen, ist unser Verstehen von mehr Faktoren abhängig als allein vom sachlichen Inhalt unserer Nachricht. Das Wissen darum erleichtert gelungene Kommunikation.

GUT ZU WISSEN – Vier Seiten einer Nachricht

Eine Lehrerin spricht einen Schüler auf dem Schulflur mit den Worten an: „Der Unterricht beginnt in zwei Minuten." Es finden sich vier verschiedene Botschaften in dieser Äußerung. Sie lassen sich in Form eines Nachrichtenquadrats darstellen.

Sachinhalt:

Der Unterricht beginnt in zwei Minuten.

Selbstkundgabe:

Ich bin in Eile, denn mir ist Pünktlichkeit wichtig.
Ich bin verärgert.

Appell:

Beeilen Sie sich!
Kommen Sie mit!

Beziehungsaussage:

Ich bin für Sie verantwortlich.
Sie sind ein unzuverlässiger Schüler.

Jede Äußerung von uns enthält gleichzeitig mehrere Botschaften an den Empfänger. Der Kommunikationsforscher Friedemann Schulz von Thun hat ein Modell entwickelt, bei dem jede Äußerung auf vier für die Kommunikation wesentliche Seiten hin untersucht wird. Der Empfänger bestimmt, welche der Seiten der gesendeten Botschaften er vorrangig wahrnimmt.

- **Sachinhalt:** Was sagt der Sender objektiv aus?
- **Appell:** Was will der Sender bewirken?
- **Selbstkundgabe:** Was sagt der Sender über sich aus?
- **Beziehungsaussage:** Wie sieht der Sender seine Beziehung zum Empfänger?

1 *Entwerfen Sie eine eindeutige Gesprächssituation zwischen der Lehrerin und dem Schüler.*

a) Untersuchen Sie zusammen mit einer Lernpartnerin oder einem Lernpartner, wie man den Satz „Der Unterricht beginnt in zwei Minuten!" vom Tonfall und der Körpersprache her so eindeutig vortragen kann, dass für den Angesprochenen klar ist, ob die Lehrerin in Eile oder verärgert ist.

b) Präsentieren Sie Ihre Ergebnisse der Lerngruppe.

a) Formulieren Sie die Äußerung „Der Unterricht beginnt in zwei Minuten!" dreimal so um, dass klar wird, ob der Schwerpunkt auf der Selbstkundgabe der Beziehung oder dem Appell liegt.

Die vier Seiten einer Nachricht

2 *Wenden Sie das Modell nach Schulz von Thun an.*

a) Formulieren Sie die vier Botschaften, die die Äußerungen jeweils enthalten:
Ist der Rock nicht etwas kurz? – Der Bus fährt in zehn Minuten. – Wann kaufst du dir ein neues Handy? – Die Krawatte passt nicht zum Jackett.

b) Formulieren Sie mögliche Antworten auf die jeweiligen Appellbotschaften. Fassen Sie zunächst den Sachinhalt zusammen. Berücksichtigen Sie » GUT ZU WISSEN.

» GUT ZU WISSEN | **Kontrollierter Dialog**

Diese Technik empfiehlt sich, wenn man als Empfänger unsicher ist, wie das Gesagte genau gemeint ist oder bei besonders wichtigen Gesprächen. Dabei wiederholt man in eigenen Worten, wie man die Äußerungen des Senders verstanden hat. Solche Sätze beginnen mit Formulierungen wie „Habe ich Sie richtig verstanden, dass ..." oder „Du möchtest also gerne ...". Man bezeichnet diese Technik auch als „paraphrasieren" oder „spiegeln". Einerseits vermeidet man so Missverständnisse, andererseits erläutert der Sender bei dieser Gelegenheit oft sein Anliegen genauer, das gegenseitige Verständnis füreinander vertieft sich.

3 *Analysieren Sie die Kommunikationssituationen.*

Situation 1: Auszubildender zur Mitarbeiterin: „Ich komme mit den neuen Formularen nicht zurecht."
Situation 2: Chefin zur Mitarbeiterin: „Die Ware muss unbedingt heute noch raus."
Situation 3: Auszubildende zum Kunden: „Das haben Sie jetzt völlig falsch verstanden."
Situation 4: Mitarbeiterin zu Mitarbeiter: „Hat Frau Peters heute Urlaub?"
Situation 5: Chef zur Auszubildenden: „Auch schon da?"

a) Untersuchen Sie: Geht die Sprecherin/der Sprecher von einer symmetrischen oder von einer komplementären Gesprächssituation aus? Begründen Sie.

b) Ordnen Sie zu: Auf welche Seite der Äußerungen beziehen sich die Empfänger, wenn sie so antworten:
(1) Mitarbeiterin zum Auszubildenden: „Ich kann jetzt nicht. Mein Kunde wartet."
(2) Mitarbeiterin zur Chefin: „Keine Sorge, Sie können sich auf mich verlassen."
(3) Kunde zur Auszubildenden: „Wie reden Sie denn mit mir?"
(4) Mitarbeiter: „Nein, sie ist krank."
(5) Auszubildender zum Chef: „Bitte entschuldigen Sie, dass ich zu spät bin. Das wird nicht wieder vorkommen."

b) Formulieren Sie, welche Botschaften die Äußerungen in den Situationen enthalten.

c) Untersuchen Sie, wie sich die Botschaft verändert, wenn bei Situation 5 ein Auszubildender zu einem anderen spricht.

4 *Beurteilen Sie folgende Situation. Anna-Lena: „Schau mal mein neues Handy!" – Serkan: „Musst du eigentlich immer angeben?"*

a) Analysieren Sie die Äußerung von Anna-Lena nach dem Modell von Schulz von Thun.
b) Erläutern Sie Serkans Reaktion.

Kommunikationsstörungen vermeiden

„Können Sie diesen Auftrag heute Abend noch übernehmen? Ich möchte pünktlich gehen, weil ich eingeladen bin.“

1 *Wie würden Sie entscheiden? Formulieren Sie eine höfliche Antwort.*

2 *Diskutieren Sie, bei welcher der Antworten eine Kommunikationsstörung entstehen kann. Begründen Sie Ihre Entscheidung mit Blick auf die inneren Stimmen (» GUT ZU WISSEN, S. 33).*

„Ja dann, gehen Sie, viel Spaß!“ – „Den Auftrag heute übernehme ich gerne, aber morgen habe ich einen Termin. Könnten Sie dann falls nötig länger bleiben?“

3 *Setzen Sie sich mit folgender Situation auseinander. Ein guter Kunde, Herr Jürgens, sagt zu Ihrem Vorgesetzten: „Dieses Mal möchte ich aber einen höheren Rabatt haben!“*

a) Entscheiden Sie: Welche der folgenden Stimmen führt zu einer Zustimmung, welche zu einer Ablehnung? *„Bei einem höheren Rabatt verdienen wir zu wenig.“ – „Herr Jürgens ist ein guter Kunde. Wenn ich ihm keinen höheren Rabatt gewähre, geht er vielleicht.“ – „Herr Jürgens hat uns schon gute Umsätze beschert, da können wir schon mal einen höheren Rabatt gewähren.“ – „Wenn ich einen höheren Rabatt gewähre, bekomme ich Ärger mit dem Vorstand.“ – „Wenn das andere Kunden hören, bekommen wir Probleme.“*

b) Entwerfen Sie eine Stimmenskulptur für den Vorgesetzten (» GUT ZU WISSEN). Stellen Sie die unterschiedlichen Stimmen des Vorgesetzten dar. Entwerfen Sie eine Darstellung, die eine Auflösung über das innere Team berücksichtigt. Formulieren Sie eine passende Antwort.

c) Vergleichen Sie die Ergebnisse in der Lerngruppe.

» GUT ZU WISSEN | **Stimmenskulptur**

Bei dieser Methode von Ingo Scheller werden die inneren Befindlichkeiten einer Person „aus dem Off“ ausgesprochen. In Teams sind die Rollen so verteilt, dass neben der Person, um die es geht, noch mehrere Mitglieder bestimmt werden, die jeweils einen Gedanken versprachlichen, und zwar zeitgleich, zeitversetzt, laut, leise usw. Eine Auflösung kann erfolgen, indem sich die handelnde Figur für einen Gedanken entscheidet, den sie als passend empfindet. Sie übernimmt ihn, stellt ihn dar und spricht ihn angemessen aus.

Gespräch zwischen Freundinnen

Jennifer: Sind die Schuhe neu?
Natascha: Was hast du gegen meine Schuhe?
Jennifer: Nichts. Ich wollte nur wissen, ob sie neu sind.
Natascha: Klar, sie sind nicht so schick wie deine …
Jennifer: Warum hast du sie dir dann gekauft?
Natascha: Hab ich doch recht, dass sie dir nicht gefallen!
Jennifer: Mit dir ist ja heute nicht zu reden.

4 *Analysieren Sie das Gespräch. Berücksichtigen Sie* **GUT ZU WISSEN** *auf dieser Seite.*

a) Untersuchen Sie, welche inneren Stimmen Natascha durch den Kopf gehen könnten.
b) Erläutern Sie, welches Bild Natascha von sich und Jennifer im Kopf hat.
c) Fassen Sie Ihre Ergebnisse zusammen.

4 *Entwerfen Sie ein störungsfreies Gespräch. Berücksichtigen Sie* **GUT ZU WISSEN** *auf dieser Seite.*

a) Analysieren Sie den Gesprächsverlauf.
b) Entwerfen Sie einen Dialog, der auf das Missverständnis eingeht und es zu beseitigen versucht.

5 *Erläutern Sie die Gründe für das folgende Missverständnis. Wie beurteilen Sie Pauls Reaktion?*

Paul begegnet auf dem Flur seiner Ausbilderin. Diese fragt: „Na, schon wieder unterwegs?“, und will damit einen Smalltalk einleiten. Paul antwortet misstrauisch: „Wie meinen Sie das?“

GUT ZU WISSEN – Ursachen für Kommunikationsstörungen

Nach dem Psychologen Friedemann Schulz von Thun können Ursachen für Kommunikationsstörungen sowohl beim Senden als auch beim Empfangen einer Nachricht auftreten.

Beim **Senden** spielen die **„inneren Stimmen“** eine Rolle. In Gesprächssituationen, in denen wir unsicher sind, wie wir reagieren sollen, melden sich gleichzeitig unterschiedliche Interessen in unserem Kopf. Geben wir spontan einer dieser Stimmen nach, kann es zu einem inneren Konflikt führen, wenn wir z. B. eine Bitte kategorisch ablehnen. Wird man sich der Stimmen bewusst und bildet aus den wichtigsten ein **„inneres Team“**, kann man die eigenen Absichten besser einschätzen und ausdrücken. Sprachlich hilfreich sind Ich-Botschaften (➪ Kapitel II, S. 19) und der Bezug zur Inhaltsebene.

Auf der Seite des **Empfangens** nennt Schulz von Thun u. a. zwei Ursachen für Missverständnisse. Erstens das **Selbstbild des Empfängers**: Wenn der Empfänger unsicher ist, interpretiert er die neutralen Äußerungen eines Senders schnell als Kritik. Zweitens das **Bild, das der Empfänger vom Sender hat**: Wenn er ihn für distanziert und kritisch hält, wird er dessen neutrale Äußerung auch so interpretieren.

Kompetenzcheck – Testen Sie Ihren Lernerfolg

FAZIT

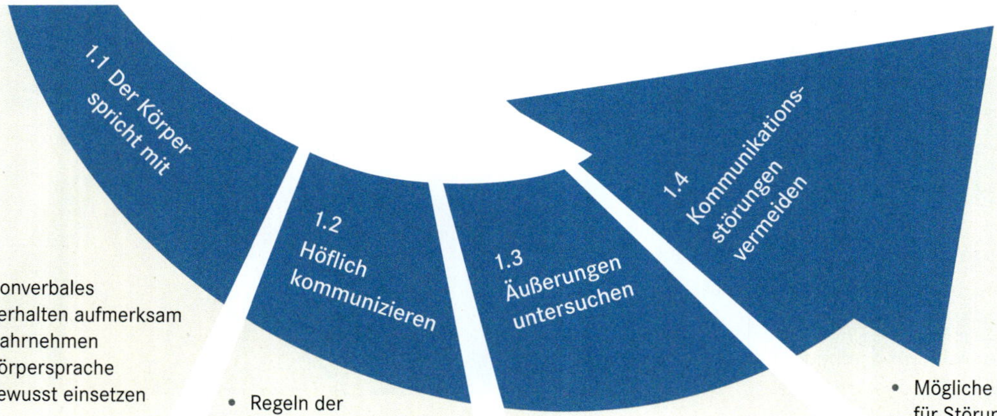

- Nonverbales Verhalten aufmerksam wahrnehmen
- Körpersprache bewusst einsetzen

- Regeln der Höflichkeit anwenden
- Angemessene Sprachebene wählen
- Höflich in interkulturellen Kommunikationssituationen handeln

- Die vier Seiten einer Nachricht wahrnehmen
- Beziehungsebene berücksichtigen

- Mögliche Ursachen für Störungen kennen

ZIELAUFGABE »

1 *Untersuchen Sie die Situation und entwerfen Sie eine Szene mit höflicher und angenehmer Kommunikationsatmosphäre.*

Im Bekleidungsgeschäft nähert sich eine Verkäuferin von hinten einer Kundin, die Kleidungsartikel auf dem Arm trägt, und zupft ihr am Ärmel: „Da drüben is noch ’ne Umkleide frei.“ Die Kundin zuckt zusammen, dreht sich um, zieht die Augenbrauen hoch: „Was meinten Sie bitte?“

a) Untersuchen Sie die nonverbalen Signale der Szene.
b) Wenden Sie das Modell Schulz von Thuns an und erläutern Sie die Beziehung der beiden.

» KOMPETENZCHECK – Erfolgreich kommunizieren

- ☑ Nutze ich im Gespräch eine angemessene Körpersprache (Mimik, Gestik, Blickkontakt, Körperhaltung)?
- ☑ Wahre ich eine angemessene Distanz zu meinem Gegenüber?
- ☑ Verhalte ich mich der Situation angemessen und verwende ich eine höfliche Sprache?
- ☑ Nehme ich Rücksicht auf unterschiedliche kulturelle Gewohnheiten?
- ☑ Bin ich mir meiner Beziehung zum Gesprächspartner bewusst (symmetrisch – komplementär)?
- ☑ Habe ich die vier Seiten einer Nachricht wahrgenommen (Sachinformation, Appell, Selbstoffenbarung und Beziehungsaussage)?
- ☑ Habe ich erkannt, auf welche Seite der Nachricht mein Gegenüber bzw. ich den Schwerpunkt legen möchte?
- ☑ Setze ich bewusst mein „inneres Team“ ein, um in der Kommunikationssituation zu handeln?
- ☑ Bin ich mir über mein Selbstbild und das meines Gegenübers im Klaren?

Kapitel 2

Im Berufsalltag kommunizieren

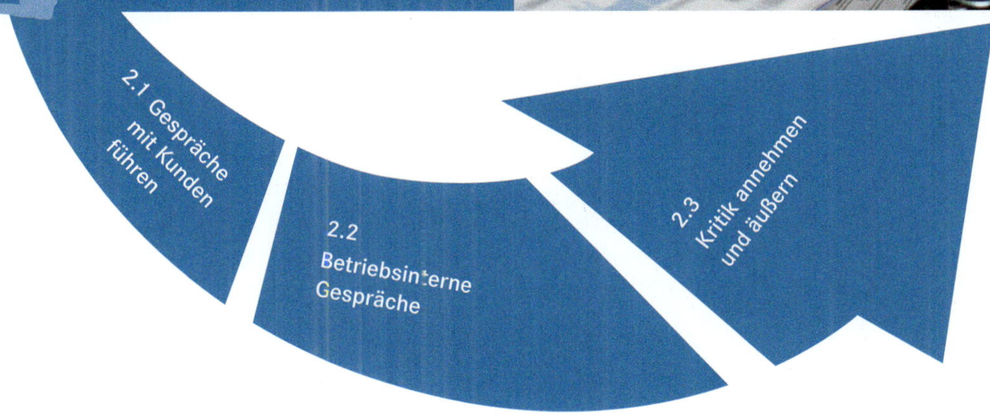

Sie machen Ihre Ausbildung im Einzelhandel. Bislang haben Sie wenig Erfahrung im Umgang mit Kunden. In vielen Situationen überlegen Sie, ob Sie den Kunden ansprechen sollen, wie Sie das Gespräch am besten beginnen und wie Sie es entwickeln können. Am Ende dieses Kapitels werden Sie Ihren Mitschülerinnen und Mitschülern beispielhaft einen Dialog zwischen einem Kunden und einem Kundenberater präsentieren, anhand dessen Sie Ihr Wissen über Gespräche im beruflichen Kontext demonstrieren.

Kompetenzen	Methoden und Arbeitstechniken
✔ Gespräche im beruflichen Umfeld auf der Grundlage kommunikativer Kenntnisse bewerten und zielorientiert führen ✔ Redeabsichten erkennen und angemessen reagieren ✔ Empathie in Gesprächssituationen zeigen	✔ Verkaufsgespräche mit der KAAPAV-Struktur führen ✔ Fragetypen einsetzen ✔ Reklamationsgespräche strukturieren ✔ Reflexions- und Konfliktgespräche bewerten und strukturieren ✔ Rollenspiele planen, durchführen und analysieren

Gespräche mit Kunden führen

Beratungs- und Verkaufsgespräche

Weich und warm – Kunden gut beraten

An einem kühlen Wintermorgen betritt ein junger Mann (M.) ein Bekleidungsfachgeschäft für gehobene Ansprüche und schaut sich suchend um. Die Kundenberaterin Frau Bellmer (K.) spricht ihn an:

K.: Guten Morgen. Kann ich Ihnen helfen?

M.: Moin – ähm ... ja, also, ich suche 'nen Pullover ...

K.: Ja, dann sind Sie hier genau richtig.
An was haben Sie gedacht: Soll es ein schöner warmer Winterpullover sein oder eher etwas für den Übergang?

M.: Ja ... ich weiß nicht ... für beides eigentlich!

K.: Ich sehe, Sie tragen eine Daunenjacke – wenn Sie leicht frieren, wäre vielleicht ein Wollpullover etwas für Sie?

M.: Hm ... aber die kratzen so!

K. *(zeigt einen Pullover):* Fühlen Sie mal diese Wolle – reines Kaschmir, von Bergziegen aus Pakistan!

M.: Oh ja, der Pulli ist ja weich – echt kuschelig ...! Aber ich mag kein Rot!

K.: Den Pullover haben wir in vielen Farben – was sagen Sie zu diesem Blau? Oder lieber ein kräftiges Grün?

M.: Och, das Blau finde ich ganz schick ... so zur Jeans.

K.: Und es gibt dieses Modell auch mit verschiedenen Kragenlösungen! Tragen Sie gerne eng anliegende oder lieber weite Kragen?

M.: Ach, nee, bloß kein Rollkragen, lieber weit und dann 'nen Schal.

K.: Dann wäre dieser Pulli vielleicht etwas für Sie: das Blau passt gut zu den Jeans und unterstreicht Ihre Augenfarbe, der Kragen ist gut geeignet, um ein Hemd darunter und einen Schal um den Hals zu tragen ... Sie tragen Größe 52?

M.: Ja, ich weiß nicht – meistens passt mir M oder L ...

K.: Am besten probieren Sie ihn an. Dort drüben haben wir Kabinen.

(Drei Minuten später, der Kunde tritt aus der Kabine.)

K.: Na, das sieht doch wirklich gut aus!

M.: Ja, fühlt sich echt gut an – aber finden Sie nicht, dass er zu groß ist?

K.: Keineswegs – zu eng darf dieser Pullover nicht sein ... Und Sie tragen ja jetzt nur ein T-Shirt darunter, kein Hemd.

M.: Sagen Sie, stimmt das Preisschild? Was soll der Pulli denn kosten?

K.: Kaschmir ist eben ein wirkliches Qualitätsprodukt, das trägt nicht jeder. Der Pullover kostet 99 Euro. Diese Wolle ist biologisch-dynamisch gefärbt, das heißt, Sie brauchen keine allergischen Reaktionen zu befürchten. Und die Weichheit der Wolle ist doch einzigartig, oder?

M.: Hm ... aber das ist ganz schön viel, finde ich.

K.: Wir haben natürlich auch günstigere Pullover im Angebot, aber die sind eben aus Schafwolle oder Mischgewebe und längst nicht so exklusiv.

M.: Hm, ja. Aber kann man den denn überhaupt waschen? Ich kenn mich da nicht so aus.

K.: Ja, natürlich, sehen Sie mal: Das Schild bestätigt die Qualität: 30 Grad Wollwaschgang. Aber ich würde Handwäsche empfehlen, dann haben Sie lange Freude an dem Stück.

M.: Hm ... ja, schön ist er ja ... und fühlt sich wirklich gut an ... also gut, dann nehme ich den!

K.: Die Farbe steht Ihnen aber auch wirklich gut – Sie werden sehen, das wird Ihr neuer Lieblingspullover!

(An der Kasse, er zahlt.)

K.: Vielen Dank für Ihren Einkauf! Dann wünsche ich Ihnen noch einen schönen Tag und viel Freude mit Ihrem neuen Kaschmirpullover!

Beratungs- und Verkaufsgespräche

1 *Untersuchen Sie den Ablauf des Verkaufsgesprächs.*

a) Gliedern Sie das Gespräch in Abschnitte und notieren Sie stichwortartig, wodurch sich die einzelnen Abschnitte auszeichnen.

b) Beschreiben Sie auch die sprachlichen Besonderheiten in den Gesprächsabschnitten.

2 *Ein Verkaufsgespräch hat verschiedene Phasen, durch die ein Verkäufer den Kunden leitet.*

a) Bringen Sie die folgenden Phasenbeschreibungen in die richtige Reihenfolge (c = 1 usw.).

a) Sie fragen nach den Wünschen des Interessenten und ermitteln die Kaufmotive. Hören Sie Ihrem Kunden aufmerksam zu, wiederholen Sie die Wünsche mit eigenen Worten und fragen Sie ggf. nach.

b) Sie beantworten Fragen zum Produkt und überzeugen den Kunden mit sachlichen Informationen. Geben Sie dem Kunden Zeit, selbst Fragen zu stellen.

c) Sie begrüßen den Kunden freundlich und bieten Hilfe an. Sie vermitteln durch Ihr Erscheinungsbild, Ihr Auftreten und Ihre Körpersprache eine angenehme Atmosphäre.

d) Sie bedanken sich bei Ihrem Kunden für sein Interesse / seinen Kauf und bestätigen ihm, dass er sich richtig entschieden hat. Verabschieden Sie sich höflich.

e) Sie legen dem Kunden eine Auswahl verschiedener Waren vor, die er prüft. Sie beantworten ggf. Fragen und beraten bei der Auswahl.

f) Sie bemerken, welches Produkt der Kunde bevorzugt, und helfen ihm bei der Entscheidung.

b) Benennen Sie die Phasen nach der KAAPAV-Struktur mithilfe von » GUT ZU WISSEN.

c) Analysieren Sie das Verkaufsgespräch der vorherigen Seite, indem Sie die Phasen nach der KAAPAV-Struktur den Gesprächsabschnitten zuordnen.

» GUT ZU WISSEN **Beratungs- und Verkaufsgespräche führen**

In den letzten Jahren hat sich die Wirtschaft vom Verkäufer-Markt zum **Käufer-Markt** entwickelt. Verkäufer müssen heute gezielt um Kunden **werben**, denn die Angebote unterscheiden sich häufig nur geringfügig voneinander. Das oberste Ziel eines modernen Verkaufsprozesses ist daher nicht der schnelle Verkauf, sondern die **Zufriedenheit der Kunden**. Die Beratung ist daher ein wesentlicher Bestandteil des Verkaufsgesprächs: Wenn eine gute Beratung erfolgt, sind die Kunden zufrieden. Die Verkäufer sind also zuerst einmal **Berater**.

Struktur eines Verkaufs-/Beratungsgesprächs	Sprachliche Mittel
• **K** – Kontakt • **A** – Analyse des Kundenproblems/Kaufmotivs • **A** – Angebot (Beratung, Auswahl) • **P** – Prüfen (z. B. Einwandbehandlung) • **A** – Abschluss (Entscheidung) • **V** – Verabschiedung	• Begrüßung/Höflichkeit • W-Fragen • Aussagesätze • beschreibend, argumentierend • zusammenfassen, bestätigen, nachfragen • Höflichkeit

3 *Sortieren Sie die Fragen den Gesprächsabschnitten eines Verkaufsgesprächs zu.*

„Wissen Sie schon, was Sie wollen?“ „Haben Sie noch weitere Fragen zum Produkt?“
„Ich wünsche Ihnen noch einen schönen Tag und viel Freude am Produkt!“
„Sie wissen, wie es funktioniert? Oder soll ich es Ihnen kurz zeigen?“ „Soll ich es Ihnen einpacken?“

Fragen clever einsetzen und Einwänden begegnen

1 *Sehen Sie sich die Fragentypen in GUT ZU WISSEN an.*

a) Gehen Sie die Phasen eines Verkaufsgesprächs erneut durch (GUT ZU WISSEN, S. 37) und sortieren Sie die verschiedenen Fragentypen zu, die Ihnen in den Phasen als besonders geeignet erscheinen.

b) Finden Sie weitere Beispiele zu den unterschiedlichen Fragentypen.

GUT ZU WISSEN **Unterschiedliche Fragentypen einsetzen**

In allen Beratungs- und Verkaufsgesprächen nutzt die Verkäuferin / der Verkäufer verschiedene **Arten von Fragen**, die unterschiedliche **Funktionen** haben und dem Gespräch eine bestimmte Richtung geben können. Daher ist es sinnvoll, die Fragentypen **bewusst einzusetzen**.

Fragentyp	Inhalt / Zweck	Beispiel
Offene Fragen	Kundenwunsch ermitteln; wird gerne bei der Eröffnung genutzt; lässt viel Raum bei der Beantwortung	*„An was hatten Sie denn gedacht?“*
Geschlossene Fragen	Nur Ja- oder Nein-Antwort möglich; als Testfrage und zur Wunschermittlung geeignet	*„Darf ich Ihnen ein Modell zeigen?“*
Alternativfragen	Kunde soll sich entscheiden; gut einsetzbar als Lenkungsfrage bei unsicheren Kunden; zur Minimierung der Auswahl.	*„Soll es eine wärmere oder eine Übergangsjacke sein?“*
Suggestivfragen	Kunde wird in eine Richtung gedrängt; soll zur Entscheidung führen; ist stark lenkend.	*„Sie legen doch sicher Wert auf ein umweltfreundliches Produkt?“*

2 *Erarbeiten Sie ein Verkaufsgespräch.*

a) Wählen Sie ein Produkt aus, das Sie Ihrer Lernpartnerin / Ihrem Lernpartner verkaufen wollen. Überlegen Sie sich überzeugende Argumente für Ihr Produkt.

b) Entwerfen Sie nun gemeinsam ein Verkaufsgespräch unter Beachtung der sechs Phasen (GUT ZU WISSEN, S. 37) und verschiedener Fragetypen.

c) Tragen Sie Ihr Verkaufsgespräch mit verteilten Rollen vor und erläutern Sie Ihrer Lerngruppe anschließend kurz den Aufbau des Gesprächs und die eingesetzten Fragentypen.

3 *Die Käuferin / Der Käufer Ihres Produkts aus Aufgabe 2 ist von Ihren Argumenten nicht überzeugt und bringt zahlreiche Einwände bzw. Gegenargumente vor.*

a) Sammeln Sie Einwände gegen das Produkt Ihres Verkaufsgesprächs.

b) Formulieren Sie Antworten auf die Einwände: Wie können Sie den Kunden überzeugen?

b) Wenden Sie bei Ihren Antworten eine der Methoden aus dem Tipp-Kasten an.

c) Recherchieren Sie im Internet mit den Stichwörtern „Einwandbehandlung“ und „Methode“ nach weiteren Methoden und dazugehörigen Beispielen.

d) Spielen Sie die Einwandbehandlung Ihrer Lerngruppe vor. Lassen Sie sich ein Feedback zu den Punkten „Überzeugungskraft“ und „sprachliche Höflichkeit“ geben.

Tipp

Mit Einwänden umgehen

Bei der Einwandbehandlung gibt es verschiedene Methoden:

- Begründungsmethode (Ja-aber-Methode)
- Rückfragemethode
- Verharmlosungsmethode
- Abwägungsmethode (Vorteil-Nachteil)

Kundengruppen und Kundentypen

Marketingexperten teilen Kunden in unterschiedliche Gruppen ein, und zwar nach Alter (z. B. Teenager, Senior), Geschlecht (Frau, Mann), Kaufverhalten (z. B. Neuheitenkäufer, Sicherheitskäufer, Preiskäufer) und Geschäftstreue (z. B. Laufkunde, Stammkunde).

1 *Wählen Sie eine Kundengruppe aus den oben genannten aus.*

a) Überlegen Sie sich ein Produkt, das Sie voraussichtlich leicht an die Kundengruppe verkaufen können, und eines, das wahrscheinlich beratungsintensiv ist.

b) Erstellen Sie eine Liste mit Besonderheiten, die eine Verkäuferin / ein Verkäufer im jeweiligen Verkaufsgespräch beachten sollte. Ihr Ziel ist stets die Kundenzufriedenheit.

2 *Unterschiedliche Kundengruppen haben bei Einkäufen auch verschiedene Kaufmotive (Absichten).*

a) Gehen Sie die folgenden Beispiele durch: Was könnten die Kaufmotive der Käufer sein?
- Ein junger Mann will einen kleinen Hund kaufen (Tierhandlung).
- Eine junge Frau will ein dunkelblaues Samtkleid kaufen (Modeboutique).
- Ein Kind will einen Gedichtband kaufen (Buchhandlung).
- Ein älterer Mann will einen großen Geländewagen kaufen (Autohaus).
- Eine ältere Frau will ein wertvolles Schmuckstück kaufen (Juwelier).

b) Tauschen Sie die Kunden und die Kaufgegenstände (z. B. älterer Mann – Buch, Kind – Hund). Was könnten jetzt die Kaufmotive sein?

c) Diskutieren Sie mit Ihrer Lernpartnerin / Ihrem Lernpartner die Konsequenzen der verschiedenen Kaufmotive für das Verkaufsgespräch.

b) Suchen Sie sich zwei Situationen aus und führen Sie in Partnerarbeit den Beginn eines Verkaufsgesprächs. Ermitteln Sie auf höfliche Art die Kaufmotivation und unterbreiten Sie das passende Angebot.

3 *Neben Kundengruppen unterscheidet man auch Kundentypen. Bei dieser Unterteilung stehen die Verhaltensmerkmale im Vordergrund.*

a) Beschreiben Sie das Verhalten der folgenden Kundentypen während eines Verkaufsgesprächs genauer: eines Nörglers, der an allem etwas auszusetzen hat; eines Misstrauischen, der an allem zweifelt; eines Experten oder Besserwissers, der über alles Bescheid weiß; eines Unentschlossenen.

b) Welche Anforderungen entstehen dabei für Sie als Verkäufer/-in? Erarbeiten Sie kurze Szenen mit diesen Kundentypen. Spielen Sie sie der Lerngruppe vor und diskutieren Sie, wie Sie mit diesen Kundentypen am besten umgehen könnten.

Reklamationen

Reklamationen müssen für ein Unternehmen nicht unbedingt von Nachteil sein. Wenn ein gutes Beschwerdemanagement im Betrieb herrscht und die Reklamation als Chance zur Weiterentwicklung betrachtet wird, dann kann die Beziehung zum Kunden erhalten oder sogar verbessert werden.

1 *Überlegen Sie Gründe, weshalb es für ein Unternehmen sinnvoll ist, Kundenbeschwerden ernst zu nehmen. Welche Gefahren sind mit unzufriedenen Kunden verbunden? Beziehen Sie die Illustration in Ihre Überlegungen ein.*

Situation

Sie sind Kundenberater/-in in einem Medien-Einzelhandel. Ein aufgebrachter Kunde steht in Ihrer Abteilung und beschwert sich darüber, dass der MP3-Player, den er, nach einer Beratung durch Sie, vor einigen Wochen in Ihrem Geschäft gekauft hat, nicht mehr funktioniert. Er ist sehr aufgeregt und schimpft: „Hören Sie mal, was Sie mir da vor einiger Zeit angedreht haben, das ist der letzte Mist!"

2 *Wie reagieren Sie auf diese Kundenbeschwerde?*

a) Versetzen Sie sich zuerst in die Rolle des Kunden und überlegen Sie, was Sie auf Ihre Beschwerde hin von der Verkäuferin/dem Verkäufer erwarten. Notieren Sie Argumente für Ihren Standpunkt.

b) Versetzen Sie sich in die Rolle der Verkäuferin/des Verkäufers und notieren Sie Reaktionsweisen, Fragen und Antworten, die Sie dem Kunden entgegensetzen wollen.

c) Führen Sie den Dialog als Rollenspiel vor der Lerngruppe auf. Lassen Sie sich ein Feedback zu Ihrer Strategie des Beschwerdemanagements geben: Ist der Kunde beschwichtigt und zufrieden? Ist die Lösung auch aus Unternehmenssicht zufriedenstellend?

3 *Vergleichen Sie Ihren Gesprächsablauf mit der Checkliste.*

a) Notieren Sie Änderungen im Gesprächsablauf nach der vorgegebenen Struktur rechts.

b) Spielen Sie gedanklich die Phasen durch und überlegen Sie sich mögliche Reaktionen des Kunden.

c) Beurteilen Sie die vorgeschlagene Struktur: Ist der Kunde zufrieden mit der Abwicklung? Was hätte die Verkäuferin/der Verkäufer besser machen können? Verläuft das Gespräch positiver als dasjenige aus Aufgabe 2?

CHECKLISTE – Reklamationsgespräche strukturiert führen

- ☑ 1. Schritt: Dem Kunden die Möglichkeit geben, sein Problem zu schildern; aktiv zuhören (ggf. nachfragen, zusammenfassen ...).
- ☑ 2. Schritt: Das Problem mit eigenen Worten formulieren und zeigen, dass das Problem verstanden wurde.
- ☑ 3. Schritt: Einen möglichen Lösungsvorschlag aufzeigen, der den Kunden zufriedenstellen könnte.
- ☑ 4. Schritt: Erst jetzt prüfen, ob die Reklamation berechtigt ist (Garantiezeit, Begutachten der Ware usw.).
- ☑ 5. Schritt: Die Reklamation abwickeln oder plausibel begründen, weshalb keine Reklamationsberechtigung vorliegt. Evtl. aus Kulanzgründen die Ware dennoch umtauschen.

4 *Recherchieren Sie die rechtlichen Bedingungen im Internet: Was müssen Sie als Verkäufer/-in für die Beschwerdeabwicklung wissen? Welche Rechte haben Kunden?*

Telefongespräche

Situation

Das Beschwerdemanagement Ihrer Firma sieht vor, dass Sie sich zwei Wochen nach der Reklamationsbearbeitung nochmals bei dem Kunden erkundigen, ob die Lösung zu seiner Zufriedenheit ausgefallen ist. Sie haben den MP3-Player, der Anlass zur Reklamation gab, aufgrund der Garantie umgetauscht.

1 *Bereiten Sie das Gespräch mithilfe der Fragen der Checkliste rechts vor.*

2 *Alle beruflichen Gespräche sollten vorbereitet werden. Diskutieren Sie in Gruppen, weshalb das Telefonat besondere Ansprüche stellt.*

Gesprächsvorbereitung

- ☑ Wie melde ich mich am Telefon?
- ☑ Wen will ich sprechen?
- ☑ Welches ist der günstigste Zeitpunkt für das Gespräch?
- ☑ Wie verhalte ich mich, wenn ich die gewünschte Person nicht erreiche?
- ☑ Was will ich erreichen, was ist mein Ziel?
- ☑ Wie beginne/beende ich mein Gespräch?
- ☑ Welche Kompromisse kann ich machen?
- ☑ Liegen Schreibgeräte, Notizblock und Produktübersicht neben dem Telefon bereit?

3 *Bereiten Sie einen Beobachtungsbogen für die Bewertung von Telefonaten vor. Nutzen Sie die Checkliste „Gesprächsführung".*

Gesprächsführung

- ☑ Bin ich stets höflich und freundlich geblieben?
- ☑ Habe ich die korrekte Meldeformel eingehalten (Firma, Vor- und Nachname, Begrüßung)?
- ☑ Habe ich die korrekte Schlussformel eingehalten (Zusammenfassung, Ausblick, Verabschiedung)?
- ☑ Habe ich mich durch andere Aktivitäten ablenken lassen?
- ☑ Habe ich starke Dialektfärbung vermieden und hochdeutsch gesprochen?
- ☑ Sind Ziffern wiederholt worden?
- ☑ Habe ich in angemessener Weise Auskünfte erteilt (keine Geschäftsgeheimnisse, wenig Privates)?
- ☑ Habe ich schwer verständliche Namen oder Begriffe buchstabiert bzw. buchstabieren lassen (Buchstabiertafel)?

3 *Bereiten Sie ein Formular für Telefonnotizen vor. Überlegen Sie, was unbedingt festzuhalten ist. Orientieren Sie sich u. a. an den Hinweisen zur Gesprächsvorbereitung, -durchführung und -nachbereitung.*

Gesprächsnachbereitung

- ☑ Habe ich mein Ziel erreicht?
- ☑ Habe ich eine Gesprächsnotiz angefertigt?
- ☑ Was ist zu veranlassen, welche Folgetätigkeiten sind zu tun?
- ☑ Wer muss über das geführte Gespräch informiert werden?

Tipp

Zeichnen Sie das Gespräch auf und werten Sie es anschließend gemeinsam aus.

4 *Führen Sie das Gespräch als Rollenspiel auf. Stellen Sie die Stühle rückwärts gegeneinander, sodass sich die Gesprächspartner nicht sehen. Die Beobachtergruppe füllt während des Gesprächs den Beobachtungsbogen aus Aufgabe 3 aus.*

5 *Spielen Sie bei einem Telefonat den Kundentyp Nörgler (⇨ S. 39) und stellen Sie die Geduld Ihres Telefonpartners auf die Probe. Wie reagiert dieser am geschicktesten?*

Betriebsinterne Gespräche

Beurteilungs- und Mitarbeitergespräche

GUT ZU WISSEN | **Betriebsinterne Gespräche führen**

In den meisten Betrieben werden **Mitarbeitergespräche**, **Beurteilungsgespräche** oder **Jahresgespräche** durchgeführt, die dem Austausch zwischen Vorgesetzten und Mitarbeitern dienen. Solche Gespräche sollten sorgfältig vorbereitet werden. Meist wird dazu ein Beurteilungsbogen als Strukturhilfe benutzt, der der Vorbereitung dienen kann oder während des Gesprächs gemeinsam ausgefüllt wird. Aspekte eines Mitarbeitergesprächs sind z. B.: Bilanz zu ziehen über die Zusammenarbeit, erzielte und zu verbessernde Arbeitsergebnisse zu besprechen sowie zukünftige Entwicklungschancen aufzuzeigen.

Wichtig ist dabei, dass man auf eine **höfliche Ausdrucksweise achtet**, **sich offen zeigt** und **Fragen stellt**. Man sollte aber auch **Kritik annehmen** und **äußern können**. Um ein Gespräch **konstruktiv** zu führen, sollte man vor allem auf die **Formulierung der Aussagen** achten.

1 *Erstellen Sie einen Cluster zu den Themenbereichen eines Mitarbeiter- bzw. Jahresgesprächs.*

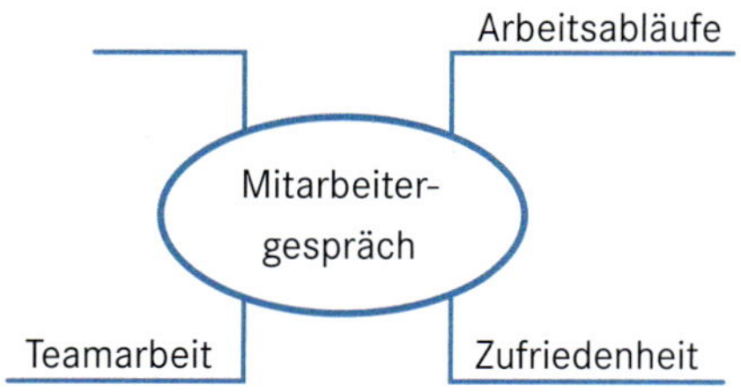

2 *Diskutieren Sie in kleinen Teams: Was bringt ein regelmäßiges Mitarbeitergespräch langfristig den Mitarbeitern, den Führungskräften, dem Unternehmen? Erstellen Sie gemeinsam eine Mindmap auf einer Folie.*

3 *Nutzen Sie Ihre Ergebnisse aus den Aufgaben 1 und 2 und bereiten Sie Ihr eigenes Jahresgespräch vor.*

a) Erstellen Sie am PC einen Vorbereitungsbogen mit den wichtigsten Themen und Fragen eines Jahresgesprächs. Formulieren Sie so allgemein, dass Sie den Bogen jedes Jahr nutzen können. Er stellt gleichzeitig auch den Ablaufplan dar.

b) Füllen Sie ihn für Ihre momentane Arbeitssituation aus.

c) Diskutieren Sie im Plenum, wie schwierige Themen am besten anzusprechen sind. Halten Sie die Tipps fest.

Situation

Sie haben für die nächste Woche eine Einladung zum Jahresgespräch bekommen. Ihre Abteilungsleiterin / Ihr Abteilungsleiter will sich mit Ihnen über Ihr Arbeitspensum, Ihre Arbeitszufriedenheit, Ihre Wünsche bezüglich Ausbildungsinhalten sowie über die Teamarbeit in der Abteilung unterhalten. Jedoch erwarten Sie auch, dass sie/er Sie auf Ihre nachlassenden Leistungen anspricht.

Rollenkarte „Auszubildende/-r“

Sie sind Auszubildende/-r am Anfang des zweiten Lehrjahres. In letzter Zeit hat Ihre Arbeitsleistung merklich nachgelassen, weil Sie Probleme mit Ihrem Freund / Ihrer Freundin haben. Auch Ihre Leistungen in der Berufsschule sind zurückgegangen, u. a. deshalb, weil Sie dem Unterricht ferngeblieben sind. Allerdings sind Sie auch mit der Ausbildung nicht zufrieden, denn Sie langweilen sich oft und haben das Gefühl, nicht genug zu lernen.

Beurteilungs- und Mitarbeitergespräche

Rollenkarte „Abteilungsleiter/-in"

Sie sind Abteilungsleiter/-in in einem Betrieb und u. a. für die Auszubildenden Ihrer Abteilung verantwortlich. Eine/Einer Ihrer Auszubildenden (zweites Lehrjahr) war immer sehr motiviert und zuverlässig, hat aber in letzter Zeit merklich nachgelassen. Sie/Er erscheint unkonzentriert, ist oft unpünktlich und mürrisch. Einige Mitarbeiter haben sich bereits beschwert. Sie wissen, dass ihre/seine Leistungen in der Berufsschule ebenfalls schlechter geworden sind.

4 ***Bereiten Sie das Jahresgespräch mit Ihrer Lernpartnerin / Ihrem Lernpartner vor.***

a) Teilen Sie die Rollen zu. Denken Sie sich in die Person ein, die Sie spielen werden, und nutzen Sie den erarbeiteten Vorbereitungsbogen zur Gesprächsplanung.

b) Bereiten Sie sich als Auszubildende/-r besonders auf die folgenden Aspekte vor: Wie begründen Sie die nachlassenden Leistungen? Was wollen Sie von Ihren privaten Problemen preisgeben? Wie wollen Sie Ihre Wünsche nach einer Veränderung in Ihrer Ausbildung vorbringen?

b) Bereiten Sie sich als Abteilungsleiter/-in besonders auf die folgenden Aspekte vor: Wie sollen Sie auf die nachlassenden Leistungen zu sprechen kommen? Was erwarten Sie von ihr/ihm? Wie reagieren Sie, wenn Ihnen ggf. von privaten Problemen berichtet wird? Was können Sie für Perspektiven anbieten?

c) Notieren Sie für die schwierigen Themen die Formulierungen, die Sie nutzen wollen (>> GUT ZU WISSEN).

d) Präsentieren Sie das Rollenspiel im Plenum.

e) Achten Sie als Zuschauer vor allem auf die sprachliche Gestaltung des Gesprächs und geben Sie im Anschluss ein konstruktives Feedback (Kapitel II, S. 21).

>> GUT ZU WISSEN **Sprachliche Mittel zum konstruktiven Gespräch**

Ungeschickte Formulierung	Verbesserungsvorschlag	Angemessene Formulierung
„Sie machen in letzter Zeit viele Fehler."	Ich-Botschaften statt Du-Botschaften verwenden.	*„Ich habe den Eindruck, dass Ihre Leistungen in letzter Zeit nachlassen."*
„Sie sind oft als Letzter fertig!"	Fragen statt Feststellungen verwenden.	*„Fällt es Ihnen schwer, das Tempo der Arbeit einzuhalten?"*
„Immer kommen Sie zu spät zur Arbeit."	Verallgemeinerungen vermeiden, Verbesserungsvorschläge machen.	*„In der letzten Woche sind Sie dreimal zu spät gekommen. Wie wäre es, wenn ..."*
„Wie Sie schon herumlaufen."	Persönliche Verletzungen vermeiden, sachlich bleiben.	*„Hier in unserem Betrieb sind wir bemüht, auf unsere Kleidung zu achten."*
„Ihre Kollegen finden auch, dass Sie ..."	Keine Aussagen von anderen nutzen.	*Die Zufriedenheit des gesamten Teams ist gewährleistet, wenn alle ...*

Kritik annehmen und äußern

Sprich, wenn du wütend bist, und du wirst die beste Rede halten, die du je bedauern wirst!
Ralph Waldo Emerson

1 *Erklären Sie mit eigenen Worten das Sprichwort von Ralph Waldo Emerson. Welche Warnung spricht er indirekt aus?*

Unter Kollegen

Zwei Kollegen, A (Raucherin) und B (Nichtraucher), treffen sich im Aufenthaltsraum.

A *(zündet sich gerade eine Zigarette an).*
B: Och nee – willst du jetzt etwa schon die Luft verpesten?
A: Nun hab dich nicht so – das bisschen Rauch macht die Luft hier auch nicht schlechter!
B: Von wegen „das bisschen Rauch" – dies Gequalme ist einfach widerlich!
Da will man mal in Ruhe 'ne Tasse Kaffee trinken und dann das! Kannst du nicht nach draußen gehen?
A: Ach, komm schon, so schlimm ist das doch nicht – du bist die Einzige, die hier gegen das Rauchen stänkert.
B: Oh nein, alle anderen Kollegen in der Abteilung können es auch nicht ab – sie trauen sich nur nicht, was zu sagen!

A: Ach ... *(raucht genüsslich weiter, grinst dabei).*
B: Und während du dauernd deine Raucherpausen machst, bleibt die Arbeit so lange liegen – die sollen dann die Kollegen für dich machen, ja?
A: Was soll das denn heißen? Ich mach doch nicht dauernd Pause! Und jetzt tu nicht so, als ob du für mich Arbeit machen würdest ...

2 *Untersuchen Sie das Gespräch mit einer Lernpartnerin / einem Lernpartner.*

a) Lesen Sie das Gespräch mit verteilten Rollen laut vor und bemühen Sie sich dabei um eine möglichst realistische Betonung.

b) An welchen Stellen im Gespräch findet eine Eskalation statt? Was hätten die Kollegen lieber nicht sagen sollen? An welcher Stelle wird das Gespräch unsachlich und warum? Nutzen Sie für Ihre Untersuchung » GUT ZU WISSEN, S. 43.

c) Formulieren Sie für dieselbe Situation Reaktionen und Aussagen, mit denen Sie der Sache gerecht werden, indem Sie sachlich sprechen und Ihre Gefühle / Wahrnehmungen möglichst neutral formulieren, aber deutlich nennen.

3 *Ein Konfliktgespräch sollte nicht zwischen „Tür und Angel" stattfinden, sondern geplant und überlegt sein. Machen Sie sich mit der Struktur für Konfliktgespräche mithilfe von » GUT ZU WISSEN vertraut.*

GUT ZU WISSEN **Konfliktgesprächen eine Struktur geben**

Kritik annehmen und Kritik äußern, das sind zwei Seiten einer Medaille. In einem Konfliktgespräch kommt es sehr darauf an, ob derjenige, der kritisiert, dies sachlich tut. Konstruktive Kritik erkennt man daran, dass nicht nur das (falsche) Verhalten aufgezeigt wird, sondern konstruktive Verbesserungsvorschläge gemacht werden.

Einem Konfliktgespräch eine Struktur zu geben trägt dazu bei, es einerseits sachlich zu führen und andererseits das Problem zu einer Lösung zu bringen. Lösungen sind meist nur dann erfolgreich, wenn alle Betroffenen an der Erarbeitung beteiligt werden.

Phase des Gesprächs	Inhalte der Gesprächsphase; Absicht, die erreicht werden soll	Sprachliche Umsetzungsmöglichkeiten
Klären	Situationsanalyse: Wer hat welches Problem? Ziel: Fakten der derzeitigen Situation nennen.	*„Schildern Sie doch bitte ...“; „Was ist Ihrer Meinung nach das Problem?“; „Wie sehen Sie die momentane Situation?“*
Sammeln	Individuelle Lösungsideen, Vorstellungen der Teilnehmer zusammentragen.	*„Ich würde vorschlagen ...“; „Meiner Meinung nach ...“; „Die Kosten sprechen für ...“*
Bewerten	Lösungsvorschläge abwägen, Vor- und Nachteile auflisten.	*„Ich fände es gut, wenn wir erst mal ..., aber dann auch ...“; „Mir gefällt die Lösung, dass ...“*
Einigen: Ziel festlegen	Auf die beste Lösung bzw. auf ein gemeinsames Ziel einigen, gemeinsam eine Lösung finden.	*„Sind alle einverstanden, wenn wir erst mal ...?“; „Obwohl der Vorschlag X gut ist, ... sollten wir aus Y Gründen etwas davon abweichen und ...“*
Einigen: Weg festlegen	Auf besten Lösungsweg bzw. auf gemeinsamen Plan einigen, gemeinsame Auswahl der nächsten Schritte treffen.	*„Könnten Sie bitte – per Handzeichen – Ihre Zustimmung bekunden?“; „Sollen wir als Nächstes ...“; „Folgendermaßen sollten wir ...“*
Kontrolle	Auf Kontrollmechanismen zur Zielerreichung einigen.	*„Herr Meier, könnten Sie die Zwischenergebnisse beim nächsten Treffen am [Datum] vortragen?“*
Protokoll	Beschlossene Maßnahmen als verbindliche Ziele für alle Teilnehmer in einem Protokoll festhalten.	*„Das Protokoll bekommen Sie zugeschickt – ich bitte Sie alle, sich an die Termine zu halten.“*

4 *Zwischen Ihnen und einer Kollegin herrscht ein Konflikt. Ihre Kollegin hat Ihnen in einer Besprechung vorgeworfen, dass Sie dem Arbeitspensum nicht gewachsen sind und ineffizient arbeiten. Ein Gesprächstermin zur Konfliktbesprechung und -lösung ist angesetzt.*

a) Denken Sie sich in die Situation ein und schreiben Sie eine Rollenkarte für eine der Rollen.

b) Notieren Sie Ihre Kritik in einer sprachlichen Form, die ein konstruktives Gespräch unterstützt (GUT ZU WISSEN, S. 43 und diese Seite).

c) Bereiten Sie in kleinen Teams das Gespräch nach der Struktur in GUT ZU WISSEN vor.

d) Führen Sie jetzt das Gespräch im Rollenspiel vor. Die Beobachtergruppe achtet für ihr Feedback besonders auf die Struktur des Gesprächs und die sprachliche Umsetzung. Reflektieren Sie das Gespräch anschließend in der gesamten Lerngruppe.

Kompetenzcheck – Testen Sie Ihren Lernerfolg

FAZIT

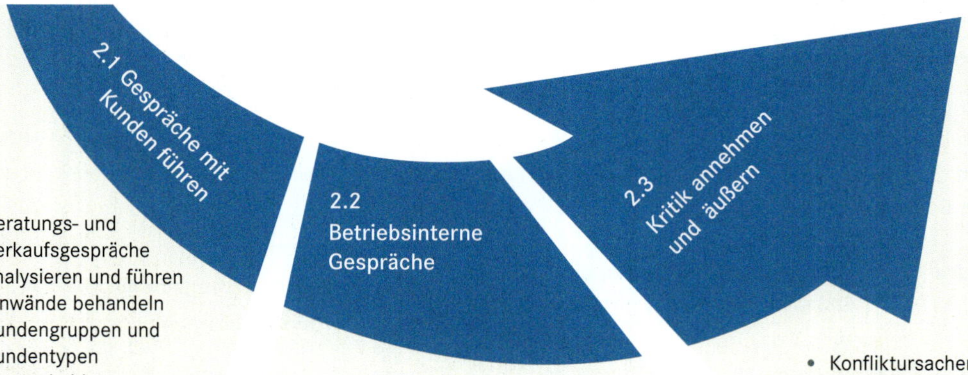

- Beratungs- und Verkaufsgespräche analysieren und führen
- Einwände behandeln
- Kundengruppen und Kundentypen unterscheiden
- Reklamationsgespräche führen
- Telefongespräche planen und durchführen

- Beurteilungs- und Mitarbeitergespräche planen
- Ein Jahresgespräch im Rollenspiel führen

- Konfliktursachen erkennen
- Konfliktgespräche strukturieren und führen

ZIELAUFGABE »

1 *Wenden Sie Ihr Wissen an und lösen Sie die folgende Situation auf höfliche Weise in einem konstruktiven Konfliktgespräch mit Ihrem Chef. Bereiten Sie das Gespräch zum Vortrag vor der Lerngruppe schriftlich vor oder planen Sie ein Rollenspiel, das Sie vorführen.*

Situation

Sie begegnen Ihrem Chef, der offensichtlich in Eile ist, im Treppenhaus. Es ist 9.20 Uhr und er erwischt Sie zusammen mit einem Azubikollegen beim wiederholten Zuspätkommen. Heute sind Sie sich keiner Schuld bewusst, weil Ihr Auto nicht ansprang. Ihr Chef schimpft und beordert Sie um 15.00 Uhr zu einem Gespräch in sein Büro.

2 *Überprüfen Sie Ihr Gespräch kritisch mithilfe des Kompetenzchecks.*

» KOMPETENZCHECK – Berufliche (Konflikt-)Gespräche führen

- ☑ Habe ich das Gespräch ausreichend vorbereitet, Fragen überlegt, ggf. einen Plan erstellt?
- ☑ Sind die einzelnen Redebeiträge sachlich?
- ☑ Biete ich Lösungsansätze an?
- ☑ Werden verbindende Elemente und Kompromisse gesucht?
- ☑ Habe ich die Kritikpunkte positiv formuliert?
- ☑ Werden Ich-Botschaften benutzt?
- ☑ Ist die Kritik konstruktiv?
- ☑ Hat das Gespräch eine erkennbare Struktur?
- ☑ Habe ich mir Maßnahmen zur Überprüfung der Kompromisse überlegt?

» Lernszenario

Sprechen und Zuhören

Die Inhalte der Kapitel „Mit anderen zusammenarbeiten", „Man kann nicht nicht kommunizieren" und „Im Berufsalltag kommunizieren" helfen Ihnen dabei, die Handlungsaufträge aus der folgenden Situation herauszuarbeiten und auszuführen.

Handlungssituation

Ihre Schule möchte in diesem Jahr als soziales Projekt eine 72-Stunden-Aktion durchführen. Die Aktion hat zum Ziel innerhalb dieses Zeitraumes eine gemeinnützige Aufgabe in kleinen Gruppen zu bearbeiten, z. B. den Spielplatz des Kinderhospizes zu renovieren oder mit einem Fair-Trade-Café Geld für Aidswaisen in Afrika zu erwirtschaften. Alle Schülerinnen und Schüler werden aus ihren bestehenden Klassengemeinschaften gelöst und schulübergreifend in neuen Arbeitsgruppen organisiert. Dabei treffen ganz unterschiedliche Bildungsgänge aufeinander, z. B. Schülerinnen und Schüler aus technischen und kaufmännischen Bereichen sowie aus dem Wirtschaftsgymnasium / Beruflichen Gymnasium und der Fachschule für Sozialwesen. Im Schulalltag hat man wenig miteinander zu tun; es gibt viele Vorbehalte gegeneinander, z. B. sprechen manche von den „Technik-Nerds", den „verspielten Erziehern" oder den „Modepüppchen" aus dem Wirtschaftsbereich. Diese Vorbehalte überschatten die erste Arbeitssitzung, manche zeigen mit verschränkten Armen ihr Desinteresse, andere lehnen sich lässig zurück, wieder andere geben gleich den Ton an. Bald kommt es zu weiteren Streitigkeiten und Vorwürfen zu nicht eingehaltenen Absprachen, fehlenden Arbeitsmitteln, Unpünktlichkeit, mangelndem Engagement, dominantem Verhalten.

Der Termin zum Kennenlernen und Absprechen des Projektverlaufs mit den Kurzzeitarbeitgebern und Sponsoren naht, doch einzelne Gruppenmitglieder drohen mit Boykott. Die Situation eskaliert weiter und das Projekt droht zu platzen, obwohl die Öffentlichkeit bereits über die örtliche Presse informiert worden ist und große Erwartungen hat. Die betreuenden Lehrerinnen und Lehrer schlagen eine Schlichtung durch Mitglieder der SV vor, die zu einer schriftlichen Vereinbarung führen soll.

Arbeiten Sie im Team und halten Sie sich bei der Erarbeitung Ihrer Aufträge an diese Schritte:

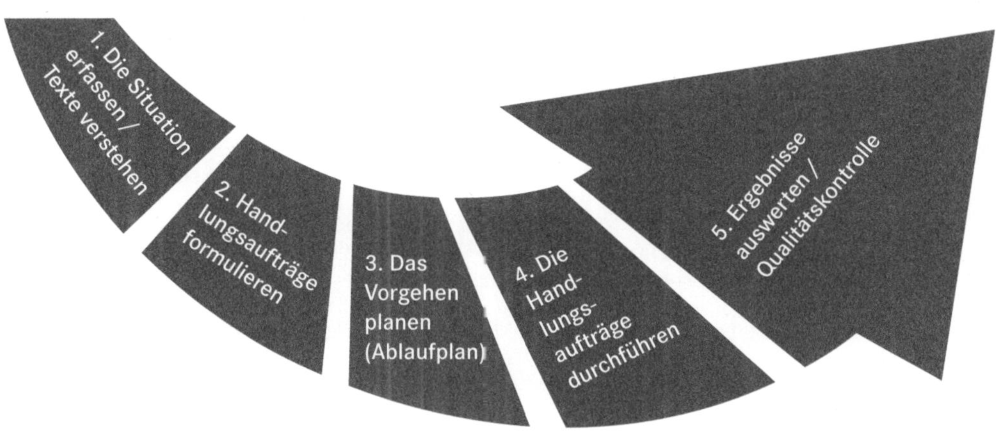

1 *Erfassen Sie die Situation und arbeiten Sie das Problem heraus.*

Es ist nicht selbstverständlich, dass Gruppenarbeiten und Kommunikation untereinander gelingen. Das Lernszenario stellt einige Probleme beispielhaft und realitätsnah vor. Es ist Ihre Aufgabe, diese Probleme herauszuarbeiten.

2 *Setzen Sie Ziele und formulieren Sie Handlungsaufträge.*

Die Situation erfordert Ihr Eingreifen, damit bestimmte Ziele erreicht werden – welche sind das? Auch muss überlegt werden, wie man am Ende zu einer Lösung kommt und wie diese präsentiert wird. Welche Handlungsschritte müssen erfolgen?

3 *Planen Sie Ihr Vorgehen.*

In Schritt 2 haben Sie erarbeitet, wie Sie das Problem grundsätzlich lösen können, doch die konkrete Ausführung will geplant sein. Dazu können folgende Leitfragen hilfreich sein:

Was ist wann zu tun? In welchen Schritten können wir vorgehen? Welche Informationen und Materialien benötigen wir? Welchen zeitlichen Rahmen setzen wir? Wie verteilen wir die Handlungsaufgaben? Die notwendigen Kompetenzen für diesen Handlungsschritt vermitteln Ihnen die Inhalte der genannten Kapitel – nutzen Sie sie für Ihre zeitliche und inhaltliche Planung.

4 *Führen Sie die Handlungsaufträge durch.*

In Schritt 1 bis 3 haben Sie erarbeitet, dass eine komplexe Kommunikationssituation vorliegt, die mehrere Ebenen anspricht: Störungen innerhalb der Arbeitsgruppen und Gespräche mit Arbeitgebern, Sponsoren, Öffentlichkeit. Nun geht es darum, die selbst erstellten Handlungsaufträge durchzuführen und konkrete Ergebnisse (Handlungsprodukte) zu erarbeiten. Das kann beispielsweise so aussehen:

- Die betroffenen Gruppen können ihre Aufträge für das Sozialprojekt nur erfüllen, wenn sie verstehen, was zu ihren Kommunikationsschwierigkeiten geführt hat. Eine Ihrer Aufgaben ist es, diesen Prozess zu begleiten, zu unterstützen und zu einer Lösung zu führen (Handlungsprodukt: z. B. Selbstverpflichtung oder Vereinbarung der Gruppenmitglieder). Dabei können Sie sich in die Rolle einer Streitschlichterin/eines Streitschlichters versetzen.
- Zudem muss das eigentliche Projekt mit Arbeitgebern und Sponsoren abgesprochen werden. Eine weitere Aufgabe ist es, ein überzeugendes Auftreten zu gewährleisten (Handlungsprodukt: z. B. Vorbereitungsbogen für die Gespräche; Drehbuch / Rollenspiel; Kurzpräsentation der Schule, der Arbeitsgruppe, des Sozialprojekts).

5 *Werten Sie Ihre Ergebnisse aus und präsentieren Sie diese.*

Sie haben in Schritt 4 die Handlungsaufträge durchgeführt und Handlungsprodukte erstellt. Nun muss überprüft werden, ob die Ziele erreicht wurden, welche Qualität die Arbeitsergebnisse haben und wie das Vorgehen zukünftig verbessert werden könnte.
Stellen Sie Ihre Ergebnisse in der Lerngruppe vor. Welche Rückmeldungen erhalten Sie von Ihren Mitschülerinnen und Mitschülern? Wie beurteilen Sie selbst die Ergebnisse?

Mit den Schritten 1 bis 5 haben Sie die Lernsituation in einer vollständigen Handlung bearbeitet.

Sich informieren

III.1 Informationen in Bibliotheken beschaffen

III.2 Sachkundig nachschlagen und zitieren

III.3 Texte markieren

Freizeit, Schule, Beruf – in jedem Lebensbereich finden sich Texte verschiedener Art und Absicht, doch nicht jeder Text zum Thema ist für Ihr Ziel der geeignete. Sie gezielt auszuwählen, durch Lesen zu verstehen und zu nutzen kann durch die Anwendung einiger Techniken unterstützt werden.

Kompetenzen	Methoden und Arbeitstechniken
✔ Sich Informationen aus Fachbüchern, Nachschlagewerken und Bibliotheken erschließen ✔ Informationsquellen richtig angeben und zitierenn	✔ In Bibliothekskatalogen recherchieren ✔ Fachbücher und Nachschlagewerke sachgerecht nutzen ✔ Texte sinnvoll markieren

Informationen in Bibliotheken beschaffen

Bei einer Suche nach Informationen zum Thema „Asyl" stoßen Sie auf das folgende Online-Angebot der Stadtbibliothek Köln.

Schnellsuche: Asyl

1	Titel: Asyl: bedrohtes Recht Verfasser: Grunert, Christine Signatur: Obl Grunert Jahr: 2008 Auflage: 1 Sprache: deutsch Verlag: Horlemann Inhaltstext Ausführliche Beschreibung	Vormerken In Merkliste speichern Informationen über den Autor
2	Titel: Ausländerrecht Signatur: Obl Ausländerrecht Jahr: 2008 Auflage: 1 Sprache: deutsch Verlag: Nomos	Vormerken In Merkliste speichern
3	Titel: Minas Signatur: Pbo 5 Minas Jahr: 2008 Auflage: 2 Sprache: deutsch Verlag: Bundesamt für Migration und Flüchtlinge	Vormerken Aus der Merkliste entfernen Informationen über den Autor
4	Titel: Asyl- und Ausländerrecht Verfasser: Hailbronner, Kay Signatur: Obl Hailbronner Jahr: 2006 Auflage: 1 Sprache: deutsch Verlag: Kohlhammer	Vormerken Aus der Merkliste entfernen Informationen über den Autor

1 *Sammeln Sie im Internet Informationen über die für Sie nächstgelegene öffentliche Bibliothek.*

2 *Recherchieren Sie mithilfe des Online-Katalogs nach geeigneten Informationen zu einem Sachthema, das Sie interessiert.*

2 *Leihen Sie sich in einer Bibliothek ein Buch aus, das zu einem Sachthema passt, das Sie interessiert.*

GUT ZU WISSEN **In Bibliotheken recherchieren**

Die Kataloge der Bibliotheken sind auch über das Internet einsehbar. Der öffentliche Online-Katalog heißt OPAC (Open Public Access Catalogue). Man kann also von zu Hause aus recherchieren. Bei der Suche in diesem Katalog gelten die gleichen Grundregeln wie bei der Suche mithilfe einer Suchmaschine (S. 230 f.): Je konkreter die Stichworte, umso erfolgreicher ist das Ergebnis. Auch hier sollten Sie die erweiterte Suchfunktion nutzen.

Sachkundig nachschlagen und zitieren

In Fachbüchern fündig werden

Informationen beschaffen – das ist kein Problem im digitalen Zeitalter (➪ Internetrecherche, Kapitel 14, S. 230 f.). Schwieriger kann es werden, die Recherchen in Fachbüchern fortzusetzen und das Wissen zu vertiefen. Oft interessiert nicht das komplette Fachbuch, sondern es gilt, gezielt Informationen herauszulesen.

1 *Eine Kundin war zur Absprache eines Auftrags bei Ihrem Chef. Sie haben am Gespräch teilgenommen und sollen jetzt Ihrem Chef eine Erinnerungsstütze anfertigen, „so eine Art Protokoll“. Zufällig haben Sie dieses Deutschbuch dabei – ein Fachbuch im Hinblick auf Ihren Schreibauftrag. Recherchieren Sie Informationen, die Ihnen bei der Bearbeitung helfen.*

a) Teilen Sie sich in Gruppen auf und recherchieren Sie über das Inhaltsverzeichnis, über das Vorwort und über das Sachwortverzeichnis. Nutzen Sie verschiedene Schlagwörter zum Thema: Sachtext, Gebrauchstext, Schreiben …

b) Stellen Sie grundlegende Informationen aus dem Inhalt des Buches zusammen, die für Ihren Schreibauftrag wichtig sind.

c) Präsentieren Sie Ihr Ergebnis der Lerngruppe und werten Sie aus, welche Art der Information Sie jeweils im Inhaltsverzeichnis, im Vorwort und im Sachwortverzeichnis gefunden haben. Welcher Recherchestart war für die Aufgabe der beste?

2 *Jeder wählt ein Fachthema aus und bringt ein Fachbuch dazu mit. Erschließen Sie sich das Fachbuch.*

a) Recherchieren Sie das von der Partnerin/dem Partner gestellte Thema in dem Fachbuch. Notieren Sie in Stichworten den Rechercheweg.

b) Vergleichen Sie Ihre Recherchewege miteinander, prüfen Sie dabei jeweils auch die inhaltliche Angemessenheit.

c) Erstellen Sie eine Checkliste „Richtig recherchieren in Fachbüchern“.

2 *Erstellen Sie eine Checkliste „Richtig recherchieren in Fachbüchern“. Berücksichtigen Sie* ≫ GUT ZU WISSEN.

- ☑ Passen Titel und Untertitel zum Thema?
- ☑ Besitzt der Autor/die Autorin Expertenwissen?
- ☑ Weist das Inhaltsverzeichnis ein thematisch passendes Kapitel auf?
- ☑ …

≫ GUT ZU WISSEN – Fachbücher erschließen

Will man Fachinformationen gezielt erhalten, dann setzt man sich mit Fachbüchern auseinander. Dazu lohnt es, sich genauer über deren **Aufbau** zu informieren. Das gilt sowohl für Digital- als auch für Printausgaben. Einen Überblick liefert das **Inhaltsverzeichnis**, in dem man den Zugang zum Thema nachvollziehen kann. Dagegen nutzt man für eine spezielle Information das **Register**, das Sachwort- oder Personenverzeichnis. Hierzu benötigt man bereits die Fachbegriffe, denn alles ist alphabetisch sortiert. Im **Vorwort** oder in den **Hinweisen zur Benutzung** findet man, welche Elemente im Fachbuch selbst die Suche und Deutung der Information erleichtern (z. B. Zusammenfassungen, auch grafische Gestaltung wie Farbgebung, Icons).

Nachschlagewerke richtig nutzen

1 *Ein Mitarbeiter, der sonst wenig mit dem Schriftverkehr zu tun hat, hat ein Anschreiben an einen Lieferanten angefertigt. Erläutern Sie ihm die Nutzung des Rechtschreibwörterbuchs anhand der Kurzanleitung.*

2 *Setzen Sie sich mit verschiedenartigen Wörterbüchern auseinander (Sprache und Fremdsprache, Sach- bzw. Fachwörter, Synonyme).*

a) Erläutern Sie, welche Informationen sie liefern.
b) Erklären Sie, wie sie aufgebaut sind.
c) Erläutern Sie, worauf man bei der Nutzung achten muss.

3 *Schlagen Sie im Rechtschreibwörterbuch folgende Begriffe nach und setzen Sie sich mit den möglichen Problemen auseinander.*

a) Ärger, äquivalent, ästhetisch, Gruß, Buße – Welche Probleme stellen sich?
b) Öko, Überbiss, Grünschnabel – Was bedeuten Abkürzungen wie „ugs.“?
c) Suchen Sie nach weiteren Abkürzungen und klären Sie ihre Bedeutung.

4 *Erklären Sie die Begriffe „Synonym“ und „Akronym“, indem Sie in einem Fremdwörterbuch und in einem Sachwörterbuch nachschlagen.*

a) Erläutern Sie, worin sich die beiden Nachschlagewerke unterscheiden.
b) Erklären Sie, wo Sie sich über die verwendeten Abkürzungen im Buch informieren können.

5 *Nennen Sie mögliche Informationsquellen für die folgenden Rechercheaufträge (mehrere Möglichkeiten):*

a) Informieren Sie sich über die Herkunft Ihrer Berufsbezeichnung.
b) Klären Sie die korrekte Schreibweise eines beruflichen Fachbegriffes.
c) Finden Sie Antworten auf spezielle berufsfachliche Fragen.
d) Erarbeiten Sie sich Kenntnisse über Entstehung und Entwicklung Ihres beruflichen Bereiches.

»GUT ZU WISSEN | **Nachschlagewerke und Lexika**

Nachschlagewerke und Lexika sind nicht thematisch aufgebaut, sondern meist **alphabetisch**. Sie helfen etwa bei der richtigen Schreibweise oder bei der **Definition** von Fachbegriffen. Ziel ist es, **die Kurzinformation möglichst schnell zu finden**. Eine wichtige Voraussetzung ist, sich über den eigenen Informationsbedarf und das Ziel der Recherche genau bewusst zu sein. Davon hängt es ab, für welches Nachschlagewerk man sich entscheidet (z. B. Rechtschreibung oder Bedeutung, allgemeines Wissen oder Fachwissen).

Quellen korrekt angeben

Das fachlich angemessene Arbeiten und Recherchieren gründet immer auf einer korrekten Quellenangabe. Nur so ist die Information auch später noch nachvollziehbar und einzuordnen.

1 *Setzen Sie sich mit unterschiedlichen Quellenangaben auseinander. Berücksichtigen Sie* GUT ZU WISSEN.

- Beneke, Doris: Zehn Punkte für den Kita-Ausbau. Ein Kommentar. In: Kindergarten Heute, Jg. 2013, Nr. 1, S. 16 f.
- Jugendarbeitsschutz/Junge Unternehmer. In: Themen von A-Z, hrsg. von Bundesanstalt für Arbeitsschutz und Arbeitsmedizin (BAuA), Stand: 17.06.2011, http://www.baua.de/de/Themen-von-A-Z/Jugendarbeitsschutz/Jugendarbeitsschutz.html [abgerufen am 30.05.2013]
- Vieser, Michaela: Von Kaffeeriechern, Abtrittanbietern und Fischbeinreißern. Berufe aus vergangenen Zeiten. Bielefeld: Bertelsmann-Verlag, 2010
- Brockhaus, Wahrig, Deutsches Wörterbuch, bearbeitet von Renate Wahrig-Burfeind, 9. Aufl., Gütersloh, München: Wissenmedia in der Inmedia-ONE-GmbH, 2012

a) Klären Sie unbekannte Abkürzungen.
b) Ordnen Sie die Angaben der Quellenart zu: Buch, Zeitschrift oder Internetquelle.
c) Erschließen Sie jeweils den Verfasser oder Urheber.

2 *Erstellen Sie für jedes Beispiel eine Regel für eine vollständige Quellenangabe.*

Buch (Druck/E-Book): Nachname, Vorname: Titel/Untertitel. Ort: Verlag, Jahr

3 *Prüfen Sie die folgenden Angaben und notieren Sie, welche ggf. fehlen.*

- Das Deutschbuch, Cornelsen Verlag: Berlin
- Wilke: Vom Barden zum Blogger: Die Entwicklung der Massenmedien. In: Informationen zur politischen Bildung, Heft 309, 2011
- Energiewende: Offshore-Windstrom ist zu teuer. In: Die Zeit, http://www.zeit.de/wirtschaft/2013-05/energiewende-kosten-windstrom-see

3 *Erstellen Sie fachbezogene Quellenangaben.*

a) Erstellen Sie eine Quellenliste zu Fachbüchern, Fachzeitschriften und fachlichen Internetseiten zu einem Fach aus Ihrer Ausbildung.
b) Tauschen Sie die Liste mit einer Lernpartnerin oder einem Lernpartner. Überprüfen Sie, ob die Angaben vollständig sind.

GUT ZU WISSEN — Quellenangaben

Informationen müssen als geistiges Eigentum anderer (Urheberschaft) durch Quellenangaben kenntlich gemacht werden, wenn sie in einer schriftlichen Arbeit (auch Handout) genutzt werden. Das gilt sowohl für indirekt übernommenes Wissen als auch für direkte, also wörtliche Zitate. Es muss durchgehend überprüfbar sein, woher die Inhalte stammen. Grundlegende Angaben sind folgende: Autor/-in bzw. Herausgeber/-in (**Urheberschaft**), **Titel**, **Erscheinungsort** und **Erscheinungsjahr** bzw. bei Internetquellen **das Erscheinungs- und Recherchedatum** (hier zusätzlich zu der **Webseitenangabe**). Oft finden sich solche Informationen im Titel selbst oder auch im Impressum, sowohl bei Print- als auch bei digitalen Produkten.

Texte markieren

Wenn Sie aus Texten lernen wollen, müssen Sie mit ihnen arbeiten. Während des intensiven Lesens ist das Markieren eine wirkungsvolle Technik, um den Inhalt zu durchdringen.

GUT ZU WISSEN Markieren

Durch Markierungen werden nur wichtige Textstellen hervorgehoben: Sie helfen, bestimmte Informationen schnell wiederzufinden. Sie geben dem Text ein Gesicht, das als Bild im Gehirn gespeichert wird und so besser behalten werden kann. Es kann sich sogar anbieten, ein individuelles Markierungssystem zu entwickeln, das zum Lernen konsequent angewendet wird. Für Markierungen stehen Farben, grafische Zeichen, Symbole, Ziffern und Abkürzungen zur Verfügung, die im Text und/oder am Rand vorgenommen werden können.

Farben: Mit farbigen Textmarkern überstreichen Sie Textteile; mit farbigen Stiften unterstreichen Sie Textteile. Schon die Wahl der Farbe kann einen Informationswert haben (z. B. Rot für Wichtiges).

Grafische Zeichen: Die markierten Textteile gewichten die Bedeutung für das Gesamtverständnis, je nachdem ob man Umrahmungen (Kästchen, Kringel) wählt oder nur verschiedene Stricharten beim Unterstreichen.

Symbole als Randmarkierung: Sie helfen dabei, den Text gezielt nachzubearbeiten. Zusätzlich können sie farblich unterschieden sein. Beispiele:

→ wichtig

! besonders wichtig

? unklar, nicht verstanden

↯ kritisch, stimme nicht zu

} gehört zusammen

▽ prüfen, weiterrecherchieren

Ziffern:

1. Man kann Ziffern schnell erfassen.
2. Sie helfen beim Sortieren etwa von Abläufen und Argumenten.
3. Man kann Aufzählungen gut kennzeichnen.
4. Man kann auch römisch beziffern (I, II, III) oder alphabetisch (a, b, c).

Abkürzungen: Sie helfen, schnell auf die gesuchte Information im Text zurückzugreifen. Beispiele:

Def. für Definition

Bsp. für Beispiel

Vgl. für Verweis auf andere Texte, Beispiele, Fakten

Zus. für Zusammenfassung

1 *Wenden Sie die Technik des Markierens auf den Text „Indiens Straßenkinder lernen das Sparen“, S. 291 f. an.*

a) Kopieren Sie den Text zweimal und arbeiten Sie ihn jeweils mit verschiedenen Markierungstechniken durch.

b) Stellen Sie sich in Partnerarbeit gegenseitig Ihre Ergebnisse vor. Welche Unterschiede haben sich ergeben?

Tipp Markieren Sie nicht mehr als 10–20 Prozent eines Textes!

2 *Sammeln Sie in der Lerngruppe Vorschläge für Markierungen, die für Fachtexte aus Ihrem Berufsfeld geeignet sind.*

3 *Erstellen Sie Ihr eigenes Markierungssystem.*

a) Einigen Sie sich auf ein festes Repertoire an Markierungen, das Sie in nächster Zeit konsequent anwenden wollen. Fertigen Sie ein Plakat dazu an (➪ Kapitel 15, S. 250).

b) Werten Sie Ihre Erfahrungen nach vier Wochen in der Lerngruppe aus.

en und
Texten
gehen

Kapitel 3

Texte verstehen

3.1 Texte richtig nutzen

3.2 Textinformationen strukturieren

Eigentlich kaufen Sie oft und gern billige Kleidung in entsprechenden Läden ein, denn ein Schnäppchen macht ja jeder gern. Aber Ihr schlechtes Gewissen wächst – müssen andere wirklich unter so schrecklichen Bedingungen arbeiten wie Sie es ab und zu hören? Und sind es tatsächlich oft Kinder, die Kleidung unter gesundheitsschädlichen Umständen herstellen müssen? Sie und Ihre Freunde nehmen sich vor, sich einmal genauer mit diesem Thema zu beschäftigen. Aus diesem Anlass treffen Sie sich in einer ruhigen Ecke der Schulbibliothek.

Ihre Aufgabe am Ende des Kapitels wird es sein, einen fundierten Diskussionsbeitrag zu den Arbeitsbedingungen in der Bekleidungsindustrie zu formulieren.

Kompetenzen	Methoden und Arbeitstechniken
✔ Lesetechniken zielgerichtet einsetzen	✔ 5-Schritt-Lesemethode
✔ Wortbedeutungen klären	✔ Exzerpieren
✔ Die Struktur von Texten erkennen	✔ Visualisieren
✔ Selbstständig arbeiten	✔ Kugellager

Texte richtig nutzen

Lesetechniken

Um Informationen nutzen zu können, reicht es nicht aus, sie zu haben. Vielmehr müssen sie ausgewertet und verwertet werden. Dabei spielt das Lesen eine entscheidende Rolle.

Burkhard Wetekam: Wo Wikipedia auf Brockhaus trifft

Sie sind ein Ort zum Schmökern, Ausruhen, Chillen, ein Ort, an dem sich Freunde zum Schachspielen verabreden oder um gemeinsam Hausaufgaben zu machen. Schulbibliotheken sind das große, gemütliche Wohnzimmer einer Schule – wenn es sie denn gibt. Infolge der lauten Aufregung um Leseförderung, Sprach- und Medienkompetenz hat sich viel bewegt an Deutschlands Schulen, gerade nach den ernüchternden Pisa-Ergebnissen der vergangenen Jahre. Förderprogramme und Wettbewerbe zur Lesefitness wurden aufgelegt, viele Millionen in die technische Ausstattung der Schulen mit Computern und Internetzugängen gesteckt. Die Schulbibliotheken allerdings bekamen nur selten etwas ab. Sie sind bis heute die Verlierer im Verteilungskampf um die Bildungsinvestitionen.

„Deutschland ist in Sachen Schulbibliotheken ein Entwicklungsland", sagt Günter Schlamp, pensionierter Schulleiter und Mitbegründer der Landesarbeitsgemeinschaft Schulbibliotheken in Hessen. (…) Es gibt hierzulande auch keine verbindlichen Standards: „Schulbibliothek", das kann eine muffige Kammer mit Jugendbüchern aus den siebziger Jahren des letzten Jahrhunderts sein, aber auch ein heller, großzügiger Raum mit mehreren Tausend Bänden, mit PC-Plätzen und Zonen für Arbeitsgruppen.

Warum ist das so? „Es fehlt bei uns generell ein Verständnis für den Wert von Bibliotheken", meint Schlamp. „Sie gelten als soziale Defizitausgleichstation. Hinzu kommt, dass es in Deutschland vergleichsweise gute Schulbücher gibt und viele Lehrer meinen, dass sie auf eine Bibliothek verzichten können." Schlamp kämpft für ein verändertes Bild von Schulbibliotheken: „Wichtig ist der Raum: ein zentraler Ort, an dem Schüler gemeinsam recherchieren, Informationen auswerten, vergleichen. Und natürlich auch eine ruhige Ecke finden. Die Bibliothek als sozialer Ort wird bei uns massiv unterschätzt." (…)

Eine neue Vision von Bibliotheken – daran arbeitet auch die Leipziger Hochschule für Technik, Wirtschaft und Kultur. Andrea Nikolaizig, Professorin für Bibliotheks- und Informationswissenschaft, (...) spricht (...) von multimedialen Lernlandschaften: „Wir brauchen Orte, an denen Schüler lernen, die Qualität und die Anwendungsmöglichkeiten von Medien zu beurteilen. Die einsame Google-Suche reicht dabei nicht aus." Die vermeintliche Konkurrenz zwischen alten und neuen Medien ist für Andrea Nikolaizig kein Thema: „Ohne Datenbanken und Internet-Suche geht es nicht. Andererseits ist das Buch ein Produkt, das man nicht verbessern kann."

Während der Leipziger Buchmesse haben ihre Studenten eine temporäre Schulbibliothek aufgestellt. Dort dominierten nicht die rechten Winkel von Regalen, sondern die geschwungenen Formen einer Skater-Pipe, die dem Projekt die Gestalt gab. Das hoffnungsvolle Signal: Schulbibliothek ist hip – vielleicht erkennt das ja auch noch der eine oder andere Bildungspolitiker.

(DIE ZEIT, 07.04.2011, Nr. 15)

1 *Wenden Sie eine der beschriebenen Lesetechniken an (» GUT ZU WISSEN, S. 57).*

a) Stellen Sie fest, ob sich der Text für ein Referat über Wikipedia eignet.
b) Suchen Sie nach Informationen über moderne Schulbibliotheken in Deutschland.
c) Informieren Sie sich über die Bedeutung von Schulbibliotheken für das Schulleben.
d) Untersuchen Sie den Text im Hinblick auf die Aussageabsicht des Autors.

Lesetechniken

GUT ZU WISSEN **Lesetechniken**

Vor der Lektüre eines Textes sollte klar sein, mit welcher Absicht und mit welchem Ziel man ihn liest. Indem man eine der folgenden Techniken anwendet, liest man effektiv und zielgerichtet.

Leseabsicht	Lesetechnik	Vorgehensweise
Grobe Einschätzung, ob der Text sich eignet, erster Überblick	**diagonales** oder überfliegendes Lesen (Schnelllesetechnik)	Der gesamte Text wird wie bei einem Scanner von links oben nach rechts unten überflogen. Einzelne Teile werden stichprobenartig angelesen. Auf besondere Hervorhebungen wird geachtet (Überschriften, Absätze, verändertes Druckbild).
Gezielte Suche nach bestimmten Informationen	**punktuelles** oder ausgewähltes Lesen	Es werden die Textpassagen gründlich gelesen, die beim diagonalen Lesen als brauchbar herausgefiltert wurden. Es werden Zeilen oder Abschnitte übersprungen, die für die Leseabsicht unwichtig erscheinen.
Kennenlernen des gesamten Textinhalts	**sequenzielles** oder fortlaufendes Lesen	Der ganze Text wird der Reihe nach durchgelesen. Es wird intensiv und aktiv gelesen, d. h., es werden Wörter oder Satzteile markiert, die wichtig erscheinen oder die man nicht verstanden hat (Unterstreichungen, farbige Hervorhebungen und Randmarkierungen, grafische Umrahmungen).
Bearbeitung, Auswertung oder Beurteilung des Textes	**intensives** oder gründliches Lesen	Man orientiert sich an der Technik des sequenziellen Lesens. Der gesamte Text wird langsam und konzentriert durchgearbeitet, evtl. auch mehrfach. Es wird besonders auf die vorgegebene Aufgabe geachtet. Die **Lesemethode ÜFLAZ** (➪ S. 58) wird angewendet.

2 *Vergleichen Sie Ihre Ergebnisse aus Aufgabe 1 und tauschen Sie sich aus, was Ihnen bei der jeweiligen Lesetechnik leichtfiel und was Ihnen schwerfiel.*

3 *Diskutieren Sie die Vor- und Nachteile der jeweiligen Technik.*

4 *Stellen Sie zusammen, was Sie im Laufe des Tages lesen (Schule, Beruf, Freizeit).*

a) Listen Sie die Situationen auf.
b) Ordnen Sie den Situationen Lesetechniken zu, die Sie für geeignet und angemessen halten.
c) Bilden Sie 3er-Teams und vergleichen Sie Ihre Ergebnisse mithilfe der Placemat-Methode (➪ Kapitel 12, S. 198). Präsentieren Sie Ihr Teamergebnis der Lerngruppe.

Lesemethoden

Neunzig Prozent des Gelesenen werden innerhalb eines Tages vergessen. Um es dauerhaft als Wissen im Gehirn zu vernetzen, müssen Sie einen Arbeitstext gründlich bearbeiten und verstehen.

Tine: Was haben wir auf?
Ömer: Ach, nur Lesen!

GUT ZU WISSEN 5-Schritt-Lesemethode (ÜFLAZ)

Eine der bekanntesten Lesestrategien ist die von Francis Pleasant Robinson in den USA entwickelte SQ3R-Methode (S = Survey, Q = Questions, 3R = Read, Recite, Review). Die deutsche Entsprechung ist die 5-Schritt-Lesemethode, auch unter dem Akronym ÜFLAZ bekannt (S. 14).

Arbeitsschritte	Vorgehen
Ü = Übersicht (1. Schritt)	Das **diagonale Lesen** wird angewendet, man verschafft sich einen groben Überblick über Inhalt und Aufbau des Textes.
F = Fragen (2. Schritt)	Es werden Fragen aufgeschrieben, die der Text beantworten soll – sehr geeignet sind **W-Fragen** (Was? Wer? Wie? Warum? Wo? Wann?).
L = Lesen (3. Schritt)	Das **intensive Lesen** wird angewendet. Dabei werden während des aktiven Lesens die Fragen berücksichtigt, die man im zweiten Schritt an den Text gestellt hat. Unbekannte Begriffe werden mithilfe eines Wörterbuches geklärt. Es wird immer wieder nachgeprüft, ob das Gelesene verstanden worden ist, schwierige Abschnitte werden mehrfach gelesen.
A = Aufschreiben (4. Schritt)	Begriffe, die für das Verständnis von wesentlicher Bedeutung sind, werden notiert **(Schlüsselbegriffe)**. Wichtige Gedanken und Informationen werden kurz und in eigenen Formulierungen aufgeschrieben (**Exzerpieren** S. 59); dabei werden die Fragen beantwortet (Schritt 2) – sehr geeignet ist die Arbeitstechnik Mindmap (S. 12).
Z = Zusammenfassen (5. Schritt)	Der wesentliche Inhalt des Textes wird in **eigenen Worten** wiedergegeben (nach Möglichkeit laut). Es wird geprüft, ob die Fragen ergiebig beantwortet werden konnten.

1 *Erarbeiten Sie einen Text mit der ÜFLAZ-Methode.*

a) Bearbeiten Sie den Text auf S. 112 f. mit der 5-Schritt-Lesemethode (ÜFLAZ).

b) Bilden Sie 3er-Teams und stellen Sie Ihre Ergebnisse jeweils vor. Diskutieren und korrigieren Sie Abweichungen.

a) Bearbeiten Sie den Text auf S. 291 f. mit der 5-Schritt-Lesemethode (ÜFLAZ).

b) Diskutieren Sie Ihre Ergebnisse in Partnerarbeit.

c) Präsentieren Sie den Lernpartnerinnen und Lernpartnern, die den anderen Text bearbeitet haben, Ihr Ergebnis mit der Kugellager-Methode (S. 62).

Exzerpieren

Um zielgerichtet Klausuren, Prüfungen oder Referate vorzubereiten, möchte man lange und schwierige Texte nicht immer wieder neu lesen, sondern den Inhalt schnell und konzentriert wiederholen. Das gelingt, wenn das Wichtigste herausgeschrieben worden ist.

Situation

Tim, Ömer und Tine bereiten ein Referat zum Thema „Schulbibliotheken“ vor. Dabei sind sie auf den Text „Wo Wikipedia auf Brockhaus trifft“ (➪ S. 56) gestoßen und halten ihn für geeignet. Tine heftet eine Kopie ab und sucht nach zusätzlichem Material, in ihrem Ordner befinden sich schon einige Texte zu dem Thema. Tim und Ömer dagegen fertigen Exzerpte an, bevor sie weiterrecherchieren.

1 *Setzen Sie sich mit den unterschiedlichen Vorgehensweisen der drei Jugendlichen auseinander.*

a) Erklären Sie, wie Sie bisher bei Ihren Vorbereitungen für Referate oder Prüfungen vorgegangen sind.
b) Erläutern Sie, was für Tines und was für Ömers und Tims Vorgehen spricht.

» GUT ZU WISSEN **Exzerpieren**

Exzerpiert man einen Text, so hat man ihn verstanden (➪ ÜFLAZ-Methode, S. 58) und **gibt ihn in Auszügen wieder**. Ziel ist es, jederzeit auf die Informationen zurückgreifen zu können, die man für eine bestimmte Arbeit oder Aufgabe braucht. Die Exzerpte sind zudem eine wichtige **Gedächtnisstütze**.

Dabei geht man folgendermaßen vor: Man gibt die Inhalte **in eigenen Worten** wieder, entnimmt dem Text Phrasen (Teile eines Satzes, z. B. fachliche Formulierungen) oder sogar längere Zitate, wenn die Formulierung besonders treffend erscheint oder der genaue Wortlaut entscheidend ist (z. B. Definitionen). Wortwörtliche Zitate sollten immer gekennzeichnet sein und die Quelle der Fundstelle notiert werden. Empfehlenswert ist es, in verkürzten Sätzen, also **stichwortartig** zu formulieren. Schreibt man die Notizen in einer besonders **übersichtlichen Form** auf, kann im Gehirn besser ein Bild des verdichteten Textes gespeichert werden.

2 *Tim und Ömer haben den Text exzerpiert. Vergleichen Sie die beiden Exzerpte miteinander. Berücksichtigen Sie* » GUT ZU WISSEN.

a) Untersuchen Sie, wie sich die beiden Beispiele unterscheiden.
b) Welches Beispiel ist besser gelungen? Warum? Diskutieren Sie Ihre Einschätzungen.

Beispielexzerpt von Ömer

Schulbibliotheken sind ein Ort zum Schmökern, Ausruhen und Chillen. In Deutschland wird viel Geld in Leseförderung, Sprach- und Medienkompetenz gesteckt, aber die Schulbibliotheken haben fast nichts davon erhalten. Sie sind teilweise sehr schlecht ausgestattet und werden nicht richtig gewürdigt. Aber es gibt viele gute Ideen, wie man moderne Schulbibliotheken gestalten könnte.

Quelle: Zeitungsartikel

Exzerpieren

Beispielexzerpt von Tim

Arbeitsfrage: ***Welche Informationen über Schulbibliotheken bietet der Text?***

→ *Schulbibliotheken müssen verbessert werden*

- *Schulbibliotheken können sein:*
  - *Treffpunkte und Entspannungsräume*
  - *Orte für gemeinsames Lernen (Hausaufgaben, Lerngruppen)*
  - *Zentren für neue (Internet) und alte (Bücher, Zeitschriften) Medien*
- *Schulbibliotheken werden vernachlässigt (Geld, Wertschätzung)*
- ***Ergebnis:*** *Es gibt großen Entwicklungsbedarf:*
  - *Schulbibliotheken müssen als soziale Räume aufgefasst werden*
  - *Schulbibliotheken müssen besser ausgestattet werden, damit sie zu modernen Lernräumen werden (Bücher, PCs, Gruppentische)*

Quelle: Artikel „Wo Wikipedia auf Brockhaus trifft", DIE ZEIT vom 07.04.2011

3 *Untersuchen Sie Tims Exzerpt mithilfe der Checkliste. Prüfen Sie, welche der genannten Arbeitsschritte er durchgeführt hat.*

4 *Prüfen Sie Ihr Ergebnis aus Aufgabe 1, S. 58 und überarbeiten Sie es ggf.*

5 *Wählen Sie einen Fachtext aus Ihrem Berufsfeld aus und exzerpieren Sie ihn.*

CHECKLISTE Exzerpieren

- ☑ Der Text ist mit einer geeigneten Methode bearbeitet und verstanden (passende Lesetechniken, ÜFLAZ-Lesestrategie, Markierungstechniken).
- ☑ Eine passende Fragestellung ist notiert.
- ☑ Der Text ist auf die wesentlichen Aussagen verkürzt und diese sind notiert.
- ☑ Kurze Sätze, Abkürzungen und Stichwörter sind verwendet.
- ☑ Treffende Schlagwörter als Überschrift oder Strukturierungshilfe sind notiert (z. B. Definition, Ergebnis, Vorgeschichte, Zusammenfassung, Hinweis).
- ☑ Die Hauptaussage des Textes ist verstanden und größtenteils in eigenen Worten formuliert.
- ☑ Definitionen, Schlüsselbegriffe, wichtige Thesen, Formeln, Werte und Daten werden wörtlich übernommen sowie als Zitate mit Anführungszeichen gekennzeichnet.
- ☑ Es ist ein übersichtliches und strukturiertes Exzerpt angefertigt worden.

Tipp

Notieren Sie nur verstandene Inhalte!

Textinformationen strukturieren

Inhalte mithilfe einer Mindmap wiedergeben

Sie möchten einen Sachverhalt besser verstehen und sich einprägen. „Ein Bild sagt mehr als tausend Worte“ – dies gilt auch für das Zusammenfassen eines Sachtextes. Dazu stehen Ihnen einige Möglichkeiten zur Verfügung.

Leiden für Luxus

Die Arbeiter in Billiglohnländern erleben unmenschliche Qualen. Es fehlen Kontrollen.

VON SIBYLLE HAAS

Die Menschenrechtsorganisation Human Rights Watch hat Kinder, die in Gerbereien Bangladeschs arbeiten, interviewt, einige darunter im Alter von nur elf Jahren. Ihre Aussagen finden sich in dem Bericht „Toxic Tanneries: The Health Repercussions of Bangladesh's Hazaribagh Leather“, den die Organisation kürzlich veröffentlicht hat. Die Kinder, so heißt es dort, mussten gefährliche Arbeiten verrichten. Sie mussten Tierhäute in Chemikalien einweichen, gegerbte Häute mit Rasierklingen zurechtschneiden oder Gerbereimaschinen bedienen. Das Abflusswasser, das von den Gerbereien in Hazaribaghs offene Kanalisation und damit später in Dhakas Hauptfluss geleitet wird, sei unter anderem mit Tierfleisch, Schwefelsäure, Chrom und Blei verschmutzt. Richard Pearshouse, Experte für Gesundheit und Menschenrechte von Human Rights Watch, klagt an: „Die Gerbereien, die Leder für Luxusprodukte im Wert von mehreren Hundert Millionen Dollar exportieren, verschmutzen die umliegenden Gemeinden mit Schadstoffen.“

Die Lederwaren aus Bangladesch werden in etwa 70 Länder geliefert, hauptsächlich jedoch nach China, Südkorea, Japan, Italien, Deutschland, Spanien und in die USA. Bangladesch ist nach China der zweitgrößte Textilproduzent der Welt. Deutschland ist nach den USA für Bangladesch der zweitgrößte Exportmarkt. In dem südasiatischen Land arbeiten etwa drei Millionen Menschen. Nach Angaben der niederländischen Menschenrechtsorganisation Clean Clothes Campaign starben dort seit 2006 etwa 700 Menschen allein bei Bränden in Textilfabriken.

Kommt es zu großen Katastrophen, dann schreit die Welt auf. Wie am vergangenen Wochenende, als

bei dem Brand in der Fabrik der Firma Tazreen Fashion, die unter anderem für die Bekleidungskette C&A sowie für den US-Supermarktkonzern Walmart fertigt, mehr als 100 Menschen ums Leben kamen. Als schon wenige Tage später ein Feuer in der Fabrik Section Seven Limited in der Hafenstadt Chittagong ausbrach, bei dem mindestens 50 Menschen verletzt wurden, war das nur noch eine kleine Meldung unter vielen.

Doch nicht nur Fabriken in Bangladesch sind für Sicherheitsmängel und schlechte Arbeitsbedingungen bekannt. Brände passieren immer wieder auch in anderen Billiglohnländern. In den vergangenen Jahren zum Beispiel in Indien, China und Marokko. Im September starben 259 Menschen durch ein Feuer in einer Textilfabrik in Pakistan: Die Notausgänge waren verrammelt und der Brandschutz mangelhaft.

Das Südwind-Institut für Ökonomie und Ökumene in Siegburg bei Bonn fordert ein Gesetz, das Unternehmen verpflichtet, sich an versprochene Sozialstandards zu halten. Die Bekleidungsunternehmen aus Europa und den USA hätten zwar fast flächendeckend freiwillige Verhaltenskodizes formuliert, in denen die Standards festgehalten seien. Diese würden den direkten Zulieferern auch zur Unterzeichnung vorgelegt. „Das heißt aber nicht, dass […] die auch umgesetzt werden“, sagte Sabine Ferenschild vom Südwind-Institut der Nachrichtenagentur dpa. Es seien eben nur freiwillige Kodizes, deren Umsetzung nicht von unabhängigen Inspektionen begleitet werde. „Das öffnet die Tür sehr weit für Missbrauch“, so Ferenschild.

Inhalte mithilfe einer Mindmap wiedergeben

Das Südwind-Institut wirft den westlichen Auftraggebern vor, sich nicht für sichere Arbeitsbedingungen in ihren Subunternehmen in Billiglohnländern einzusetzen. Erst kürzlich hat die Organisation über die Missstände in Indonesiens Textilindustrie berichtet. „Viele zum Teil erzwungene Überstunden, kaum erreichbare Zielvorgaben und Hungerlöhne prägen noch immer den Alltag von Hunderttausenden Textilarbeiterinnen in Indonesien, auch in jenen Zulieferbetrieben, die für Premiummarken wie Adidas und Nike fertigen", sagt Antje Schneeweiß, die Autorin der Studie „Arbeitsrechtsverstöße in Indonesien". Für die Untersuchung wurden Arbeiterinnen aus Fabriken befragt, die unter anderem auch an die Konzerne Inditex/Zara, H&M und Esprit liefern. Die Befragten beklagen Arbeitstage von mehr als zwölf Stunden, unbezahlte Überstunden und sexuelle Belästigung. Trotz jahrzehntelanger Bemühungen um Sozialstandards bleibe die Lebenssituation der Arbeiterinnen prekär.

(Süddeutsche Zeitung, 01./02.12.2012)

1 *Erschließen Sie sich den Text.*

a) Teilen Sie den Text in Sinnabschnitte ein. Machen Sie sich nach jedem Sinnabschnitt bewusst, was Sie inhaltlich verstanden haben.

b) Notieren Sie fünf bis zehn Schlüsselbegriffe auf einem Notizzettel.

c) Verfahren Sie zur Sicherung Ihres Textverständnisses nach der Methode Kugellager (» GUT ZU WISSEN). Wechseln Sie nach drei Minuten Ihren Gesprächspartner und tauschen Sie sich mit drei Personen aus.

» GUT ZU WISSEN **Kugellager**

Setzen Sie sich in einem Außen- und einem Innenkreis gegenüber. Jeder hat dabei einen Gesprächspartner. Erklären Sie nun Ihrem Gegenüber den Inhalt des Textes anhand Ihrer Notizen.
Nach einer vorher festgelegten Zeit drehen sich Innen- und Außenkreis in gegensätzlicher Richtung einen Platz weiter. So kommen neue Paare zustande. Erklären Sie Ihrem neuen Gegenüber wieder den Inhalt des Textes anhand Ihrer Notizen und dessen, was Ihnen aus dem vorherigen Gespräch deutlich wurde. Fahren Sie fort, bis Sie sich mit mehreren Gesprächspartnern ausgetauscht haben.

2 *Untersuchen und ergänzen Sie die Mindmap zum Zeitungsartikel.*

a) Vergleichen Sie den ersten Abschnitt des Zeitungsartikels mit der Mindmap.
- Werden in der Mindmap alle wichtigen Schlüsselbegriffe genannt?
- Sind die passenden Unterbegriffe zugeordnet?

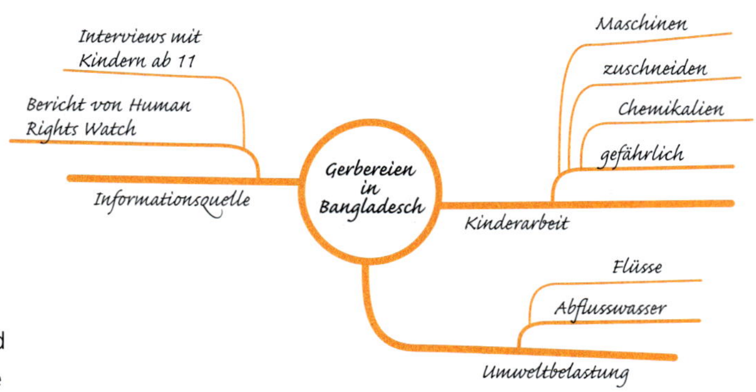

b) Übertragen Sie die Mindmap in Ihr Heft und ergänzen Sie diese, sodass der vollständige Text abgebildet ist.

c) Tauschen Sie Ihre fertige Arbeit mit der Ihrer Lernpartnerin/Ihres Lernpartners aus und vergleichen Sie. Notieren Sie Ihr Feedback unter der Mindmap.

Inhalte mithilfe einer Mindmap wiedergeben

Luxusmarken sind nicht fairer als Primark

Billigketten wie Primark lassen Kleidung unter fragwürdigen Bedingungen fertigen. Aber sind die Luxuskonzerne besser? Im Gegenteil, sagen Kritiker – und beschuldigen Hugo Boss und Co.

VON CARLA NEUHAUS

Ein T-Shirt für 2,50 Euro, die Jeans für neun Euro. Es sind vor allem die niedrigen Preise, die Kunden in die Filialen der Billigkette Primark locken. Diese Woche hat der Konzern aus Irland einen weiteren Laden in Berlin eröffnet. Während drinnen die Primark-Chefin den irischen Ministerpräsidenten empfing, appellierten auf dem Alexanderplatz Demonstranten an das Gewissen der Konsumenten. „Mörderpreise“ stand zum Beispiel auf ihren Transparenten. Doch hängt es wirklich rein vom Preis ab, ob ein T-Shirt unter fairen oder menschenunwürdigen Bedingungen gefertigt wird?

Glaubt man Aktivisten, die seit Jahren die Arbeitsbedingungen in der Textilindustrie untersuchen, sind die Billigketten längst nicht mehr die größten Übeltäter der Branche.

Abgelöst haben sie die Luxuskonzerne – also ausgerechnet diejenigen, die ihre Kleidung zu besonders hohen Preisen verkaufen. Untersuchungen von Initiativen wie „Rank a brand“ oder der „Kampagne für saubere Kleidung“ zeigen, dass die Produktionsbedingungen, unter denen Konzerne ihre Premiummarken fertigen lassen, mindestens ebenso schlimm sind wie die der Billigketten.

„Der Preis eines T-Shirts sagt rein gar nichts über die Produktionsbedingungen aus“, sagt Mario Dziamski von Rank a brand. Einmal im Jahr untersuchen er und seine Kollegen, wie stark sich Textilfirmen für Nachhaltigkeit und menschenwürdige Arbeitsbedingungen einsetzen. Sie überprüfen, ob die Konzerne Kinder- und Zwangsarbeit verbieten. Ob sie einen Existenzlohn zahlen, der zum Leben reicht. Oder ob die Arbeiter sich in Gewerkschaften organisieren können. Luxuskonzerne schnitten bei der letzten Untersuchung besonders schlecht ab. Prada, Escada, Versace, Armani, Hermès, Marc Jacobs und Louis Vuitton: Sie alle stuft Rank a brand als „nicht empfehlenswert“ ein.

Billigketten wie Primark, Takko oder Orsay hält die Kampagne dagegen immerhin für „bedingt empfehlenswert“. Der Grund: Sie informierten besser über ihr Engagement und seien – anders als viele Luxuskonzerne – Mitglied von Initiativen wie der Ethical Trading Organisation oder der Fair Wear Foundation. Das heißt, sie arbeiten mit Gewerkschaften und Nichtregierungsorganisationen zusammen und lassen die Arbeitsbedingungen von Dritten überprüfen.

Zudem haben die Billiganbieter mittlerweile gelernt, mit Krisen umzugehen. Als Primark-Kunden kürzlich eingenähte Hilferufe in ihrer Kleidung fanden, war die Aufregung groß. Doch der Konzern reagierte prompt und kündigte Untersuchungen an – und das, obwohl er selbst davon ausging, dass die Hilferufe gar nicht echt sind. […]

Die Politik hat das Problem erkannt. „Wir brauchen eine Bewusstseinsänderung im Textilbereich“, sagte Entwicklungsminister Gerd Müller (CSU) dem Tagesspiegel. Für die Kunden müsse klar erkennbar sein, ob bei der Herstellung eines Kleidungsstücks soziale und ökologische Mindeststandards eingehalten wurden.

(Der Tagesspiegel online, 06.07.2014)

1 *Erschließen Sie den Text.*

a) Unterteilen Sie den Text in Sinnabschnitte und finden Sie Schlüsselbegriffe.

b) Sichern Sie Ihr Textverständnis, indem Sie einer Partnerin/einem Partner den Inhalt der Sinnabschnitte mündlich wiedergeben. Wechseln Sie die Rollen.

c) Strukturieren Sie den Textinhalt mithilfe einer Mindmap.

d) Tauschen Sie Ihre Mindmap mit derjenigen Ihrer Partnerin/Ihres Partners und vollziehen Sie die Mindmap nach. Machen Sie ggf. Korrekturvorschläge.

Kompetenzcheck – Testen Sie Ihren Lernerfolg

FAZIT

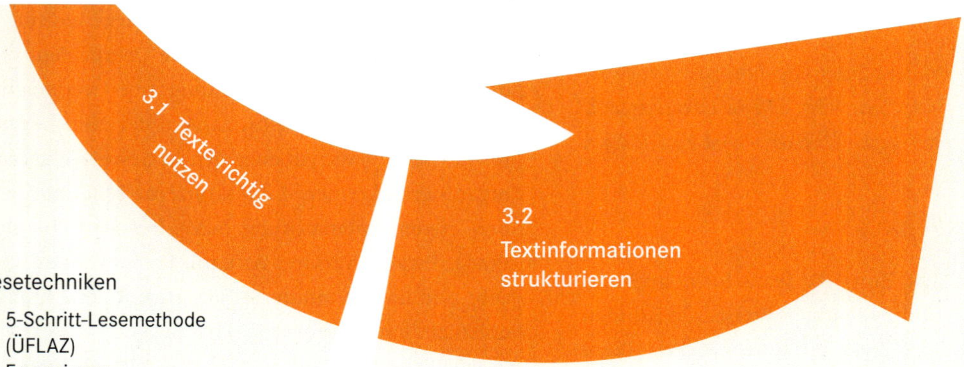

Lesetechniken

- 5-Schritt-Lesemethode (ÜFLAZ)
- Exzerpieren

- Visualisieren
  - Mindmap

1 *Recherchieren Sie ggf. nach weiteren Texten zum Thema „Textilproduktion in Billiglohnländern" und werten Sie die Texte aus.*

ZIELAUFGABE »

2 *Diskutieren Sie in kleinen Gruppen, wie Sie sich zukünftig beim Kauf von Billigtextilien verhalten wollen. Begründen Sie Ihre Auffassung gegenüber den anderen Positionen.*

» **KOMPETENZCHECK** **Texte verstehen**

- ☑ Habe ich sorgfältig recherchiert und seriöse Quellen verwendet?
- ☑ Habe ich effektiv gearbeitet, indem ich die jeweils geeignete Lesetechnik verwendet habe?
- ☑ Habe ich die Texte mit geeigneten Markierungstechniken bearbeitet?
- ☑ Habe ich alle unbekannten Fremdwörter und Fachbegriffe geklärt?
- ☑ Ist meine Textvisualisierung (Mindmap) vollständig und so verständlich, dass man die wichtigsten Informationen, ohne viel zu lesen, entnehmen kann?

Lernszenario

Lesen und mit Texten umgehen

Die Inhalte der Kapitel „Sich informieren" und „Texte verstehen" helfen Ihnen dabei, die Handlungsaufträge aus der folgenden Situation herauszuarbeiten und auszuführen.

Handlungssituation

In der Klasse haben zwei Zeitungsartikel, die eine Schülerin mitgebracht hat, für Aufregung gesorgt:

Artikel 1: Droge Zucker? Wie süchtig Süßes macht

Zum Frühstück süße Müsliflocken, als Snack ein Eis, zum Kaffee den obligatorischen Keks: Süße Snacks gehören für viele zum täglichen Speiseplan. Die Lust auf kalorienhaltige Naschereien erscheint manchem unstillbar. Ist das eine Sucht?

Der amerikanische Integrativmediziner Frank Lipman schrieb bereits vor zwei Jahren in der Onlinezeitung „Huffington Post" über seine angebliche Zuckersucht und den Weg aus der Abhängigkeit. Seitdem wird viel gerätselt über die mögliche Sucht nach dem weißen Stoff. Lipman behauptete, das Verlangen nach Zucker werde dem Mensch als Baby in die Wiege gelegt: zunächst durch Milchzucker, später, indem Eltern ihre Kinder mit Süßigkeiten zu trösten oder belohnen versuchten. Bei Erwachsenen soll Zucker die Stimmung heben und Energie spenden.

Zucker und Heroin wirken auf Belohnungssystem

Französische Forscher wollen 2007 bei Versuchen mit Ratten – die Süßes genauso gerne essen wie Menschen – sogar herausgefunden haben, dass Zucker ähnlich abhängig macht wie Kokain, Nikotin oder Alkohol. Sie hatten den Nagern die Wahl zwischen mit Saccharin gesüßtem Wasser und Wasser mit Kokain gelassen – 94 Prozent entschieden sich für die gesüßte Flüssigkeit. Ein Test mit Zuckerwasser zeigte zudem, dass sich sogar die an Kokain gewöhnten Tiere für das süße Wasser entschieden, sobald sie die Wahl hatten.

„Eine Zuckersucht gibt es nicht", sagt hingegen Falk Kiefer, Professor für Suchtforschung am Zentralinstitut für Seelische Gesundheit (ZI) in Mannheim. Man könne das Verlangen nach Essen nicht mit einer Heroinsucht gleichsetzen. Aber es sei in der Tat so, dass sowohl Zucker als auch Heroin auf den gleichen Bereich des Gehirns wirkten: auf das Belohnungssystem. Dieser Meinung ist auch der Ernährungswissenschaftler und Buchautor Sven-David Müller: „Kokain, Psychopharmaka – so eine Sucht gibt es bei Schokolade nicht. Es gibt aber ein ausgeprägtes Verlangen." Dieses erscheine manchen Menschen wie eine Sucht.

Hoher Zuckerkonsum allein nicht schädlich

„Süß ist der Geschmack, den wir als erstes positiv wahrnehmen – das haben Tests an Säuglingen gezeigt", erklärt Müller. Denn Süßes sei für den Menschen im Allgemeinen gut verträglich und ungefährlich. Das Verlangen nach Zucker sei klassisch konditioniert, ergänzt Kiefer. „Kinder bekommen Geld, Süßes oder Lob, wenn sie etwas toll gemacht haben – unser Gehirn funktioniert so, dass Belohnung zu Motivation wird, das zu wiederholen, wofür wir belohnt werden." Wenn man Zucker immer wieder mit etwas Positivem oder Tröstlichem verbinde, dann verlange das Gehirn in solchen Situationen automatisch danach.

(Kölner Stadtanzeiger, dpa, 11.12.2012)

Artikel 2: Neue Studie – Zucker macht dick und dumm

Für ihre Untersuchung, veröffentlicht im „Journal of Physiology" gaben Wissenschaftler der Universität von Kalifornien in Los Angeles zwei Gruppen von Ratten für einen Zeitraum von sechs Wochen eine fruchtzuckerhaltige Lösung. Eine Gruppe bekam zusätzlich gesunde Omega-3-Fettsäuren. Zuvor hatten die Ratten fünf Tage lang den Weg durch ein kompliziertes Labyrinth trainiert. Im Anschluss an ihre Zucker-Diät wurden die Tiere erneut durch den Parcours geschickt.

Ergebnis: Die Rattengruppe, die zusätzlich Omega-3-Fettsäuren bekommen hatte, legte die Strecke durch das Labyrinth viel schneller zurück als die nur mit Fruchtzucker versorgte Gruppe. Die Tiere in dieser Gruppe hätten sich schlechter an die sechs Wochen zuvor gelernte Strecke erinnern können, erklärte der Leiter der Studie Fernando Gomez-Pinilla.

Sechs Wochen Süßes und Limo machen dumm

Die Studie sei die erste, die zeige, dass eine Ernährung mit einer konstant hohen Dosis Fruktose die Gehirntätigkeit verlangsamt und das Erinnerungsvermögen schwächt. „Unsere Ergebnisse verdeutlichen, wie das, was wir essen, unsere Denkfähigkeit beeinflusst", sagt der Biologieprofessor. Über einen längeren Zeitraum viel Fruchtzucker zu essen mindere die Fähigkeit, zu lernen und sich Informationen zu merken. Diese Warnung gibt der Forscher auch Studenten mit auf den Weg: Achtung, nur sechs Wochen Süßigkeiten und Limo als Nervennahrung vor den Prüfungen könnten euch dumm machen.

Fruchtzucker, der natürlich in Früchten vorkommt, sei nicht das Problem, so Gomez-Pinilla. Besonders schädlich sei Fruchtzucker, wie er etwa in hochkonzentriertem Mais-Sirup vorkommt. Mit diesem Zuckersirup werden in den USA viele industriell hergestellte Nahrungsmittel und Softdrinks gesüßt.

Die gute Nachricht: Gesunde Omega-3-Fettsäuren, die zum Beispiel in Fischsorten wie Lachs und Thunfisch, aber auch in Walnüssen, oder Traubenkernöl stecken, sind gutes Gehirnfutter und können der „Verdummung" entgegenwirken. Denn diese mehrfach ungesättigten Fettsäuren sind ein wichtiger Bestandteil der Zellen im Gehirn. Sie sind Bestandteil der Zellwände und bedeutsam für die Bildung von Nervenzellen.

(Kölner Stadtanzeiger, AFP/cl, 20.05.2012)

Eine kurze Testumfrage in der Klasse zeigt, dass die meisten nicht wissen, wie viel Zucker sie am Tag konsumieren und wie viel versteckten Zucker sie zu sich nehmen, z. B. über Joghurts und Fruchtsäfte. Sie beschließen, sich intensiver mit dem Thema zu befassen und ihre Arbeitsergebnisse auf Plakaten den Mitschülern und Mitschülerinnen ihrer Schule zu präsentieren.

Arbeiten Sie im Team und halten Sie sich bei der Erarbeitung Ihrer Aufträge an diese Schritte:

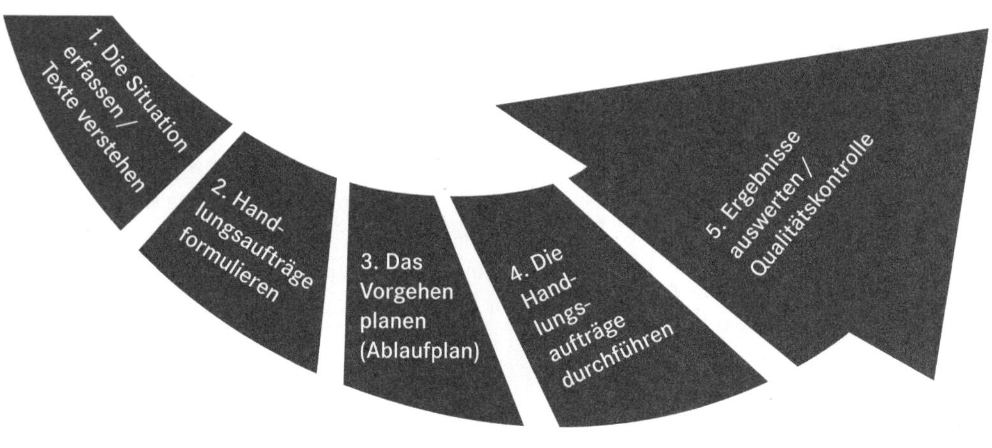

Eigenen Texten den letzten Schliff geben

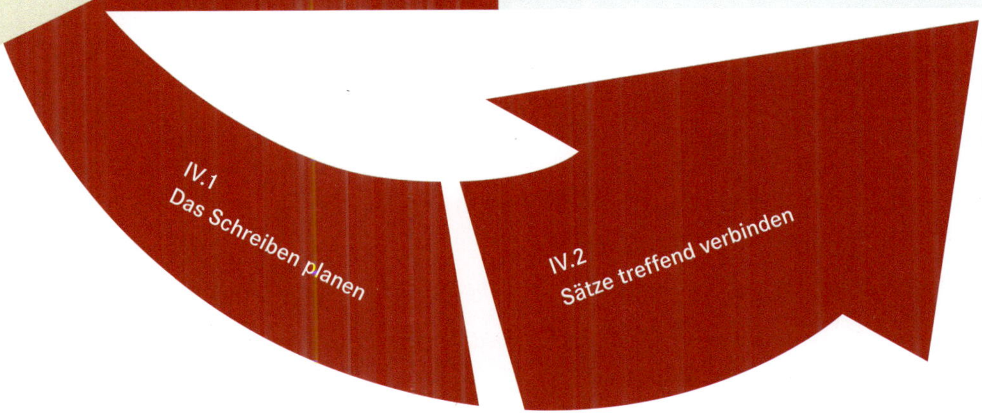

Das Schreiben von Texten aller Art ist oft eine ungeliebte Aufgabe, die sich sowohl in der Schule als auch im Beruf regelmäßig stellt. Mit der Anwendung von Arbeitstechniken und ein wenig Übung können Sie Ihre Ergebnisse verbessern.

Kompetenzen	Methoden und Arbeitstechniken
✔ Schriftlichen und mündlichen Sprachgebrauch unterscheiden	✔ Ein Schreibgespräch führen
✔ Das Schreiben adressatengerecht planen	✔ Eine Schreibkonferenz abhalten
✔ Unterschiedliche Textsorten gezielt verfassen	✔ Einen Schreibplan erstellen
✔ Sätze sinnvoll verbinden	✔ Konjunktionen richtig verwenden

Das Schreiben planen

1 *„Ich kann nicht schreiben!" – Stimmt das eigentlich?*

a) Überlegen Sie kurz, welche Beziehung Sie zum Schreiben haben.

b) Setzen Sie sich zu dritt oder viert um einen Tisch herum, notieren Sie „Texte schreiben – was mir schwerfällt" in der Mitte eines DIN-A3-Blatts und führen Sie ein Schreibgespräch. Berücksichtigen Sie » GUT ZU WISSEN.

c) Entwickeln Sie mündlich gemeinsam Ideen, wie die schriftlich thematisierten Schwierigkeiten verringert werden können.

» GUT ZU WISSEN **Ein Schreibgespräch führen**

Die Mündlichkeit wird bei dieser Arbeitsmethode bewusst ausgeschaltet, um die Gedanken zu konzentrieren. Dazu gehen die Gruppenmitglieder reihum schriftlich mit unterschiedlichen Stiftfarben auf die jeweilige Aufgabenstellung ein. Der Erste notiert schweigend seine Gedanken und reicht das Blatt weiter. Der Nächste kann darauf Bezug nehmen und schreibt seine Überlegungen zur Aufgabenstellung auf. Um ein „stummes Gespräch" entstehen zu lassen, sollten mehrere Runden durchlaufen werden. Die Anzahl der Runden wird vorab geklärt.

2 *Schriftlich oder mündlich? – Erläutern Sie Ihre Erfahrungen.*

a) Schlagen Sie Ihrer Sitznachbarin oder Ihrem Sitznachbarn schriftlich eine Freizeitaktivität am nächsten Wochenende vor und treffen Sie eine Verabredung. Wiederholen Sie die Übung anschließend mündlich mit einer anderen Partnerin oder einem anderen Partner.

b) Erläutern Sie, welche Unterschiede Sie erkennen.

3 *Erarbeiten Sie den Unterschied zwischen mündlichem und schriftlichem Gebrauch der Sprache.*

a) Bilden Sie ein 3er-Team und stellen Sie die Unterschiede in einer Tabelle gegenüber.

b) Stellen Sie Ihr Ergebnis der Lerngruppe vor.

c) Diskutieren Sie: „Schriftlichkeit erfordert einen höheren Aufwand als Mündlichkeit." Überlegen Sie dazu, in welchen Situationen schriftlicher Sprachgebrauch gefordert ist.

Situation: Firma Müller feiert Jubiläum

Die Firma Müller wird 150 Jahre alt und möchte das Jubiläum mit einem großen Fest feiern, zu dem sowohl Vertretungen der Öffentlichkeit als auch treue Kundschaft eingeladen werden sollen. Die Geschäftsführung stellt ein Organisationsteam zusammen, welches sich in mehreren Treffen mit der Vorbereitung beschäftigt und die Firmenleitung auf dem Laufenden hält. Die örtliche Presse informiert die Leserschaft im Vorfeld über das bedeutende Ereignis und den Ablauf des Tages. Der Bürgermeister ist verhindert, schickt aber ein Grußwort, das von einer Stellvertretung verlesen werden soll. Am Ende des Festtages soll ein großes Feuerwerk veranstaltet werden, doch was als Höhepunkt geplant war, wird zu einer großen Enttäuschung: Die Raketen explodieren nur vereinzelt und mit großer Zeitverzögerung; mehrere Feuerwerkskörper fliegen so unglücklich, dass sie eine angrenzende Buschgruppe in Brand setzen. Die beauftragte Feuerwerkerei scheint fachlich ungeeignet zu sein. Mit viel Glück und dem beherzten Eingreifen einiger Festbesucherinnen und -besucher kann ein Unglück verhindert werden. Die Presse greift das Ereignis ausgiebig auf. Die Firmenleitung ist verärgert und möchte den Vorfall nicht auf sich sitzen lassen.

4 *Bearbeiten Sie die Situation „Firma Müller feiert Jubiläum“ (S. 68).*

a) Wählen Sie eine der nachfolgenden Textsorten aus: Bericht, Beschreibung, Protokoll.

b) Bilden Sie pro Textsorte Teams. Erarbeiten Sie, wie der Text optimal geplant und gestaltet werden kann. Nutzen Sie dazu GUT ZU WISSEN sowie Kapitel 7.

a) Wählen Sie eine der nachfolgenden Textsorten aus: Beschwerdebrief, Einladung, Gratulation.

b) Bilden Sie pro Textsorte Teams. Erarbeiten Sie, wie der Text optimal geplant und gestaltet werden kann. Nutzen Sie dazu GUT ZU WISSEN sowie Kapitel 7.

c) Entwerfen Sie für sich zunächst passende Textbausteine, aus denen Sie abschließend einen vollständigen Text schreiben.

d) Prüfen Sie Ihre Entwürfe im Team und verbessern Sie sie ggf. Wählen Sie ein Teammitglied zur Präsentation aus.

e) Stellen Sie Ihr Ergebnis der gesamten Lerngruppe vor und geben Sie sich gegenseitig Feedback.

5 *Erstellen Sie eine Checkliste zu der von Ihnen gewählten Textsorte und geben Sie sie an die gesamte Lerngruppe weiter.*

GUT ZU WISSEN – Einen Schreibplan erstellen

Planungsphase: Sowohl im beruflichen als auch im privaten Bereich ist es notwendig, zielgerichtet Texte herstellen zu können, die dem Anlass und dem Adressaten angepasst sind. Zunächst muss der Schreibkontext untersucht werden:

- Was ist der Grund meines Schreibens **(Schreibanlass)**?
- Was will ich erreichen **(Schreibabsicht)**?
- Wer liest den Text **(Adressatenorientierung)**?

Dann geht es an die konkrete Vorbereitung: Möglicherweise müssen zunächst **Informationen** gesammelt werden, wenn es um vielschichtige Zusammenhänge geht. Die Reihenfolge der Textinhalte wird vorab geplant sowie **Sprache und Stil** (förmlich, feierlich, fachlich, alltäglich) festgelegt. Es sollte geprüft werden, ob **Formvorgaben** bestehen (z. B. DIN 5008 für Geschäftsbriefe, Vorgaben für Protokolle oder des Unternehmens wie Corporate Design). Alles muss auf den Schreibkontext abgestimmt sein.

Formulierungsphase: Wenn alle Vorarbeiten abgeschlossen sind, erfolgt die genaue Ausformulierung der Gliederung und des zielgerichteten Textes.

Überarbeitungsphase: Es wird überprüft, ob der Textentwurf den Anforderungen entspricht, die an ihn gerichtet werden (vgl. Planungsphase):

- Ist der **Inhalt** vollständig, verständlich und folgerichtig aufgebaut?
- Sind **Wortwahl** und **Sprachstil** passend und treffend?
- Werden die geltenden **Sprachnormen** beachtet (Rechtschreibung, Grammatik, Zeichensetzung)?
- Werden die **Formvorgaben** eingehalten?

Sätze treffend verbinden

Die Inhalte eines Textes sind dann besonders verständlich, wenn sie in einen sinnvollen Zusammenhang gebracht werden. Das kann auch durch treffende Satzverbindungen erreicht werden.

Firmenjubiläum bei Müllers

Am Samstag besuchte ich das Fest der Firma Müller. Mein Vater arbeitet da. Sie hatten Jubiläum. Es war viel los. Ich habe mich über das Programm informiert. Es wurden Reden gehalten. Es gab ein Kinderprogramm. Eine Band machte draußen Musik. Man konnte verschiedene Spezialitäten probieren. Im Verkaufsraum wurde ein Film gezeigt. Er handelte von der Firmengeschichte. Das Essen sah ziemlich lecker aus. Die Preise waren sehr niedrig. Ich habe an der nächsten Imbissbude einen Hamburger gegessen. Am Abend gab es ein Feuerwerk. Ein paar Büsche brannten. Ich half beim Löschen. Ich bin bei der Jugendfeuerwehr.

Lachen macht glücklich und zufrieden

Lachen fördert die Gesundheit. Das wissen Mediziner. Ein spontaner Heiterkeitsausbruch tut dem Organismus gut. Das Immunsystem wird aktiviert. Die Durchblutung wird gefördert. Das Lachen ist der größte Feind des Stresses. Die Stresshormone werden abgebaut. Lachen lindert das Schmerzempfinden. Das Lachen muss echt sein. Die medizinische Wirkung fehlt sonst. Ein echtes Lachen geht von den Augen aus. Das herzhafte, echte Lachen hat einen positiven Effekt. Das unechte Lachen nicht. Das echte Lachen aktiviert Bereiche des Gehirns. Diese sind bei Glücksgefühlen aktiv.

(„Schreibkompetenz fördern", in: www.chancen-erarbeiten.de, S. 53 [26.06.2013])

1 *Lesen Sie die Texte laut vor und beschreiben Sie ihre Wirkung.*

2 *Verfassen Sie eine verbesserte Version des Textes. Berücksichtigen Sie dabei* GUT ZU WISSEN *auf S. 71 und 72.*

a) Formulieren Sie „Firmenjubiläum bei Müllers" leserfreundlich um.

a) Formulieren Sie „Lachen macht glücklich und zufrieden" leserfreundlich um.

b) Führen Sie in einem 3er-Team eine Schreibkonferenz durch.

GUT ZU WISSEN – Eine Schreibkonferenz abhalten

In einer Schreibkonferenz wird die Überarbeitungsphase eines Textes von einer Kleingruppe in schriftlicher Form durchgeführt. Jeder Text wird jeweils so auf ein DIN-A3-Blatt geklebt, dass rechts ein breiter Rand entsteht. Jedes Gruppenmitglied hält einen unterschiedlichen Farbstift bereit, liest einen Text und notiert den ersten Eindruck in seiner Farbe, ebenso wie konkrete Beispiele oder Verbesserungsvorschläge. Nach Ablauf einer vereinbarten Lesezeit werden die Schriftstücke im Uhrzeigersinn innerhalb der Gruppe weitergegeben. Es wird am nächsten Text gearbeitet. Zusätzlich können auch die Anmerkungen des Vorgängers kommentiert werden (etwa mit Symbolen wie Fragezeichen). Die Schreibkonferenz endet, wenn jedes Gruppenmitglied wieder seine Arbeit vor sich liegen hat.

In einer Schreibkonferenz kann auch die sprachliche Richtigkeit eines Textes überprüft werden. Dazu eignen sich besonders die in Klausuren üblichen Zeichen **R**(echtschreibung), **Z**(eichensetzung), **A**(usdruck), **Gr**(ammatik).

3 *Überarbeiten Sie Ihren Text aus Aufgabe 2 (➪ S. 70) mithilfe der Anmerkungen aus der Schreibkonferenz und schreiben Sie ihn neu auf. Werten Sie in der Kleingruppe aus, welche Hinweise förderlich waren.*

4 *Präsentieren Sie Ihre Überarbeitung den Mitschülerinnen und Mitschülern, die für die Aufgaben 2 und 3 den anderen Text gewählt haben. In mehreren Schritten können nun Jurys die überzeugendsten Ausarbeitungen auswählen und prämieren.*

5 *Setzen Sie in dem Beispielsatz aus dem Kasten unten Verknüpfungswörter ein. Beschreiben und prüfen Sie die Veränderungen des Sinnzusammenhangs. Nutzen Sie* » GUT ZU WISSEN.

weil, bis, seitdem, solange, sodass, und

6 *Bilden Sie aus den folgenden einfachen Sätzen zusammengesetzte Satzreihen oder Satzgefüge und nutzen Sie verschiedene Verknüpfungswörter (➪ S. 72). Wie viele sinnvolle Möglichkeiten finden Sie?*

Die Herstellung ist aufwendig. – Die Kundschaft ist zufrieden. – Die Preise sind hoch. – Die Produkte sind hochwertig. – Die Preise sind angemessen. – Der Verkauf läuft gut.

» GUT ZU WISSEN — Sätze miteinander verknüpfen

Satz nennt man in der geschriebenen Sprache eine selbstständige sprachliche Einheit, die durch einen Punkt, ein Frage- oder Ausrufezeichen abgeschlossen wird. Man unterscheidet zwischen Haupt- und Nebensatz. Der **Hauptsatz** kann alleine stehen, der **Nebensatz** dagegen ist vom Hauptsatz abhängig; er wird durch eine **Konjunktion** mit ihm verbunden (**Satzgefüge**). Auch Hauptsätze können miteinander verbunden werden (**Satzreihe**). Beispiel:

Unverbundene Einzelsätze: Das Fest war ein großer Erfolg. Das Feuerwerk funktionierte nicht.

Sinnvoll verknüpfte Sätze: Das Fest war ein großer Erfolg, aber das Feuerwerk funktionierte nicht.

Das Fest war ein großer Erfolg, obwohl das Feuerwerk nicht funktionierte.

Bezeichnung	Erläuterung	Beispiel
Hauptsatz	Er kann alleine stehen, besteht mindestens aus einem Subjekt und einem Prädikat.	*Das Fest war ein großer Erfolg.* *Das Feuerwerk funktionierte nicht.*
Nebensatz	Er kann nicht alleine stehen, er wird vom Hauptsatz durch eine unterordnende Verknüpfung und ein Komma getrennt. Die Personalform des Prädikats steht am Ende des Satzes.	*das Feuerwerk nicht funktionierte*
Konjunktion	Es verbindet Sätze miteinander und stellt einen folgerichtigen Sinnzusammenhang her.	*aber* *obwohl*

GUT ZU WISSEN – Konjunktionen

Wenn Sie inhaltliche Zusammenhänge darstellen wollen, müssen Sie die passende Konjunktion wählen.

Inhaltlicher Zusammenhang	Mögliche Verknüpfung	Beispiel
Grund, Begründung	weil, da, denn, deshalb, deswegen	*Ich habe die Stelle bekommen, weil ich einen guten Eindruck gemacht habe.*
Folge, Wirkung	dass, sodass	*Ich habe einen guten Eindruck hinterlassen, sodass ich die Stelle erhalten habe.*
zeitliches Verhältnis	während, als, bevor, nachdem, bis, sobald, solange	*Man hat mir eine Zusage erteilt, nachdem ich mich vorgestellt hatte.*
Absicht, Zweck	damit, dass	*Ich habe mich um einen guten Eindruck bemüht, damit ich die Stelle erhalte.*
Bedingung	wenn, sofern, falls	*Ich werde sicher eingestellt, falls ich einen guten Eindruck mache.*
Einschränkung, Gegensatz	obwohl, aber, jedoch, sondern, anstatt	*Ich habe die Stelle erhalten, obwohl mein Zeugnis nicht so gut ist.*
Art und Weise	indem, dadurch dass, ohne dass	*Man kann seine Chancen verbessern, indem man einen guten Eindruck hinterlässt.*
Aufzählung, Reihung	und, sowie	*Ich kann ein gutes Zeugnis sowie praktische Erfahrungen vorweisen.*

7 *Begründen Sie, welchen Satz/welche Sätze Sie für sinnvoll halten und welchen/welche nicht.*

- *Obwohl es nicht regnet, werde ich heute schwimmen gehen.*
- *Falls es nicht regnet, werde ich heute schwimmen gehen.*
- *Ich werde heute schwimmen gehen, ohne dass es regnet.*

7 *Bilden Sie jeweils einen sinnvollen Satz mit passender Verknüpfung. Begründen Sie Ihre Wahl.*

- *die Party findet statt / Chris ist krank / es ist ein besonderer Anlass*
- *der Kunde ist nicht zufrieden / ich habe alles Mögliche getan / ich weiß nicht weiter*
- *man beseitigt das Problem / man drückt die Reset-Taste / man wiederholt den Vorgang*

8 *Verfassen Sie zehn eigene Beispielsätze verschiedener Art. Berücksichtigen Sie* GUT ZU WISSEN.

a) Lassen Sie eine Lernpartnerin oder einen -partner ermitteln, welcher inhaltliche Zusammenhang dargestellt wird.

b) Diskutieren Sie, wo es Schwierigkeiten gibt und wie diese beseitigt werden können.

Kapitel 4

Richtig schreiben

„WIR ESSEN JETZT OPA!“

Satzzeichen retten Leben!

Fehlerhafte Bewerbungen schauen sich die meisten Arbeitgeber gar nicht näher an. Sie erhalten Ihre Unterlagen ohne Angabe von Gründen mit einem Ablehnungsbescheid zurück.
Spätestens wenn Sie diese Hürde gemeistert haben, gewinnt die Fähigkeit, fehlerfrei Protokolle, Briefe und E-Mails zu schreiben, einen neuen Stellenwert.
Lernen Sie Ihre Fehlerschwerpunkte kennen und arbeiten Sie gezielt daran. Am Ende des Kapitels können Sie Ihre Kenntnisse an einem schwierigen Text überprüfen.

Kompetenzen	Methoden und Arbeitstechniken
✔ Eigene Fehlerschwerpunkte erkennen ✔ Wichtige Rechtschreibregeln anwenden ✔ Grundwissen der Grammatik anwenden ✔ Fach- und Fremdwörter erkennen ✔ An eigenen sprachlichen Schwächen arbeiten	✔ Texte mit Sprachproben korrigieren ✔ Stex-Methode ✔ Partnerdiktat

Fehler erkennen und korrigieren

Viele Fehler in den Bereichen Rechtschreibung und Grammatik lassen sich vermeiden, wenn man die eigenen Schwächen kennt – denn dann kann man diese auch gezielt abbauen. Hierzu sollten Sie als Erstes diagnostizieren, welche Art von Fehlern Sie oft machen und wo Ihr Fehlerschwerpunkt liegt. Danach können Sie die häufigsten Fehlerquellen nachschlagen und die Verbesserung gezielt einüben. So werden Sie sicherer und machen weniger Fehler.

1 *Finden Sie während der Arbeit an diesem Kapitel sowie bei der Erstellung eigener Texte heraus, in welchen Bereichen Sie noch Fehler machen, wo Sie deshalb gezielt üben müssen.*

a) Übertragen Sie die Diagnose-Tabelle in Ihr Heft und ergänzen Sie weitere Themen:
- der Rechtschreibung, z. B. lange Vokale, kurze Vokale, ähnlich klingende Laute, ks-Laute, Getrennt- und Zusammenschreibung, Fremdwörter, Silbentrennung
- der Grammatik, z. B. Modusformen, indirekte Rede
- der Zeichensetzung, z. B. Aufzählungen, Komma zwischen Haupt- und Nebensatz, Infinitivgruppen

Fehlerbereich	Hilfe	Beispiele / Eigene Fehler	Fehleranzahl
Nomen/ Nominalisierungen	Endungen Begleiter	*die Ordnung* *etwas Schönes*	*III*
das/dass	Ersatzprobe	*Er wusste, dass …*	*VII*
s-Laute	Aussprache (stimmhaft/stimmlos)	*lassen – lasen*	*I*
Wortauslaut	Verlängerungsprobe	*fleißig – fleißiger*	–

b) Erstellen Sie ein „Ranking" Ihrer häufigsten Fehler z. B. anhand Ihrer letzten Arbeiten. An welchem Fehlerschwerpunkt sollten Sie in der nächsten Zeit arbeiten?

c) Finden Sie heraus, welche Wörter korrekt geschrieben sind (Mehrfachnennung möglich):

1 Schifffahrt Schiffahrt Schifffaht	2 Fußballspiel Fußbalspiel Fussballspiel	3 Rhetorik Rethorik Rhethorik	4 Börsentip Börsentipp Börsen-Tipp	5 Spagetti Spaghetti Spahgetti

d) Schreiben Sie eine verbesserte Version des folgenden Textes in Ihr Heft. Vergleichen Sie mit Ihrer Lernpartnerin / Ihrem Lernpartner und schlagen Sie ggf. im Wörterbuch nach.

Achtung: Fehler!

In den 80er und 90-er Jahren hat man über der Beruf des Friseurs / die Frisörin diskriminierende, schräge Witze gemacht: Im Allgemeinen Sprachgebrauch der Witze wurde der Beruf fasst nur von Frauen ausgeübt Sie waren ausnamslos blond und meistens nicht sehr helle wenn man die Witze glauben darf … Achja, eine Frisöhse hatte in diesen Witzen auch immer einen – ebenfalls nicht sehr intelligenten – Freund der ein Manta (mit Fuxschwanz) fuhr … Nun, die Zeiten der blöden Witze über einen bestimmt Berufssstand sind Glücklicher Weise heute vorbei. In der Realitäht ist dieses Clischee sowieso nur sehr selten anzutreffen gewesen: Der Beruf des Friseurs / der Friseurin war und ist überaus fielseitig und anschpruchsvoll. Es geht in den Saloons längst nicht mehr nur um Haarschnitt sondern vielmehr umfasst die Ausbildung heute auch Aspeckte der Typberatung Kosmetik Farb- und Stiehlberatung und vor allen Dingen der Kommunikazion mit den Kunden. Wobei es kein Vorurteil isst das die Kunden überwigend Kundinnen sind: Im Durschnitt sind Frauen dreimal so oft beim Friseur wie Männer …

Wörter nachschlagen

Nicht nur im Fremdsprachenunterricht müssen Sie öfter die Bedeutung oder Schreibweise von Wörtern nachschlagen – auch für die Überprüfung bzw. Korrektur eines deutschen Textes ist es hilfreich, sich über die Schreibweise einzelner Wörter Sicherheit zu verschaffen.

1 *Wann schlagen Sie ein deutsches Wort nach? Geben Sie Beispiele. Was haben Sie nachgeschlagen? Wo haben Sie nachgeschlagen?*

Duden Deutsches Universalwörterbuch

Sai | son [zɛˈzõː, auch: zɛˈzɔŋ, österr. auch: zɛˈzoːn], die; -, -s, südd., österr. auch: ...onen [frz. saison = (günstige, für bestimmte Geschäfte geeignete) Jahreszeit, wohl < lat. satio = (Zeit der) Aussat, zu: satum, 2. Part. von: serere = säen]: *für etw. wichtigster Zeitabschnitt innerhalb eines Jahres, in dem etw. Bestimmtes am meisten vorhanden ist od. am häufigsten stattfindet, in dem die stärksten Aktivitäten entfaltet werden:* eine gute, schlechte, lebhafte, ruhige S.; die S. beginnt, ist in vollem Gang, läuft aus, endet; die S. für Spargel, Erdbeeren endet bald; die S. *(Spielzeit)* mit einer Neuinszenierung eröffnen; das Modehaus stellt die Modelle der neuen S. vor; innerhalb, während der S. *(Haupturlaubszeit)* ist dieses Hotel recht teuer, aber nach, außerhalb der S. ist es billiger.

Silbentrennung →
Aussprache (Lautschrift) →
← Aussprache (mit Tonaufnahme)
← Artikel
Endung im Genitiv
Endung im Plural
← Herkunft
← Bedeutung
← Verwendung

2 *Untersuchen Sie, welche Informationen Sie zu dem Stichwort „Saison“ erhalten.*

a) Welchen Artikel hat das Wort?

b) Wo können Sie erkennen, wie das Wort ausgesprochen wird?

c) Ergänzen Sie Wort und korrekte Endung: *am Ende der ??.*

a) Warum ist die Aussprache des Wortes kompliziert? Welche Möglichkeit haben Sie, sie herauszufinden?

b) Ergänzen Sie Wort und korrekte Endung: *in den vergangenen Winter??.*

3 *Bilden Sie Expertengruppen mit je drei Schülern. Jede Expertengruppe untersucht ein Nachschlagewerk für Rechtschreibung: ein gedrucktes Buch, eine App, ein Onlinewörterbuch. Bearbeiten Sie folgende Aufgaben:*

- Wie ist das Nachschlagewerk aufgebaut?
- Welche Abkürzungen verwendet es?
- Welche Details zu den Wörtern können Sie herausfinden, z. B. Modus, Herkunft, Bedeutung, Synonyme ...?
- Wie ist es zu bedienen/benutzen?
- Testen Sie Ihr Nachschlagewerk und schauen Sie folgende Wörter nach: *Essen – Fundus – twittern.*
- Nun geht je eine Schülerin / ein Schüler aus einer Expertengruppe mit je einer Schülerin / einem Schüler aus den anderen beiden Gruppen zu einer Stammgruppe zusammen, sodass jeweils ein Experte eines Nachschlagewerks in jeder Gruppe ist. Stellen Sie nacheinander die Ergebnisse vor und vergleichen Sie. Welche Art von Nachschlagewerk würden Sie bei welcher Gelegenheit verwenden?

Tipp

Mit der Stex-Methode Wissen erarbeiten

In Expertengruppen wird Wissen erarbeitet, das in Stammgruppen weitergegeben und verglichen wird.

Rechtschreibhilfen – Sprachproben

1 *Diktieren Sie den ersten Teil der nachfolgenden Sätze Ihrer Lernpartnerin / Ihrem Lernpartner. Lassen Sie sich den zweiten Teil diktieren.*

Teil 1: Gestern ist mir etwas komisches / Komisches passiert. Am morgen / Morgen schien die Welt in Ordnung, aber als ich gegen 7.30 h zur U-Bahn-Haltestelle ging, lief plötzlig / plötzlich alles schief. Ich sah eine Frau, die versuchte, das / dass Geländer am Eingang runterzurutschen, und ich war so gebant / gebannt von ihrer akrobatischen Leistung, das / dass ich überascht / überrascht stehen blieb.

Teil 2: Dass / Das war keine gute Idee, da die hinter mir gehenden Leute gegen mich prallten, was mich zu Boden stürzen ließ / liehs / lies. Zwar ist mir nichts Gefehrliches / Gefährliches passiert, aber ich habe mich geärgert darüber, das / dass meine Kleidung dreckich / dreckig geworden war. Also ging ich zurück nach Hause, um mich umzuziehen. Dadurch kam / kahm ich zu spät zur Arbeit / arbeit.

a) Schlagen Sie einzelne Wörter nach und wenden Sie die Sprachproben aus » GUT ZU WISSEN an, um die Schreibweise einzelner Wörter herauszufinden.

b) Tauschen Sie Ihre Texte aus und korrigieren Sie ggf. Fehler.

» GUT ZU WISSEN – Hilfen und Sprachproben für die Korrektur von Texten

Deutlich aussprechen und Silben mitschwingen: Bei vielen Wörtern kann man die Rechtschreibung erschließen, wenn man die Wörter deutlich ausspricht und evtl. die Silben mitschwingt.

Wortfamilie bilden: Wörter, die zu einer Wortfamilie gehören, haben meist ein und denselben Wortstamm – und der wird in der Regel gleich geschrieben, z. B. *l**eh**ren (L**eh**rling, Gel**eh**rter, L**eh**rer, gel**eh**rt, L**eh**rkraft, L**eh**rstelle); l**ee**r (L**ee**rgut, l**ee**ren, L**ee**rlauf, L**ee**rstelle, L**ee**rung).*

Verlängerungsprobe: Bei der Schreibung der auslautenden Buchstaben kann es helfen, wenn man das Wort verlängert (z. B. Plural, Steigerung, Genitivform bilden), z. B. *Gla**s** – Glä**s**er (» GUT ZU WISSEN, S. 79), Wal**d** – Wäl**d**er, Wel**t** – Wel**t**en, passen**d** – passen**d**er, fleißi**g** – fleißi**g**er.*

Ersatzprobe: In manchen Fällen kann man Wörter ersetzen und dadurch die korrekte Schreibweise ermitteln. Das gilt z. B. für die Schreibweise von *dass/das*: Wenn man *dieses*, *jenes* oder *welches* anstelle des Wortes einsetzen kann, wird das Wort mit einem s, also *das*, geschrieben.

Zerlegeprobe: Zusammengesetzte Wörter kann man in Einzelwörter zerlegen. Das letzte Wort bestimmt die Wortart und somit die Groß- und Kleinschreibung. Bei Substantiven bestimmt das letzte Wort den Artikel.

Begleiter untersuchen: Manchmal helfen Begleiter zu erkennen, um welche Wortart es sich bei einem Wort handelt, z. B. Artikel bei Nomen und Nominalisierungen (vgl. Tipp-Kasten, S. 77).

2 *Wenn Sie einen Text am Computer verfassen, läuft in der Regel eine Rechtschreibprüfung mit.*

a) Erklären Sie, was das ist und wie es funktioniert.

b) *Ess Wahr wirklig nich war, das er mier dihsen Rad gegeben hatte*: Welche Fehler in diesem Satz erkennt ein Rechtschreibprogramm, welche nicht? Warum?

c) Schreiben Sie am Computer einen Bericht über Ihre Ausbildung mit aktivierter Rechtschreibprüfung. Achten Sie besonders auf Fehler, die das Rechtschreibprogramm nicht erkennt, und wenden Sie evtl. Sprachproben an.

Richtig rechtschreiben

Groß- und Kleinschreibung

» GUT ZU WISSEN **Groß- und Kleinschreibung**

1. **Satzanfänge**, **Eigennamen** und **Nomen (Substantive)** werden großgeschrieben.

Beispiel: *Alle Menschen mögen Schokolade – nur Bruno nicht, er ist allergisch!*
(Satzanfang: Alle; Nomen: Menschen; Nomen: Schokolade; Name: Bruno)

2. **Höfliche Anreden** (*Sie*, *Ihr*, *Ihnen*) werden großgeschrieben. Die vertraulichen Anredepronomen (*du*, *ihr*, *dein*, *euer*) werden im Allgemeinen kleingeschrieben. In Briefen können sie auch großgeschrieben werden. Auf Einheitlichkeit muss jedoch geachtet werden: entweder durchgängig Groß- oder durchgängig Kleinschreibung verwenden.

Beispiel: *Was halten **S**ie denn von diesem Produkt?*
*Wie findest **d**u den Geschmack?*
(In Briefen auch: *Wie findest **D**u das?*)

3. **Nominalisierungen**: Adjektive und Verben, die als Nomen verwendet werden, werden großgeschrieben.

Beispiel: *Das **L**aufen ist für mich ein guter Ausgleich zum **A**rbeiten am Schreibtisch. Es hat etwas **E**ntspannendes.*

1 *Bilden Sie Nominalisierungen.*

a) Verbinden Sie jeweils ein Wort aus der oberen Zeile mit einem Wort aus der unteren Zeile, z. B.:
viel + interessant → viel Interessantes.
alles – etwas – genug – manches – nichts – viel – wenig
interessant – langweilig – alt – neu – schön – hässlich – gut – böse

b) Bilden Sie mit Ihren Wortpaaren sinnvolle Sätze.
Bei der Besichtigung haben wir viel Interessantes gesehen.

Tipp

Nominalisierungen erkennen

Nominalisierungen lassen sich oft an ihren **Begleitern** erkennen:
- Artikel (*der, die, das, ein, eine, einer*)
- mit Präposition verschmolzene Artikel (*am = an + dem, beim = bei + dem, zum = zu + dem, im = in + dem, ins = in + das*)
- Possessivpronomen (*mein, dein, sein*)
- Indefinitpronomen (*alles, etwas, genug, manches, nichts, viel, wenig*)

Zwischen diese Wörter und die Nominalisierung können sich andere Wörter schieben, z. B. *das anstrengende Laufen*. Das ändert nichts an der Großschreibung der Nominalisierung.

2 *In dem folgenden Brief (S. 78) eines Dachdeckers an eine Unfallversicherung sind alle Wörter kleingeschrieben.*

a) Schreiben Sie die Zeilen 1–16 in der korrekten Groß- und Kleinschreibung in Ihr Heft.

a) Schreiben Sie die Zeilen 17 bis zum Ende in der korrekten Groß- und Kleinschreibung in Ihr Heft.

b) Korrigieren Sie anschließend den Text Ihrer Lernpartnerin / Ihres Lernpartners.

c) Erstellen Sie für Fälle, bei denen Sie unsicher waren oder die Sie falsch geschrieben haben, eine Tabelle mit Beispielen für die großgeschriebenen Wortarten.

Satzanfänge	Nomen	Anreden	Nominalisierung
Sehr	*Damen*		

Wodurch erkennt man die entsprechenden Wortarten? Stimmen Sie sich bei Zweifelsfällen mit Ihrer Lernpartnerin / Ihrem Lernpartner ab.

Groß- und Kleinschreibung

Achtung: Fehler! In dem folgenden Text sind alle Wörter kleingeschrieben.

Unfallbericht – Brief an die Versicherung

sehr geehrte damen und herren,

ich bin von beruf dachdecker und habe einen unfall erlitten.

am tag des unfalls arbeitete ich alleine auf dem dach eines sechsstöckigen neubaus. beim beenden der arbeit hatte ich etwa 250 kg Ziegelsteine übrig. das hinuntertragen der ziegel erschien mir zu beschwerlich, deshalb entschied ich mich dafür, sie in einer tonne an der außenseite des gebäudes hinunterzulassen, die an einem seil befestigt war, das über eine rolle lief. ich band also das seil unten auf der erde fest, ging auf das dach und belud die tonne. dann ging ich wieder nach unten und band das seil los. ich hielt es fest, um die 250 kg ziegel langsam herunterzulassen.

mein damaliges körpergewicht betrug etwa 75 kg. das überraschende war, dass ich plötzlich den boden unter den füßen verlor und aufwärts gezogen wurde – leider vergaß ich das loslassen des seils. ich wurde mit immer größerer geschwindigkeit am gebäude hinaufgezogen – etwa im bereich des dritten stocks stieß ich an die tonne, die von oben kam. dies erklärt den schädelbruch und das gebrochene schlüsselbein. nur geringfügig abgebremst, setzte ich meinen aufstieg fort und hielt nicht eher an, bevor die finger meiner hand mit den vorderen fingergliedern in die rolle gequetscht waren.

glücklicherweise behielt ich meine inzwischen wiedergefundene geistesgegenwart und hielt mich trotz des schmerzes mit aller kraft am seil fest. beim aufschlagen der Tonne auf dem boden sprang der tonnenboden aus der tonne heraus. etwas so lautes habe ich selten gehört. ohne das gewicht der ziegel wog die tonne nun etwa nur noch 25 kg. wie sie sich vorstellen können, begann ich nun einen schnellen abstieg. in der höhe des dritten stocks traf ich wieder auf die von unten kommende tonne. daraus ergaben sich die beiden gebrochenen knöchel und abschürfungen an meinen beinen.

das zusammenstoßen mit der tonne verzögerte meinen fall, sodass meine verletzungen beim aufprall auf den ziegelhaufen gering ausfielen – ich brach mir nur drei Wirbel. als ich da verletzt auf dem ziegelhaufen lag und die leere tonne sechs stockwerke über mir sah, ließ ich nämlich dann doch das seil los, wodurch die tonne diesmal ungebremst herunterkam, mir drei zähne ausschlug und das nasenbein brach.

wenn sie genaueres erfahren wollen, bitte ich sie, mich anzurufen, da es mir manchmal schwerfällt, mich schriftlich auszudrücken.

MfG

der dachdecker

3 *Schreiben Sie einen Brief zu einer der nachfolgenden Situationen. Unterstreichen Sie die Nomen und Anreden. Bitten Sie Ihre Lernpartnerin / Ihren Lernpartner, Ihren Brief zu kontrollieren und evtl. Fehler anzustreichen.*

- Als Mitarbeiter/-in einer Reinigungsfirma haben Sie bei einem Kunden versehentlich einen Eimer Wasser umgeschüttet. Das Wasser hat auf dem Teppichboden großen Schaden angerichtet. Melden Sie Ihrer Versicherung den Schaden.
- Als Mitarbeiter/-in eines Großunternehmens (Produktion / Service) haben Sie einem Kunden versehentlich schadhafte Ware geschickt. Der Kunde hat sich beschwert und fordert Ersatz. Entschuldigen Sie sich in einem Brief für die Lieferung fehlerhafter Produkte.

Die Schreibung des s-Lauts

GUT ZU WISSEN **Die Schreibung des s-Lauts**

Die Schreibweise des **s-Lauts** richtet sich weitgehend nach seiner **Aussprache**. Man unterscheidet zwischen **stimmhaftem** (weichem, gesummtem) und **stimmlosem** (scharf gesprochenem) s:

s-Laut			
s-Schreibung		**ss-Schreibung**	**ß-Schreibung**
stimmhafter s-Laut	**stimmloser s-Laut**	**stimmloser s-Laut**	
Beispiele: *Nase, Reise, Riese, Vase, sanft, signieren*	... wenn ein stimmhafter s-Laut in einer **verlängerten** Form (z. B. Plural) vorkommt. Beispiele: Glas (→ Gläser) Haus (→ Häuser) Preis (→ Preise)	... wenn vor dem s-Laut ein **kurzer Vokal** steht. Beispiele: *Boss, Fluss, Hass, Masse, Messe, vergessen, vermissen*	... wenn vor dem s-Laut ein **langer Vokal** oder ein **Doppelvokal** (Diphthong) steht. Beispiele: *beißen, Fußball, Großmutter, Gruß, Grüße, heiß, schweißen*

1 *Entscheiden Sie: s, ss oder ß?*

a) Verlängern Sie folgende Wörter, die mit einem stimmlosen s-Laut enden, und entscheiden Sie, wie der s-Laut geschrieben werden muss.
Bewei? → *Beweise* (s in der verlängerten Form stimmhaft) → Schreibweise: *Beweis*
Flei? → *fleißig* (s in der verlängerten Form stimmlos) → Schreibweise: *Fleiß*
Applau? – Auswei? – Ei? – Fa? – Fu? – Gefä? – Ga? – Grau? – Grei? – Gru? – Ha? – Krei? – Ku? – Ma? – Mau? – Paradie? – Pa? – Schlu? – Schu? – Verlie?

b) Suchen Sie weitere Beispiele.

Tipp

Wenn man Großbuchstaben verwendet (z. B. in Formularen), schreibt man statt ß ein Doppel-s, z. B. *FUSSBALL*.

2 *Finden Sie für die nachfolgenden Wortreihen mindestens drei weitere Begriffe mit der jeweiligen Schreibweise.*

2 *Finden Sie für die nachfolgenden Wortreihen mindestens fünf weitere Begriffe mit der jeweiligen Schreibweise. Erklären Sie die Schreibweise.*

- *Besenstiel – Vasenrand – Meisenknödel ...*
- *Hauseingang – Preisschild – Glasreiniger ...*
- *Anzeigenschluss – Abflussreinigung – Schlossführung ...*
- *Straßenreinigung – Fußbad – Schweißnaht ...*

3 *Bei einigen Verben ändert sich die Schreibweise beim Wechsel der Zeitform. Übertragen Sie die Tabelle in Ihr Heft und vervollständigen Sie die Formen folgender Verben:*

beißen – essen – gießen – lassen – messen – schließen – vergessen – wissen.

Infinitiv	3. Person Präsens	3. Person Imperfekt	Partizip Perfekt
gießen	*er gießt*	*es goss*	*gegossen*

Die Schreibung von „das“ und „dass“

GUT ZU WISSEN **Die Schreibung von *das* und *dass***

Die Schreibweise von *das* und *dass* richtet sich nach der grammatischen Funktion des Wortes im Satz:

Wort	Funktion	Beispiel
das	Artikel	*Siehst du **das** Haus dort drüben?*
das	Relativpronomen	*Das Haus, **das** neben unserem steht, ist leer.*
das	Demonstrativpronomen	*Die reißen das Haus ab – **das** kann ich gar nicht glauben!*
dass	Konjunktion	*Ich ärgere mich, **dass** die Bagger so viel Lärm machen.*

1 *Formulieren Sie die nachfolgenden Sätze so um, dass die Konjunktion „dass“ verwendet wird.*

- Du bestehst die Prüfung – ich hoffe es.
- Du schaffst das – ich glaube fest daran.
- Du hast viel Talent – ich bin davon überzeugt.
- Du hast nur eine geringe Chance, das zu schaffen – ich sage es dir lieber gleich.

2 *Erzählen Sie von Ihren beruflichen Plänen.*

Bilden Sie Sätze mit fünf der folgenden Satzanfänge:

Bilden Sie Sätze mit folgenden Satzanfängen:

Ich hoffe, … – Ich meine, … – Ich glaube, … – Ich denke, … – Ich freue mich, … – Ich bin davon überzeugt, … – Ich habe erfahren, … – Ich habe recherchiert, … – Es ist Pech / Glück, …

3 *Verbinden Sie die nachfolgenden Sätze mit „das“ oder „dass“ und entscheiden Sie über die korrekte Schreibweise.*

Tipp: Eine **Ersatzprobe** hilft, die richtige Schreibweise zu finden, GUT ZU WISSEN, S. 76.

- Dieses Haus hat sieben Zimmer. Es steht in einer Sackgasse.
- Paul freut sich. Er bekommt ab dem nächsten Ausbildungsjahr mehr Geld.
- Das Fußballspiel ist fast vorbei. Das finde ich schade.
- Das kleine Mädchen trotzt. Damit kommt sie auch nicht weiter.
- Das Auto ist schon wieder kaputt. Es war erst bei der Reparatur.
- Er hatte Glück. Die Reparatur war nicht so teuer.

4 *Lesen Sie die Situation und den Austausch zwischen der Frau und der Mutter. Übertragen Sie ihn ins Hochdeutsche und setzen Sie die „das“ und „dass“ in der richtigen Schreibweise ein.*

In einer S-Bahn im Ruhrgebiet (Dialekt). Ein kleines Kind schmiert mit der Hand an der beschlagenen Scheibe herum. Eine ältere Frau will wissen, ob die Mutter dieses Tun erlaubt.
Frau: „Daf dat dat?“ – Mutter: „Dat daf dat!“ – Frau: „Dat dat dat daf!!“

Die Schreibung von „das“ und „dass“

5 *Schreiben Sie folgenden Text ab und entscheiden Sie, ob Sie „das“ oder „dass“ einsetzen.*

5 *Überlegen Sie, welche Wörter in die Lücken kommen. Entscheiden Sie, in welcher Funktion „das“ oder „dass“ vorkommt, und schreiben Sie die entsprechenden Ziffern in eine Tabelle.*

Artikel	Rel.pron.	Dem.pron.	Konj.
...	...	1 ...	...

Handwerk hat goldenen Boden

„Handwerk hat goldenen Boden“ lautet ein altes Sprichwort – aber ob __(1)__ auch heute noch gilt? In Zeiten, da Ausbildungsplätze gesucht sind, sollte es doch selbstverständlich sein, __(2)__ man mit einer guten, handwerklichen Ausbildung später einmal einen sicheren Arbeitsplatz hat …

__(3)__ hat Alex, 27, auch gedacht, als er vor acht Jahren seine Ausbildung zum Bäcker und Konditor anfing. Doch dann hat er bald festgestellt, __(4)__ es nicht nur am Fleiß und am Einsatz liegt, __(5)__ er vorankommt im Beruf – ein bisschen Glück gehört auch dazu. Nicht nur __(6)__ er gute Noten in der Berufsschule hatte, hat seinem Chef imponiert. Auch __(7)__ er immer pünktlich in der Backstube erschien – selbst bei Arbeitsbeginn um zwei Uhr morgens! – und immer fleißig und absolut zuverlässig arbeitete, war bewundernswert. __(8)__ Arbeiten zu solcher Tageszeit, __(9)__ viel Kraft kostet, war nicht immer einfach.

__(10)__ __(11)__ frühe Aufstehen sich lohnt, hat er aber dann erfahren:

__(12)__ erwähnte bisschen Glück hatte Alex nämlich, als der Inhaber der Bäckerei ihn fragte, ob er sich vorstellen könnte, __(13)__ er nach der Ausbildung die Meisterprüfung macht. __(14)__ würde bedeuten, __(15)__ er die Leitung der Backstube übernehmen kann, wenn der derzeitige Meister in Ruhestand geht.

__(16)__ Angebot war verlockend – auch wenn es bedeutet hat, __(17)__ Alex sich für Prüfungen noch mehr ins Lernen stürzen musste. Rückblickend jedoch meint er: „Ich bin wirklich zufrieden mit meinem Beruf und __(18)__ ist wichtig. Vor allem, __(19)__ ich heute hier die Arbeit mache, die bei Beginn meiner Ausbildung noch der Chef gemacht hat, __(20)__ macht mich schon ein bisschen stolz!“

6 *Überlegen Sie sich eigene Sätze mit „das“ oder „dass“, die Ihren beruflichen Bereich näher beschreiben.*

a) Diktieren Sie diese Sätze Ihrer Lernpartnerin / Ihrem Lernpartner und lassen Sie sich ebenfalls Sätze von Ihrer Lernpartnerin / Ihrem Lernpartner diktieren.
Denken Sie an die Ersatzprobe (*dieses*, *jenes*, *welches* → *das*).

b) Kontrollieren Sie im Anschluss gemeinsam die richtige Schreibweise der s-Laute.

Getrennt- und Zusammenschreibung
Zusammensetzungen mit Verben

GUT ZU WISSEN | **Verben – getrennt oder zusammen?**

Getrennt schreibt man Verbindungen

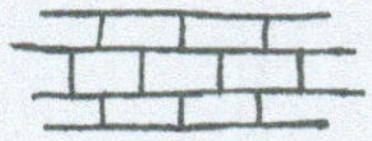

- mit **sein**: *beisammen sein, auseinander sein, beieinander sein.*
- aus **zwei Verben** (üblicherweise, vgl. dazu GUT ZU WISSEN, S. 83): *spazieren gehen, schreiben üben.*
- aus **Nomen und Verb**: *Auto fahren, Basketball spielen.*

Zusammen schreibt man Verbindungen

- aus einem Verb und einem Nomen, das kaum noch als solches erkennbar ist: *teilnehmen, heimkommen, leidtun.*
- Verben mit Präpositionen oder Adverbien: *absagen, herauskommen, zusammenschreiben.*
- **Nominalisierungen:** *durch das Korrekturlesen, beim Fußballspielen.*

1 *Schreiben Sie den folgenden Text in Ihr Heft und setzen Sie die Wörter in der korrekten Schreibweise an der richtigen Stelle ein.*

ab / sagen | aus / toben | Fußball / spielen | statt / finden | spazieren / gehen | teil / nehmen

Es ist einfach schön, mit meinen Freunden zusammen zu sein. Manchmal planen wir einen gemeinsamen Ausflug, wobei wir gern __(1)__. Beim __(2)__ kann ich mich __(3)__ und den Arbeitsstress vergessen. Kaum einer von uns will einen solchen Termin __(4)__, jeder will __(5)__ und tut alles dafür, dass die Treffen __(6)__.

2 *Tauschen Sie sich darüber aus,*

a) bei welcher Sportart Sie Kraft tanken.
Verwenden Sie Nominalisierungen: *Beim Handballspielen kann ich abschalten.*

b) was Ihnen Freude macht.
Gehen Sie nach folgendem Muster vor: *Musikhören macht mir Freude. Es macht mir Freude, Musik zu hören.*

3 *Schreiben Sie den folgenden Text in Ihr Heft. Wählen Sie die richtige Schreibweise aus den hervorgehobenen Wörtern.*

Natürlich sorgt das (1) aufeinander treffen / Aufeinandertreffen / aufeinander Treffen so vieler Menschen immer für Reibungspunkte. Das (2) sauber halten / Sauberhalten / sauber Halten unseres Schulgebäudes müsste eine Selbstverständlichkeit für alle sein. Das (3) instand halten / Instandhalten / instand Halten der alten Bausubstanz hat oberste Priorität. So lautete zumindest das Ergebnis einer Konferenz, die letzte Woche (4) statt fand / Statt fand / stattfand.

Getrennt- und Zusammenschreibung
Zusammensetzungen mit Verben

GUT ZU WISSEN | **Verbindungen von Verb + Verb und Adjektiv + Verb**

Es gibt Kombinationen, bei denen Getrennt- oder Zusammenschreibung möglich ist:

Verb + Verb
Adjektiv + Verb → ?

Bei diesen Verbindungen hängt es von der Bedeutung ab, ob getrennt oder zusammengeschrieben wird.

Bedeutung

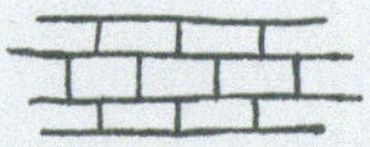

ursprünglich, direkt

*Die Brandschutztür soll nicht **offen bleiben**.*

neu, im übertragenen Sinne

*Einige eurer Fragen konnten wir nicht beantworten, sie müssen **offenbleiben**.*

4 *Erklären Sie die übertragene Bedeutung der folgenden Verben:*

kaltlassen schiefgehen klarsehen hochhalten freisprechen

5 *Lesen Sie den Text. Entscheiden Sie, ob die hervorgehobenen Wörter getrennt oder zusammengeschrieben werden.*

Vom Arbeiter zum Schriftsteller

Charles Dickens hatte keine leichte Kindheit. Als Kind mussten für ihn viele Wünsche (1) offenbleiben / offen bleiben. So arbeitete er als Zwölfjähriger in einer Fabrik, wo er täglich zwölf Stunden Etiketten auf Schuhcremedosen klebte. Man konnte sich nicht einfach (2) krankschreiben / krank schreiben lassen, wenn es einem (3) schlechtging / schlecht ging und (4) schwerfiel / schwer fiel zu arbeiten. Man konnte leicht (5) hochrechnen / hoch rechnen, dass man dann den Arbeitsplatz verlieren würde.
Dickens' Familie hatte recht wenig Geld, der Vater machte viele Schulden und kam deshalb hinter Gitter: Da konnte man sich noch so sehr (6) schwarzärgern / schwarz ärgern, es half nichts.
Diese Lebensumstände haben dem Jungen sehr schnell (7) klargemacht / klar gemacht,

Charles Dickens.

dass er sich seine Welt zum Träumen woanders suchen musste. Schon mit fünf Jahren lernte er lesen und schnappte sich jedes Buch, das er finden konnte. Die schlimme Kindheit ließ Dickens nicht mehr los, in seinen Werken schrieb er darüber.

Tipp

Die folgenden Verbindungen kommen nur in übertragener Bedeutung vor:
totlachen
schwarzärgern
wichtigmachen
hochrechnen
krankschreiben

Die Schreibweise von Fach- und Fremdwörtern

Fremdwörter erkennen

Fremdwörter haben einen extraordinär aparten Touch. Sie sind in der Lage, in unserem profanen Sprachgebrauch zu opalisieren wie der gleichnamige Juwel in einer noblen Schatulle. Alles verstanden?

Was ist überhaupt ein Fremdwort? Leider gibt es keine eindeutigen Merkmale. Doch kann man vier Kriterien nennen, die ein Wort als nicht muttersprachlich erkennen lassen. Dazu gehören zum einen bestimmte Vor- und Nachsilben, zum Beispiel *ex*pressiv, Sput*nik* oder Mobb*ing*. Außerdem kann man unter Umständen an der Lautung erkennen, ob es sich um ein Fremdwort handelt. *Team* und *Engagement* weisen deutliche Unterschiede zur deutschen Aussprache auf. Oft sagt auch das Schriftbild einiges über die Herkunft eines Wortes aus. Pala*zz*o, Body*build*er oder *cou*ragiert weisen für das Deutsche unübliche Buchstabenfolgen auf. Das letzte Erkennungskriterium lässt sich im seltenen Gebrauch eines Fremdwortes erkennen. Wörter wie *Quisquilien*, *Revenue* oder *extrinsisch* begegnen uns im Alltag außer vielleicht in der TV-Sendung „Wer wird Millionär" äußerst selten.

(www.focus.de/wissen/tests-onlinespiele/allgemeinbildung/fremdwoerter-im-test_aid_13521.html [10.07.2013])

1 *Setzen Sie Sich mit dem Text auseinander.*

a) Erklären Sie Ihrer Lernpartnerin / Ihrem Lernpartner die genannten Merkmale für Fremdwörter.
b) Finden Sie für jedes der genannten Merkmale weitere Beispiele.
c) Übersetzen Sie den ersten Abschnitt des Textes in ein Deutsch, das jeder versteht.

GUT ZU WISSEN — **Typische Endungen von Fremdwörtern erkennen**

Für Nomen (Substantive) sind bestimmte Endungen typisch:
-tät: Das Nomen ist feminin (weiblich): *die Nationalität, die Spontanität.*
-tion/-ion: Das Nomen ist feminin: *die Qualifikation* (dazugehörende Verben enden mit *-ieren*: *qualifizieren*).
-anz/-enz: Das Nomen ist feminin: *die Toleranz, die Konsequenz.*

2 *Schreiben Sie die Wörter mit dem Artikel in Ihr Heft.*

Arroganz – Faszination – Funktionalität – Installation – Kombination – Konferenz – Organisation – Reaktion – Rebellion – Spekulation – Tendenz

a) Erklären Sie das jeweilige Wort und notieren Sie das passende Verb dazu.
b) Notieren Sie weitere Nomen mit der Endung *-tion/-ion* sowie die Verben. Erklären Sie die Bedeutung.

3 *Um welchen Beruf geht es in folgendem Text? Was genau tut derjenige, der diesen Beruf ausübt?*

Bei meiner Tätigkeit müssen die gesetzlichen Vorgaben wie das Lebensmittelrecht und die Hygienevorschriften genau umgesetzt werden. Die Qualität der Ware hat oberste Priorität: Ich zerlege das Produkt und bereite es verkaufsgerecht vor oder verarbeite es weiter. Zerkleinern, Kochen oder Würzen gehört ebenso zu meinem Aufgabenbereich wie das Bestücken der Verkaufstheke.

4 *Schreiben Sie Fachwörter auf, die in Ihrem Beruf wichtig sind. Sehen Sie die Schreibweise ggf. in einem Rechtschreibwörterbuch nach.*

Zeichen setzen

Komma bei Aufzählungen

Die Kommasetzung erfolgt nach bestimmten Regeln. Begründungen wie „An der Stelle hole ich Luft“ oder „Der Satz ist so lang, da muss doch jetzt mal ein Komma auftauchen“ sind nicht haltbar. Die im Folgenden aufgezeigten drei Schwerpunkte der Kommasetzung sollen Ihnen helfen, Ihre Zeichen richtig zu setzen.

GUT ZU WISSEN **Das Komma bei Aufzählungen**

Aufzählungen können aus **Wörtern**, **Wortgruppen** oder **Sätzen** bestehen.

Die Teile einer Aufzählung, die nicht mit *und, oder, beziehungsweise, entweder – oder, sowohl – als auch, sowohl – wie, weder – noch, nicht – noch* verbunden sind, werden durch Komma abgetrennt.

Beispiele: *Er ist **motiviert, interessiert, aufgeschlossen und offen** für alles.*
*Kannst du mir das **heute Abend, morgen früh, eventuell noch morgen Mittag oder am Abend** bestätigen?*
*Wir denken **sowohl an den neuen Auftrag und die damit verbundene Arbeit als auch an die zu erwartenden Gewinne**.*

1 *Arbeiten Sie nach der Methode Partnerdiktat (GUT ZU WISSEN unten).*

a) Diktieren Sie Ihrer Lernpartnerin / Ihrem Lernpartner folgende Sätze ohne Kommas. Tauschen Sie die Rollen.

b) Erklären Sie gemeinsam, warum Sie Kommas gesetzt haben (GUT ZU WISSEN oben).

Daniel Düsentrieb begeisterte und begeistert immer noch sowohl mit seinen witzigen Erfindungen als auch mit seiner Zerstreutheit die Comicleser. Mit seiner Weste, dem Hütchen und dem Zwicker auf der Nase sieht er wie ein freundlicher, etwas älterer Herr aus. Er ist der geniale, glorreiche Erfinder aus Entenhausen. Auf jedes noch so abwegige Problem findet er eine ganz spezielle, besondere, unschlagbare Lösung. Er erfand einen Wünschelbrunnen, heißen Eistee, Kaugummibäume und behaarte Türklinken für den Winter. Mit dem glorreichen, intelligenten, kreativen und unermüdlichen Assistenten Helferlein neben sich ist er unschlagbar. Seine Patente preist er selbst gerne so an: „Schöne, große, dicke, neue Erfindungen!“ Die Entwicklung einer Mausefalle zählt zum Höhepunkt seines langjährigen, von Hochs und Tiefs begleiteten, mehr oder weniger genialen, aber schrägen Erfinderlebens.

Nachbau der Erfindung „Flügelschuhe“ von Daniel Düsentrieb; zu sehen im Museum für Kommunikation, Fankfurt, April 2009

2 *Schreiben Sie einige Sätze mit Aufzählungen dazu auf, was Sie in Ihrer Ausbildung tagtäglich tun. Achten Sie dabei auf die Kommasetzung.*

GUT ZU WISSEN **Mit Partnerdiktaten üben**

Beim Partnerdiktat diktieren sich die beiden Lernpartner/-innen abwechselnd einen Text, wobei der Diktierende den Schreibenden unterbricht, wenn er im Begriff ist, einen Fehler zu machen, und hilft, den Fehler zu erkennen. Der Diktierende spricht die Wörter deutlich aus, sodass der Schreibende diese gut verstehen kann. Beide Lernpartner/-innen profitieren: hinsichtlich der Aussprache bzw. des Schreibens.

Komma zwischen Haupt- und Nebensatz

GUT ZU WISSEN **Das Komma zwischen Haupt- und Nebensatz**

Nebensätze werden durch Komma vom Hauptsatz getrennt. Die Nebensätze können vor dem Hauptsatz stehen oder danach. Sie können auch in diesen eingebettet sein.

Beispiele: ***Wenn ich rechtzeitig zum Termin kommen will,*** *muss ich den frühen Zug nehmen.*
Ich muss den frühen Zug nehmen, ***wenn ich rechtzeitig zum Termin kommen will.***
Ich muss, ***wenn ich rechtzeitig zum Termin kommen will,*** *den frühen Zug nehmen.*

1 *Tauschen Sie sich mit Ihrer Lernpartnerin / Ihrem Lernpartner über Haupt- und Nebensätze aus, indem Sie folgende Fragestellungen beantworten:*

- Woran erkennt man Haupt- bzw. Nebensätze?
- An welcher Position des Satzes steht die konjugierte (gebeugte) Verbform?
- Wie können Nebensätze eingeleitet werden?

Tipp
Wie war das noch gleich mit den Sätzen? Vgl. S. 89.

2 *Schreiben Sie die folgenden Sätze, bei denen* ***Kommas fehlen,*** *in Ihr Heft.*

- Viele Industrieunternehmen beschäftigen Abteilungen die Produkte entwickeln.
- Doch auch Privatpersonen tüfteln weltweit an Erfindungen obwohl längst nicht jedes Genie sich mit seiner Idee durchsetzt.
- Es zeigte sich zum Beispiel dass die 1903 präsentierten Schallplatten aus Schokolade oft ohne vorherigen Musikgenuss verspeist wurden.
- Weil er die Natur zum Vorbild nahm konstruierte ein Tüftler 1881 einen Regenhut mit Schuppen aus Tannenzapfen der einer Dachschiefer-Konstruktion ähnelte.
- Wenn die weltgrößte Erfindermesse stattfindet kann man die seltsamsten Erfindungen bestaunen die teilweise mit denen von Daniel Düsentrieb konkurrieren können.
- Dinge die die Menschen erstaunen oder zum Lachen bringen werden gezeigt.

a) Unterstreichen Sie in verschiedenen Farben:
- die einleitenden Wörter des Nebensatzes
- die konjugierten Verbformen
- den Hauptsatz

b) Setzen Sie die Kommas.

a) Setzen Sie die Kommas.

b) Begründen Sie Ihre Zeichensetzung.

3 *Schreiben Sie die folgenden Sätze ab und verbinden Sie sie so, dass Satzgefüge entstehen.*

Heute ist sogar ein Technikwettbewerb Hamburger Schulen nach Daniel Düsentrieb benannt. Der Wettbewerb will dazu anspornen, neue Themen aufzugreifen. Es soll fächerübergreifend gearbeitet werden. So können viele neue Wege gegangen werden. Unterstützung durch Universitäten und Fachhochschulen wird vermittelt. Die Schüler müssen danach fragen.

Heute ist sogar ein Technikwettbewerb Hamburger Schulen, der dazu anspornen will, neue Themen aufzugreifen, nach Daniel Düsentrieb benannt. ...

4 *Vergleichen Sie die Wirkung des Textes, wenn er aus einzelnen Hauptsätzen (Satzreihe) besteht, mit seiner Wirkung, wenn er aus Satzgefügen besteht.*

Komma bei Infinitivgruppen

GUT ZU WISSEN | **Das Komma bei Infinitivgruppen**

Die **Infinitivgruppe** wird vom Hauptsatz getrennt, wenn

- sie mit ***um, ohne, anstatt, statt, außer, als*** eingeleitet wird:
  Beispiele: ***Ohne*** *auf die Anregungen der anderen ein**zu**gehen, beendete er das Projekt letzte Woche.*
  *Er beendete das Projekt letzte Woche, **ohne** auf die Anregungen der anderen ein**zu**gehen.*
  *Er beendete das Projekt, **ohne** auf die Anregungen der anderen ein**zu**gehen, letzte Woche.*
- ein **hinweisendes Wort** (Verweiswort) im Hauptsatz diese ankündigt. Hinweisende Wörter: *daran, damit, es.*
  Beispiele: *Er dachte nicht **daran,** auf die anderen ein**zu**gehen.*
  *Er liebt **es,** selbstständig **zu** arbeiten.*
  *Wir haben ihm **damit** gedroht, die nächsten Projekte ohne ihn durch**zu**führen.*
- sie von einem **Nomen im Hauptsatz abhängt**.
  Beispiel: *Wir gaben ihm den **Rat,** das nächste Mal in Ruhe **zu** überlegen.*

Die Infinitivgruppe (Infinitiv + *zu* + mindestens ein weiteres Wort) sollte man durch ein Komma abtrennen.

Tipp

Um Fehler zu vermeiden, empfiehlt es sich, bei Infinitivgruppen ein Komma zu setzen.

1 *Schreiben Sie folgenden Text ab.*

a) Setzen Sie dabei die fehlenden Kommas ein.

Achtung: fehlende Kommas!

Die künstliche Frau Holle

Viele Zuschauer haben jedes Jahr Spaß daran Skirennen anzuschauen und die Leistung der Athleten zu bestaunen. Was ist wenn kein Schnee vom Himmel fällt? Statt das Rennen absagen zu müssen arbeiten die Betreiber von Skipisten mit Kunstschnee. Schneekanonen werden eingesetzt um diesen Schnee auf die Abfahrtsstrecken rieseln zu lassen. Ein Ventilator wird benötigt um Luft mit hoher Geschwindigkeit durch die Schneekanonen zu blasen. Viele Düsen helfen dabei das Wasser in den Luftstrom zu sprühen. In kalter Luft gefriert das Wasser zu Eiskristallen um dann als Schnee zu Boden zu fallen. Vielleicht hat man aber mehr Freude daran auf Schnee zu fahren der vom Himmel gefallen ist? Oder man hat Bedenken Kunstschnee herstellen zu lassen? Trotz allem ist es aber ein schönes Gefühl einen Berg hinunterzufahren.

b) Begründen Sie Ihre Zeichensetzung. Unterstreichen Sie ggf. einleitende Wörter wie *um, ohne* ... sowie Verweiswörter (GUT ZU WISSEN).

2 *Üben Sie die Kommasetzung.*

a) Wählen Sie einen der drei Schwerpunkte aus:
- das Komma zwischen Haupt- und Nebensatz
- das Komma bei Infinitivgruppen
- das Komma bei Aufzählungen

b) Suchen Sie sich eine Lernpartnerin / einen Lernpartner, die/der einen anderen Schwerpunkt gewählt hat. Erklären Sie sich gegenseitig die Regeln Ihres Schwerpunkts.

c) Schreiben Sie Beispielsätze zum dritten Schwerpunkt auf.

c) Schreiben Sie Beispielsätze zu allen drei Schwerpunkten auf.

Grammatik

Wortarten

GUT ZU WISSEN **Wortarten**

Die Wörter einer Sprache kann man nach Wortarten ordnen. Man unterscheidet folgende Wortarten:

Bezeichnungen		Beispiele
veränderbar		
das Nomen/das Substantiv	Hauptwort	*Baum, Katze, Glück*
das Verb	Tätigkeitswort	*schreiben, telefonieren*
das Adjektiv	Eigenschaftswort	*lang, kurz*
der Artikel	Begleiter/Geschlechtswort	*der, die, das, dem, eine*
das Pronomen	Fürwort	*ich, dein, sich, welches, diese*
nicht veränderbar		
das Numerale	Zahlwort	*eins, zweitens, viele*
das Adverb	Umstandswort	*heute, draußen, immer, gern*
die Präposition	Verhältniswort	*in, unter, auf, zwischen*
die Konjunktion	Bindewort	*und, als, weil, obwohl, wenn, denn*
die Interjektion	Empfindungswort	*oh!, ach!*

1 *Vergleichen Sie die beiden Auszüge der Lebensläufe von Carl Benz.*

Carl Benz

1844	Geburt in Karlsruhe
1853–60	Besuch des Karlsruher Lyzeums
1860–64	Polytechnikum Karlsruhe
1871	Gründung einer Fabrik in Mannheim
1872	Heirat mit Bertha Ringer

Carl Benz wurde am 25. November 1844 als Sohn der Dienstmagd Josephine Vaillant und des Lokomotivführers Johann Benz in Karlsruhe geboren. Nach dem Besuch des Karlsruher Lyzeums begann er ein Studium am Polytechnikum in Karlsruhe, das er 1864 erfolgreich beendete. 1871 gründete er mit einem Geschäftspartner seine erste Firma in Mannheim. In dieser Zeit beschäftigte er sich intensiv mit dem Zweitaktmotor. 1872 heiratete er Bertha Ringer, die 1888 die erste erfolgreiche Fernfahrt mit einem Automobil unternahm.

a) Welche Wortarten werden im linken Text überwiegend verwendet? Warum sind sie ausreichend?

b) Bestimmen Sie die Wortarten des ersten Textes, z. B. *Geburt = Nomen.*

b) Bestimmen Sie die Wortarten des zweiten Textes.

c) Stellen Sie sich vor, Sie würden einen Vortrag über Carl Benz halten. Welche Wortart würden Sie nutzen, um seine Erfindungen zu würdigen?

2 *Gehen Sie die ersten Zeilen des Textes auf S. 84 mit einer Lernpartnerin / einem Lernpartner durch und ordnen Sie die Wörter den Wortarten zu.*

Sätze

GUT ZU WISSEN — Sätze

Im Wesentlichen unterscheidet man zwischen **Haupt-** und **Nebensätzen**. Diese wiederum unterscheiden sich so:

- Hauptsätze können alleine stehen, Nebensätze jedoch nicht.
- Die konjugierte Verbform steht im Nebensatz am Schluss.

Haupt- und Nebensätze können zu einem **Satzgefüge** verbunden werden. Nebensätze lassen sich z. B. mit den **Konjunktionen** *als*, *sobald*, *weil*, *wenn*, *obwohl* einleiten. Sie werden vom Hauptsatz durch **Komma** getrennt.

Beispiele: ***Weil*** *Bertha Benz die Fahrt mit dem Automobil unternommen* ***hatte, konnten*** *die Bedenken gegen die Erfindung aus dem Weg geräumt werden. – Die Bedenken gegen die Erfindung* ***konnten*** *aus dem Weg geräumt werden,* ***weil*** *Bertha Benz die Fahrt mit dem Automobil unternommen* ***hatte****.*

Auch mit einem **Relativpronomen** können Nebensätze eingeleitet werden. Es bezieht sich meist auf ein vorangehendes **Nomen**.

Beispiel: ***Die Fahrt, die*** *Bertha Benz unternahm, ging in die Geschichte ein.*

Hauptsätze können zu einer **Satzreihe** verbunden werden. Diese Hauptsätze können z. B. mit den Konjunktionen *denn*, *aber* verbunden werden.

Beispiel: *Carl Benz gelang eine bahnbrechende Erfindung,* ***aber*** *er hatte zunächst keinen Erfolg.*

1 *Verbinden Sie die Sätze durch sinnvolle Konjunktionen.*

- Mit seinem Fahrzeug gelang Carl Benz eine bahnbrechende Erfindung. In der Presse wurde über die pferdelose Kutsche gespottet.
- Carl Benz hat im Mannheimer Mercedes-Benz-Werk noch den ersten „Stift“ ausgebildet. Die Ausbildung hatte damals andere Inhalte als heute.
- Das Berufsbild des Automechanikers bzw. Kfz-Mechatronikers hat sich gewandelt. Die Lerninhalte der Ausbildung wurden verändert.
- Der Auszubildende hat keine Probleme, die Prüfung zu bestehen. Er beherrscht die Lerninhalte.
- Wir haben uns gut auf die Abschlussprüfung vorbereitet. Wir sind doch etwas aufgeregt.
- Die Abschlussprüfung ist bestanden. Wir werden erst einmal feiern.

a) Bearbeiten Sie drei Satzpaare.

Nutzen Sie für das erste Satzpaar *aber*, *dennoch*, *obwohl*. Denken Sie an das Verb.

a) Bearbeiten Sie alle Satzpaare.

b) Vergleichen Sie die Wirkung der Einzelsätze mit der der verbundenen Sätze.

2 *Untersuchen Sie, was hier falsch ist. Schreiben Sie die Sätze richtig.*

- Es ist klar, dass weil man so fährt, das Auto bald seinen Geist aufgibt.
- Der Ausbilder sagt, dass wenn das Berichtsheft gut geführt ist, dies einen guten Überblick über die Ausbildungsinhalte gibt.
- Ich habe die Erfahrung gemacht, dass obwohl ich mit anderen zusammenarbeite, meine Ergebnisse nicht gut sind.

Rund ums Verb
Tempusformen: gestern – heute – morgen

» GUT ZU WISSEN | **Die Tempusformen (Zeitformen)**

Verben bilden verschiedene Tempusformen (Zeitformen). Damit kann man zeitliche Verhältnisse wie Vorzeitigkeit, Gleichzeitigkeit und Nachzeitigkeit ausdrücken.

← **gestern** | **morgen** →

Plusquamperfekt **Präteritum** **Perfekt** **Präsens** **Futur I** **Futur II**

Tempus	wird verwendet, …	Beispiele
Präsens (Gegenwart)	um auszudrücken, dass etwas gerade oder regelmäßig geschieht.	*Marie hört Musik. Yannic kommt spät.*
Perfekt (vollendete Gegenwart)	wenn man etwas mündlich erzählt, was schon vergangen ist.	*Marie hat Musik gehört. Yannic ist spät gekommen.*
Präteritum (Vergangenheit)	wenn man schriftlich über etwas erzählt oder berichtet, was vergangen ist.	*Marie hörte Musik. Yannic kam spät.*
Plusquamperfekt (Vorvergangenheit)	wenn man ausdrücken will, dass etwas vor einem zurückliegenden Ereignis geschah.	*Marie hatte Musik gehört. Yannic war spät gekommen.*
Futur I (Zukunft I)	um etwas Zukünftiges auszudrücken.	*Marie wird Musik hören. Yannic wird spät kommen.*
Futur II (Zukunft II)	um etwas auszudrücken, was in der Zukunft abgeschlossen ist.	*Marie wird Musik gehört haben. Yannic wird spät gekommen sein.*

1 *Setzen Sie zwei der folgenden Beispielsätze in alle Tempusformen.*

1 *Setzen Sie die folgenden Sätze in alle Tempusformen. Üben Sie zusätzlich mit einem weiteren eigenen Beispielsatz.*

Er besucht die Baumesse. – Sie nimmt Informationsmaterial mit. – Wir gehen nicht mit.

2 *Bilden Sie das Präteritum und das Perfekt.*

sie helfen – er überprüft – sie verarbeitet – wir ordnen an – er ist – er erfährt – sie hält – er unterhält sich – er kann sich einbringen – es bedrückt mich

2 *Bilden Sie das Präteritum und das Perfekt von Verben, die Tätigkeiten in Ihrem Berufsfeld ausdrücken.*

3 *In einigen Textarten werden in der Regel bestimmte Tempusformen benutzt. Nennen Sie die richtige Zeitform für die folgenden Beispiele:*

Beschreibung Inhaltsangabe Märchen Bericht Anleitung

Aktiv und Passiv

GUT ZU WISSEN – Aktiv und Passiv

Aktiv und Passiv sind zwei Handlungsformen, mit denen man ein Geschehen aus unterschiedlichen Blickrichtungen darstellen kann.

- Mit Verbformen im **Aktiv** kann man die **handelnde Person** in den **Vordergrund** stellen.
- Mit Verbformen im **Passiv** kann man ausdrücken, was mit einer Person oder Sache **geschieht**. Es wird oft zur Beschreibung von Vorgängen oder Arbeitsabläufen verwendet.

Wenn man einen Satz vom Aktiv ins Passiv umwandelt, betrachtet man, grammatisch gesehen, zunächst das Akkusativobjekt.

Die Sekretärin schreibt die Rechnung.

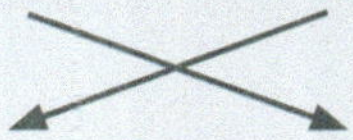

Akkusativobjekt (Wen oder was?)

Die Rechnung wird von der Sekretärin geschrieben.

Aus dem Akkusativobjekt bildet man das Subjekt (Wer oder was?): *Die Rechnung ...*

Das Passiv wird mit ***werden*** (in der jeweiligen Tempusform) und dem **Partizip II** gebildet.

Tempus	Aktiv	Passiv
Präsens	*Die Sekretärin schreibt die Rechnung.*	*Die Rechnung wird von der Sekretärin geschrieben.*
Perfekt	*Die Sekretärin hat die Rechnung geschrieben.*	*Die Rechnung ist von der Sekretärin geschrieben worden.*
Präteritum	*Die Sekretärin schrieb die Rechnung.*	*Die Rechnung wurde von der Sekretärin geschrieben.*
Plusquamperfekt	*Die Sekretärin hatte die Rechnung geschrieben.*	*Die Rechnung war von der Sekretärin geschrieben worden.*
Futur I	*Die Sekretärin wird die Rechnung schreiben.*	*Die Rechnung wird von der Sekretärin geschrieben werden.*
Futur II	*Die Sekretärin wird die Rechnung geschrieben haben.*	*Die Rechnung wird von der Sekretärin geschrieben worden sein.*

1 *Wählen Sie eine der Lesetechniken aus (→ Kapitel 3.1, S. 57) und schreiben Sie dazu eine Anleitung im Aktiv in vollständigen Sätzen.*

Aktiv: *Sie überfliegen wie ein Scanner den gesamten Text von links oben nach rechts unten.*
Passiv: *Der gesamte Text wird von Ihnen wie ein Scanner von links oben nach rechts unten überflogen.*

2 *Begründen Sie, warum in den folgenden Sätzen das Passiv bzw. Aktiv bevorzugt wird.*

Das Spielfeld wurde geräumt. *Der Schiedsrichter brach das Spiel ab.*

Die Modusformen des Verbs: Indikativ, Konjunktiv und Imperativ

» GUT ZU WISSEN **Die Modusformen des Verbs: Indikativ, Konjunktiv und Imperativ**

Es gibt drei Modusformen, mit denen man ausdrücken kann, wie eine Aussage verstanden werden soll.

Modus		**wird verwendet, um ...**	**Beispiel**
Indikativ	Wirklichkeitsform	Tatsachen wiederzugeben.	*Sie ist fleißig.*
Konjunktiv	Möglichkeitsform	• Möglichkeiten, Wünsche auszudrücken, • Aussagen eines anderen wiederzugeben (indirekte Rede).	*Wenn sie fleißig wäre, könnte sie ein gutes Ergebnis erzielen.* *Er sagt, sie sei fleißig.*
Imperativ	Befehlsform	Bitten und Befehle zu äußern.	*Sei fleißig!*

» GUT ZU WISSEN **Indirekte Rede**

Mithilfe des Konjunktivs können Sie Aussagen oder Textinhalte in der indirekten Rede wiedergeben. Dabei wird in erster Linie der Konjunktiv I verwendet.

Der **Konjunktiv I** wird mit dem **Stamm** des Verbs (Infinitiv ohne *-en*) und der passenden Personalendung gebildet:

mach-en

Indikativ Präsens	*er/sie/es macht* *sie machen*	**Konjunktiv I**	*er/sie/es mache* *sie machen*

Das Verb ***sein*** ist unregelmäßig:

Indikativ Präsens	*er/sie/es ist* *sie sind*	**Konjunktiv I**	*er/sie/es sei* *sie seien*

Bei der Wiedergabe in der indirekten Rede verändert sich oft das Personal- bzw. das Possessivpronomen und, damit verbunden, die Personalform des Verbs:

Direkte Rede	**Wiedergabe in indirekter Rede**
***Ich bin** dafür, bald eine Entscheidung zu treffen.*	*Der Autor sagt, **er sei** dafür, bald eine Entscheidung zu treffen.*

Sind die Formen des Konjunktivs I und des Indikativs Präsens identisch, weicht man auf den Konjunktiv II aus. Das ist bei der 1. Person Singular sowie bei der 1. und 3. Person Plural der Fall:

Direkte Rede	**Wiedergabe in indirekter Rede**
*Nur wenige **bleiben** bei dieser Entscheidung.*	*Der Autor gibt an, nur wenige **~~bleiben~~ → blieben** bei dieser Entscheidung.*

Der **Konjunktiv II** wird vom Indikativ Präteritum abgeleitet. Dabei wird oft ein Umlaut eingefügt (d. h., es findet ein Wechsel von *a*, *o*, *u*, *au* zu *ä*, *ö*, *ü*, *äu* statt), z. B.:

Indikativ Präsens	**Konjunktiv I**	**Indikativ Präteritum**	**Konjunktiv II**
ich nehme	*ich nehme*	*ich nahm*	*ich nähme*

Die Modusformen des Verbs: Indikativ, Konjunktiv und Imperativ

Falls die Konjunktiv-II-Form mit der Form des Indikativs Präteritum **identisch** ist, **umschreibt** man mit einer Form von *würden*. Das ist z. B. bei schwachen Verben im Präteritum der Fall:

Indikativ Präteritum	Konjunktiv II	Umschreibung mit *würde*
sie machte	*sie machte*	*sie würde machen*

Die **Umschreibung mit *würde*** empfiehlt sich auch, wenn die Form des Konjunktivs ungebräuchlich oder veraltet wirkt, z. B.: *ich hülfe* → *ich würde helfen*; *wir säßen* → *wir würden sitzen*.

Tempuswahl: Wenn man einen Satz wiedergibt, dessen Prädikat im Präteritum steht, bildet man in Gedanken das Perfekt und setzt dann das Hilfsverb in den Konjunktiv I, z. B.:

Präteritum	*Er **las** gern.*	*Sie **ging** nach Hause.*
Perfekt	*Er **hat** gern **gelesen**.*	*Sie **ist** nach Hause **gegangen**.*
Konjunktiv I	*Er **habe** gern **gelesen**.*	*Sie **sei** nach Hause **gegangen**.*

Wenn Sie die **Rede- oder Textwiedergabe mit der Konjunktion *dass*** einleiten, darf das Verb im Indikativ oder im Konjunktiv stehen, beides ist richtig: *Er behauptet, dass sie lügt. – Er behauptet, dass sie lüge.*

1 *Lesen Sie das Gespräch von Daniel und seiner Ausbilderin.*

Daniel berichtet seinem Freund	Daniel	Ausbilderin	Die Ausbilderin berichtet dem Berufsschullehrer
	Meine Noten in den letzten Klassenarbeiten waren nicht gut. Ich bin unglücklich darüber.		Daniel sagt, seine Noten in den letzten Klassenarbeiten seien ...
Meine Ausbilderin sagt, sie ... das. Sie fragt mich, was ich ...		Das verstehe ich. Was gedenkst du zu tun?	
	Ich will mich frühzeitig vorbereiten.		
		Hast du schon einmal daran gedacht, dir Unterstützung von außen zu holen?	
	Woran denken Sie?		

a) Geben Sie die Aussagen von Daniel und seiner Ausbilderin in der indirekten Rede wieder.

b) Führen Sie das Gespräch zwischen Daniel und seiner Ausbilderin fort.

c) Geben Sie in der Fortsetzung des Gesprächs die Aussagen einer der beteiligten Personen in der indirekten Rede wieder.

c) Geben Sie das gesamte weitere Gespräch in der indirekten Rede wieder.

Satzglieder

1 *Vergleichen Sie die beiden Sätze.*

- Am 1. Mai 1886 gab es in den Industrieregionen der USA Massenstreiks und Demonstrationen.
- Es gab am 1. Mai 1886 in den Industrieregionen der USA Massenstreiks und Demonstrationen.

a) Welche Teile des Satzes bleiben zusammen?
b) Stellen Sie weitere Teile des Satzes um.
c) Bilden Sie weitere Sätze. Ermitteln Sie die Satzglieder durch die Umstellprobe (» GUT ZU WISSEN).
d) An welcher Position des Satzes steht das konjugierte Verb?

» GUT ZU WISSEN — Satzglieder mit der Umstellprobe ermitteln

Mit der Umstellprobe können die Satzglieder ermittelt werden. Die Teile eines Satzes, die zusammenbleiben, bilden ein Satzglied. Bei allen möglichen Varianten der Umstellprobe bleibt das konjugierte (gebeugte) Verb an der zweiten Stelle des Satzes. Folgende Satzglieder gibt es:

Ich	***gebe ....***
Subjekt: Wer oder was?	*Prädikat: Was geschieht?*

Ich	*gebe*	***dir ...***
		Dativobjekt: Wem?

Ich	*gebe*	*dir*	***die Unterlagen.***
			Akkusativobjekt: Wen oder was?

Folgende Satzglieder liefern zusätzliche Informationen.

Heute Abend	*gebe*	*ich*	*dir*	***wegen der anstehenden Arbeit***	***noch schnell***	***im Fitnessstudio***	*die Unterlagen.*
Adverbiale Bestimmung der Zeit: Wann?				*Adverbiale Bestimmung des Grundes: Warum?*	*Adverbiale Bestimmung der Art und Weise: Wie?*	*Adverbiale Bestimmung des Ortes: Wo?*	

2 *Schreiben Sie folgende Sätze ab. Unterstreichen Sie die Satzglieder und bestimmen Sie diese.*

Machen Sie die Umstellprobe.

- Heute bereiten wir uns vor.
- Die Homepage des Betriebes entspricht unseren Erwartungen.
- Morgen werde ich mir die Homepage anschauen.

- Heute bereiten wir uns ganz gezielt vor.
- Wegen ihrer Aktualität entspricht die Homepage des Betriebes voll unseren Erwartungen.
- Morgen werde ich mir die Homepage unseres Betriebes genauer anschauen.

Im Berufsleben richtig (stilvoll) kommunizieren

Erfolgreiche Kommunikation im Alltag – und ganz besonders im Beruf – hängt davon ab, ob die geltenden Sprachregeln und Normen eingehalten werden. Dabei kann ein Nichteinhalten von Regeln zu Missverständnissen führen, ein stilloser Ausdruck kann Kommunikationsstörungen herbeiführen, im Extremfall wird der Schreiber / Sprecher gar nicht verstanden.

1 *Überlegen Sie, warum Sprachregelungen zur Vermeidung von Missverständnissen beitragen.*

2 *Lesen Sie nachfolgende Situationen:*

> **Situation 1:** Azubi wurde zu einem Gespräch zum Chef eingeladen, flegelt sich auf dem Stuhl. Azubi: „Hej, Cheffe, was gibt's?“
>
> **Situation 2:** Der Geschäftsführer sieht einen vollen Schreibtisch in der Produktionsabteilung. Geschäftsführer: „Heh, Sie da! Räumen Sie gefälligst den Müll vom Tisch – wir sind hier nicht auf der Mülldeponie!“
>
> **Situation 3:** Der Geschäftsführer sieht zufällig wie die Mitarbeiter in der CAD-Abteilung frühstücken: Geschäftsführer: „Herr XY, würden Sie bitte unverzüglich die Wiederherstellung der angemessenen Ordnung veranlassen!“

a) Untersuchen Sie die Aussagen im Hinblick auf Stil und Verständlichkeit.

b) Formulieren Sie die Aussagen so um, dass es zur jeweiligen Situation passt. Notieren Sie auf einem gesonderten Blatt, welche Wörter Sie ausgetauscht haben und warum.

3 *Mindestens genauso wichtig ist es, dass man bei schriftlicher Kommunikation im Berufsleben den angemessenen Stil beibehält. Ein nicht besonders höflicher Mitarbeiter aus der Einkaufsabteilung schreibt in einer Reklamations-Mail an einen (gut bekannten) Lieferanten:*

Achtung: Fehler!

An: XXX@XXX.XXX

Betreff: XXX

Von:

Hallo, Jeremy,

das war ja wohl mal wieder voll daneben, was ihr da für nen Müll geliefert hapt:
Die Verpackungen waren alle total hinüber und die Boards sind aus der Serie von Annodazumal!
Langsam habe ich die Schnauze voll euch dauernd den Krempel zurückschicken.
Was meinste eigentlich, wie lange ihr euch das noch leisten könnt, bis ihr pleite geht?!
Ich erwarte, das wir nächste Woche die richtigen Bauteile hier aufm Hof haben – und den Ramsch, der hier rumgammelt, kann euer Fahrer dann gleich wieder einpacken, aber zackzack!

a) Verbessern Sie das Reklamationsschreiben, sodass es dem Anlass gerecht wird.

b) Benennen Sie weitere Situationen, in denen die Vernachlässigung sprachlicher Normen (insbesondere von Rechtschreibung und Grammatik) zu Problemen führen könnte.

c) Erstellen Sie eine Liste mit Vorgaben, was in Ihrem Betrieb zum stilvollen sprachlichen Umgang der Mitarbeiter gehört. Formulieren Sie die Vorgaben freundlich und erläutern Sie die Vorteile.

d) Schreiben Sie eine Mail an einen Lieferanten, in der Sie sich über eine verspätete Lieferung von dringend benötigten Bauteilen beschweren. Tauschen Sie die Mails mit Ihrer Lernpartnerin / Ihrem Lernpartner und korrigieren Sie wenn nötig die Stilebenen.

Kompetenzcheck – Testen Sie Ihren Lernerfolg

FAZIT

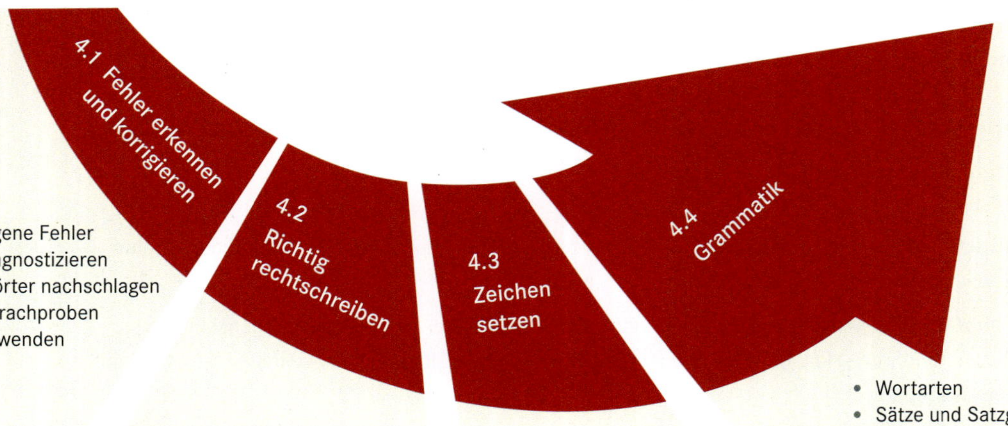

- Eigene Fehler diagnostizieren
- Wörter nachschlagen
- Sprachproben anwenden

- Groß- und Kleinschreibung
- S-Schreibweise
- *Das* und *dass* richtig schreiben
- Getrennt- und Zusammenschreibung
- Fach- und Fremdwörter

- Komma bei Aufzählungen
- Komma zwischen Haupt- und Nebensatz
- Komma bei Infinitivgruppen

- Wortarten
- Sätze und Satzglieder
- Tempusformen
- Aktiv und Passiv
- Modusformen
- Satzglieder
- Stilvoll kommunizieren

ZIELAUFGABE »

1 *Im folgenden Text sind eine Menge Fehler enthalten.*

a) Lesen Sie den Text und korrigieren Sie ihn auf einer Kopie mit großer Randspalte.

b) Bilden Sie ein Tandem und gehen Sie gemeinsam Ihre Korrekturen durch. Begründen Sie dabei Ihre Korrektur. Schlagen Sie ggf. auf den entsprechenden Seiten dieses Kapitels nach.

Achtung: Fehler!

Die Rechtschreibungsregeln und Ihre Auswirkungen auf die Sprache

Im deutscher Sprachraum fand Ende der neunziger Jahre eine Rechtschreibrevorm statt. Vor allem in die Bereiche groß- und kleinschreibung der getrent und zusammen schreibung aber auch beim trennen von Wörter wurden die bestehenden Standarts überarbeitet. Das Komma das einen Nebensatz einschließt muss weiterhin gesetzt werden. Aber bei Infinitiefgrupe ist es jetzt auch erlaubt, das koma unter bestimmten Bedingungen wegzulassen. Eine große Änderung betraf die Schreibung des s-Lautes: Man muss genau hin Hören, wie einzelne Wörter gesprochen werden. Bei *das/dass* muß mann daran denken, das mann zwischen Artickel, Relatifpronomen, Demonstrativpronmen und Konjunktion unterscheiden muss um die Schreibweise zu endscheiden. Allerdinks gibt es eine „Einsetzprobe", mit deren hilfe der schreibende sicher stellen kann, das die Schreibweise stimmt.

Vor allem ihren Schülern sagen die Leerer immer wider jene Regeln, die die Rechtschreibunk erleichtern und den Schtil des Sprache verbessern, z. B.:

– „Höfliche Anredepronomen schreibt man groß!"
– „Vor dem Genitiv-s setzt man kein Apostrof!"

Fiele Schüler benutzen die Ausrede, das sie diese vielen Reglen gar nicht behalten können. Aber das ist nonsense: Denn die Regeln für die Computerschpiele können sich die Jugendlichen sehr wohl merken, und dass ist auch nicht immer einfach!

Ganz Egal, welche regeln gelten: Man muss Sie lernen, um die die Sprache zu beherrschen!

Und nur derjenige / Diejenige, der / die die Reglen beherrscht, kann auch den Fachwort Schatz lernen um sich stil-voll, rethorisch wirkungsvoll und adequat auszudrücken!

Kapitel 5

Sich bewerben

Sie möchten sich nach Ihrer Ausbildung um eine Festanstellung bewerben. Bevor Sie mit Ihrer Bewerbungsmappe erfolgreich für sich selbst werben, machen Sie sich Gedanken darüber, was Sie von einer Arbeitsstelle erwarten und was Sie selbst zu bieten haben. Die schriftliche Bewerbung soll auf Sie aufmerksam machen, der Arbeitgeber soll sich für Sie und Ihre Fähigkeiten interessieren und Sie zu einem Vorstellungsgespräch einladen.

Kompetenzen	Methoden und Arbeitstechniken
✔ Ein Persönlichkeitsprofil erstellen	✔ Internetrecherche
✔ Informationen auswerten: Stellenanzeigen	✔ Think-Pair-Share
✔ Bewerbungsmappen erstellen und beurteilen	✔ Textüberarbeitung
✔ Sprechsituationen gestalten: Vorstellungsgespräch	✔ Rollenspiel

Kompetenzen und Fähigkeiten klären

Ein Persönlichkeitsprofil erstellen

Sie stehen mit Ihrer Ausbildung am Anfang einer beruflichen Karriere, die sich in verschiedene Richtungen entwickeln kann. Um herauszufinden, welcher Weg für Sie der richtige ist, lohnt es sich, immer wieder Bilanz zu ziehen, die eigenen Stärken und Schwächen zu analysieren und Visionen oder Perspektiven für die berufliche Zukunft zu entwickeln.

Das Persönlichkeitsprofil

1. Schritt: Bilanz ziehen

- Welchen Beruf lernen Sie?
- Welche Tätigkeiten üben Sie täglich aus?
- Welche Anforderungen werden gelegentlich an Sie gestellt?
- Welche Abteilungen haben Sie kennengelernt?
- Haben Sie an Fort- oder Weiterbildungen teilgenommen?
- Haben Sie vor der Ausbildung Erfahrungen in Praktika oder Ferienjobs gesammelt?
- Welche Kenntnisse bringen Sie aus Ihrer Freizeit mit?

2. Schritt: Stärken- und Schwächenanalyse

- Hardskills, d. h. Ausbildung und Fachwissen: Was haben Sie in Ihrer Ausbildung gelernt? Gibt es Beispiele? Welche Stärken und Schwächen haben Sie hier?
- Softskills, d. h. soziale Kompetenzen: Wie schätzen Sie Ihre Teamfähigkeit, Kommunikationsfähigkeit, Belastbarkeit usw. ein? Gibt es Beispiele? Welche Stärken und Schwächen haben Sie hier?

3. Schritt: Perspektiven entdecken oder Visionen entwickeln

- Was wünschen Sie sich beruflich? Wie sieht Ihr optimaler Arbeitsplatz aus?
- Decken sich Ihre Fähigkeiten mit Ihren Interessen?
- Was stört Sie an Ihrem jetzigen Berufsalltag? Was gefällt Ihnen gar nicht?

1 *Entwickeln Sie anhand der Schritte 1 bis 3 die Grundlage für Ihre Bewerbung. Machen Sie sich dazu Notizen auf einem Extrablatt.*

2 *Werten Sie Ihre Ergebnisse in der Lerngruppe aus.*

a) Bilden Sie 3er-Teams. Schätzen Sie die Hard- und Softskills Ihrer Teamkolleginnen und -kollegen ein, indem Sie für sich Notizen dazu anfertigen.

b) Stellen Sie sich Ihre eigenen Profile gegenseitig mündlich vor.

c) Geben Sie sich wechselseitig Feedback (Kapitel II, S. 21). Ergänzen Sie gegenseitig Ihre Einschätzung der Teamkolleginnen und -kollegen. Stimmen Ihre Selbsteinschätzung und das Bild, das Ihre Lernpartner/-innen von Ihnen haben, überein?

3 *Im Internet werden zur Berufsorientierung Eignungstests angeboten. Überprüfen Sie Ihre Ergebnisse mithilfe eines Tests (z. B. www.azubiyo.de/berufsorientierung/).*

3 *Beurteilen Sie die Auswertung mit Blick auf Ihr Profil (Aufgabe 1).*

a) Erklären Sie, wie sich unterschiedliche Einschätzungen begründen lassen.

b) Korrigieren Sie ggf. Ihre Einschätzungen.

Welcher Arbeitgeber ist der richtige?

Wenn Sie wissen, was Sie wollen und können, hilft es Ihnen, Ihr Potenzial in einer Bewerbung überzeugend darzulegen. Der nächste Schritt ist die Suche nach einer passenden Stelle und ggf. nach einem passenden Arbeitgeber.

Jobsuche in und außerhalb des Betriebs

Grundsätzlich muss man überlegen, ob man sich in seinem Ausbildungsbetrieb wohlfühlt. Ist das so, dann muss man nur nach einer passenden Stelle im Betrieb Ausschau halten. Zu überlegen ist, ob man dort seine Visionen verwirklichen kann, welche Abteilung die richtige sein könnte und welche Kolleginnen und Kollegen oder welche Abteilungsleitung man auf die berufliche Karriere ansprechen könnte. Bei der Informationssuche hilft ein Blick auf die Unternehmenswebsite, in Unternehmensbroschüren oder auf Aushänge. Wichtig ist auch eine Übersicht über betriebsinterne Weiterbildungs- und Fortbildungsmöglichkeiten.

Gibt es nach der Ausbildung keine geeignete Stelle im Unternehmen, dann muss man sich auf die Suche nach einem passenden Arbeitgeber machen. Dazu bieten sich verschiedene Suchmöglichkeiten an:

- Stellenmärkte im Internet: Firmenwebsites, www.arbeitsagentur.de, www.meinestadt.de, www.jobscout24.de, www.jobpilot.de, www.stepstone.de, www.stellenanzeigen.de, www.jobticket.de, www.jobmonitor.com usw.
  spezielle Portale für Jugendliche: www.job-future.de, www.was-werden.de
- Printmedien: regionale und bundesweite Zeitungen (auch bei den Online-Auftritten), Fachzeitschriften, Firmenbroschüren, Gelbe Seiten
- Personalberatungen von der Arbeitsagentur, Stellen-Informationsservice (SIS), Arbeitsvermittlungen privater Firmen
- Fachmessen, Kongresse
- Tipps aus dem Bekanntenkreis
- persönliche Kontakte, Praktika in Betrieben

1 ***Tauschen Sie sich in der Lerngruppe über Stellenanzeigen in Ihren Betrieben aus. Nutzen Sie die Informationen aus dem Text.***

a) Erkundigen Sie sich, welche Fort- und Weiterbildungsangebote es in Ihrem Betrieb gibt.
b) Prüfen Sie, was davon für Ihr Profil infrage kommt.
c) Stellen Sie sich Ihre Ergebnisse gegenseitig vor und vergleichen Sie die Angebote in den Betrieben.

2 ***Suchen Sie drei passende Stellenanzeigen für sich. Nutzen Sie die dazu angegebenen Medien.***

3 ***Diskutieren Sie in der Lerngruppe die Ergebnisse. In welchen Medien haben Sie Ihre Anzeigen gefunden? Welche Medien finden Sie hilfreich, welche sind weniger Erfolg versprechend?***

a) Wählen Sie drei Zugänge aus und dokumentieren Sie Ihre Suche.
b) Erstellen Sie eine Checkliste, worauf man bei dem jeweiligen Medium achten muss.

a) Erstellen Sie eine Liste an Medien, die bei Ihrer persönlichen Suche besonders hilfreich waren.
b) Notieren Sie kurz inhaltliche Besonderheiten und Hilfen bei der Suche.

c) Präsentieren Sie sich Ihre Ergebnisse und ergänzen Sie ggf. Ihre Notizen.

Stellenanzeigen auswerten

Stellenanzeigen müssen genau gelesen und untersucht werden, um die Bewerbungsunterlagen optimal darauf abzustimmen.

LASER STREAM

Laser Stream ist ein weltweit führender mittelständischer Hersteller von Hightech-Lasersystemen für Wissenschaft, Biotechnologie und Messtechnik mit knapp 120 Mitarbeiterinnen und Mitarbeitern. Hohe Motivation und Eigenverantwortung im Dienst des Kunden prägen unsere Firmenphilosophie.

Unser Fertigungsteam am Standort Berlin sucht ab sofort einen weiteren

Industrieelektroniker (m/w)
Faserlaser

Sie haben ...

- einen Abschluss als Industrieelektroniker/-in oder eine vergleichbare technische Ausbildung; alternativ haben Sie bereits in einem Laserunternehmen gearbeitet oder kennen aus anderem beruflichen Umfeld die Anforderungen im Umgang mit Lichtleitfasern oder Halbleitern.
- Freude an der Montage und Justage hochpräziser, komplexer Geräte, in die Faseroptik, Feinmechanik und Elektronik integriert sind. Dabei arbeiten Sie extrem genau, sorgfältig und zuverlässig, haben Geduld und eine ruhige Hand.

Sie suchen ...

- eine neue Herausforderung, die Platz für Eigenverantwortung lässt und bei der Sie Ihr Interesse an Hochtechnologie einbringen können.
- eine angenehme Arbeitsumgebung, die Ihnen Spaß machen wird und eine attraktive Bezahlung, die Sie am Unternehmenserfolg teilhaben lässt.

Ein nettes Betriebsklima und eine hohe Verantwortung der Geschäftsleitung für die Mitarbeiter/-innen warten auf Sie!

Interessiert? Das freut uns! Dann senden Sie bitte Ihren beruflichen Werdegang per E-Mail oder schriftlich an personal@laserstream.com.

LASER STREAM AG • Industriestraße 100 • 10000 Berlin •
Tel. 0111 101010 • Fax: 0111 101000 • www.laserstream.com

1. Informationen zum Arbeitgeber:
Größe des Betriebs, Branche usw.

2. Informationen zur Stelle:
Stellenbezeichnung, evtl. kurze Beschreibung

3. Erwartungen:
Hard- und Softskills, Muss-Anforderungen (müssen erfüllt sein) und Kann-Anforderungen (evtl. ersetzbar durch andere Fähigkeiten)

4. Angebote des Betriebs:
Betriebsklima, Bezahlung, Fort- und Weiterbildungen, Einarbeitungsmaßnahmen

5. Sonstige Informationen:
Firmenadresse, Ansprechpartner/-in, Umfang/Art der Bewerbungsunterlagen

Stellenanzeigen auswerten

1 *Vergleichen Sie die Anzeige mit den Anzeigen, die Sie für sich gefunden haben (S. 99). Listen Sie für jede Stellenanzeige alle Anforderungen auf, die der Arbeitgeber erwartet und wünscht.*

2 *Erläutern Sie, was mit den unten stehenden Floskeln aus den Stellenanzeigen von Bewerberinnen und Bewerbern gefordert wird.*

a) Erarbeiten Sie die Lösungen mit der Think-Pair-Share-Methode (Kapitel 8, S. 148). Notieren Sie dazu Ihre Ergebnisse in Stichworten auf einer Folie.

Berufseinsteiger/-in oder Berufsanfänger/-in: nach der Ausbildung oder zu Beginn der Ausbildung, Alter spielt keine Rolle

b) Präsentieren Sie Ihr Ergebnis der gesamten Lerngruppe und ergänzen Sie ggf. Ihre Unterlagen.

Berufserfahrung und Alter

1. Berufseinsteiger/-in oder Berufsanfänger/-in
2. mit einigen Jahren Berufserfahrung
3. Senior .../Junior ...

Arbeitsbedingungen und Arbeitsumfeld

1. überschaubares/kleines Team
2. suchen wir kurzfristig
3. sehr dynamisches Arbeitsumfeld
4. für eine Assistentenfunktion/Sie arbeiten in enger Kooperation mit ...
5. wir erwarten außergewöhnlichen Einsatz
6. suchen ständig ...

Beschreibung von Kenntnissen

1. ausreichende Kenntnisse
2. fundierte Kenntnisse
3. suchen qualifizierten

Bewerbungsunterlagen

1. vollständige Bewerbungsunterlagen
2. aussagekräftige Bewerbungsunterlagen

3 *Prüfen Sie, welche Anzeige am besten zu Ihnen passt.*

a) Vergleichen Sie die Auflistung mit Ihrem Persönlichkeitsprofil (S. 98) und finden Sie Beispiele, die Ihre entsprechenden Kompetenzen und Fähigkeiten belegen.

b) Entscheiden Sie sich für eine Stelle.

4 *Ergänzen Sie in Partnerarbeit die Cluster: Woher bekommen Sie weitere Informationen zum Unternehmen, welche sind außerdem interessant für Sie?*

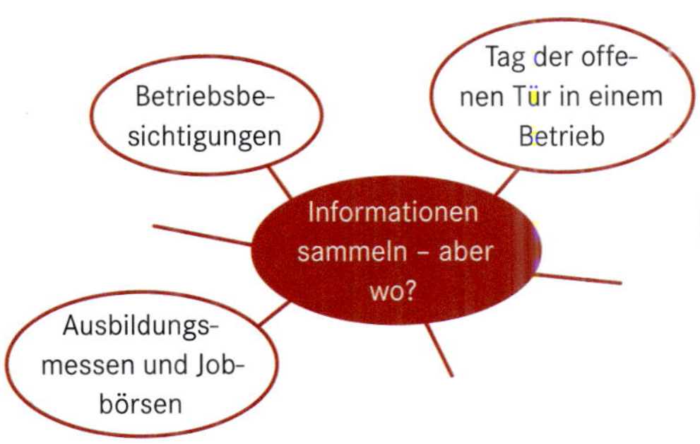

5 *Sammeln Sie Informationen zu dem Unternehmen, bei dem Sie sich bewerben möchten.*

Eine Bewerbungsmappe erstellen

Das Anschreiben

Tim Wilmer
Am Feld 5
39001 Tangermünde
Tel.: 039300 1546

Tangermünde, 26.04.2013

Absenderfeld: mit Ort- und Datumsangabe

Electronic Market Place AG
Frau Güldem Sommer
Am Platz 25
1000 Berlin

Anschrift: möglichst mit Ansprechpartner/-in

Betreff: mit Bezugnahme auf die Stellenanzeige und den Ort der Veröffentlichung

Ihre Stellenanzeige vom 21.04.2013 auf Ihrer Website

Anrede: am besten mit Namen, wenn vorhanden auch den Titel

Sehr geehrte Frau Sommer,

Einleitung: Bezug auf Kontakt, direkt das Ziel nennen, nicht mit „ich" beginnen

Sie suchen auf Ihrer Website einen jungen, dynamischen, einsatz- und kontaktfreudigen Fachverkäufer für Ihre Abteilung Elektro-Großgeräte, diesen Anforderungen entspreche ich gerne.

Hauptteil: Bewerbung (Beruf, Stelle, Person), ggf. Eingehen auf Fragen (z. B. Einstellungstermin)

Während meiner Ausbildung zum Verkäufer bei der Firma Bongert & Partner – Elektro-Fachgeschäft, Flurweg 13, 1200 Tangermünde, habe ich Erfahrungen in allen Abteilungen von Elektrohaushaltsgeräten, HiFi, TV bis zum PC-Bereich gesammelt. Nach bestandener Prüfung suche ich nach neuen Herausforderungen, ich möchte gerne ein breiteres Warensortiment – so wie bei Electronic Market Place – betreuen.

Es ist mir immer sehr daran gelegen, für jeden einzelnen Kunden und dessen Ansprüche das passende Gerät zu finden. Weil ich mich auch für den Aufbau der elektronischen Geräte interessiere, konnte ich außerhalb meiner Ausbildungszeiten Erfahrungen in der firmeneigenen Werkstatt sammeln. Dieser Hintergrund hilft mir bei der fachlichen Beratung.

Schluss: persönliches Gespräch

Über die Möglichkeit, mich bei Ihnen persönlich vorzustellen, freue ich mich.

Mit freundlichen Grüßen

Tim Wilmer

Tim Wilmer

Anlagen

Gruß und Anlagen

Das Anschreiben

1 *Formulieren Sie mögliche Sätze zur Einleitung Ihres Bewerbungsschreibens.*

a) Prüfen Sie Tims Version. Mit welchen Fähigkeiten wirbt er im ersten Satz für sich?

b) Finden Sie weitere Möglichkeiten, ein Bewerbungsschreiben zu beginnen.
- *Wie gestern telefonisch vereinbart, sende ich Ihnen heute meine vollständigen Bewerbungsunterlagen für die Stelle als ...*
- *Die von Ihnen angebotene Stelle als ... trifft sich mit meinem Wunsch nach beruflicher Veränderung. Deshalb ...*

b) Finden Sie andere sprachliche Formulierungen für folgende Sätze:
- *Sie suchen genau mich – eine junge, dynamische, einsatzfreudige ...*
- *Nach einer Ausbildung zur ... suche ich eine passende Stelle, um meine Kenntnisse anzuwenden und zu erweitern. Deshalb bewerbe ich mich ...*

c) Prüfen Sie im Team, welche Formulierungen passend sind. Begründen Sie.

2 *Formulieren Sie in Partnerarbeit Aussagen zu Anforderungen aus der Stellenanzeige.*

a) Prüfen Sie, auf welche Anforderungen Tim in seinem Anschreiben eingegangen sein könnte.
b) Übertragen Sie die Tabelle in Ihr Heft und ergänzen Sie sie um Eigenschaften, die in Ihrem Persönlichkeitsprofil auftauchen und die in Ihrem Berufsfeld häufig gefordert sind. Sammeln Sie weitere Formulierungen.

Geforderte Fähigkeit	Mögliche Stellungnahme
Teamarbeit	*Gute Teamarbeit war während meiner Ausbildung in den Bereichen ... eine Voraussetzung für erfolgreiches Arbeiten.*
Berufserfahrung in bestimmten Bereichen	*Während der Ausbildung konnte ich in den ... Abteilungen bereits Erfahrungen mit ... sammeln.*
Selbstständiges Arbeiten	*Selbstständiges Arbeiten war bereits während meiner Ausbildung in den Bereichen ... gefragt und kam meinem Arbeitsstil sehr entgegen.*

3 *Erstellen Sie ein Bewerbungsanschreiben zu einer von Ihnen gefundenen Stellenanzeige oder zu der Anzeige auf S. 100. Nutzen Sie die Checkliste.*

Tipp
Verfassen Sie für jede Bewerbung ein neues, passgenaues Anschreiben und vermeiden Sie Floskeln!

CHECKLISTE **Bewerbungsanschreiben**

Inhalt
- ☑ Der inhaltliche Aufbau stimmt (Bezugnahme, Begründung, Schluss).
- ☑ Die in der Stellenanzeige geforderten Qualifikationen sind angesprochen.
- ☑ Das Interesse für das angeschriebene Unternehmen und für die Stelle sind klar formuliert und begründet.
- ☑ Die Stärken und Kompetenzen sind aufgeführt (Beispiele).

Form
- ☑ Die DIN 5008 ist berücksichtigt (Kapitel 7, S. 129 ff.).
- ☑ Die Rechtschreibung, Zeichensetzung und Grammatik stimmen.
- ☑ Das Anschreiben ist Korrektur gelesen.
- ☑ Ausdruck und Papier besitzen eine gute Qualität (keine Eselsohren oder Flecke).
- ☑ Das Anschreiben ist mit einem ansprechenden Stift (z. B. Füller) unterschrieben.

Der tabellarische Lebenslauf

Ihr Lebenslauf führt den Einstellenden durch die Bewerbungsunterlagen. Er zeigt, wann Sie wo welche Kenntnisse und Erfahrungen erworben haben.

Lebenslauf (Entwurf)

Persönliche Daten
Familienname: Wilmer
Vorname: Tim
Geburtsdatum: 18.03.1993
Geburtsort: Tangerhütte
Familienstand: ledig
Staatsangehörigkeit: deutsch

Schulbildung
1999–2003 Grundschule Tangerhütte
2003–2009 Realschule Tangerhütte

Ausbildung
September 2009 Praktikum bei der Firma Bongert & Partner – Elektro-Fachgeschäft
2010–2013 Ausbildung zum Einzelhandelskaufmann in der Firma Bongert & Partner, Tangermünde

Besondere Kenntnisse und Fähigkeiten
2009–2010 Freiwilliges Soziales Jahr in der Fahrradwerkstatt Tangerhütte,
Träger: Zusammen handeln e. V.
Hobbys: Fußball, Musik hören, am PC basteln
Sprachen: Englisch, Polnisch

Tangerhütte, 26.04.2013

Tim Wilmer

Tipp

Hobbys, die Sie nennen, sollten für die ausgeschriebene Stelle relevant sein.

1 *Setzen Sie sich mit Tims Entwurf zu seinem Lebenslauf auseinander. Berücksichtigen Sie* **GUT ZU WISSEN**.

a) Prüfen Sie, welche Angaben Tim für seine Bewerbung (S. 102) in den Lebenslauf aufnehmen sollte. Begründen Sie.

b) Stellen Sie eine Checkliste zusammen, wie man den Lebenslauf ansprechend und übersichtlich auf einer Seite mit einem Textprogramm gestalten kann.

2 *Erstellen Sie das Grundgerüst Ihres Lebenslaufs mithilfe der von Tim gewählten Gliederung.*

3 *Passen Sie Ihren Lebenslauf der ausgewählten Stellenanzeige an.*

a) Erarbeiten Sie, welche Anforderungen jeweils in den Stellenanzeigen genannt sind und welche Entsprechung Sie in Ihrem Lebenslauf zu bieten haben.

b) Tauschen Sie die Lebensläufe aus, geben Sie sich ggf. Verbesserungstipps.

GUT ZU WISSEN – Lebenslauf

Der Lebenslauf informiert **chronologisch** über **Ausbildung**, besondere **Kenntnisse und Fähigkeiten** sowie später auch über **Berufserfahrung**. Ein klares, strukturiertes Layout sorgt für eine übersichtliche und leicht lesbare Darstellung. Er sollte auf die angestrebte Stelle hinführen, indem die speziell gefragten Kompetenzen betont werden, d. h., er sollte **bei jeder Bewerbung angepasst** und stets mit **Orts- und Datumsangabe unterschrieben** werden. Im Auswahlverfahren kann er das entscheidende Dokument sein. Die persönlichen Angaben stehen in Deutschland unter dem Schutz des Allgemeinen Gleichbehandlungsgesetzes, bei der Einstellung darf es keine Benachteiligungen wegen ethnischer Herkunft, Geschlecht, Religion usw. geben. Die Angabe etwa zur Konfession sollte deshalb auch nur erfolgen, wenn man sich z. B. bei einem kirchlichen Arbeitgeber bewerben will.

Die Bewerbungsmappe fertigstellen

1 *Welches der abgebildeten Bewerbungsfotos würden Sie auswählen, welches würden Sie auf gar keinen Fall nehmen? Begründen Sie Ihre Entscheidung.*

2 *Erstellen Sie eine Checkliste, was Sie bei einem Bewerbungsfoto beachten sollten. Berücksichtigen Sie auch* ≫ GUT ZU WISSEN.

≫ GUT ZU WISSEN – Bewerbungsfoto und Deckblatt

Das Bewerbungsfoto kann Auskunft geben, ob die Bewerberin oder der Bewerber ins Team passt oder wie sie oder er sich **selbst darstellen** will. Immer häufiger wird es nicht rechts oben auf den Lebenslauf geklebt, sondern bekommt ein **separates Deckblatt**, auf dem es mit Name, Anschrift, Telefonnummer und E-Mail-Adresse zuoberst in der Bewerbungsmappe liegt. Das Foto sollte **professionell** angefertigt werden. Es muss genau überlegt werden, welche Kleidung, Frisur, Brille usw. auf dem Porträt zu sehen sein sollen.

3 *Erstellen Sie eine vollständige Bewerbungsmappe für die von Ihnen ausgewählte Stellenanzeige.*

a) Entwerfen Sie ein einheitliches Layout für Ihre Unterlagen (Bewerbungsanschreiben, Lebenslauf, Deckblatt). Entscheiden Sie sich für einen Schrifttyp sowie passende Schriftgrößen und Zeilenabstände.

a) Wählen Sie Gestaltungselemente aus, an denen man die Zusammengehörigkeit Ihrer Unterlagen erkennen kann.
Der Name steht im Anschreiben, Lebenslauf und auf dem Deckblatt in der Kopfzeile.

b) Stellen Sie die Unterlagen zusammen. Berücksichtigen Sie die Checkliste.

CHECKLISTE – Vollständige Bewerbungsmappe

- ☑ Das fertige Bewerbungsanschreiben liegt an erster Stelle (postalische Bewerbung: auf der Mappe).
- ☑ Ein passendes Deckblatt ist erstellt worden (erstes Blatt der Mappe).
- ☑ Der tabellarische Lebenslauf ist nach dem Deckblatt einsortiert.
- ☑ Das Passfoto ist eingefügt.
- ☑ Alle sonstigen für die Stelle relevanten Leistungsnachweise liegen vor (z. B. Weiterbildungen, Sprach- oder Computerkenntnisse, Praktikumszeugnisse).
- ☑ Es ist eine neue Sammelmappe für die Unterlagen vorhanden.
- ☑ Alle Ausdrucke und Kopien sind sauber und geordnet (Zeugnisse chronologisch oder nach der Wichtigkeit für die angestrebte Tätigkeit).
- ☑ Die Zeugnisse für eine Online-Bewerbung oder eine Bewerbung per E-Mail sind gut gescannt (ohne Flecke, gerade).
- ☑ Die Unterlagen für eine elektronische Bewerbung sind in einem PDF-Dokument gebündelt.
- ☑ Ein DIN-C4-Umschlag mit Papprücken, mit ausreichender Frankierung und korrekter Adressierung ist vorhanden (bei Bewerbung auf Papier).

Das Vorstellungsgespräch

Hat man mit der Bewerbungsmappe sehr gute Arbeit geleistet, dann wird man zum Vorstellungsgespräch eingeladen, in dem im Prinzip mündlich wiederholt wird, was schriftlich bereits eingereicht wurde.

» GUT ZU WISSEN | **Das Vorstellungsgespräch planen**

Auf das Vorstellungsgespräch bereitet man sich am besten vor, indem man sich **sehr gut über das Unternehmen informiert**. Umgangston, Kleidung und Frisur werden dem Umfeld des zukünftigen Arbeitsplatzes angepasst, ohne sich jedoch zu verkleiden. Die **Anreise** wird sorgfältig geplant, sodass man pünktlich zum Termin da ist.

Bei der **Begrüßung** stellt man sich selbstbewusst mit vollem Namen vor und setzt sich erst, wenn man dazu aufgefordert wird. Die Namen der am Gespräch Beteiligten sollte man sich gut einprägen. Interesse und Offenheit zeigt man, indem man mit allen am Gespräch Beteiligten Blickkontakt aufnimmt.

1 *Zu Beginn Ihrer Stellensuche haben Sie ein Persönlichkeitsprofil erstellt (➪ S. 98). Im Gespräch geht es darum, herauszufinden, ob Ihr Persönlichkeitsprofil in das Unternehmen passt. Bereiten Sie sich auf ein Bewerbungsgespräch bei dem von Ihnen ausgesuchten Unternehmen vor.*

a) Planen Sie das Gespräch, indem Sie weitere Informationen zum Unternehmen sammeln und den Weg dorthin planen.

b) Bereiten Sie Antworten auf die im Text gestellten Fragen vor.

Das Vorstellungsgespräch: Wichtige Fragen aus Unternehmenssicht

„Bitte stellen Sie sich kurz vor."
Der Frager will Sie als Menschen kennenlernen. Wie schätzen Sie sich selbst ein, schaffen Sie es, sich selbst und Ihre berufliche Qualifikation aussagekräftig und dennoch knapp darzustellen? Fangen Sie mit den beruflichen Fakten an und erzählen Sie erst am Schluss ein wenig aus Ihrem Privatleben.

„Was sind Ihre größten Stärken und Schwächen?"
Beginnen Sie mit Ihren Stärken und werden dabei möglichst konkret. Die Frage nach Ihren Schwächen können Sie zunächst ignorieren. Wenn jemand aus der Runde nachfragt, nennen Sie für die Arbeit wenig relevante Eigenschaften. Sie sollten selbstbewusst, aber nicht übertrieben überzeugt von sich selbst wirken.

„Warum sollten wir gerade Sie einstellen?"
Zeigen Sie an Beispielen, was Sie in Ihrer Ausbildung gelernt haben, das für diese Stelle passt. Falls Ihnen entscheidende Kompetenzen fehlen, sagen Sie, dass Sie sich weiterentwickeln wollen und großes Interesse an Fortbildungen haben.

„Warum haben Sie sich ausgerechnet bei uns beworben? Wie motiviert sind Sie, diese neue Stelle anzutreten?"
„Weil Sie inseriert haben" oder „weil mein Arbeitsvertrag nicht verlängert wird" sind eindeutig die falschen Antworten. Sie können jetzt mit Ihrem Wissen über den Betrieb glänzen und aufzählen, was Sie sich von einem Wechsel zu dem neuen Arbeitgeber versprechen.

„Welche Hobbys haben Sie?"
Sie sollten sich in dem Hobby (keine Extremsportarten oder zeitlich aufwendige Hobbys), das Sie nennen, tatsächlich gut auskennen, vielleicht sitzt Ihnen jemand gegenüber, der in seiner Freizeit dasselbe macht.

2 *Einige Fragen darf das Unternehmen jedoch nicht stellen. Erstellen Sie mithilfe einer Internetrecherche eine Liste der verbotenen Fragen. Recherchieren Sie, ob es Besonderheiten für Ihr Berufsfeld gibt.*

2 *Einige Fragen darf das Unternehmen jedoch nicht stellen. Erstellen Sie mithilfe einer Internetrecherche eine Liste der verbotenen Themen sowie der Sonderfälle und Ausnahmen.*

3 *Stellen Sie in Kleingruppen Fragen zusammen, die bei einer neuen Arbeitsstelle von Interesse sind.*

a) Führen Sie ein Brainstorming zum Thema durch und notieren Sie passende Aspekte.
Wie werde ich arbeiten, in Einzel- oder Teamarbeit?

b) Prüfen Sie Ihre Ergebnisse. Berücksichtigen Sie » GUT ZU WISSEN. Vergleichen Sie Ihre Ergebnisse mit anderen Gruppen.

4 *Werten Sie in Partnerarbeit Ihre Erfahrungen aus, die Sie bei Bewerbungsgesprächen für Ihren Ausbildungsplatz gesammelt haben.*

a) Listen Sie Fehler auf und wie man sie vermeiden kann.

b) Präsentieren Sie der Lerngruppe die Liste und ergänzen Sie sie ggf.

5 *Führen Sie in 4er-Teams ein Vorstellungsgespräch als Rollenspiel durch.*

a) Legen Sie die Rollen fest: Bewerber/-in, zwei Unternehmensvertreter und ein neutraler Beobachter bzw. eine Beobachterin. Nutzen Sie die Vorarbeiten der Bewerberin/des Bewerbers.

b) Bereiten Sie sich auf die Rollen ggf. mit weiteren Internetrecherchen zum Unternehmen vor. Die oder der Beobachtende fertigt einen Beobachtungsbogen an (Körpersprache, Sprechen; Kapitel 15, S. 248 f.).

c) Führen Sie das Rollenspiel durch.

d) Geben Sie sich gegenseitig Feedback. Nehmen Sie den Beobachtungsbogen zu Hilfe und werten Sie vor allem das Verhalten der Bewerberin/des Bewerbers aus.

» GUT ZU WISSEN **Eigene Fragen stellen**

Grundsätzlich sollte man Warum-Fragen vermeiden, weil es nach Kritik klingen könnte. Stattdessen sollte man offene Fragen stellen (Wer? Was? Wie?), sodass das Gegenüber Gelegenheit bekommt, ausführlich zu antworten. Zu Beginn des Gesprächs sollte man zunächst nur nachfragen und noch nicht eigene Fragen stellen. Bevor man schließlich einen Arbeitsvertrag unterschreibt, sollte man die folgenden Fragen klären. Sie sind jedoch für das erste Vorstellungsgespräch ungeeignet und sollten erst bei weiteren Gesprächen angesprochen werden:

- Gehalt und Sonderleistungen
- Arbeitszeitregelung und Urlaub
- betriebliche Altersversorgung oder sonstige Versicherungsleistungen
- Kantine, Betriebssport oder sonstige betriebliche Einrichtungen

Kompetenzcheck – Testen Sie Ihren Lernerfolg

FAZIT

- Ein Persönlichkeitsprofil erstellen
- Persönlichkeitsprofil und Anforderungsprofil abgleichen
- Stellenanzeigen auswerten

- Anschreiben
- Tabellarischer Lebenslauf
- Bewerbungsfoto und Deckblatt

- Sich auf das Vorstellungsgespräch vorbereiten
- Ein Rollenspiel dazu durchführen
- Feedback geben

ZIELAUFGABE

1 *Tauschen Sie die Bewerbungsunterlagen innerhalb Ihrer Lerngruppe aus und bewerten Sie diese.*

Bewerten Sie jedes Element einzeln. Berücksichtigen Sie die Checkliste.
Notieren Sie eine begründete Einschätzung auf einem separaten Blatt, ggf. mit Verbesserungsvorschlägen.
Bewerten Sie abschließend die Bewerbung mit einer Gesamtnote von 1 bis 6. Hätten Sie die Bewerberin oder den Bewerber eingeladen bzw. eingestellt?

2 *Bereiten Sie ein Bewerbungsgespräch zu zwei verschiedenen Stellenanzeigen vor. Arbeiten Sie die Unterschiede klar für sich heraus.*

KOMPETENZCHECK Bewerbung

- ☑ Habe ich im Anschreiben meine Kompetenzen passend zu den Anforderungen der Stellenanzeige formuliert?
- ☑ Habe ich die formalen Vorgaben beim Anschreiben berücksichtigt?
- ☑ Habe ich Stil, Rechtschreibung, Grammatik und Zeichensetzung geprüft?
- ☑ Ist mein Lebenslauf übersichtlich, sinnvoll strukturiert und an die Stellenanzeige angepasst?
- ☑ Sind meine kopierten/gescannten Zeugnisse relevant für die Stelle, vollständig und sauber?
- ☑ Habe ich ein angemessenes Bewerbungsfoto?
- ☑ Habe ich ein passendes Deckblatt erstellt?
- ☑ Vermittelt der Gesamteindruck meiner Bewerbung ein einheitliches Bild (Design, Layout) und passt es zu dem angeschriebenen Betrieb?
- ☑ Sind meine Unterlagen vollständig?

Kapitel 6

Inhalte von Sachtexten erfassen und schriftlich wiedergeben

6.1 Wozu eine Inhaltsangabe nützlich ist – Die Funktion erkennen

6.2 Einen Sachtext knacken

6.3 Schritt für Schritt zur Inhaltsangabe

Sie machen sich in Ihrer Klasse Gedanken über Ihre berufliche Zukunft und überlegen sich, welche Wege Ihnen offenstehen. Sie lesen Texte über Menschen, die erfolgreich waren, auch wenn Sie manchmal ungewöhnliche Wege gegangen sind.

Das macht Sie neugierig. Sie lesen weitere Zeitungsartikel über beruflich erfolgreiche Menschen. Sie geben den Inhalt eines Artikels wieder und stellen ihn Ihrer Lerngruppe vor.

Kompetenzen	Methoden und Arbeitstechniken
✔ Lesetechniken anwenden	✔ Vorwissen aktivieren
✔ Inhalte zusammenfassen	✔ 5-Schritt-Lesemethode (ÜFLAZ)
✔ Texte überarbeiten	✔ Texte markieren
✔ Informationen austauschen	✔ Mindmap erstellen

Wozu eine Inhaltsangabe nützlich ist – Die Funktion erkennen

1 *Tauschen Sie sich mit einer Partnerin oder einem Partner darüber aus, was Ihnen zu der Textüberschrift „Streuselkuchen für Vicenza" einfällt. Was erwarten Sie vom Inhalt des Textes?*

» GUT ZU WISSEN **Vorwissen aktivieren**

Lernen ist ein Prozess, bei dem neue Inhalte und bereits vorhandenes Wissen miteinander verknüpft werden. Beim Verstehen von Neuem wird auf bereits vorhandenes Wissen zurückgegriffen. Je mehr über das Thema schon gewusst wird, desto leichter fällt es, neues Wissen aufzunehmen. Deshalb ist es nützlich und hilfreich, sich vor der Lektüre eines Textes darüber klar zu werden, was man bereits über das Thema weiß bzw. was man von dem Text erwartet.

Text 1: Streuselkuchen für Vicenza

Nur wenige Auszubildende gehen in der Lehrzeit ins Ausland. Aber gerade in Handwerksberufen können sie dort viel Neues lernen – und heimisches Wissen in die Fremde tragen.

Von Julia Groth

Sandro Kohnke hat ein Stück Italien nach Brandenburg gebracht. Ein weißes, weiches Stück: das perfekte italienische Ciabattabrot. „Wenn man einen Ciabattateig nicht nur vier bis fünf Stunden ruhen lässt, wie in Deutschland üblich, sondern 17 Stunden wie in Italien, schmeckt das fertige Brot vollkommen anders", erzählt er begeistert. Kohnke, 21 Jahre alt, Geselle in der Bäckerei Plentz im brandenburgischen Oberkrämer, hat im Herbst 2010 drei Wochen im norditalienischen Vicenza verbracht. Damals noch Auszubildender, lernte er auf Geheiß seines Chefs in einem kleinen italienischen Familienbetrieb das Teigkneten noch einmal neu.

„Die Kunden wollen heute immer etwas Neues haben. Und mein Chef wollte ihnen ein Ciabatta nach typisch italienischem Rezept anbieten", sagt Kohnke. Das echt italienische Ciabatta stellte sich zwar als zu fade für den deutschen Durchschnittsgaumen heraus. Als essbares Ergebnis des Auslandspraktikums hat die Bäckerei Plentz aber heute Pizzaschnitten mit original italienischem Teig im Sortiment. „Auch der Pizzateig wird in Italien nämlich ganz anders zubereitet als in Deutschland", sagt Kohnke. […]

Mit seinem Interesse für ausländische Handwerkstraditionen steht der Bäckergeselle bislang noch ziemlich allein da. In den Jahren 2007 bis 2009 gingen im Schnitt gerade einmal 3 Prozent eines Ausbildungsjahrgangs für Praktika oder andere Fortbildungen in die Fremde, zeigen Zahlen der Nationalen Agentur Bildung für Europa. […]

Nach dem Willen von Politik und Wirtschaft sollen sich Azubis häufiger jenseits der deutschen Grenzen fortbilden. Zahlreiche Programme unter Beteiligung von EU, Ländern oder Handwerks- sowie Industrie- und Handelskammern helfen Unternehmen dabei, Auslandspraktika zu organisieren und zu finanzieren. Das bekannteste von ihnen ist das EU-Bildungsprogramm „Leonardo da Vinci", das die europäische Zusammenarbeit in der Aus- und Weiterbildung stärken soll. […]

Vor allem für Auszubildende aus handwerklichen Berufen dienen Auslandspraktika aber noch einem anderen Zweck: Die angehenden Gesellen sollen fremde Traditionen, Materialien und Arbeitsabläufe kennenlernen. Bäckerlehrlinge gehen deshalb besonders häufig nach Frankreich oder Italien, den Ländern von Croissant und Ciabatta. Bootsbauern raten Kammervertreter zu einem Aufenthalt in Skandinavien. Stukkateure, Fliesenleger und Restaurateure wiederum sind mit einem Praktikum in Polen gut bedient, wo diese Handwerkszweige eine lange und lebendige Geschichte besitzen.

„Auslandspraktika sind gelebte Handwerkstradition. Und Impulse aus anderen Ländern ausgesprochen wichtig fürs Geschäft“, sagt Bäcker Karl-Dietmar Plentz, Chef des umtriebigen ehemaligen Lehrlings Kohnke. […]

Bäckergeselle Sandro Kohnke, der auf Weisung seines Chefs ein Ciabatta-Rezept mit heimbringen sollte, ist deshalb nicht mit leeren Händen nach Italien aufgebrochen, sondern hat einen Quarkstollen mitgenommen, ein typisch deutsches Gebäck. „In Vicenza habe ich dann Streuselkuchen gebacken“, erzählt er. „Die Italiener waren begeistert davon.“

(Frankfurter Allgemeine Zeitung, 24./25.03.2012)

Text 2: Inhaltsangabe zu „Streuselkuchen für Vicenza“

Der Zeitungsartikel „Streuselkuchen für Vicenza“ von Julia Groth ist am 24./25. März 2012 in der Frankfurter Allgemeinen Zeitung erschienen. Er zeigt auf, dass nur wenige Auszubildende während ihrer Lehrzeit ins Ausland gehen, aber diejenigen, die es tun, davon profitieren.

Nach den Zahlen der Nationalen Agentur Bildung für Europa sind in den Jahren 2007 bis 2009 drei Prozent eines Ausbildungsjahrgangs zur Fortbildung für Praktika ins Ausland gegangen. Dabei unterstützen zahlreiche Programme verschiedener Träger derartige Pläne und tragen zu deren Finanzierung bei. Das EU-Programm „Leonardo da Vinci“ ist das bekannteste.

Auszubildende aus handwerklichen Berufen profitieren in besonderem Maße. Sie lernen die Traditionen ihres Handwerks in anderen Ländern kennen sowie andere Materialien und Arbeitsabläufe. Sie bringen Impulse aus anderen Ländern mit und tragen selbst Impulse ins Ausland.

2 *Setzen Sie sich mit beiden Texten auseinander. Worum geht es in den beiden Texten?*

3 *Welche Funktion erfüllt Text 1? Berücksichtigen Sie dabei besonders die Überschrift, die angeführten Beispiele und die Zitate.*

4 *Beschreiben Sie die Unterschiede zwischen beiden Texten und erläutern Sie auf dieser Basis die Funktion von Text 2.*

In Text 2 wird auf … verzichtet. Das deutet darauf hin, dass …

5 *Stellen Sie sich vor, Sie bereiten sich auf eine der folgenden Aufgaben vor. Erklären Sie Ihrer Partnerin oder Ihrem Partner, welcher der beiden Texte Ihnen Ihre Vorbereitung erleichtert, bei einer:*

a) kurzen Präsentation zum angesprochenen Thema
b) anschaulichen Beschreibung eines Auslandsaufenthaltes eines Auszubildenden
c) Werbung für Betriebe, ihre Auszubildenden zu einem Auslandsaufenthalt zu motivieren
d) Vorbereitung für eine Klassenarbeit zum Thema „Inhaltsangabe“

Einen Sachtext knacken

Lesen mit Methode – ÜFLAZ oder der 5-Schritt

Einen Text fasst man zusammen, um die darin enthaltenen Informationen knapp und sachlich abrufen zu können. Voraussetzung dafür ist, dass Sie sich zunächst näher mit ihm beschäftigen, um ihn gut zu verstehen.

Die italienische Spezialität stammt aus Mannheim

Der Erfinder des Spaghettieises, Dario Fontanella, kam mit seiner Familie aus den Dolomiten und beschäftigt heute 48 Mitarbeiter.

Von Nicole Hess

Wenn man in Mannheim eine Kugel Straciatella- oder Zitroneneis kauft, ist die Wahrscheinlichkeit groß, dass es sich um eine Kreation aus dem Hause Fontanella handelt. Firmenchef Dario Fontanella, der die Familientradition seit einem Vierteljahrhundert führt, winkt allerdings ab, wenn er das Wort „Monopol“ hört. Lieber spricht der 60-Jährige darüber, wie er als Jugendlicher zufällig eine Kreation erfunden hat, die heute aus keiner Eisdiele wegzudenken ist: das Spaghettieis.

Am liebsten aber und sehr offen spricht Dario Fontanella über seine Familie. Davon, wie sein Vater Mario 1931 die italienische Heimat verließ und sich von einem Tal in den Dolomiten aufmachte in Richtung Deutschland. „Er hatte gehört“, erzählt Fontanella, „dass in Mannheim das Deutschland beginnt, das Italien am ähnlichsten ist, mit Weinreben und viel Wasser. Und mit schönen Frauen.“ 1933 eröffnete er das erste Geschäft. Und er heiratete tatsächlich eine aus dem Altmühltal stammende deutsche Frau, mit der er im Lauf der Jahre vier Kinder bekam – und mit Dario einen Sohn, der schon mit 18 Jahren in den elterlichen Betrieb einsteigen und ihn mit 33 Jahren übernehmen sollte.

Zunächst einmal musste er aber in die Schule. Weil sie wollten, dass ihre Kinder mit beiden Kulturen aufwachsen, schickten sie die Geschwister abwechselnd in Deutschland und in Italien in die Schule. „Sie dachten, wenn der eine eine Grenze erreicht hat, kann der andere ihn unterstützen“, sagt Fontanella, der tatsächlich beide Mentalitäten in sich vereint, beide Sprachen perfekt spricht, auf Italienisch rechnet, aber immer häufiger auch auf Deutsch denkt.

Die Schule allerdings – die schmeckte Fontanella weniger als die Arbeit an der Eismaschine und der

Lesen mit Methode – ÜFLAZ oder der 5-Schritt

Kontakt mit den Kunden und auch weniger als die Skirennen, die er mit großer Leidenschaft gefahren ist. Er verzichtete schließlich darauf, Abitur zu machen. Für ein paar Monate machte er eine kurze Ausbildung im Augustahotel, danach stieg er in die Eismanufaktur ein. Das war 1970.

Ein Jahr vorher war das passiert, wofür Dario Fontanella heute berühmt ist. Er hatte bei einem Essen nach einem Skirennen ein nach dem Berg zwischen Italien und Frankreich benanntes Dessert „Mont-Blanc" bestellt, dessen wichtigste Zutat pürierte Maronen sind. „Das war so locker, leicht und filigran, dass es einfach genial war." Er ließ sich erzählen, dass der Konditor die Maronen durch eine Schiacciapatate – eine Kartoffelpresse – gedrückt hatte. Zurück in Mannheim, besorgte sich Fontanella eine Spätzlepresse und kam nach einigen Versuchen darauf, mit diesem in eine neue Form gebrachten Eis, pürierten Erdbeeren und weißer Schokolade eine Kreation zu schaffen, die aussah wie ein Teller Spaghetti. Was als Gag angefangen hatte, wurde innerhalb weniger Jahre zum Renner, in Deutschland und auch an italienischen Stränden.

Nein, Dario Fontanella hat sich seine Erfindung nicht patentieren lassen. Ein im gleichen Quadrat residierender Anwalt hatte ihm abgeraten, „außerdem hätte das 300 oder 400 Mark gekostet". Der Gelatiere trauert dem vielleicht verlorenen Geld nicht hinterher.

Keines seiner eigenen vier Kinder scheint bisher Ambitionen zu haben, das Unternehmen mit 48 Mitarbeitern, vier Filialen und einer gläsernen Manufaktur zwischen Hauptbahnhof und Schloss übernehmen zu wollen. Fontanella hat Verständnis dafür: „Man muss mit Herz und Seele dabei sein. Sonst hat es keine Zukunft."

(Rhein-Neckar-Zeitung, 28.08.2012)

1 *Bearbeiten Sie den Text mit der 5-Schritt-Lesemethode (ÜFLAZ, ⇨ Kapitel 3, S. 58).*

a) Überfliegen Sie den Text, achten Sie auf die Überschrift und die Einleitung. Formulieren Sie kurz, worum es in dem Text geht.

b) Formulieren Sie Fragen an den Text.
- *Woher kommen die Eltern von Dario Fontanella?*
- …

c) Lesen Sie nun gründlich und finden Sie Zwischenüberschriften für die Abschnitte.

Nicht immer bilden die Absätze eines Textes auch die (Sinn-)Abschnitte, also die inhaltlich zusammengehörigen Einheiten. Beim vorliegenden Text können Sie sich jedoch an den Absätzen orientieren.

d) Schlagen Sie folgende Wörter nach: das Monopol (Z. 7), die Manufaktur (Z. 42), püriert (Z. 47 f.), filigran (Z. 49), die Marone (Z. 50), patentieren (Z. 61), der Gelatiere (Z. 64), die Ambition (Z. 67).

e) Erklären Sie, was mit folgender Aussage gemeint ist:
- eine Grenze erreichen (Z. 29 f.)

d) Schlagen Sie unbekannte Wörter nach und lesen Sie schwierige Sätze mehrmals.

e) Erklären Sie, was mit folgenden Aussagen gemeint ist:
- mit beiden Kulturen aufwachsen (Z. 26 f.)
- eine Grenze erreichen (Z. 29 f.)
- mit Herz und Seele dabei sein, sonst hat es keine Zukunft (Z. 71 f.)

Lesen mit Methode – ÜFLAZ oder der 5-Schritt

2 *Vergleichen Sie die folgenden Markierungen und Anmerkungen für den ersten Abschnitt des Sachtextes von S. 112 f. (⇨ Kapitel III, S. 54). Welches dieser Beispiele ist für eine Inhaltsangabe zielführender? Begründen Sie Ihre Antwort.*

Muster 1

Wenn man in Mannheim eine Kugel Straciatella- oder Zitroneneis kauft, ist die Wahrscheinlichkeit groß, dass es sich um eine Kreation aus dem Hause Fontanella handelt. Firmenchef Dario Fontanella, der die Familientradition seit einem Vierteljahrhundert führt, winkt allerdings ab, wenn er das Wort „Monopol" hört. Lieber spricht der 60-Jährige darüber, wie er als Jugendlicher zufällig eine Kreation erfunden hat, die heute aus keiner Eisdiele wegzudenken ist: das Spaghettieis.

viele Sorten von F.

Muster 2

Wenn man in Mannheim eine Kugel Straciatella- oder Zitroneneis kauft, ist die Wahrscheinlichkeit groß, dass es sich um eine Kreation aus dem Hause Fontanella handelt. Firmenchef Dario Fontanella, der die Familientradition seit einem Vierteljahrhundert führt, winkt allerdings ab, wenn er das Wort „Monopol" hört. Lieber spricht der 60-Jährige darüber, wie er als Jugendlicher zufällig eine Kreation erfunden hat, die heute aus keiner Eisdiele wegzudenken ist: das Spaghettieis.

Bsp.

3 *Notieren Sie Schlüsselbegriffe und wichtige Aussagen des gesamten Textes.*

Schlüsselbegriffe sind Begriffe, die für den Text eine wesentliche Bedeutung haben, also z. B. „Mannheim", „Spaghettieis".

4 *Fertigen Sie mithilfe Ihrer Notizen aus Aufgabe 3 eine Mindmap an, in der Sie die wesentlichen Textinhalte strukturiert wiedergeben.*

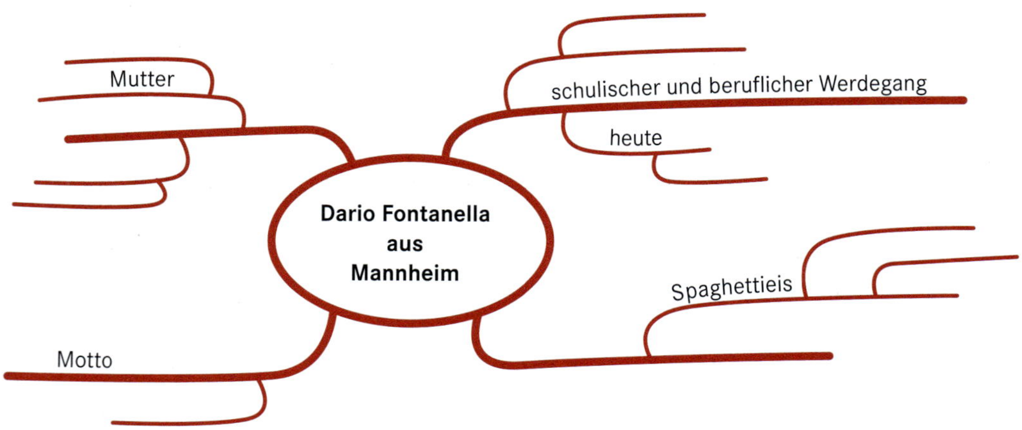

5 *Arbeiten Sie mit Ihrer Lernpartnerin oder Ihrem Lernpartner zusammen und beantworten Sie gegenseitig Ihre Fragen an den Text aus Aufgabe 1 b.*

- *Zu Frage 1: Woher kommen die Eltern von Dario Fontanella? Sein Vater stammt aus den Dolomiten und seine Mutter aus dem Altmühltal.*
- *Zu Frage 2: ...*

Schritt für Schritt zur Inhaltsangabe

Wie jede Textsorte hat auch die Inhaltsangabe eine gewisse Form, das heißt, dass festgelegt ist, was in die Einleitung, den Hauptteil und den Schluss kommt und wie der Text zu schreiben ist, also z. B. in welcher Zeitform. All das lernen Sie Schritt für Schritt in diesem Kapitel.

1 ***Notieren Sie den Namen der Autorin, den Titel des Textes, das Publikationsorgan und das Erscheinungsdatum. Formulieren Sie mit den Ergebnissen einen vollständigen Satz.***

2 ***Werten Sie die folgenden Schülerbeispiele zur Thematik des vorliegenden Textes aus. Welche Version halten Sie für die treffendste? Begründen Sie Ihre Wahl.***

a) In diesem Zeitungsartikel geht es um die Erfindung des Spaghettieises und wie Dario Fontanella das Geschäft seines Vaters übernommen hat.
b) Der Artikel handelt von Dario Fontanella, der das Spaghettieis erfunden hat, und seiner Lebensgeschichte.
c) Es geht um das Spaghettieis, das von dem Deutsch-Italiener Dario Fontanella erfunden worden ist und aus keiner Eisdiele mehr wegzudenken ist.
d) In diesem Artikel geht es um das Spaghettieis und dessen Erfinder Dario Fontanella.

1 ***Formulieren Sie einen Einleitungssatz und überprüfen Sie ihn mithilfe der Checkliste.***

Enthält mein einleitender Satz Angaben zu:

- ☑ Autor/-in
- ☑ Titel
- ☑ Textsorte
- ☑ Publikationsorgan
- ☑ Erscheinungsdatum

2 ***Formulieren Sie einen einleitenden Satz, der die Thematik des Textes wiedergibt.***

3 ***Beurteilen Sie die ersten Sätze der Inhaltsangabe im folgenden Beispiel. Untersuchen Sie den Einleitungssatz und die inhaltliche Aussage. Wird der Text richtig wiedergegeben?***

Inhaltsangabe

Der Text „Die italienische Spezialität stammt aus Mannheim“, geschrieben in der Rhein-Neckar-Zeitung vom 28.08.2012 handelt sich um eine Mannheimer Erfindung: das Spaghettieis. Dario Fontanella, der heute Firmenchef eines Unternehmens ist, ist der Erfinder dieser Spezialität. Er selbst kam mit seiner Familie aus Italien nach Mannheim. Das liegt in einer Gegend Süddeutschlands, die Italien sehr ähnelt. Es gibt Wein und schöne Frauen …

4 *Im Hauptteil einer Inhaltsangabe geben Sie wörtliche Äußerungen aus dem Text in indirekter Rede wieder. Sie müssen also die direkte in die indirekte Rede umwandeln. Dabei wird in erster Linie der Konjunktiv I verwendet.*

a) Bilden Sie in folgenden Beispielsätzen die indirekte Rede.
Tim sagt: „Marie isst gern Eis."
Orkan sagt: „Meine Eiswaffel ist knusprig und sehr locker."
Yannic antwortet: „Ich finde auch das Spaghettieis gut."

b) Geben Sie folgende Aussagen Dario Fontanellas in der indirekten Rede wieder.
„Das war so locker, leicht und filigran." (Z. 48 f.)
„Man muss mit Herz und Seele dabei sein. Sonst hat es keine Zukunft." (Z. 71 f.)

c) Bilden Sie Sätze in direkter Rede und formen Sie sie in die indirekte Rede um. Kontrollieren Sie Ihre Ergebnisse in Partnerarbeit.

Wie war das noch gleich mit dem Konjunktiv?
(➪ Kapitel 4, S. 92 f.)

mach-en → sie macht → sie mache (Konjunktiv I)
nehm-en → ich nehme (Konjunktiv I) → ich nähme (Konjunktiv II)
sein → er ist → er sei (Konjunktiv I), z. B.: „Ich bin sehr dafür, den Kindern die Entscheidung zu überlassen."
→ Der Autor sagt, er sei sehr dafür, den Kindern die Entscheidung zu überlassen.
Aufgepasst beim Präteritum: Sie bilden in Gedanken das Perfekt und setzen dann das Hilfsverb in den Konjunktiv I, z. B.: Er aß gern Eis. → Er hat gern Eis gegessen. → Er habe gern Eis gegessen.

5 *Korrigieren Sie den Beginn der Inhaltsangabe aus dem Beispieltext auf S. 115 und schreiben Sie den Text zu Ende. Berücksichtigen Sie dabei die Ergebnisse der vorherigen Aufgaben und* ≫ GUT ZU WISSEN.

5 *Schreiben Sie eine eigene Inhaltsangabe zu dem Text „Die italienische Spezialität stammt aus Mannheim" (S. 112 f.). Berücksichtigen Sie dabei* ≫ GUT ZU WISSEN.

≫ GUT ZU WISSEN — Eine Inhaltsangabe verfassen

Eine **Inhaltsangabe**, die den Inhalt eines Textes **knapp** und **sachlich** zusammenfasst, besteht aus einer Einleitung, einem Hauptteil und dem Schluss.

Die **Einleitung** der Inhaltsangabe enthält Angaben zur Autorin oder zum Autor des Textes, den Titel, die Textsorte, das Erscheinungsdatum und das Publikationsorgan sowie die Thematik des Textes.

Im **Hauptteil** werden die wichtigsten Aussagen sachlich wiedergegeben. Die Reihenfolge der Ereignisse im Text wird meistens in der Inhaltsangabe beibehalten. Der Ort und die Zeit der Handlung sowie die Personen werden genannt, sofern diese Angaben im Text enthalten sind.

Im **Schlussteil** wird ein Fazit formuliert und die Hauptaussagen werden nochmals zusammengefasst.

Die Inhaltsangabe steht im **Präsens**. Wenn Aussagen zu einem Sachverhalt gemacht werden, der zeitlich davor liegt, schreibt man im Perfekt. Zur Wiedergabe von Aussagen wird nicht die direkte, sondern die **indirekte Rede** benutzt. Dazu verwendet man den **Konjunktiv**. In dass-Sätzen darf die indirekte Rede auch im Indikativ stehen.

6 *Überprüfen und überarbeiten Sie die Inhaltsangabe Ihrer Lernpartnerin oder Ihres Lernpartners anhand von* ≫ GUT ZU WISSEN.

Kompetenzcheck – Testen Sie Ihren Lernerfolg

FAZIT

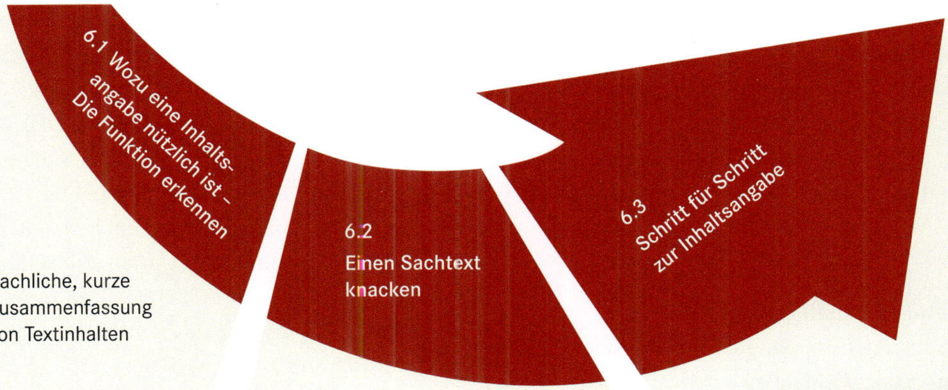

- Sachliche, kurze Zusammenfassung von Textinhalten

- 5-Schritt-Lesemethode (ÜFLAZ) anwenden
- Markieren
- Textinhalte mithilfe einer Mindmap strukturieren

- Kennzeichen einer Inhaltsangabe
- Indirekte Rede
- Inhaltsangabe verfassen

1 *Wenden Sie Ihr Wissen an und schreiben Sie eine weitere Inhaltsangabe zu dem folgenden Text.*

Bienvenido en Deutschland: So holen Sie spanische Auszubildende in Ihren Betrieb

Probleme bei der Lehrstellenbesetzung? Im Emsland zeigen Handwerksbetriebe, wie man junge Leute aus Ländern in Südeuropa mit hoher Jugendarbeitslosigkeit nach Deutschland holt.

Ob FC Barcelona oder die Nationalmannschaft als amtierender Welt- und Europameister: Spanien ist im Fußball derzeit das Maß aller Dinge. Eine traurige Spitzenposition belegt das Königreich dagegen infolge der aktuellen Wirtschaftskrise in puncto Jugendarbeitslosigkeit.

Davon könnte das deutsche Handwerk profitieren. Auszubildende für die hierzulande etwa 15 000 unbesetzten Lehrstellen lassen sich in Ländern wie Spanien und Griechenland werben. Dort findet mehr als die Hälfte der jungen Leute keinen Ausbildungsplatz.

Wie man die Suche nach Azubis aus Südeuropa organisiert, diese integriert und staatliche Förderung beantragt, zeigt eine private Unternehmerinitiative im niedersächsischen Emsland. Die „Ems-Achse“ wirbt seit dem Frühjahr im Süden Spaniens um Auszubildende für lokale Handwerksbetriebe. „Wir haben inzwischen Ansprechpartner in Schulen, Behörden und Medien in den Regionen Murcia und Albacete. So erhalten wir direkten Zugang zu interessierten Jugendlichen“, berichtet „Ems-Achse“-Geschäftsführer Dirk Lüerßen.

Juan und Kluse: Das passt zusammen

Juan Angel aus Albacete ist einer von 15 jungen Spaniern, die im April für ein Praktikum ins Emsland vermittelt worden sind. Es passt beidseitig: Juan hat sich im Installateurbetrieb „Ernst und Otto Cordes“ in Kluse bewährt und fühlt sich wohl. Anfang August hat der 26-Jährige daher bei „Ernst und Otto Cordes“ in Kluse (bei Meppen, im Westen Niedersachsens) eine Ausbildung begonnen. In Spanien hatte er bereits eine zweijährige Berufsfachschule für Solarenergie besucht, zudem einige Semester Bauingenieurwesen studiert – einen Job hat er in der Heimat aber nicht gefunden.

Sieben der 15 jungen Spanier sind nach dem zweimonatigen Praktikum im Frühjahr für eine Ausbildung im Emsland geblieben. „Bei denjenigen, die nach Spanien zurückgekehrt sind, gab es zumeist falsche Vorstellungen der Tätigkeiten“, erklärt Lüerßen, der ein positives Zwischenfazit zieht. Er freue sich, dass es den Jugendlichen im Emsland gefallen habe: „Wir sind für Spanier eine attraktive Arbeitsregion.“

Deutschkenntnisse entscheidend

Die größte Integrationshürde, so Lüerßen, sei die Sprache. Donnerstag und Freitag hat Juan Deutschunterricht, ab Januar 2013 soll er die Berufsschule besuchen. Montag bis Mittwoch wird Juan derzeit bei Umbauarbeiten in einem Krankenhaus eingesetzt, bei Heizungs-, Lüftungs- und Sanitärarbeiten. Hans Thünemann, Juans Ausbildungsleiter bei „Ernst und Otto Cordes“, lobt Juan als „kompetent, kommunikativ, offen für neue Herausforderungen“. Leistungsstarke, gut qualifizierte junge Leute aus Südeuropa wie etwa Juan: Sie lösen die Nachwuchssorgen hiesiger Betriebe. Das wird honoriert vonseiten der Politik. Bundesbildungsministerin Annette Schavan* hat Mitte Juli hierfür geworben: „Damit können wir unseren Fachkräftebedarf besser decken.“ Betriebe mit Azubis aus Südeuropa können sich um Förderung bewerben. Die „Ems-Achse“ wird unterstützt vom „Europäischen Sozialfonds für Deutschland“. 2013 startet ein staatliches Förderprogramm mit 40 Millionen Euro pro Jahr. Es hilft jungen Menschen aus den EU-Staaten bei einer Arbeits- oder Ausbildungsaufnahme in Deutschland – ein weiteres Argument für hiesige Betriebe bei der Azubianwerbung in Südeuropa.

Gute Voraussetzungen, dass spanisch-deutscher Austausch nach dem Vorbild von Juan erfolgreich ist wie im Fußball der FC Barcelona.

(www.handwerk-magazin.de/willkommen-in-alemania/150/3/183898/ [17.11.2012])

* Annette Schavan: Bundesministerin für Bildung und Forschung (2005–2013)

2 ***Überprüfen Sie Ihre eigene Inhaltsangabe kritisch anhand des Kompetenzchecks. Nehmen Sie auch die Hinweise zur sprachlichen Überarbeitung aus der Umschlagklappe zu Hilfe.***

» KOMPETENZCHECK – Eine Inhaltsangabe überarbeiten

- ☑ Enthalten meine einleitenden Sätze Angaben zu Autorin/Autor, Titel, Textsorte, Publikationsorgan, Erscheinungsdatum und Thema?
- ☑ Habe ich die wesentlichen Textaussagen erkannt und zusammengefasst?
- ☑ Lässt meine Inhaltsangabe den Gedankengang der Verfasserin/des Verfassers nachvollziehen?
- ☑ Habe ich den Text sachlich und ohne Wertung wiedergegeben?
- ☑ Habe ich mich kurz gehalten?
- ☑ Habe ich auf wörtliche Rede und Zitate verzichtet?
- ☑ Habe ich Aussagen der Autorin/des Autors in der indirekten Rede wiedergegeben?
- ☑ Habe ich im Präsens geschrieben?
- ☑ Habe ich das Perfekt genutzt, wenn ich einen Sachverhalt in der Vergangenheit dargelegt habe?
- ☑ Ist mein Ausdruck klar, verständlich und angemessen?

Kapitel 7

Schriftlich kommunizieren

7.1 Beschreiben und berichten

7.2 Private und geschäftliche Briefe schreiben

In Ihrem privaten Alltag und im Beruf gibt es Situationen, die es erfordern, dass Sie bestimmte Sachverhalte schriftlich darstellen oder Ergebnisse schriftlich festhalten. Dies kann in Form eines Protokolls, eines Berichts oder eines Geschäftsbriefs, z. B. für Bestellungen oder Reklamationen, sein.

Dabei kommt es stets auf eine eindeutige und klare Darstellung des Inhalts an. Sie üben das Verfassen dieser Texte und wenden es am Ende des Kapitels an.

Kompetenzen	Methoden und Arbeitstechniken
✔ Personen und ihr Verhalten beschreiben ✔ Ein Berichtsheft führen ✔ Protokollieren ✔ Geschäftsbriefe verfassen ✔ E-Mails korrekt formulieren	✔ Textlupe ✔ Schreibkonferenz ✔ Über Vorgänge und Tätigkeiten berichten

Beschreiben und berichten

Wer war das? – Personen beschreiben

Situation

Während der Meister unterwegs ist, kommt ein Kunde. Der Auszubildende Tim kann ihm nicht weiterhelfen, weshalb der Kunde wieder geht. Als der Meister zurückkommt, erzählt Tim von dem Kunden, kann sich aber nicht an dessen Namen erinnern. Der Meister bittet Tim um eine Beschreibung.

„Es handelt sich um einen Mann, der die Uhr rechts trägt. Deshalb glaube ich, dass er Linkshänder ist. Er ist sehr schlank und hat dunkle, lockige, kurz geschnittene Haare und einen Dreitagebart, aber keine Brille. Der Mann trägt einen grauen Anzug mit hellem Hemd und Krawatte. Auffallend sind seine blauen Augen, ein richtig helles Blau. Ach ja, über dem Anzug hat er einen halblangen dunkelblauen Mantel an, dazu schwarze Schuhe. Er hat eine etwas heisere Stimme und spricht Dialekt, also kommt er wohl aus der Gegend. Er ist vielleicht 40 Jahre alt und etwas kleiner als ich, ungefähr 1,80 m groß. Er ist mit einem dunkelgrünen Porsche gekommen."

1 *Tim hätte es dem Meister leichter machen können: Bringen Sie die Beschreibung in eine bessere Reihenfolge. Orientieren Sie sich an* GUT ZU WISSEN.

2 *Erstellen Sie eine Tabelle und sammeln Sie mit Ihrer Lernpartnerin / Ihrem Lernpartner Bezeichnungen für Statur, Haare, Gesicht und Kleidung.*

Statur	Haare	Gesicht	Kleidung
schlank, groß, zierlich	*lockig, schulterlang*	*oval, dunkle Wimpern*	*Jackett, Mantel*

3 *Suchen Sie, z. B. in einer Illustrierten, ein Foto einer Person. Bringen Sie es mit.*

a) Planen Sie die Beschreibung: Sammeln Sie passende Begriffe und überlegen Sie die Reihenfolge.

b) Formulieren Sie die Beschreibung.

c) Kontrollieren Sie den Text Ihrer Lernpartnerin / Ihres Lernpartners anhand des mitgebrachten Fotos und mithilfe von GUT ZU WISSEN.

d) Überarbeiten Sie Ihren Text.

3 *Beschreiben Sie einen bekannten Star schriftlich.*

a) Beachten Sie den Dreischritt Planen – Formulieren – Überarbeiten sowie die Informationen aus GUT ZU WISSEN.

b) Ihre Lernpartnerin / Ihr Lernpartner rät, wen Sie beschrieben haben.

c) Überarbeiten Sie nochmals, falls Elemente unklar waren.

GUT ZU WISSEN – Personenbeschreibung verfassen

Die Leser einer Personenbeschreibung sollen sich die beschriebene Person genau vorstellen können. In der Einleitung wird der **erste Eindruck** wiedergegeben (Geschlecht, Alter, Größe, Statur). Im Hauptteil werden die **Details** von oben nach unten beschrieben (logische Reihenfolge: Kopfform, Haare, Gesicht, Kleidung). Abschließend werden wichtige **Auffälligkeiten** genannt (Bewegung, Stimme ...).

Die Personenbeschreibung steht im **Präsens**. Es werden genaue und anschauliche Ausdrücke (z. B. Vergleiche, Beispiele, möglichst genaue Angaben, Farben) verwendet. Die Sprache ist **sachlich**, die Sätze sind **kurz** und leicht verständlich.

Tipp

Erinnern Sie sich an die drei Phasen bei der Erstellung von Texten (Kapitel IV, S. 69):
- Planungsphase
- Formulierungsphase
- Überarbeitungsphase

Wie geht das? – Vorgänge beschreiben

1 *Beschreiben Sie aufgrund der Abbildung, wie man Espresso mit diesem Espressokocher kocht.*

Folgende Fachbegriffe können Ihnen helfen: *Ober-, Unterteil, Trichtereinsatz, Drehbewegung, Espressopulver, Heizquelle, Espressotasse …; (auseinander-/zusammen-) schrauben, füllen, herausnehmen, glatt streichen, erhitzen …*

GUT ZU WISSEN **Vorgangsbeschreibung verfassen**

Die Leser einer Vorgangsbeschreibung sollen in der Lage sein, aufgrund der Beschreibung den Vorgang auszuführen.

In der Einleitung werden **Material**, **Werkzeug** und **Zutaten**, die man für einen Vorgang braucht, vollständig genannt. Im Hauptteil werden die **Arbeitsschritte** in der korrekten Reihenfolge aufgeführt (hilfreiche Wörter, z. B.: *zuerst*, *abschließend*, *im Anschluss*), ebenso der Zweck einzelner Arbeitsschritte.

Die Vorgangsbeschreibung steht im **Präsens**. Sie wird unpersönlich formuliert (man *schraubt …*, *… wird geschraubt …*). Die Sprache ist **sachlich**, **Fachbegriffe** werden verwendet. Es wird in vollständigen Sätzen geschrieben, die mit Konjunktionen verbunden werden.

2 *Verfassen Sie eine Beschreibung einer Tätigkeit aus Ihrem Berufsfeld mithilfe von* GUT ZU WISSEN*, oben.*

a) Planen Sie die Beschreibung: Erstellen Sie dazu eine Tabelle nach folgendem Muster. Beachten Sie, dass Sie für die Vorgänge die jeweiligen Fachbegriffe verwenden.

Tätigkeit / Arbeitsschritte	Art / Material / Werkzeug, mit dem der Schritt durchgeführt wird	Was wird dadurch erreicht?
…	…	…

b) Formulieren Sie die Beschreibung der Tätigkeit. Lassen Sie einen zweizeiligen Abstand sowie links und rechts einen breiten Rand.

c) Tauschen Sie Ihr Ergebnis mit Ihrer Lernpartnerin / Ihrem Lernpartner und bearbeiten Sie die Texte mithilfe der Methode Textlupe (GUT ZU WISSEN). Überlegen Sie insbesondere, an welchen Stellen Konjunktionen den Text besser lesbar machen können, und geben Sie Anregungen.

d) Überarbeiten Sie anschließend Ihre Texte.

Konjunktionen, die Zusammenhänge darstellen: *dann*, *nachdem*, *während*, *sobald*, *danach*, *daraufhin*, *schließlich*, *sodass*, *ohne dass*, *deshalb*, *damit*, *deswegen*, *dazu*, *indem*, *außerdem*

GUT ZU WISSEN **Texte mithilfe der Textlupe untersuchen**

Der Text wird mit zweizeiligem Abstand und breitem Rand auf beiden Seiten geschrieben. Anschließend wird er innerhalb der Lerngruppe getauscht. In die linke Spalte wird eingetragen, was gut ist, in die rechte Spalte, was verbessert werden sollte. Zwischen die Textzeilen werden Verbesserungsvorschläge geschrieben.

Die Arbeit dokumentieren – Ein Berichtsheft führen

Ein Berichtsheft dient als Ausbildungsnachweis und ist in der Regel auch Voraussetzung für die Zulassung zur Prüfung. Die für die Ausbildung verantwortlichen Personen können daran feststellen, ob alle notwendigen Fertigkeiten und Inhalte der Ausbildung vermittelt wurden. Für Sie selbst ist es eine Zusammenfassung über den Fortgang Ihrer Ausbildung.
Das Berichtsheft besteht meistens aus zwei Teilen: den Wochenberichten und den Tätigkeitsberichten. Im ersten Teil tragen Sie ein, was Sie während der Arbeit getan haben oder was Sie im Unterricht gelernt haben. Im zweiten Teil sammeln Sie die Tätigkeitsberichte. Wie ausführlich Sie Ihr Berichtsheft führen, ist in den Berufszweigen unterschiedlich geregelt.
Sie sollten Ihr Berichtsheft regelmäßig führen, denn länger zurückliegende Arbeitstage sind nur schwer zu rekonstruieren. Ihr Berichtsheft muss in bestimmten Abständen im Ausbildungsbetrieb zur Gegenzeichnung vorgelegt werden.

Muster Wochenbericht

Tag	Ausbildungsnachweis Nr.: ____ Woche vom ____ bis ____	Gesamtstunden
Montag	Eckregalböden erstellt	2
	Bretter im Holzlager gestapelt	4
	Sägeblatt an der Handkreissäge gewechselt	1
	Werkstatt aufgeräumt	1
		8
Dienstag	Berufsschule	
	Fachtheorie: Wandbord mit geschweißten Wangen	
	Konstruktion und Gestaltung: Schubkastenschnittzeichnung	
	Technisches Mathe: Länge eines Bandsägeblattes	

1 *Tauschen Sie sich in Ihrer Lerngruppe darüber aus, wie das Berichtsheft in den einzelnen Betrieben geführt wird.*

2 *Recherchieren Sie im Internet die IHK-Vorgaben zum Berichtsheft für Ihren Berufszweig.*

3 *Üben Sie die sprachliche Form der Einträge.*

a) Vergleichen Sie folgende Formulierungen mit den Formulierungen im Berichtsheft oben für Montag. Welche entsprechen den Formulierungen im Berichtsheft? Welche ist die beste Formulierung?
- *Bodenreinigung*
- *einen Parkettboden mit Parkettpfleger gereinigt*
- *Ich reinigte den Parkettboden.*
- *Der Boden wurde von mir mit Parkettpfleger gereinigt.*

b) Warum eignet sich diese Art von Formulierung besonders gut für Ihr Berichtsheft? Begründen Sie.

c) In den Wochenberichten wird das Partizip II verwendet. Üben Sie die Bildung der Formen mit folgenden Wörtern (z. B.: *backen – gebacken) binden, braten, einfrieren, gießen, nehmen, reiben, reißen, schneiden, stechen, streichen, wiegen.*

Bildung des Partizips II
regelmäßig:
*arbeiten > **ge**-arbeit-**et***
*verkaufen > verkauf-**t***
unregelmäßig:
*versprechen > verspr**o**ch**en***
*helfen > geh**o**lf**en***

Die Arbeit dokumentieren – Ein Berichtsheft führen

d) Formulieren Sie für die abgebildeten Tätigkeiten das Partizip II. Folgende Begriffe können Ihnen helfen:

- *waschen, eindrehen …*
- *ausfüllen, aufgeben, abschicken …*
- *feilen, glätten …*
- *waschen, schneiden …*

d) Formulieren Sie für die abgebildeten Tätigkeiten mit Partizip verkürzte Sätze für ein Berichtsheft.

- *Frisierkopf, Shampoo, Kopfhaut …; waschen, eindrehen …*
- *Bestellung, Konserven, Computer, E-Mail …; aufgeben …*
- *Metallplatte, Schraubstock, Schlichtfeile …; glätten …*
- *Karotten, Gurken, feine Scheiben …; schneiden …*

4 *Ergänzen Sie Ihr Berichtsheft: Was haben Sie die letzten Tage in Ihrem Ausbildungsbetrieb gemacht? Was haben Sie heute in der Schule gelernt?*

5 *Kontrollieren Sie mithilfe von* » GUT ZU WISSEN *Ihre Eintragungen der letzten Tage auf Vollständigkeit (Material, Hilfsmittel, Unterrichtsinhalte) sowie auf Formulierungen.*

» GUT ZU WISSEN – Das Berichtsheft führen

Im **Wochenbericht** des Berichtheftes werden die ausgeübte Tätigkeit, die dabei eingesetzten Werkstoffe (Was wird verarbeitet?) und die dafür verwendeten Hilfsmittel (Welche Werkzeuge, Maschinen oder Geräte habe ich verwendet?) angegeben sowie die Zeit genannt, die für eine Tätigkeit benötigt wird.

In den **Berichten über den Berufsschulunterricht** wird dargestellt, was in den einzelnen Fächern durchgenommen wurde.

Die einzelnen Tätigkeiten werden **stichpunktartig** aufgelistet (mit Partizip verkürzte Sätze). Die Sprache ist **sachlich** (Fachbegriffe) und **präzise**, die Inhalte dürfen nicht bewertet werden.

Da das Berichtsheft dem Ausbildungsnachweis dient, versteht es sich von selbst, dass es auf Sprachrichtigkeit (Grammatik, Rechtschreibung, Zeichensetzung) hin überprüft wird.

Tätigkeitsbericht

In einem Tätigkeitsbericht berichten Sie über Ihre Aufgaben und Tätigkeiten in Ihrem Ausbildungsbetrieb. Tätigkeitsberichte könnten z. B. in Ihre Berichtshefte eingehen.

Haare waschen

A *Dann habe ich die Haare gründlich ausgespült, bis die letzten Reste Shampoo verschwunden waren.*
B *Zum Abschluss habe ich eine Handvoll Spülung in die Haare gegeben und vor allem in die Haarspitzen verteilt, damit die Haaroberfläche sich schließt und ich die Haare besser durchkämmen kann.*
C *Anschließend habe ich eine walnussgroße Menge Shampoo mit langsamen, kreisenden Bewegungen einmassiert. Nach kurzem Ausspülen habe ich noch einmal eine kleine Menge Shampoo auf die Haare gegeben und die Kopfhaut mit den Fingerspitzen massiert.*
D *Am Montag, den 25.03.20.. habe ich einer Kundin die Haare gewaschen. Ich begann um 15.00 Uhr. Ich habe die Haare mit handwarmem Wasser befeuchtet.*

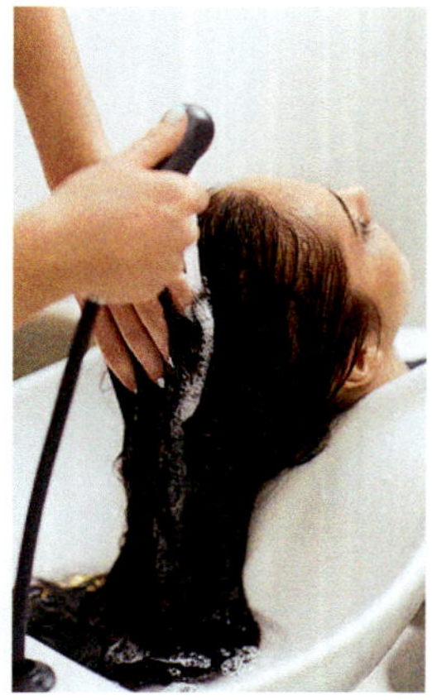

1 *Lesen Sie den Text.*

a) Bringen Sie die Textabschnitte in die richtige Reihenfolge.
b) Suchen Sie aus dem Text die Zeitangaben heraus. Ergänzen Sie Ihre Liste mit weiteren Zeitangaben, die Sie in einem Bericht brauchen, z. B. *am Montag, anschließend ...*

2 *Schreiben Sie einen Bericht über eine Tätigkeit in Ihrem Beruf.*

a) Planen Sie Ihren Bericht: Stellen Sie anhand der Checkliste auf einem Notizzettel alle Informationen zusammen, die Sie benötigen.
b) Formulieren Sie Ihren Bericht aus. Verwenden Sie drei Zeitangaben aus Aufgabe 1 b.
b) Formulieren Sie Ihren Bericht aus. Verknüpfen Sie die Einzeltätigkeiten geschickt mit Zeitangaben.
c) Kontrollieren Sie den Bericht Ihrer Lernpartnerin / Ihres Lernpartners mithilfe der Checkliste.
d) Überarbeiten Sie anschließend Ihren Bericht.

Tipp
Sie können sich das Verfassen von Tätigkeitsberichten erleichtern, wenn Sie sich während der Tätigkeit Notizen machen.

CHECKLISTE **Einen Tätigkeitsbericht verfassen**

- ☑ Tag, Ort, Beginn und Ende der Tätigkeit werden notiert.
- ☑ Art der Tätigkeit und die beteiligten Personen werden genannt.
- ☑ Werkzeug, Materialien und Hilfsmittel der Tätigkeiten werden aufgenommen.
- ☑ Die einzelnen Arbeitsschritte werden in der richtigen Reihenfolge aufgeführt.
- ☑ Das Arbeitsergebnis wird genannt.
- ☑ Der Text ist sachlich, ohne Wertung oder eigene Meinung.
- ☑ Es werden Fachbegriffe verwendet.
- ☑ Als Zeitform wird das Präteritum / Perfekt verwendet.
- ☑ Die Sätze sind durch Konjunktionen verbunden.

Was passiert ist – Über einen Unfall berichten

Muster

Am 27.03.20.. kam es bei der Firma „Stahlfix" in Pforzheim zu einem Unfall.
Der 17-jährige Auszubildende Alfons F. wollte gegen 16.30 Uhr eine Stahlplatte aus dem Hochregal nehmen, um sie anschließend an der Biegemaschine zu bearbeiten. Die 10 kg schwere Stahlplatte rutschte ihm aus der Hand und fiel ihm auf den rechten Fuß. Obwohl er Sicherheitsschuhe trug, hatte er starke Schmerzen und der Fuß schwoll an. Er wurde in die Olgaklinik in Stuttgart gebracht. Dort wurde eine Röntgenaufnahme angefertigt und festgestellt, dass ein Mittelfußknochen gebrochen war. Der Fuß wurde in Gips gelegt. Der behandelnde Arzt schrieb Alfons F. für vier Wochen krank.

1 *Lesen Sie den Text.*

a) Stellen Sie auf einem Blatt zusammen, welche Informationen zu den W-Fragen (Wer? Was? Wann? Wo? Wie? Warum? Welche Folgen?) gegeben werden.

b) Gliedern Sie den Text in Einleitung, Hauptteil und Schluss und untersuchen Sie, welche W-Fragen in den einzelnen Teilen beantwortet werden.

Situation

In der Schule ist eine Glastür zu Bruch gegangen. Einige Beteiligte äußern sich:

Der Glaser Friedrich Müller:
Ich habe am 18.11.20.. von Herrn Maier, das ist der Direktor der Paul-Klee-Schule in Stuttgart, den Auftrag bekommen, die Glastür vom Treppenaufgang im 1. Stock zu ersetzen. Die Tür war am Tag davor von zwei Schülern zerbrochen worden. Eigentlich hätte das gar nicht passieren dürfen. Das ist doch Sicherheitsglas und das werde ich auch wieder verwenden. Den Auftrag habe ich dann auch innerhalb einer Woche ausgeführt. Mit Anfahrt und Arbeitszeit waren das Gesamtkosten von 2700 Euro.

Lea aus der 10 b erzählt am 18.11.20.. ihrer Freundin:
Hey Anni, du glaubst nicht, was gestern in der Schule passiert ist. Der Andi Weber und der Sven haben wieder mal gerauft. Natürlich in der Pause, also Viertel nach zehn direkt vor unserem Klassenzimmer, auf dem Gang. Ich glaub, die sind beide in die Nadja verliebt. Jedenfalls gab's auf einmal einen Knall und die Tür zum Treppenhaus ging kaputt. Die mussten natürlich direkt zum Direx. Heute sind beide wieder in der Schule. Andi hat eine Platzwunde am Kopf und musste genäht werden. Dazu musste er dem Arzt natürlich erzählen, was passiert ist. **Andi sagte**: „Also, ich hab mit dem Sven Bauer gerangelt. Sven wollte mir ein paar Judogriffe zeigen. Weil so viele andere rumstanden, ist er gestolpert und wir sind dann in die Glastür gefallen. Sven ist nichts passiert und bei mir, das sehen Sie ja."

2 *Der Direktor erwartet einen genauen Bericht zum Hergang.*

a) Tragen Sie die Informationen zu den W-Fragen auf einem Notizzettel zusammen.

b) Formulieren Sie den Bericht aus. Halten Sie sich dabei an die Gliederung aus Aufgabe 1 b.

c) Überarbeiten Sie anschließend Ihren Bericht.

a) Planen Sie diesen Bericht. Überlegen Sie, welche Zeugenaussagen Sie in der indirekten Rede wiedergeben (➪ Indirekte Rede, Kapitel 4, S. 92 f.).

b) Verfassen Sie den Bericht schriftlich.

c) Überarbeiten Sie Ihren Bericht.

Was passiert ist – Über einen Unfall berichten

Situation

Nicht immer sind die ersten Erinnerungen sachlich und in der richtigen Reihenfolge. Auch Unwichtiges fließt manchmal irrtümlich in einen Bericht ein.

So ein Mist, jetzt konnte ich wegen dem blöden Finger nicht zum Fußball. Der Arzt hatte gemeint: „Glück gehabt, die Sehne ist noch dran, aber nähen müssen wir trotzdem. Da können Sie jetzt eine Woche zu Hause bleiben. Arbeit in der Küche ist da nicht drin."
Das Fußballtraining konnte ich mir abschminken. Dabei hatte ich mich so auf das Training gefreut. Nur noch eine halbe Stunde war es bis Feierabend gewesen – dann wäre ich direkt ins Training gefahren. Das fing nämlich um 18.15 Uhr an und mit dem Fahrrad war ich in einer Viertelstunde von der Krone beim Sportplatz. Als Auszubildender habe ich kein Geld für ein Auto. Ich wollte nur noch schnell einen Löffel spülen, greife in die Spülbrühe und irgend so ein Idiot hat doch ein Messer drin liegen lassen!
Natürlich greife ich voll rein. Mann, hat das geblutet! Die Lisa hat gleich geschrien: „Oh Gott, der Stefan verblutet!" Naja, so schlimm war es Gott sei Dank nicht, nur ein tiefer Schnitt in den linken Zeigefinger. Aber der Tag war trotzdem gelaufen, typisch Freitag der 13.!

3 *Korrigieren Sie den Bericht.*

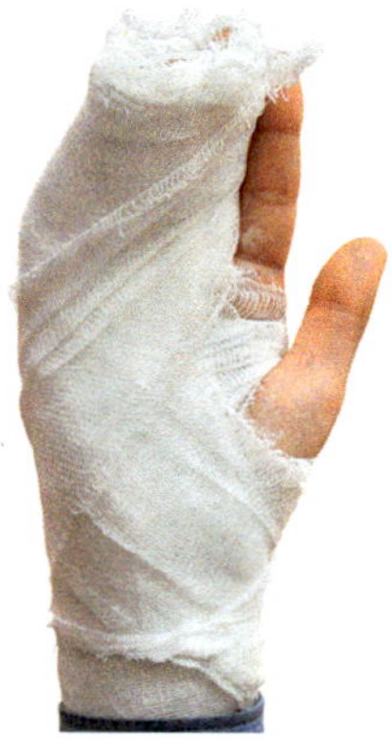

a) Beantworten Sie anhand des Textes die W-Fragen. Lassen Sie alle unwichtigen und unsachlichen Angaben weg.

b) Bringen Sie das Geschehen in die richtige Reihenfolge.

c) Sie schreiben den Bericht in der Vergangenheit. Bilden Sie von folgenden Verben das Präteritum (z. B. *gehen – ging)*
anfangen, bleiben, greifen, laufen, liegen, schneiden, schreien.

d) Verfassen Sie einen Unfallbericht und folgen Sie der Gliederung aus Aufgabe 1 b.

4 *Berichten Sie mündlich von einem Unfall, den Sie erlebt oder von dem Sie gehört haben. Orientieren Sie sich an* » GUT ZU WISSEN*. Planen und formulieren Sie sorgfältig.*

» GUT ZU WISSEN **Einen Bericht verfassen**

Ein Bericht **informiert** über den **Ablauf von Ereignissen** in **zeitlicher Reihenfolge**. Er beantwortet die **W-Fragen**.

Einleitung	Kurzer Überblick über folgende Fragen:	**Wer** ist beteiligt? **Wo** ist es geschehen?	**Was** ist geschehen? **Wann** ist es geschehen (Datum)?
Hauptteil	Genaue Information zu folgenden Fragen:	**Wer** ist beteiligt? **Wo** genau ist es geschehen? **Warum** ist es geschehen?	**Was** genau ist geschehen? **Wann** ist es geschehen (Uhrzeit)? **Wie** ist es geschehen?
Schluss		**Welche** Folgen hat das Geschehen?	

Da über Geschehenes berichtet wird, wird das **Präteritum** verwendet. Die Sprache des Berichts ist **sachlich** und **präzise**. Der Bericht enthält keine persönlichen Eindrücke, Gefühle, Wertungen.

Beschlüsse festhalten – Protokoll führen

Protokoll der Besprechung über die Verbesserung der Arbeitssituation

Datum: 11.11.20..
Ort: Raum 201
Zeit: 16.00 – 17.15 Uhr
Anwesende: siehe Anwesenheitsliste

TOP 1: Lautstärke im Büro
Damit die Telefonate leiser geführt werden können, sollen Headsets angeschafft werden. Frau Schulz informiert sich bis zum 15.12. über Angebote und Preise.

TOP 2: Temperatur in den Arbeitsräumen
Frau Maier beschwert sich ärgerlich darüber, dass es immer so kalt ist. Die anderen Kollegen wollen aber lüften, damit die Luft besser ist. Alle streiten zehn Minuten lang. Frau Maier wird überstimmt und es wird beschlossen, dass mindestens einmal pro Stunde für fünf Minuten gelüftet wird.

TOP 3: Ein Problem ist, dass niemand das Material aufräumt. Es wird beschlossen, dass jeder darauf achtet, sein Material aufzuräumen. Überprüfung bei der nächsten Besprechung.

TOP 4: ...

....
Ort, Datum

....
Protokollführer/-in

1 *Untersuchen Sie das Protokoll mithilfe von* GUT ZU WISSEN, *S. 128.*

a) Handelt es sich um ein Verlaufsprotokoll oder um ein Ergebnisprotokoll?

b) Überprüfen Sie es besonders unter folgenden Gesichtspunkten: Ist das Protokoll sachlich? Sind Oberpunkte erkennbar? Sind die Ergebnisse klar dargestellt? Wurde das Protokoll in ganzen Sätzen formuliert?

c) Schreiben Sie eine verbesserte Version des Protokolls. Überlegen Sie sich für TOP 3 (**T**ages**o**rdnungs**p**unkt 3) einen passenden Oberbegriff, streichen Sie Unsachliches und Unwichtiges. Wichtig sind die Beschlüsse.

Beschlüsse festhalten – Protokoll führen

GUT ZU WISSEN | **Protokolle schreiben**

Aufgaben	Das **Protokoll** dient der • **Information**, vor allem für Personen, die bei der Besprechung nicht anwesend waren. • **Organisation**, d. h., es hält fest, wer welche Aufgaben übernimmt. • **Dokumentation**, d. h., es gilt als verbindliche Grundlage z. B. für Beschlüsse. • **Kontrolle**, d. h., man kann später überprüfen, ob die Beschlüsse umgesetzt wurden.
Formen	Das **Verlaufsprotokoll** • gibt den **Verlauf** wieder und zeigt damit, wie es zu den **Ergebnissen** gekommen ist. • gibt den **Kern der Äußerungen** der Teilnehmer/-innen wieder. • nennt (Abstimmungs-)**Ergebnisse** und **Beschlüsse**. • vermerkt, wer welche **Aufgaben übernommen** hat und bis **wann** sie erledigt sein sollen. • wird z. B. bei Parlamentsdebatten geführt. Das **Ergebnisprotokoll** • orientiert sich an den **Tagesordnungspunkten** (TOPs). • nennt (Abstimmungs-)**Ergebnisse** und **Beschlüsse**. • vermerkt, wer welche **Aufgaben übernommen** hat und bis **wann** erledigen soll. • wird im Normalfall im Geschäftsleben geführt.
Äußere Form	• Das Protokoll hat einen „Kopf“, in dem der **Anlass** des Protokolls, **Ort**, **Datum**, **Zeit**, **Anwesende**, **Leiter/-in**, **Protokollant/-in** und die **Tagesordnung** genannt werden. • Das Protokoll wird abgeschlossen mit **Ort**, **Datum** und **Unterschrift** der Protokollantin / des Protokollanten sowie der Leiterin / des Leiters, nachdem es gegengelesen und auf Richtigkeit überprüft wurde. • Wenn das Protokoll gemailt wird, kann statt der Unterschrift „gez. Name“ stehen.
Sprache	• Ein Protokoll muss **sachlich**, **vollständig**, **neutral**, **präzise** und **übersichtlich** sein. • Ein Protokoll wird möglichst **knapp**, aber in **vollständigen** Sätzen geschrieben. • Wenn es keine Tagesordnungspunkte als Zwischenüberschriften gibt, muss eine Überschrift formuliert werden. • Redebeiträge werden in der indirekten Rede wiedergegeben (➪ indirekte Rede, Kapitel 4, S. 92 f.).

2 *Schreiben Sie das Ergebnisprotokoll einer Unterrichtsstunde.*

a) Machen Sie während der Stunde Notizen.

b) Planen Sie Ihr Protokoll, indem Sie aus Ihren Notizen die wichtigen Unterrichtsschritte und Ergebnisse herausarbeiten und evtl. zusammenfassen.

c) Formulieren Sie das Protokoll. Achten Sie auf Form und Sprache.

d) Kontrollieren und überarbeiten Sie anschließend Ihr Protokoll.

Tipp

Bitten Sie Ihre Lehrerin oder Ihren Lehrer, die Unterrichtsschritte an die Tafel zu schreiben (= TOPs). Denken Sie daran, dass jemand, der nicht am Unterricht teilgenommen hat, verstehen soll, was besprochen wurde.

Private und geschäftliche Briefe schreiben

Form und Sprache von Geschäftsbriefen

In Ihrem Berufsleben können Ihnen verschiedene Arten von Geschäftsbriefen begegnen, z. B. Anfragen, Angebote, Bestellungen, Auftragsbestätigungen, Mahnungen, Reklamationen.

HIGHTECH GmbH

Hightech GmbH • E. Sommer • Mildgasse 7 • 22222 Sommerhausen

Absender

•
•
•

Kannalles & Söhne
Herrn Fritz Chef
Bruchgasse 5
33333 Musterstadt

Anschrift

•
•
•
•

Ihr Zeichen, Ihre Nachricht	Unser Zeichen, unsere Nachricht vom	Telefon, Name	Datum
		03333 2222 Eddy Metzner	04.07.2013

Bezugszeile

•
•

Anfrage

Betreffzeile

•
•

Sehr geehrte Damen und Herren,

Anrede

•

wir suchen eine Firma, die die Pflege unseres begrünten Hinterhofs übernimmt, da der Gärtner, der bisher unseren Hinterhof gepflegt hat, diese Arbeit aus Altersgründen nicht mehr ausführen kann. Wie Sie aus der Anlage erkennen können, lagen die Kosten dafür bei 2500 € jährlich.

Textblock

•

Bitte schicken Sie mir einen Kostenvoranschlag.

•

Mit freundlichen Grüßen

Grußformel

•

Hightech GmbH

•

i. A. Eddy Metzner
Eddy Metzner

Unterschrift

•

Anlagen
Kopie einer Rechnung

Anlagen

Firmenname
Straße 00
00000 Ort

Telefon 0000 xxxx-0
Telefax 0000 xxxx-yy
info@meine-firma.de
www.meine-firma.de

Sparkasse XYZ
BLZ 000 000 00
Konto 0000000

Handelsregister
Amtsgericht XXX
HRB 0000

1 *Lesen Sie den Geschäftsbrief. Was will der Absender erreichen?*

Form und Sprache von Geschäftsbriefen

Briefe folgen festgelegten Richtlinien, an die Sie sich halten müssen, damit Ihr Anliegen erfolgreich ist. Üben Sie deshalb einzelne Elemente von Briefen.

2 *Schreiben Sie die Adressen mithilfe der Checkliste.*

- Fritz Meier (persönlich) bei der Firma Müller, Pappelallee 5, Randstadt, PLZ 12345
- Firma ABC, Postfach 123, Machingen, PLZ 54321
- Fischer, Max, Dr., Professor, Wachauf, Frühstraße 4c, PLZ 44444
- Stadtverwaltung Ratingen, Bürgerbüro, Ratingen, Rathausplatz 5, PLZ 23232

CHECKLISTE Adressen schreiben

☑ Die Adresse wird ohne Leerzeile geschrieben.

☑ Reihenfolge: Firma, Ansprechpartner, Straße / Postfach, Ort

3 *Überprüfen Sie bei den Betreffzeilen mithilfe der Checkliste, ob der Empfänger erkennt, worum es in dem Brief geht. Verbessern Sie ggf. einzelne Betreffzeilen.*

- Reklamation
- Ihr Angebot vom 27. Januar 20..
- Reklamation Ihrer Lieferung vom 23. Oktober 20..
- Angebot
- Anfrage: Nutzung des Sportplatzes
- Mein Zeitungsabonnement
- Kündigung

CHECKLISTE Betreff formulieren

☑ Der Betreff informiert die Leser über den Inhalt des Briefes.

☑ Die Information ist eindeutig.

4 *Überlegen Sie sich eine Betreffzeile zu folgenden Anlässen:*

- Sie brauchen Informationen über die Sehenswürdigkeiten von Kiel für eine private Reise und schreiben an das Touristenzentrum.
- Sie schreiben an die Stadtverwaltung, weil Sie die Stadthalle für ein Fest Ihrer Firma mieten möchten.
- Sie haben am 06.01.20.. in der Goethestraße einen Strafzettel für Falschparken bekommen, aber die Parkuhr war defekt. Sie möchten deshalb Widerspruch einlegen.
- Sie schreiben an Ihre Krankenversicherung, weil sich Ihre Adresse geändert hat.
- Sie schreiben an einen Internetversand, weil die am 13.11.20.. gekaufte Festplatte defekt ist.

5 *Eine Firma möchte die Stadthalle einer Stadt für ihr 100. Jubiläum mieten. Folgende Sätze stammen aus einem Brief an die Stadtverwaltung:*

> Sehr geehrte Damen und Herren,
>
> sicher kennen (s)ie (u)nsere Firma xyz, die in diesem Jahr (i)hren 100. Geburtstag feiern wird. Ein solches Jubiläum wollen (w)ir angemessen begehen.
> Die Firmenleitung sucht nach einem besonderen Ort, an dem (w)ir feiern können.
> Deshalb möchte (i)ch anfragen, ob (s)ie (i)hre Stadthalle für einen Zweck wie dem (u)nseren vermieten und (s)ie am 10.10. noch frei ist.

Tipp
Die formelle Anrede *Sie, Ihr, Ihnen* wird immer großgeschrieben (➪ Kapitel 4, S. 77 f.).

■ Schreiben Sie die Sätze mit korrekter Groß- und Kleinschreibung ab und begründen Sie Ihre Schreibweise.

■■ Korrigieren Sie den Text und ergänzen Sie weitere Sätze. Achten Sie auf die Schreibung der Pronomen.

Form und Sprache von Geschäftsbriefen

6 *Schreiben Sie nun einen Antwortbrief auf den Geschäftsbrief von S. 129. Bei der Gestaltung der einzelnen Elemente hilft Ihnen* GUT ZU WISSEN, *S. 132.*

a) Erstellen Sie eine Vorlage für Ihren Brief am Computer. Orientieren Sie sich für die formalen Elemente (DIN 5008) am Brief auf S. 129.

b) Formulieren Sie den Betreff.

c) Planen Sie den Textblock (Einleitung, Hauptteil, Schluss). Legen Sie eine Tabelle folgender Art an:

Einleitung (Warum schreiben Sie?):	*Anfrage vom ...*
Hauptteil (Was möchten Sie mitteilen?):	...
Schluss (Was soll der Empfänger tun?):	...

Danken Sie für die Anfrage. Teilen Sie mit, dass Sie die Anlage für einen Kostenvoranschlag vorher sehen müssen, und bitten Sie um einen Termin. Drücken Sie Ihre Hoffnung aus, dass Herr Metzner mit dem Angebot zufrieden ist.

Machen Sie zusätzlich einen Terminvorschlag für die Besichtigung. Formulieren Sie den Brief so, dass das Wort „wir" nicht an erster Stelle im Satz steht.

d) Formulieren Sie den Brief aus. Nutzen Sie dazu auch die Vorschläge aus dem folgenden Kasten:

Nützliche Formulierungen für Briefe

Briefanfang: *Vielen Dank für Ihre Nachricht vom ... / Wie telefonisch besprochen ... / Ich beabsichtige in nächster Zeit ... / Ich habe erfahren, dass ...*

Anfragen: *Ich wäre Ihnen dankbar, wenn Sie ... / Würden Sie bitte ... / Wären Sie so freundlich, ... / Bitte schicken Sie mir ... / Bitte informieren Sie mich über ...*

Vorschläge: *Ich schlage vor, dass ... / Was halten Sie von ... / Es wäre sinnvoll, ... / Wir würden gerne ...*

Schluss: *Vielen Dank im Voraus. / Ich freue mich über eine baldige Antwort. / Für Rückfragen stehe ich Ihnen gerne zur Verfügung.*

Anlage: *Anbei finden Sie ... / In der Anlage finden Sie ...*

e) Kontrollieren Sie den Brief Ihrer Lernpartnerin / Ihres Lernpartners auf Form, Inhalt und Sprache (GUT ZU WISSEN, S. 132).

f) Überarbeiten Sie anschließend Ihren Brief.

Form und Sprache von Geschäftsbriefen

» GUT ZU WISSEN **Einen Brief gliedern**

	Inhalt	Beispielformulierungen
Bezug	Wenn es ein Datum oder eine Vorgangsnummer gibt, worauf man sich beziehen kann, müssen diese Angaben auf jeden Fall genannt werden.	
Betreff	Aus dem Betreff muss auf einen Blick erkennbar sein, worum es in einem Brief geht. Der Betreff wird oft durch **Fettdruck** hervorgehoben (ohne das Wort „Betreff").	*Reklamation Ihrer Lieferung vom 23.10.20..* *Kündigung des Abonnements Nr. 12345*
Anrede	Möglichst mit Namen und Titel Die Anrede wird mit einem Komma beendet, der Brief beginnt mit Kleinbuchstaben (sofern kein Substantiv oder großzuschreibendes Pronomen folgt).	*Sehr geehrte Frau Dr. Maier,* *Sehr geehrte Damen und Herren,*
Einleitung	Worauf wird Bezug genommen? Bezug auf früheren Kontakt Bezug auf frühere Anfragen/Angebote/Lieferungen Schilderung der jetzigen Situation	*In Ihrem Prospekt vom Januar 20.. habe ich ... für ... € gesehen* *Vielen Dank für Ihre Anfrage/Bestellung ...* *Ihre Lieferung vom 20. Februar ist heute angekommen ...* *Am 06.01.20.. habe ich am Grazer Platz einen Strafzettel bekommen ...* *Ich beziehe bei Ihnen das Abonnement ...*
Hauptteil	Was soll der Empfängerin / dem Empfänger mitgeteilt werden?	*Ich bestelle ... / ... schicke ich Ihnen heute ...* *Ich kann Ihnen folgendes Angebot unterbreiten...* *Leider ist die Lieferung mangelhaft.* *Ich erhebe Widerspruch gegen ...* *Ich kündige fristgemäß ...*
Schluss	Wie geht es weiter? Erwartungen, was die Empfängerin / der Empfänger tun soll Bitte an die Empfängerin / den Empfänger Hoffnung für die Zukunft	*Bitte schicken Sie mir ...* *Ich gehe davon aus, dass die fehlenden Teile bis zum 10.12.20.. geliefert werden.* *Ich bitte Sie, ...* *Ich hoffe auf weiterhin gute Zusammenarbeit.*
Grußformel	... und Unterschrift. Abkürzungen: i. V. = in Vertretung; i. A. = im Auftrag; ppa = per prokura	*Mit freundlichen Grüßen* *Viele Grüße* *Mit besten Grüßen*
Anlage	Wenn mit dem Brief etwas mitgeschickt wird, z. B. die Kopie (!) des Strafzettels, dann wird das am Ende des Briefes erwähnt.	*Kopie des Strafzettels* *Foto der defekten Parkuhr*

Da stimmt was nicht – Reklamation

Max Mustermann
Beispielstraße 5
71234 Musterhausen

Firma Liefernix
Schnelle Gasse 5
12345 Gutfeld

25.03.20..

Reklamation, Ihre Lieferung

Sehr geehrte Herren,

bei Ihrer Lieferung fehlt eine Tasche. Außerdem ist bei der anderen Tasche der Träger lose.
Das werde ich nicht bezahlen. Bringen sie das Problem in Ordnung! Ich schicke Ihnen zur Information eine Kopie meiner Bestellung.

Mit freundlichen Grüßen

Max Mustermann
Max Mustermann

CHECKLISTE **Reklamation überarbeiten**

- ☑ Der Brief ist korrekt formatiert.
- ☑ Der Betreff ist so formuliert, dass die Empfängerin / der Empfänger den Brief eindeutig zuordnen kann.
- ☑ Die Anrede ist korrekt formuliert.
- ☑ Der Textblock ist in Einleitung, Hauptteil und Schluss untergliedert.
- ☑ Die Einleitung beschreibt, was geschehen ist.
- ☑ Im Hauptteil ist das Problem klar dargestellt.
- ☑ Im Schluss wird deutlich, was die Schreiberin / der Schreiber von der Empfängerin / dem Empfänger erwartet.
- ☑ In der Anlage ist vermerkt, was mitgeschickt wird.

1 *Lesen und korrigieren Sie die Reklamation.*

a) Kontrollieren Sie den Brief mithilfe der Checkliste und tragen Sie die Fehler an der Tafel zusammen.

b) Schreiben Sie eine korrekte Version der Reklamation.
Folgende Formulierungen helfen Ihnen:

Ihre Lieferung ist am ... angekommen. / Dabei musste ich leider feststellen, dass ... / Ich erwarte, dass Sie ... / Ich schlage folgende Lösung vor: ... / Das entspricht nicht meinen Erwartungen, deshalb werde ich ... / Bei ... stellte ich erhebliche Mängel fest. / Ich bitte um eine Überprüfung ... / Ich möchte Sie darauf hinweisen, dass ... / Bitte schicken Sie bis zum ...

c) Besonders im Amtsdeutsch ist der Nominalstil (Hauptwortstil) gebräuchlich. Die Texte wirken dann bürokratisch und sind schwerer verständlich. Formulieren Sie die folgenden Sätze um:
Bei **Lieferungsverzug** erwarten wir ... → Wenn die Lieferung nach dem ... eintrifft, erwarten wir ...
a) ... werden wir eine **Überprüfung vornehmen**.
b) ... **aus den oben genannten Gründen** sollten Sie die Waren pünktlich **zur Auslieferung bringen**.
c) ... könnten wir **den Vorschlag machen**.
d) ... **am heutigen Tag** ...
e) ... damit wir den Vorgang **zum Abschluss bringen** können.
f) ... ohne weitere Informationen können wir keine **Entscheidungen treffen**.

Privater Geschäftsbrief

Auch in Ihrem Privatleben schreiben Sie Geschäftsbriefe, z. B. wenn Sie eine Bestellung abschicken oder ein Abonnement kündigen. Man spricht in diesem Zusammenhang von einem privaten Geschäftsbrief.

Tipp

Ein privater Geschäftsbrief unterscheidet sich von einem Geschäftsbrief (S. 129) in folgenden Punkten:
- Der Absender wird in einem eigenen Textblock notiert.
- Die Bezugszeile entfällt.
- Der Absender unterschreibt im eigenen Namen, d. h. ohne i. A. oder i. V. (im Auftrag / in Vertretung).
- Die Fußzeile mit Angaben zur Firma entfällt.

1 *Sie sind Sprecher/-in der Auszubildenden in Ihrer Firma. Die Auszubildenden dürfen ihren Aufenthaltsraum neu gestalten. Schreiben Sie einen privaten Geschäftsbrief an die Firmenleitung, in dem Sie Ihr Anliegen schildern und Ihre Ideen vorstellen.*

a) Erstellen Sie eine Vorlage für Ihren Brief am Computer. Orientieren Sie sich hinsichtlich der formalen Elemente am Brief auf S. 129. Beachten Sie auch den Tipp.

b) Wählen Sie einen Betreff aus und begründen Sie Ihre Entscheidung:
- Wünsche der Auszubildenden
- Aufenthaltsraum der Auszubildenden

b) Schreiben Sie eine passende Betreffzeile.

c) Planen Sie den Brief nach folgendem Muster:

Einleitung (Warum schreiben Sie?):	*Neugestaltung des Aufenthaltsraums ...*
Hauptteil (Was möchten Sie mitteilen?):	...
Schluss (Was soll der Empfänger tun?):	...

d) Formulieren Sie die Einleitung.
Folgende Formulierungen können Ihnen helfen: *Als Sprecher der Auszubildenden ... wir haben erfahren, dass ... / Da unser Aufenthaltsraum ...*

e) Für den Hauptteil hat ein Freund folgende Idee formuliert:

> Ein bequemes Sofa zum Chillen, das wäre super, außerdem hätten wir gerne eine von diesen tollen neuen Kaffeemaschinen, wo man nur auf den Knopf drücken muss.

Formulieren Sie diesen Satz so, dass er in Ihrem Brief stehen könnte. Ergänzen Sie außerdem weitere Ideen zur Gestaltung des Aufenthaltsraums.

e) Verfassen Sie den Hauptteil des Briefes, in dem Sie Anliegen und Ideen darstellen.

f) Schreiben Sie im Schluss, was Sie erhoffen, worum Sie bitten, bzw. was die Firmenleitung tun soll, und enden Sie mit der Grußformel.
Ich hoffe, dass ... / Wir würden uns freuen, wenn ...

Privater Geschäftsbrief

2 *In folgenden Sätzen gibt es zu viele Konjunktivformulierungen (könnte, würde, hätte, sollte). Formulieren Sie die Sätze mit weniger Konjunktivformen.*

- Wir würden uns freuen, wenn Sie uns ermöglichen könnten, ein Sofa anzuschaffen.
- Bitte wären Sie so nett und würden uns schnellstmöglich informieren.
- Sollten Sie noch Fragen haben, würden wir Ihnen natürlich zur Verfügung stehen.

Tipp

Der Konjunktiv gilt zwar auf der einen Seite als höflich, auf der anderen Seite darf er nicht zu häufig verwendet werden, denn das könnte den Eindruck erwecken, dass der Schreibende nicht daran glaubt, dass er mit seinem Brief Erfolg hat.

3 *Wie in folgendem Auszug würde die Firmenleitung sicher nicht antworten. Formulieren Sie den Brief um.*

Liebe Auszubildende,

wir freuen uns, dass ihr so viele Ideen habt. Aber so geht das nun wirklich nicht. Wir müssen doch wissen, was das alles kostet. Also setzt euch bitte hin und rechnet das mal nach. Dann sehen wir weiter.

Mit freundlichen Grüßen ...

Ersetzen Sie die informelle Anrede *(ihr ...)* durch die formelle Anrede *(Sie ...)* und formulieren Sie höflich und angemessen.

Schreiben Sie den vollständigen Brief.

4 *Bearbeiten Sie eine weitere Prüfungsaufgabe. Gehen Sie dabei nach dem Arbeitsplan der Checkliste unten vor:*

Ihre Klasse plant im Rahmen des Fachkundeunterrichts eine Betriebsbesichtigung bei der Firma ISODOR. Schreiben Sie einen privaten Geschäftsbrief an die Firma ISODOR, Baustraße 7, 77777 Bauingen. Schildern Sie Ihr Anliegen, geben Sie auch an, welche Abteilungen Sie besichtigen möchten, wie viele Teilnehmer Sie voraussichtlich sind und machen Sie Terminvorschläge.

CHECKLISTE | **Einen privaten Geschäftsbrief schreiben**

- ☑ Die Aufgabe genau lesen und markieren, was erwähnt bzw. beantwortet werden muss.
- ☑ Passenden Betreff überlegen.
- ☑ Sinnvolle Formulierungen überlegen und notieren.
- ☑ Den Brief gliedern, indem überlegt wird, was in Einleitung, Hauptteil und Schluss kommt.
- ☑ Den Brief schreiben und auf Vollständigkeit der äußeren Form (Absender, Empfänger, Datum, Betreff, Anlage) achten.
- ☑ Rechtschreibung und Zeichensetzung überprüfen.

Beim privaten Geschäftsbrief handelt es sich um ein Prüfungsformat, deshalb ist Sorgfalt besonders wichtig.

E-Mails schreiben

Situation

Sie möchten Bindungen für ein Snowboard bestellen. Sie haben recherchiert und wissen, welcher Internetversand das Produkt günstig anbietet. Da Sie in wenigen Tagen in den Urlaub fahren, würde ein Brief für die Bestellung zu lange dauern. Die Firma will eine schriftliche Bestellung. Ihr erster Entwurf der E-Mail lautet:

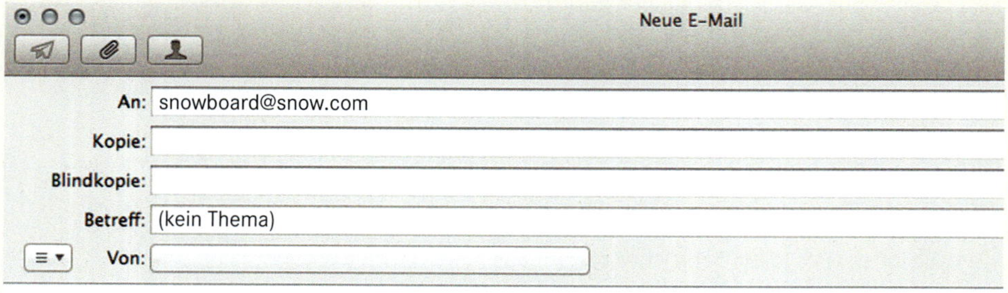

Hallo Herr Müller,

Sie haben mir am Telefon gesagt, ich soll per Mail bestellen. Also hier ist meine Bestellung. Schicken Sie mir schnell meine Bindung Lexa in Größe M. Im Internet ist der Preis mit 130 € angegeben. Das überweise ich dann gleich, wenn Sie mir Ihre Kontonummer mailen.

Ich wohne in 12345 Musterstadt, Musterstraße 6.

Danke, ...

1 *Überlegen Sie mit Ihrer Lernpartnerin / Ihrem Lernpartner, welche Fehler in dieser E-Mail gemacht wurden.*

2 *Bestellen Sie die Bindung Lexa, Größe M, für 130 € per E-Mail. Halten Sie sich dabei an die Vorgaben für den Geschäftsbrief.*

Folgende Formulierungen können Ihnen helfen: *Wie telefonisch besprochen, bestelle ich ... zum Preis von ... / Sobald die Ware bei mir eingetroffen ... / Die Versandadresse lautet ...*

GUT ZU WISSEN – E-Mails schreiben

Viele Geschäftsvorgänge werden heute per **E-Mail** abgewickelt. Doch auch wenn E-Mails nicht ganz so formell wie Geschäftsbriefe sind, sollte bei geschäftlichen Vorgängen die Form gewahrt bleiben. Die **Maske des Programms** lässt erkennen, dass E-Mails einige Elemente verlangen, die auch Geschäftsbriefe enthalten, und ähnlich aufgebaut sind. So gibt es ein Feld für die (E-Mail-)**Adresse** der Empfängerin / des Empfängers. Zusätzlich besteht die Möglichkeit, anderen Personen eine **Kopie** (Cc) zu schicken. Wenn Blindkopie (Bcc) gewählt wird, sehen die anderen Empfänger nicht, an wen außerdem eine Kopie geschickt wurde. Weiterhin gibt es ein Feld für den **Betreff**, der bei E-Mails genauso sorgfältig formuliert werden muss wie bei Geschäftsbriefen.

Im **Textfeld** selbst steht die **Anrede**, der **Textblock** mit **Einleitung**, **Hauptteil**, **Schluss** und die **Grußformel** – wie im Geschäftsbrief.

Am Ende sollte die **Adresse mit Telefonnummer** eingefügt sein, sodass die Absender leicht zu kontaktieren sind. Das Anhängen dieser Signatur kann automatisch im E-Mail-Programm eingerichtet werden.

Um die **Anlage** anzuhängen, gibt es eine Extrafunktion, meist eine Büroklammer.

Kompetenzcheck – Testen Sie Ihren Lernerfolg

FAZIT

- Personen-beschreibung
- Vorgangs-beschreibung
- Berichtsheft
- Tätigkeitsbericht
- Unfallbericht
- Protokoll

- Geschäftsbrief
- Reklamation
- Privater Geschäftsbrief
- E-Mail

GABE

1 *Wenden Sie Ihr Wissen an und schreiben Sie einen Brief für folgende Aufgabe. Denken Sie dabei an den Dreischritt Planen – Formulieren – Überarbeiten.*

Die Leitung Ihres Betriebs will eine Aktion für Kundenfreundlichkeit starten. Dabei sollen alle Betriebsangehörigen einbezogen werden. Deshalb werden die Mitarbeiter aufgerufen, ihre Ideen einzubringen, wie die Firma für Kunden attraktiver gestaltet werden kann. Die besten Vorschläge werden umgesetzt und prämiert. Sie beteiligen sich an der Aktion.
Formulieren Sie Ihre Ideen und Vorschläge in einem Geschäftsbrief an Ihre Firmenleitung.

2 *Überprüfen Sie Ihren Brief kritisch anhand des folgenden Kompetenzchecks. Nehmen Sie auch die Hinweise zur sprachlichen Überarbeitung aus der Unschlagklappe zu Hilfe.*

KOMPETENZCHECK **Einen Brief schreiben**

- ☑ Enthält mein Brief die vollständigen Angaben zu Absender, Empfänger, Datum, Betreff, Anrede, Grußformel und Anlage?
- ☑ Habe ich den Textblock in Einleitung, Hauptteil und Schluss gegliedert?
- ☑ Habe ich in der Einleitung begründet, warum ich den Brief schreibe?
- ☑ Habe ich im Hauptteil meine Idee(n) vorgestellt und näher erklärt?
- ☑ Habe ich im Schluss den Nutzen meines Vorschlags herausgestellt?
- ☑ Habe ich den Konjunktiv (*würde …*) und den Nominalstil (*den Vorschlag machen*) weitgehend vermieden?
- ☑ Habe ich die Rechtschreibung kontrolliert? Sind die Anredewörter *Sie*, *Ihre* und *Ihnen* großgeschrieben?

Lernszenario

Schreiben

Die Inhalte der Kapitel „Eigenen Texten den letzten Schliff geben“, „Richtig schreiben“ und „Schriftlich kommunizieren“ helfen Ihnen dabei, die Handlungsaufträge aus der folgenden Situation herauszuarbeiten und auszuführen.

Handlungssituation

Nach der Ausbildungszeit möchten viele von Ihnen eine Festanstellung haben. In der Presse lesen Sie, dass Auszubildende ihre Berufschancen und Karriereaussichten verbessern können, wenn sie sich bereits während der Ausbildung zusätzlich qualifizieren. Das können beispielsweise EDV-Zertifikate sein oder Techniklehrgänge.

Auch nach einer Ausbildung gibt es viele Möglichkeiten. Der Fachwirt z. B. ist eine höhere kaufmännische Qualifikation, die im Anschluss an eine kaufmännische Berufsausbildung erworben werden kann.

Um mehr über konkrete Qualifikationen während oder nach Ihrer Ausbildung zu erfahren, bilden Sie entsprechende Interessensgruppen.

Zu den Anbietern dieser Zusatzqualifikationen zählen z. B. Handwerkskammern, Industrie- und Handelskammern, Bildungszentren oder Schulen.

Sie wollen dort schriftlich anfragen, welche Angebote es für Ihren gewählten Schwerpunkt gibt.

Arbeiten Sie im Team und halten Sie sich bei der Erarbeitung Ihrer Aufträge an diese Schritte:

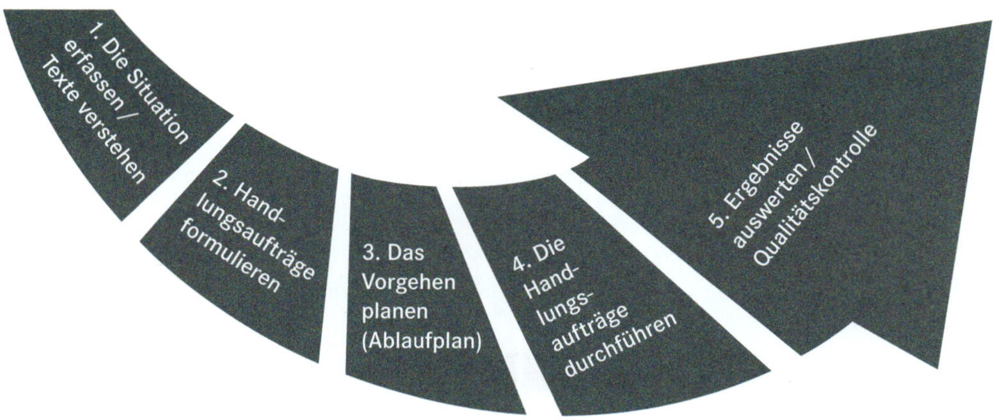

Anregungen zur Vorgehensweise können Sie S. 48 entnehmen.

Jede Gruppe formuliert ein entsprechendes Anschreiben, um ihre Fragen zu klären. Beachten Sie dabei auch die Form Ihres Schreibens. Das Anschreiben stellt jeweils eine/-r am Arbeitstisch den anderen Gruppen vor. Diese können ihre Korrekturvorschläge auf bereitgelegten Karten formulieren. Auf dieser Basis überarbeiten Sie dann Ihre Briefe inhaltlich und formal.

Kapitel 8

Diagramme und Schaubilder verstehen und nutzen

Ihr Berufsschulzentrum veranstaltet jedes Jahr einen „Tag der offenen Tür“ für interessierte Schülerinnen und Schüler der Region. Sie sollen in diesem Jahr über die Möglichkeiten und Chancen einer Berufsausbildung informieren. Das Thema interessiert Sie – auch über Ihre eigene Ausbildungswahl hinaus – und Sie sammeln Informationen, Schaubilder und Diagramme dazu, die Sie anschließend analysieren.

Sie erstellen ein Portfolio, in das Sie Ihre Informationen, Schaubilder und Diagramme einfügen.

Kompetenzen	Methoden und Arbeitstechniken
✔ Die Funktion von nicht linearen Texten erkennen	✔ Sortieraufgabe
✔ Verschiedene Diagramme kennen und analysieren	✔ Umfrage durchführen
✔ Grafische Darstellungsformen kritisch hinterfragen	✔ Think-Pair-Share
✔ Eine Schaubildanalyse verfassen	✔ Diagramme erstellen
✔ Effizient zusammenarbeiten	
✔ Informationen beschaffen	

Das Zusammenspiel von Text und Schaubild erkennen

Zufriedenheit durch Übernahme

Die Gewerkschaftsjugend hat Auszubildende zu ihrer beruflichen Perspektive befragt.

56,3 Prozent – und damit die Mehrheit der Befragten – geben an, auch künftig weiter in ihrem Ausbildungsberuf tätig sein zu wollen. Zum Befragungszeitpunkt konnte jedoch lediglich gut ein Viertel (26,8 Prozent) schon sicher sagen, dass sie in ihrem Ausbildungsbetrieb übernommen werden.

Die meisten Auszubildenden (64,4 Prozent) wussten zum Zeitpunkt der Befragung noch nicht, ob sie im Anschluss an ihre Ausbildung vom Ausbildungsbetrieb übernommen werden. Für 8,7 Prozent der Befragten war bereits klar, dass es für sie nach der Ausbildung keine berufliche Zukunft im Ausbildungsbetrieb gibt.

Die größte Wahrscheinlichkeit einer Übernahme besteht wie im Vorjahr bei angehenden Mechatronikern/Mechatronikerinnen, von denen gut die Hälfte zum Zeitpunkt der Befragung bereits wusste, dass sie im Anschluss an die Ausbildung übernommen werden. Ebenfalls gute Chancen auf eine Übernahme bestehen bei Industriemechanikern/-mechanikerinnen (48,3 Prozent) und Elektronikern/Elektronikerinnen (40,4 Prozent). Demgegenüber wussten zum Zeitpunkt der Befragung bereits ein Fünftel der angehenden Köchinnen und Köche und 16,8 Prozent der Restaurantfachleute, dass sie im Anschluss an ihre Ausbildung nicht übernommen werden.

Die Aussicht auf Übernahme spiegelt sich auch in der persönlichen Ausbildungszufriedenheit wider. 81,4 Prozent derer, die sicher wissen, dass sie übernommen werden, sind „sehr zufrieden" und „zufrieden", und nur 18,6 Prozent gaben an, nur „teilweise zufrieden" bzw. sogar „unzufrieden" zu sein. Anders ist es bei den Auszubildenden, die nicht übernommen werden: Von ihnen äußerte sich deutlich weniger als die Hälfte (44,4 Prozent) „zufrieden" oder „sehr zufrieden".

Damit zeigt sich, dass die Wertschätzung der Persönlichkeit und der beruflichen Leistungen, die sich in einer zugesagten Übernahme nach der Ausbildung widerspiegelt, einen erheblichen Einfluss auf die Gesamtzufriedenheit in der Ausbildung hat.

Gleichzeitig spiegelt das Ergebnis den hohen Grad an Unsicherheit, mit dem sich junge Menschen heutzutage beim Eintritt in das Berufsleben konfrontiert sehen. In den letzten Jahren ist zu beobachten, dass gerade junge Menschen zunehmend atypisch und prekär beschäftigt werden [...].

(DGB Ausbildungsreport 2012, S. 48 f.)

Übernahme im Anschluss an die Ausbildung

„Ich werde im Anschluss an meine Ausbildung übernommen ..."

1 *Lesen Sie den Textauszug aus dem Ausbildungsreport und beantworten Sie die folgenden Fragen:*

a) Welche Personengruppe wurde befragt?
b) Wer veröffentlichte die Ergebnisse?
c) Welche Aspekte wurden thematisiert?
d) Wie erklären Sie sich die unterschiedlichen Übernahmechancen in den genannten Berufen?
e) Erläutern Sie den letzten Satz.

2 *Analysieren Sie das Schaubild unter folgenden Fragestellungen:*

a) Was sagt es aus?
b) Welche Funktion erfüllt es?

3 *Betrachten Sie die Kombination von Text und Schaubild. Diskutieren Sie in der Lerngruppe.*

a) Welche Funktion hat diese Kombination?
b) Wie wirkt diese auf Sie?

» GUT ZU WISSEN **Die Funktion von Schaubildern erkennen**

Schaubilder veranschaulichen Informationen und erleichtern den Zugang zu einem beigefügten Text. Ebenso schaffen sie Leseanreize. So lesen viele, die sich ein Schaubild anschauen, danach auch den beigefügten Text.

4 *Überprüfen Sie Ihr Wissen mithilfe einer Sortieraufgabe (» GUT ZU WISSEN). Setzen Sie sich mit den folgenden Begriffen auseinander. Sortieren Sie zunächst die Begriffe danach, ob Sie diese verstanden haben oder nicht. Legen Sie dazu eine Tabelle an.*

Organigramm Skalierung der Achsen Säulendiagramm Schaubild
Kreisdiagramm Liniendiagramm Kurvendiagramm Globus-Infografik

Begriffe

verstanden	nicht verstanden
...	...

a) Arbeiten Sie mit Ihrer Lernpartnerin oder Ihrem Lernpartner zusammen. Erklären Sie sich abwechselnd die Begriffe, die Sie verstanden haben, mit höchstens zwei Sätzen.
b) Klären Sie die nicht verstandenen Begriffe mit einem anderen Lerntandem oder in der Lerngruppe.

» GUT ZU WISSEN **Sortieraufgabe**

Mithilfe einer Sortieraufgabe kann Vorwissen überprüft werden. Begriffe aus einem bestimmten Wissensgebiet werden nach „verstanden“ und „nicht verstanden“ sortiert. Ein Begriff gilt als verstanden, wenn mindestens ein erklärender Satz dazu formuliert werden kann. Im Anschluss sollen die nicht verstandenen Begriffe besprochen und geklärt werden.

Diagrammarten analysieren

Teile eines Ganzen – Kreisdiagramm

Es gibt eine Vielzahl von Diagrammarten. Die inhaltliche Aussage sowie die Wirkung, die beabsichtigt wird, bestimmen die Wahl der grafischen Darstellung.

Neu abgeschlossene Ausbildungsverträge nach schulischer Vorbildung (2010)

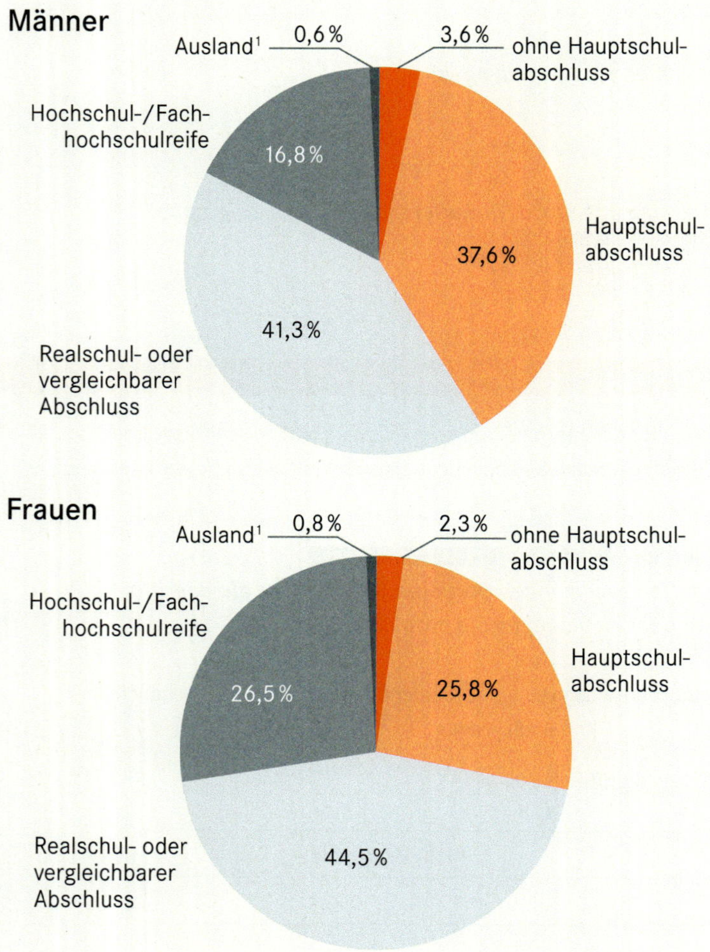

(Quelle: Statistisches Bundesamt, Fachserie 11, Reihe 3
Aus: BMBF (Hrsg.): Bildung und Forschung in Zahlen 2012. Ausgewählte Fakten aus dem Datenportal des BMBF. www.datenportal.bmbf.de)

[1] Im Ausland erworbener Schulabschluss, der nicht zuordenbar ist

1 *Analysieren Sie eines der beiden Kreisdiagramme.*

a) Welche Aussagen werden über die Schulabschlüsse der Auszubildenden getroffen?
Das erste Kreisdiagramm zeigt …
Von allen Auszubildenden mit Ausbildungsvertrag haben 3,6 Prozent …

1 *Analysieren Sie beide Kreisdiagramme.*

a) Inwieweit unterscheiden sich die Schulabschlüsse bei Männern und Frauen, die Ausbildungsverträge abschließen?
b) Welche Schlussfolgerungen ergeben sich aus den Kreisdiagrammen?

2 *Machen Sie in Ihrer Lerngruppe eine Umfrage (➪ Kapitel 9, S. 52) zum Thema schulische Vorbildung. Veranschaulichen Sie das Ergebnis mit einem Kreisdiagramm.*

Größenverhältnisse verdeutlichen – Balkendiagramm

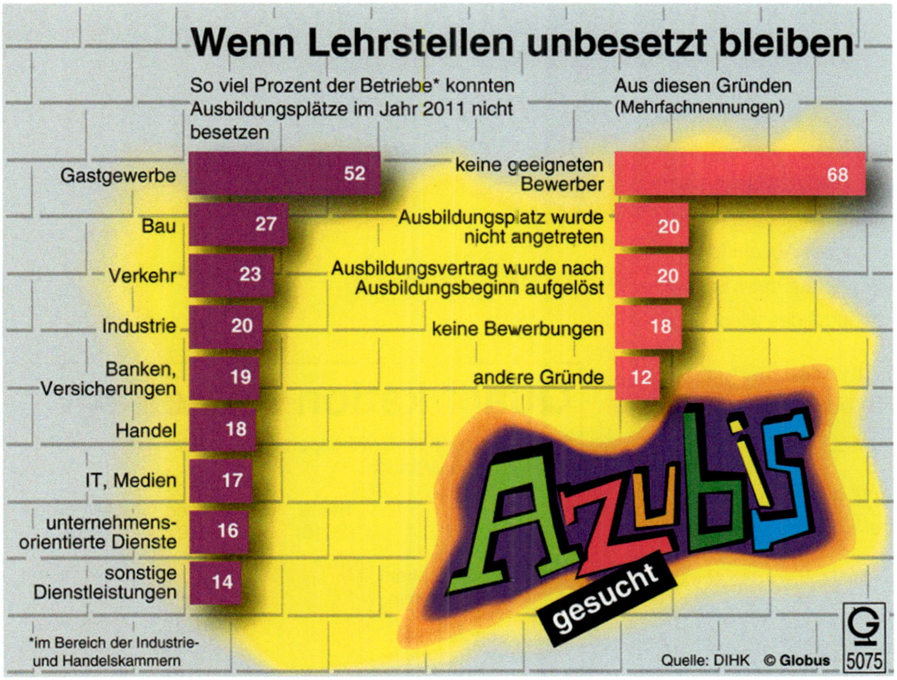

(veröffentlicht: 12.07.2012)

1 *Untersuchen Sie die Balkendiagramme im Schaubild inhaltlich.*

a) Auf welche Fragen geben die Diagramme Auskunft? Formulieren Sie diese.

b) Beantworten Sie die folgenden Aussagen mit Ja / Nein / Aussage nicht möglich:
- Überdurchschnittlich viele Betriebe im Gastgewerbe und Bau konnten 2011 Ausbildungsplätze nicht besetzen.
- Vor allem im Gastgewerbe gibt es keine geeigneten Bewerber.
- Die geringe Zahl der Bewerber ist ausschlaggebend für die Tatsache, dass viele Lehrstellen unbesetzt bleiben.
- Der Bereich „Verkehr" liegt im oberen Drittel der Berufsbereiche, die ihre Ausbildungsplätze nicht besetzen können.

b) Formulieren Sie Aussagen zu dem Schaubild.

2 *Untersuchen Sie die Darstellungsart des Schaubildes.*

a) Beschreiben Sie die optische Gestaltung des Schaubildes.

b) Stellen Sie sich eine Visualisierung in Kreisdiagrammen vor. Wägen Sie ab, welche Darstellungsart passender ist. Begründen Sie Ihre Meinung.

a) Stellen Sie einen Bezug zwischen der Thematik und deren optischer Gestaltung her.

b) Erörtern Sie, warum sich die Herausgeber wohl für die Darstellung durch Balkendiagramme entschieden haben.

Größenverhältnisse verdeutlichen – Säulendiagramm

1 *Setzen Sie sich mit dem Inhalt des Schaubildes auseinander.*

a) Analysieren Sie, nach welchen thematischen Schwerpunkten das Schaubild gegliedert ist.

b) Bei welchen beruflichen Qualifikationen gibt es die größten Schwankungen?

c) Stellen Sie einen Zusammenhang zwischen diesen beiden Gruppen her.

d) Bewerten Sie die Anordnung der Abschlüsse.

e) Geben Sie unter Berücksichtigung Ihrer Ergebnisse die Hauptaussagen des Schaubildes wieder.

b) Geben Sie die Hauptaussagen des Schaubildes wieder.

2 *Stellen Sie einen Bezug zwischen der im Schaubild dargestellten Thematik und der optischen Gestaltung her.*

3 *Informieren Sie sich über den Herausgeber „Globus“ sowie die Quelle „BIBB“.*

4 *Erörtern Sie, warum sich die Herausgeber wohl für die Darstellung durch ein Säulendiagramm entschieden haben. Bewerten Sie diese Darstellung.*

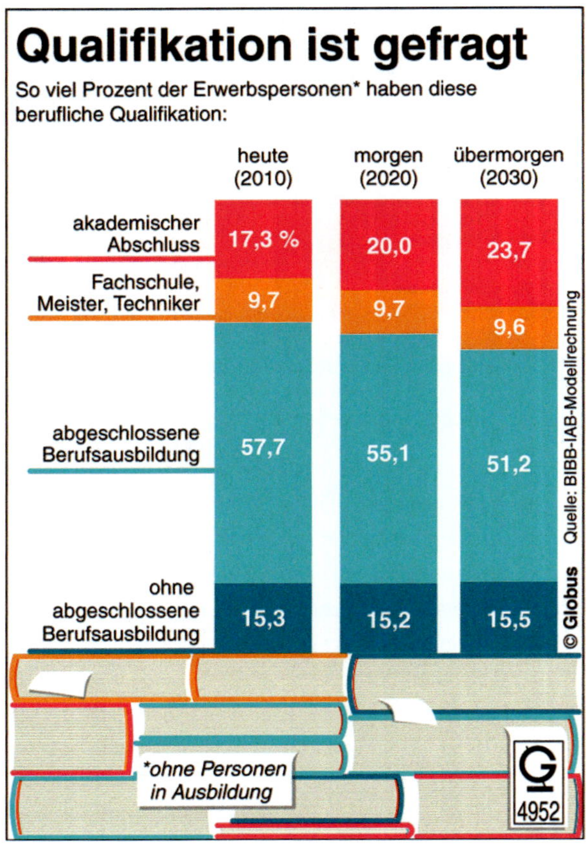

5 *Wenn Sie Aussagen zu Diagrammen machen, verwenden Sie häufig Vergleiche. Ergänzen Sie folgende Vergleiche grammatisch richtig um „als“ oder „wie“:*

- Die Anzahl der Personen mit akademischem Abschluss ist künftig größer ... heute.
- Der Fachkräftemangel ist in den nächsten Jahren so hoch ... heute.
- Wer keine abgeschlossene Berufsausbildung hat, ist schlechter dran ... je zuvor.
- Persönliche Qualifikation ist genauso gefragt ... fachliche.

6 *Formulieren Sie eine Regel auf der Grundlage der Übungen aus Aufgabe 5.*

7 *Erweitern Sie Ihre Ausdrucksmöglichkeiten.*

a) Notieren Sie möglichst viele Verben, die eine Zunahme, Abnahme oder ein Gleichbleiben der Werte eines Diagramms verdeutlichen.

eine steigende Tendenz aufweisen *zurückgehen von ... auf* *stagnieren*

b) Notieren Sie Formulierungen, die Aussagen zu einer Reihenfolge machen.

Den ersten Platz belegt ... *Das Schlusslicht bildet ...*
Die Verteilung der Werte für die einzelnen Punkte ist sehr uneinheitlich: ...

Entwicklungen aufzeigen – Kurven-/Liniendiagramm

1 *In dem Schaubild unten gibt es zwei Diagrammarten.*

a) Benennen Sie diese.
b) Beschreiben Sie die Abbildung in der Mitte.
c) Deuten Sie die Funktion dieser Abbildung.

2 *Analysieren Sie das obere Diagramm.*

a) Erarbeiten Sie die folgenden Aufgaben:
- Beschreiben Sie, wie sich die Zahl der neu abgeschlossenen Ausbildungsverträge entwickelt hat.
- Benennen Sie Höhe- und Tiefpunkte.
- Ermitteln Sie die durchschnittliche Zahl der pro Jahr abgeschlossenen Ausbildungsverträge.

b) Welche Schlussfolgerungen ergeben sich?

a) Beschreiben Sie das Diagramm.

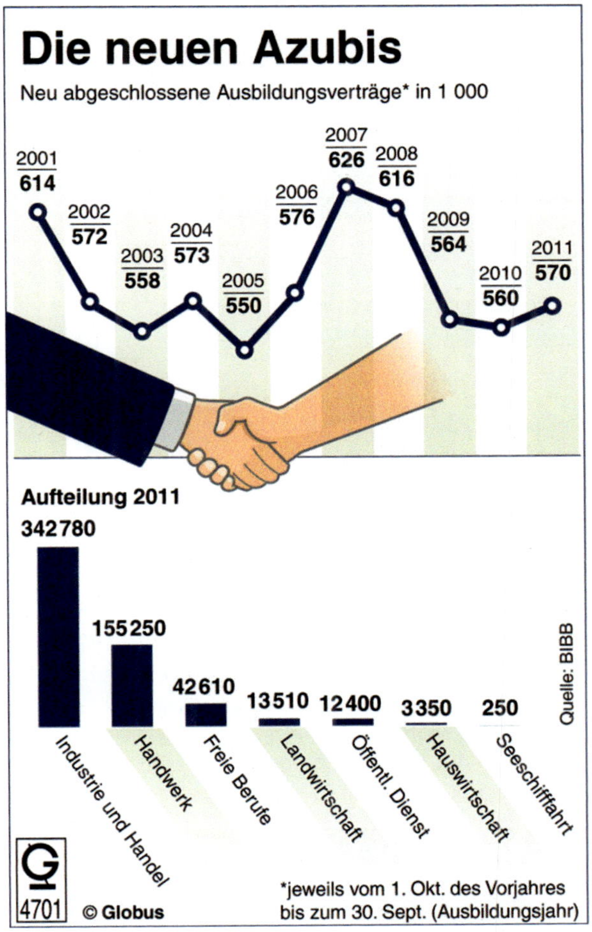

(veröffentlicht: 05.01.2012)

3 *Fertigen Sie mit den Werten des Liniendiagramms ein Säulen- oder Balkendiagramm an.*

a) Vergleichen Sie Ihre Darstellung mit der vorgegebenen.
b) Stellen Sie Vermutungen an, warum die Herausgeber die Form des Liniendiagramms gewählt haben.

4 *Formulieren Sie Aussagen zum Säulendiagramm im unteren Teil des Schaubildes. Bündeln Sie dabei Berufsbereiche.*

5 *Stellen Sie einen inhaltlichen Zusammenhang zu dem Balkendiagramm von S. 143 her.*

6 *Welche dieser Varianten ist jeweils falsch?*

- *Im Jahr 2019 werde ich meine Abschlussprüfung ablegen. – 2019 werde ich meine Abschlussprüfung ablegen. – In 2019 werde ich meine Abschlussprüfung ablegen.*
- *im März dieses Jahres – im März diesen Jahres*

7 *Schreiben Sie die Sätze ab und ergänzen Sie die richtigen Präpositionen (➪ Kapitel 4, S. 88). Nutzen Sie:* um, von, bei, auf. *Tipp: Zwei dieser Präpositionen kommen zweimal vor.*

Die Zahl der freien Ausbildungsplätze in diesem Bereich ist ... 560 ... 720 gestiegen. Sie ist ... 160 angewachsen. Das bedeutet einen Anstieg ... fast 30 Prozent. Die Zahlen basieren ... einer Umfrage ... den Betrieben.

Strukturen verdeutlichen – Organigramm

Das Organigramm ist eine Diagrammform, mit der sich sehr gut die Struktur oder der Aufbau eines Unternehmens darstellen lässt.
Tipp: Zur Vorbereitung eines Bewerbungsgespräches kann es hilfreich sein, sich das Organigramm der jeweiligen Firma anzuschauen.

Organigramm einer Arbeitsagentur

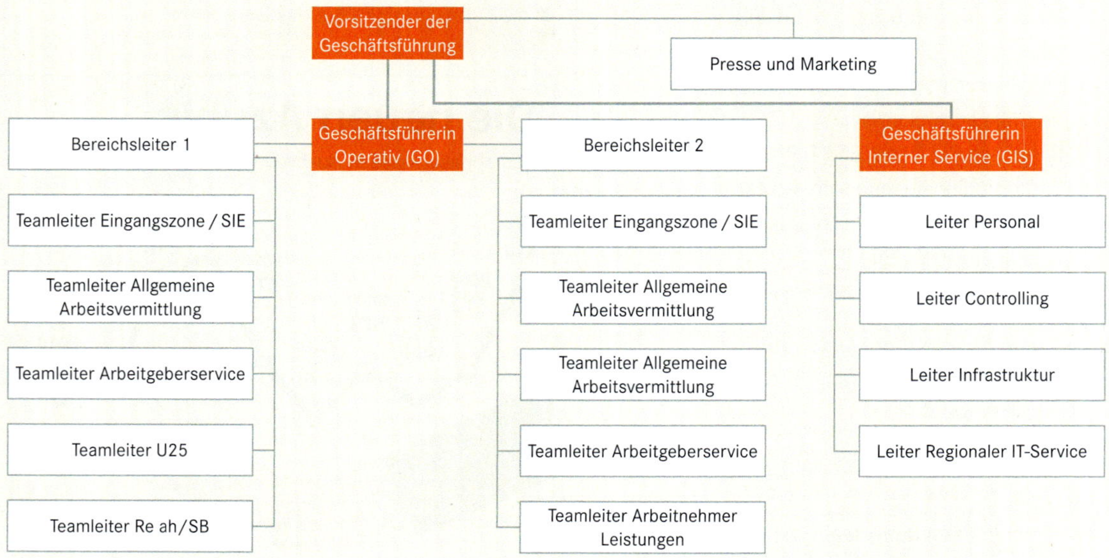

1 *Untersuchen Sie das Organigramm einer Bundesagentur für Arbeit.*

a) Welche Hauptaussagen können gemacht werden?
Dem Vorsitzenden der Geschäftsführung sind unmittelbar ... unterstellt.
In der Hierarchieebene unter den Bereichsleitern gibt es ...

b) Warum wurde diese Diagrammart gewählt?

2 *Gestalten Sie ein Organigramm für die Struktur Ihrer Schule oder Ihres Ausbildungsbetriebes.*

» GUT ZU WISSEN **Diagrammarten unterscheiden**

Schaubilder sind grafisch gestaltete Informationen zu einem Sachverhalt. Sie können Bilder, Symbole, Diagramme und Textelemente enthalten – wobei die Wahl der Darstellung von der Aussageabsicht abhängt.
Diagramme sind eine spezielle Form von Schaubildern:

- **Kreisdiagramm**: Es vermittelt Anteilsverhältnisse einer Gesamtheit (z. B. 80 Prozent). Mit dieser Darstellungsform sollten nicht zu viele Aspekte visualisiert werden, da das Diagramm sonst unübersichtlich wird.
- **Balken-/Säulendiagramm**: Beim Balkendiagramm werden die Daten durch waagerecht liegende, beim Säulendiagramm durch senkrecht stehende Balken dargestellt.

Beide Diagrammarten vermitteln einen Eindruck von Größenverhältnissen, die im Vergleich dargestellt werden.

- **Kurven-/Liniendiagramm**: Es zeigt Entwicklungsverläufe.
- **Organigramm**: Es stellt Strukturen dar; organisatorische Zusammenhänge werden deutlich.

Manipulationen erkennen

Die folgenden grafischen Darstellungen basieren auf denselben Informationen.

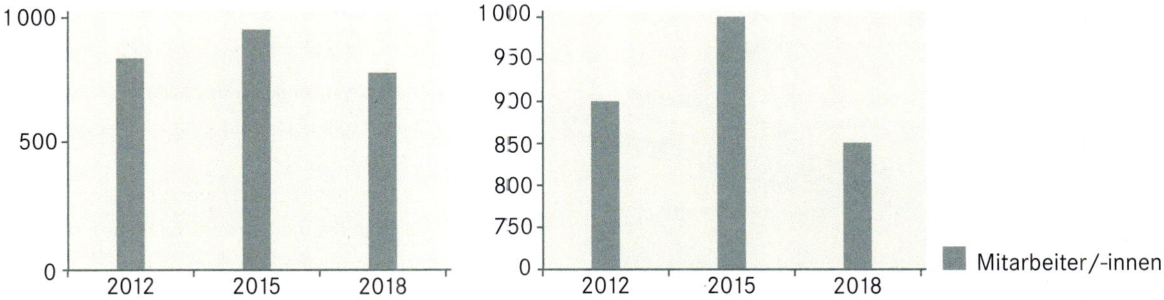

1 *Vergleichen Sie die beiden Säulendiagramme.*

a) Beschreiben Sie, welche Unterschiede Ihnen auf Anhieb auffallen.

b) Notieren Sie, welcher Maßstab auf den Achsen, d. h. welche Skalierung, jeweils gewählt wurde.

c) Erläutern Sie, inwiefern der Maßstab die Aussagen der Diagramme beeinflusst.

a) Notieren Sie, wie der jeweils gewählte Maßstab – die Skalierung der Achsen – die Aussage beeinflusst.

Firma Müller

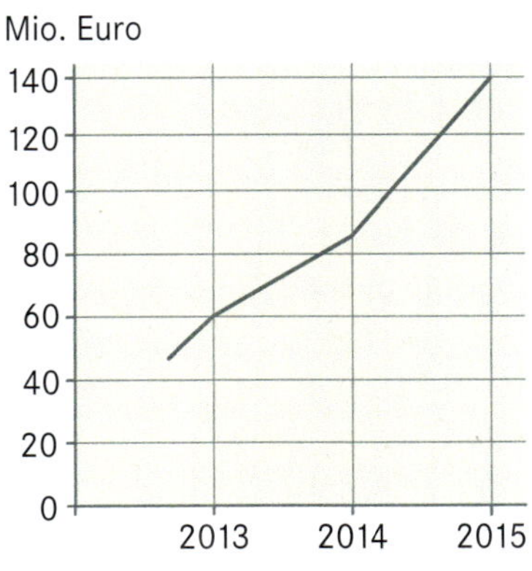

Firma Cornell

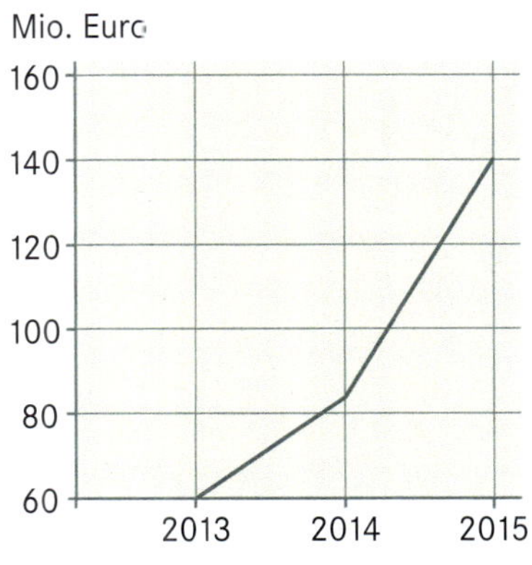

Firma Beierlein

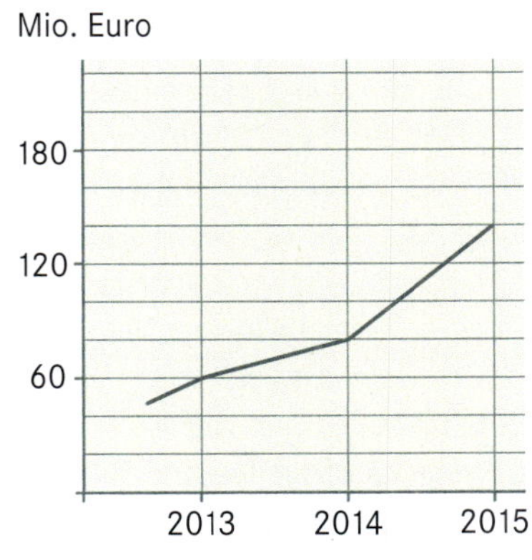

2 *Untersuchen Sie die grafischen Darstellungen zur Umsatzentwicklung.*

a) Welche Firma hat den höchsten Umsatz erzielt?

b) Welchen Eindruck können die verschiedenen grafischen Darstellungen erwecken?

c) Notieren Sie Ursachen für die unterschiedliche Wirkung.

» GUT ZU WISSEN **Manipulation durch Diagramme erkennen**

Diagramme sind immer auch kritisch zu lesen. So können Zahlen und Größenunterschiede durch die Wahl der Maßeinheiten unterschiedlich wirken. Durch den gewählten Maßstab – die Skalierung der Achsen – können Darstellungen manipuliert werden.

Eine Schaubildanalyse verfassen

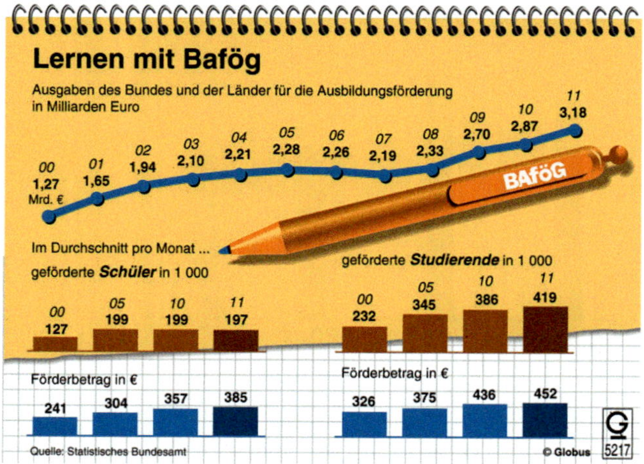

(veröffentlicht: 20.09.2012)

1 *Analysieren Sie das Schaubild. Wenden Sie die Think-Pair-Share-Methode an (» GUT ZU WISSEN).*

a) Notieren Sie zunächst Stichworte
- zu der optischen und grafischen Darstellung,
- zu den inhaltlichen Hauptaussagen.

b) Schließen Sie die Partnerarbeit sowie die Präsentation im Plenum an.

» GUT ZU WISSEN | **Think-Pair-Share**

Mit dieser Methode lassen sich Aufgaben schrittweise bearbeiten. Zunächst erarbeitet man die Aufgabe allein. Danach tauscht man sich mit einer Lernpartnerin oder einem Lernpartner über die Ergebnisse aus. Schließlich werden die Ergebnisse im Plenum präsentiert sowie offene Fragen geklärt.

Muster

Das Schaubild „Lernen mit BAföG“ basiert auf Angaben des Statistischen Bundesamtes und ist am 20.09.2012 von Globus veröffentlicht worden. Es stellt dar, wie sich die Ausgaben des Bundes und der Länder für die Ausbildungsförderung entwickelt haben. Dabei wird zwischen der Fördergruppe der Schüler sowie der Studierenden unterschieden. Es werden die Entwicklungen der Anzahl der Geförderten und des Förderbetrags aufgezeigt. Ein Notizblock bildet den grafischen Hintergrund für die Angaben, die mithilfe eines Liniendiagramms bzw. verschiedener Säulendiagramme vermittelt werden.
Oben zeigt das Liniendiagramm die Entwicklung der jährlichen Gesamtausgaben von 2000 bis 2011 in Milliarden Euro. Auf den ersten Blick erkennt man, dass die Linie nach oben zeigt und die Fördersumme ansteigt. Im Jahr 2000 beläuft sie sich auf 1,27 Milliarden Euro. Von 2000 bis 2001 ist der Anstieg am höchsten (um 380 Millionen Euro), fast genauso hoch (370 Millionen Euro) ist er von 2008 bis 2009. Letztendlich ist die Summe 2011 (3,18 Milliarden Euro) um 1,91 Milliarden Euro höher als 2000. Durchschnittlich beträgt der Anstieg pro Jahr ca. 173,6 Millionen Euro. Von 2000 bis 2005 sind die Ausgaben um 79 Prozent gestiegen, von 2005 bis 2007 sind sie gesunken.
Ein Kugelschreiber mit der Aufschrift „BAföG“ nennt noch einmal die Fördergrundlage und stellt optisch das verbindende Element zu den vier Säulendiagrammen im unteren Teil des Schaubildes dar. Die Diagramme links beziehen sich auf die geförderten Schüler, die rechts auf die Studenten. Waagerecht gesehen geht es jeweils um die Anzahl der im Durchschnitt pro Monat geförderten Personen. Die Zahlenangaben sind in 1000 angegeben – von 2000 bis 2010 in Fünf-Jahres-Schritten sowie für das Jahr 2011.
Die Zahlen der Schüler bewegen sich zwischen 127000 und 197000, die der Studenten im gleichen Zeitraum zwischen 232 000 und 419 000. Die Zahl der Studenten steigt kontinuierlich, während die der Schüler zunächst steigt, sich zwischen 2005 und 2010 nicht verändert und danach zurückgeht. Der nächste inhaltliche Schwerpunkt ist der Förderbetrag, der in den gleichen Zeitabschnitten ange-

geben wird wie die Zahl der Geförderten. Hier ist ersichtlich, dass die Studenten mit einem deutlich höheren Betrag unterstützt werden als die Schüler. Bei beiden Gruppen sind jedoch die Beträge von 2000 bis 2011 gestiegen: für die Schüler von 241 Euro auf 385 Euro und für die Studenten von 326 Euro auf 452 Euro, d. h., die Fördersumme für die Schüler ist um 144 Euro und die für die Studenten um 126 Euro gestiegen.

Insgesamt gesehen lässt das Schaubild die Schlussfolgerung zu, dass die Zahl der BAföG-Empfänger sowie die Höhe der Fördersumme deutlich gestiegen sind.

Die optische und inhaltliche Darstellung ist gelungen, vor allem die Farbgebung überzeugt. Auch der Notizblock passt gut zum Thema.

Es wäre interessant zu wissen, wie die Entwicklung in den Jahren vor 2001 gewesen ist, da 2001 das neue Bundesausbildungsgesetz in Kraft getreten ist, das die Bedarfssätze deutlich angehoben hat. Weitere Fragen wären, wie viel Prozent der BAföG-Empfänger den maximalen Förderbetrag erhalten.

2 *Untersuchen Sie die Schaubildanalyse.*

a) Vergleichen Sie die Aussagen zu dem Schaubild mit Ihren Stichworten aus Aufgabe 1.
b) Welche Informationen erhalten Sie zum Aufbau einer Schaubildanalyse?
c) Beurteilen Sie den Schlussteil.

3 *Erläutern Sie, welche der folgenden Formulierungen sich für die Angabe der Quelle/des Herausgebers, die Beschreibung des Themas oder die Schlussfolgerung anbieten.*

Das Schaubild gibt Auskunft über ... *Als weiteres Beispiel wird angeführt ...* *Die Zahlen legten ... vor.* *Letztendlich geht aus dem Schaubild hervor, dass ...* *Das Schaubild ist ... entnommen.* *Zusammenfassend lässt sich sagen, ...* *Die vielen Symbole verdeutlichen, ...*

4 *Finden Sie weitere Formulierungen für die in Aufgabe 3 genannten Aspekte.*

GUT ZU WISSEN – Eine Schaubildanalyse schreiben

Die Analyse eines Schaubildes besteht aus drei Teilen:

Die **Einleitung** sollte folgende Informationen enthalten, sofern sie angegeben sind: Verfasserin/Verfasser, Erscheinungsort, Titel des Schaubildes, Erscheinungsdatum, Thema sowie die Art der grafischen Gestaltung.

Der **Hauptteil** liefert eine genaue Beschreibung des Schaubildes. Es ist sinnvoll, zunächst mit der optischen Darstellung zu beginnen (schwarz-weiß/farbig, Bilder, Symbole, Diagrammart). Bei der anschließenden inhaltlichen Analyse werden die Hauptaussagen wiedergegeben. Besonders ist dabei auf das Zahlenmaterial zu achten (absolute Zahlen, Prozentzahlen, Schätzungen). Passende Angaben sollten zusammengefasst werden. Die Anordnung der Aussagen muss nach einem nachvollziehbaren Prinzip erfolgen. Zudem sollte dargelegt werden, inwiefern Entwicklungen, Vergleiche, Strukturen oder Anteilsverhältnisse einer Gesamtheit dargestellt sind.

Der **Schluss** rundet die Analyse ab. Weiterführende Überlegungen können Fragestellungen nach Themenschwerpunkten sein, die evtl. im Schaubild nicht erwähnt wurden oder zu kurz kamen.

5 *Schreiben Sie eine Analyse des Schaubildes „Wenn Lehrstellen unbesetzt bleiben“ (S. 143) mithilfe von* GUT ZU WISSEN.

6 *Überprüfen Sie diese im Tandem anhand des Kompetenzchecks (S. 150).*

Kompetenzcheck – Testen Sie Ihren Lernerfolg

FAZIT

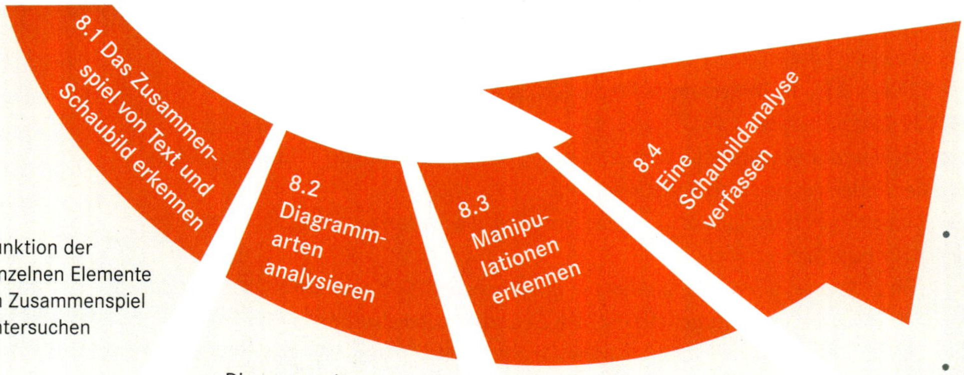

8.1 Das Zusammenspiel von Text und Schaubild erkennen
- Funktion der einzelnen Elemente im Zusammenspiel untersuchen

8.2 Diagrammarten analysieren
- Diagrammarten kennen und unterscheiden
  - Kreisdiagramm
  - Balkendiagramm
  - Säulendiagramm
  - Kurven-/Liniendiagramm
  - Organigramm

8.3 Manipulationen erkennen
- Möglichkeiten der Manipulation in Schaubildern kennenlernen
- Kritische Lesehaltung entwickeln

8.4 Eine Schaubildanalyse verfassen
- Inhalt und Aufbau einer Schaubildanalyse erfassen
- Schaubildanalyse schreiben

1 *Wenden Sie Ihr Wissen an und schreiben Sie eine weitere Schaubildanalyse.*

2 *Überprüfen Sie Ihre Schaubildanalyse kritisch anhand des Kompetenzchecks. Nehmen Sie auch die Hinweise zur sprachlichen Überarbeitung aus der Umschlagklappe zu Hilfe.*

ZIELAUFGABE »

3 *Stellen Sie ein Portfolio zum Thema „Ausbildungsberufe“ zusammen. Recherchieren Sie dazu nach weiteren Grafiken und Schaubildern.*

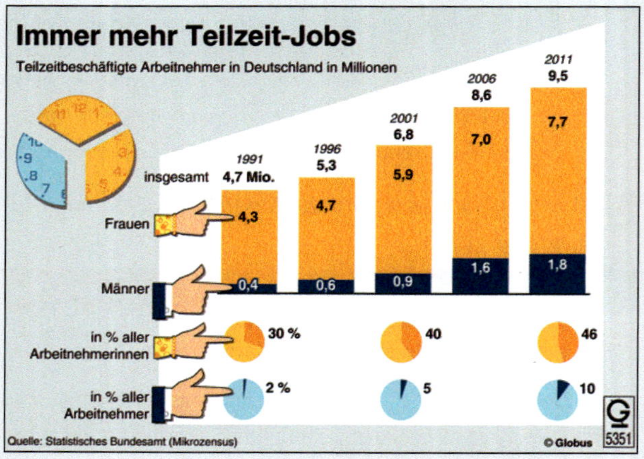

» KOMPETENZCHECK – Eine Schaubildanalyse überarbeiten

Inhalt

☑ Habe ich Titel (ggf. Untertitel), Herausgeber und Quelle sowie Erscheinungsjahr angegeben?

☑ Habe ich das Thema und die Aussage(n) des Schaubildes herausgearbeitet?

☑ Habe ich die Diagrammart genannt?

☑ Habe ich die Art des Zahlenmaterials erkannt und benannt?

☑ Habe ich das Zusammenspiel von Grafik, Text und Bild dargestellt?

Aufbau

☑ Habe ich die einzelnen Bestandteile sinnvoll zusammengefügt?

☑ Habe ich den Text gegliedert?

☑ Habe ich sinnvoll zum Hauptteil des Textes hingeführt und den Text mit einem Schlussteil abgerundet?

htexte und
nt lineare
te verstehen
nutzen

Kapitel 9

Was in der Presse steht – Textsorten kennenlernen/ Inhalte visualisieren

Die regionale Tageszeitung in Ihrer Nähe lädt Schülerinnen und Schüler dazu ein, eine Jugendseite mitzugestalten. Das interessiert Sie. Vorab recherchieren Sie, wie sich der Zeitungsmarkt gewandelt hat. Am Ende des Kapitels schreiben Sie für die Jugendseite einen Kommentar zu einem aktuellen Thema.

Kompetenzen	Methoden und Arbeitstechniken
✔ Analyse- und Reflexionsfähigkeit ✔ Den eigenen Standpunkt vertreten ✔ Sich argumentativ mit Sachverhalten auseinandersetzen ✔ Einen Leserbrief und einen Kommentar verfassen ✔ Inhalte visualisieren	✔ Umfrage durchführen ✔ Diagramme erstellen ✔ Strukturbilder anlegen

Textsorten im Überblick

1 *Untersuchen Sie das Leseverhalten in Ihrer Klasse.*

a) Machen Sie dazu eine Umfrage in Ihrer Klasse (» GUT ZU WISSEN). Orientieren Sie sich an folgenden Fragen: Wie viele Ihrer Mitschüler/-innen lesen regelmäßig eine Zeitung oder Zeitschriften? Welche Zeitungen/Zeitschriften werden gelesen? Was schätzen sie daran? Bevorzugen Ihre Mitschüler/-innen Print- oder Digitalausgaben?

b) Bereiten Sie Ihre Ergebnisse für die Präsentation in der Lerngruppe auf und stellen Sie sie vor.

2 *Befragen Sie Menschen in Ihrer Umgebung zu ihrem Leseverhalten.*

a) Führen Sie die Umfrage mit Kolleginnen / Kollegen, Verwandten oder Lehrerinnen / Lehrern durch.

b) Vergleichen Sie die Ergebnisse aus den Aufgaben 1 und 2.

» GUT ZU WISSEN – Eine Umfrage durchführen

Mit einer Umfrage ermitteln Sie, welche Position die Befragten zu bestimmten Themen einnehmen. Um zielführend vorzugehen, sollten Sie vorab Folgendes klären:

- das Ziel der Umfrage (Was wollen Sie genau herausfinden?)
- die Art der Befragung (mündlich? schriftlich?)
- die zu befragende Zielgruppe (wer genau? wie viele?)
- den Zeitraum der Befragung (wann? wie lange?)
- die Formulierung der Fragen (verständlich? eindeutig? neutral, d. h. keine Suggestivfragen?)

Mit einer Testphase schließen Sie Ihre Vorbereitungen ab.

Tipp
Mit dem Programm GrafStat können Sie Fragebögen erstellen und Ihre Daten auswerten.

(Financial Times Deutschland, letzte Ausgabe, 07.12.2012)
Anmerkung: Die Financial Times Deutschland (FTD) wurde auf lachsfarbenem Papier gedruckt.

(Der Spiegel 52/2012 (22.12.2012), S. 83)

3 *Setzen Sie sich mit den beiden Abbildungen auseinander.*

a) Beschreiben Sie die Karikatur sowie das Liniendiagramm.

b) Informieren Sie sich über den Werdegang der Financial Times Deutschland.

c) Interpretieren Sie die beiden Abbildungen.

Der Kommentar und seine Leserbriefe

Print in der Krise?

Das Blatt wendet sich

Hierzulande gibt es die wohl besten Zeitungen der Welt. Aber keine Branche betreibt so viel Selbstdemontage.

VON GIOVANNI DI LORENZO

Nein, es soll hier kein Katastrophenjournalismus stattfinden. An dieser Stelle wollen wir nicht jene Zeitungen beklagen, deren Einstellung in den letzten Tagen angekündigt worden ist oder deren Ende befürchtet wird. So bitter die Nachrichten über die *Frankfurter Rundschau*, die *Financial Times Deutschland* oder das Magazin *Prinz* auch sind – es geht nicht um einzelne Titel. Es geht um die Frage, ob die auf Papier gedruckten Zeitungen und Zeitschriften eine Zukunft haben und mit ihnen eine Form des Journalismus, der sich auch die *ZEIT* untrennbar verbunden fühlt.

Es soll aber auch nicht kleingeredet werden (verschweigen wäre ohnehin unmöglich), dass es etlichen Blättern längst nicht mehr so gut geht wie noch vor 20 Jahren. Die meisten haben an Auflage verloren, einige auch an Reputation; die Nutzung anderer Medien und konjunkturelle Dellen haben die Anzeigenerlöse schrumpfen lassen. Und über allem steht der einschneidende Strukturwandel durch die digitalen Medien, für viele ist dies die Ursache aller Übel und Schwierigkeiten der gedruckten Presse. Doch auch darüber soll nicht geklagt werden. Das hilft erstens nicht weiter, weil die Konkurrenz durch das Internet nicht rückgängig zu machen ist, und lenkt zweitens von der ungemütlichen Prüfung ab, ob ein Teil der Probleme nicht hausgemacht ist. […]

Es gibt keine Branche in Deutschland, die sich so lustvoll und unheilvoll selbst beschädigt hat, wie es viele Verleger, Geschäftsführer und Journalisten der Printmedien getan haben. […] Was sie damit ihren bisher treuen und zahlenden Lesern auch vermittelten, war: Schön, dass ihr noch dabei seid, aber das Medium der Zukunft ist ein anderes, es ist das Internet. Entsprechend lieblos wurde plötzlich manche verdiente Regionalzeitung behandelt und mit Sparrunden entkernt; es entstand ein Berufsbild, in dem der Journalist kaum mehr ist als ein multimedialer Dienstleister, der den Input seiner Kunden moderiert. […]

Es stimmt, dass das Internet vieles Überzeugende vermochte, eines allerdings in den meisten Fällen nicht – Geld zu verdienen. Denn die digitale Zeitung hat sich längst als kostenloses Medium etabliert; und dort, wo sie ausnahmsweise schwarze Zahlen schreibt, da ist sie in Gänze von den Werbekunden abhängig. Neue Erlösquellen sprudelten also nicht, dafür erodierten allmählich die Auflagen. Bis zum vorigen Jahr brachten viele Titel allerdings Renditen, von denen Dax-Unternehmen nur träumen können und die wohlweislich nicht öffentlich gemacht wurden. In diesem Jahr sind Erlöse und Auflagen schlechter. Das liegt an der weiteren Verbreitung sozialer Netzwerke wie Facebook und an digitalen Wunderdingen wie dem Smartphone. Es liegt aber auch an einem dramatischen Anzeigenrückgang im zweiten Halbjahr, von dem jedes Printmedium in Deutschland betroffen ist.

[…] Der Gegensatz von Print und Online ist weitgehend aufgehoben, was und wie man liest, ist weitgehend eine Geschmacks- und Gewohnheitsfrage. […]

Entscheidend ist die Frage: Wie kann hochklassiger, um profunde Analyse und Recherche bemühter Journalismus, wie kann die freie Berichterstattung aus aller Welt, wie die kritische Wächterfunktion künftig finanziert werden? […] Es braucht die Kooperation, nicht die Gegnerschaft zwischen Print und Online; beide bedingen einander.

Vor allem aber braucht es die Leserinnen und Leser, die in aller Regel wissen, was sie gutem Journalismus verdanken. Allerdings müssen sich die Blätter und ihre Macher diese Zuwendung im buchstäblichen Sinne auch verdienen. Wer für sich selbst keine Wertschätzung empfindet, kann sie auch nicht von anderen erwarten.

(DIE ZEIT, 22.11.2012)

Der Kommentar und seine Leserbriefe

1 *Geben Sie kurz den Inhalt des Kommentars (S. 153) wieder.*

Verwenden Sie dazu auch die folgenden Wörter: *Zukunft - gedruckte Zeitungen (Print) - digitale Zeitungen - Gewinne - Auflagen - guter Journalismus - Leserschaft.*

2 *Erschließen Sie sich den Zeitungsartikel.*

a) Ordnen Sie den folgenden Begriffen der linken Spalte Synonyme aus der rechten Spalte zu:
- die Reputation (Z. 17)
- die (konjunkturelle) Delle (Z. 18)
- etablieren (Z. 45)
- erodieren (Z. 49)
- die Rendite (Z. 50 f.)
- profund (Z. 65)

b) Notieren Sie Schlüsselbegriffe und die wichtigsten Gedanken des Textes.

a) Schlagen Sie unbekannte Wörter nach.
b) Formulieren Sie Überschriften für die einzelnen Abschnitte des Textes.

3 *Setzen Sie sich mit den folgenden Fragen auseinander:*

a) Wie unterscheidet sich die Situation vieler Medien heute von der vor zwanzig Jahren?
b) Welche Gründe werden für diese Entwicklung genannt?
c) Nehmen Sie Stellung zu der Aussage, dass sich die Branche selbst beschädigt habe (Z. 29 ff.).

4 *Beschäftigen Sie sich mit der Textart des Zeitungsartikels. Nutzen Sie dazu* »GUT ZU WISSEN.

Erläutern Sie, an welchen Textstellen deutlich wird, dass es sich um einen kommentierenden Text handelt.

Untersuchen Sie, welche sprachlichen Mittel der Autor in den letzten beiden Abschnitten verwendet (➪ Übersicht sprachliche Mittel, Kapitel 13, S. 211 und Kapitel 17, S. 274).

» GUT ZU WISSEN **Textarten unterscheiden**

Man unterscheidet in der Presse zwischen verschiedenen Textarten. Zwei der wichtigsten sind die informierenden und die kommentierenden Texte.

Informierende Texte vermitteln objektiv Nachrichten. Der Sachverhalt ist aktuell und in der Regel von allgemeinem Interesse. Er sollte vollständig sein und Antworten auf die W-Fragen (Wer? Wann? Wo? Was? Wie? Warum? Mit welchen Folgen?) geben. Warum eine Nachricht ausgewählt wird und an welcher Stelle sie beispielsweise in der Zeitung platziert wird, unterliegt auch subjektiven Gründen.

Kommentierende Texte weisen neben der objektiven Berichterstattung auch subjektive Elemente wie Meinungsäußerungen der Autorin/des Autors auf. Letztere werden häufig durch sprachliche Mittel (rhetorische Figuren) gestützt. Bisweilen enthalten diese Texte Appelle, die die Leser/-innen auffordern, etwas zu hinterfragen oder zu tun.

Der Kommentar und seine Leserbriefe

Zu dem Artikel haben Leser ihre Meinung in Online-Kommentaren zum Ausdruck gebracht:

Text 1: Was fehlt, ist der Lesernachwuchs

Mit Lust, manchmal auch Frust, bemühe ich mich, die „unhandliche“ ZEIT seit 40 Jahren Woche für Woche durchzuarbeiten. Dazu kommt der SPIEGEL und seit einigen Jahren die FAS[1] und natürlich die aktuelle Tageszeitung und freitags die SZ[2] mit Magazin. Und zusätzlich noch das Internet.

In Gesprächen mit jungen Leuten komme ich mir oft wie ein Dinosaurier vor. Die Jungen nutzen nämlich nur noch das Netz. Und die werden auch nicht mehr zu Papierlesern. Die geben kein Geld für ein Produkt aus, das sie abends in die Tonne werfen. Im Netz „kostet doch alles nichts“! Nachrichten, Bildrechte, Doktorarbeiten. Völlig gedankenlos wird das alles konsumiert. Ohne schlechtes Gewissen.

(Roger Gerhold, 22.11.2012, www.zeit.de)

1 Frankfurter Allgemeine Sonntagszeitung
2 Süddeutsche Zeitung

Text 2: Schwarzwälder Blätter

Der Medienbranche geht es wie allen anderen auch, für gute Qualität ist kein Geld da! Guter Journalismus ist rar geworden wie guter Schwarzwälder Schinken. Anstatt den (journalistischen) Schinken ein halbes Jahr in der Räucherkammer abzuhängen, bedient man sich „Salzspritzen“ und „Flüssigrauch“ (Presseagenturen und PR-Kampagnen). Was rauskommt, schmeckt so ähnlich wie Journalismus, ist aber keiner. Der Kunde merkt, wenn er mit Fast-Food abgefüttert wird, und verweigert irgendwann die Nahrungsaufnahme.

Was war zuerst? [...] Die mangelnde Qualität oder die fehlenden Anzeigen? Der Markt regelt eben alles ... auf niedrigstes intellektuelles Niveau herab. Die panische Angst, Anzeigenkunden oder Leser mit Inhalten zu verschrecken, hat die Printmedien völlig sinnentleert.

(Der Maulwurf, 22.11.2012, www.zeit.de)

5 *Arbeiten Sie im Tandem. Jeder setzt sich mit einem der Online-Kommentare auseinander.*

a) Notieren Sie, welche Position vertreten wird.
b) Welche sprachlichen Mittel werden in dem Text eingesetzt? Wozu dienen sie?
c) Tauschen Sie sich mit Ihrem Lernpartner aus, der den anderen Online-Kommentar analysiert hat.
d) Sind Printausgaben von Zeitungen veraltete Medien? Nehmen Sie mündlich Stellung.
e) Schreiben Sie einen entsprechenden Online-Kommentar bzw. Leserbrief mithilfe von GUT ZU WISSEN.

6 *Erörtern Sie die Rolle der Journalisten und der Medien überhaupt.*

a) Was verdanken wir „gutem Journalismus“?
b) Können Medien heute noch als „vierte Gewalt“ bezeichnet werden (als Ergänzung der drei unabhängigen staatlichen Gewalten Legislative, Exekutive und Judikative)?

GUT ZU WISSEN — Einen Leserbrief verfassen

Online-Kommentare sind eine moderne Form des Leserbriefs. Mit einem Leserbrief nimmt man zur Gesamtaussage oder zu einzelnen Aspekten eines Zeitungsartikels Stellung und trägt so zur Meinungsbildung der Leser/-innen bei. Indem man den Brief mit Namen unterzeichnet, bekennt man sich zu seiner Position.

Überschrift: Mit einem Schlagwort oder der Hauptaussage wird Interesse geweckt.
Einleitung: Der Bezug zum vorliegenden Text wird hergestellt und es wird zum Thema hingeführt.
Hauptteil: Entweder wird begründeter Widerspruch formuliert oder man stimmt dem Autor teilweise zu.
Schlussteil: Er besteht in der Regel aus einer Aufforderung, andere Aspekte zu berücksichtigen (appellativ).

Nachricht und Reportage

Guter Journalismus steht und fällt mit denen, die recherchieren und schreiben: den Journalisten.

Text 1: Trauer um Reporter

AFP Nach Angaben der Menschenrechtsorganisation „Reporter ohne Grenzen" sind 2012 weltweit 88 Journalisten bei der Ausübung ihrer Arbeit getötet worden. Das sei die höchste Anzahl seit Beginn der Erhebung im Jahr 1995, sagte der deutsche Vorstandssprecher Michael Rediske. 2011 waren 67 Journalisten gestorben – ein Viertel weniger als in diesem Jahr. Vor allem in Somalia, Syrien und Pakistan sind viele Journalisten ums Leben gekommen. Nicht eingerechnet sind jene 47 unabhängigen Blogger und Bürgerjournalisten, die ebenfalls in diesem Jahr bei ihrer Arbeit getötet wurden.

(Süddeutsche Zeitung, 20.12.2012)

Text 2: Heldenplatz

Ahmed Omar Hashi hat einen der gefährlichsten Berufe der Welt: Er ist ein Journalist aus Somalia. Einem islamistischen Auftragskiller ist er nur knapp entkommen. Über einen todesmutigen Mann

VON ARNE PERRAS

Kampala – Journalisten stellen Fragen, das ist ihr Job. Nur dass sie manchmal die Antworten nicht überleben.

Der somalische Reporter Ahmed Omar Hashi ist noch mal davongekommen. Doch von Glück lässt sich kaum reden, nach allem, was ihm zugestoßen ist. Hashi ist ein Gejagter. Er wollte zu viel wissen.

Die Wahrheit darf nicht ans Licht kommen in diesem irrwitzigen Krieg, der nun schon 21 Jahre dauert. Warlords, korrupte Politiker und Terroristen haben am Horn von Afrika ihre eigenen Gesetze geschaffen. Die Wahrheit hat dort keinen Platz. Wer seine Herrschaft auf Gewalt, Propaganda und ein Gespinst aus Lügen stützt, fürchtet das freie Wort manchmal mehr als die Kalaschnikow. Deshalb muss jeder, der den Dingen auf den Grund gehen will, um sein Leben fürchten.

Seit 1991 sind in Somalia Dutzende Journalisten ermordet worden, 18 waren es alleine im Jahr 2012. Nirgendwo sonst auf der Welt werden derzeit so viele Menschen gezielt erschossen, um sie für ihre Recherchen zu bestrafen. Und jeder Tote sendet eine Botschaft für die Überlebenden aus: Seht her,

was geschieht, wenn sich einer von euch zu weit vorwagen sollte. Es kostet nicht viel, einen Menschen in Somalia zu erschießen. Ein paar Dollar wechseln die Hände, und schon macht sich ein junger Todesschütze auf den Weg durch die Ruinen von Mogadischu.

Die Kugel trifft Ahmed Omar Hashi am 7. Juni 2009. Das Geschoss streift seinen linken Ellbogen, dringt auf der linken Bauchseite ein und verlässt den Körper rechts unterhalb des Brustkorbs. Drei Jahre danach sitzt der Somalier in einem Café in Uganda, er zieht das helle Hemd hoch und zeigt die Narben. Man sieht, dass das Gewebe gut verheilt ist. Aber die Wunden des Attentats gehen doch viel tiefer.

Angst, Verzweiflung, Misstrauen: Diese Gefühle begleiten Ahmed Omar Hashi wie eine Horde böser Kobolde, die nicht abzuschütteln sind. Man könnte annehmen, dass der 46-Jährige seine berufliche

Nachricht und Reportage

Neugierde vielleicht bereut. Hat er nicht schon genug für seine Hartnäckigkeit bezahlt? Aber Hashi widerspricht: „Ich wollte nie etwas anderes sein als Journalist." […]

All diese Qualen begannen mit einer schlichten Frage Hashis, im Mai 2009. Der somalische Reporter reiste damals ins Nachbarland, um ein Interview mit dem eritreischen Präsidenten Isayas Afewerki zu führen. Es gab in dieser Zeit immer wieder Hinweise, dass die aufständische Gruppe al-Shabaab, radikale und extrem gewaltbereite Islamisten, ihren Nachschub aus Lagern jenseits der Grenze bezog. Hashi hatte selbst ein verdächtiges Waffen-Depot gesehen, 25 Kilometer südlich der Hauptstadt. Die Leute erzählten ihm, dass dieses Gerät aus einem eritreischen Flugzeug ausgeladen worden sei. Also konfrontiert Hashi den Präsidenten mit all diesen Hinweisen und fragt: „Stimmt es, dass Ihr Land Waffen an die Aufständischen in Somalia liefert?" Hashi erinnert sich, dass Afewerki erst einmal verblüfft war und dann schnell alles abgestritten hat.

Drei Tage später bekommt Hashi einen Anruf: Ein Mann, der sich als Mitglied der Gruppe al-Shabaab bezeichnet, sagt nur einen Satz: „Du wirst schon sehen, was du für diese Frage verdienst."

(Süddeutsche Zeitung, 18.12.2012)

1 *Interpretieren Sie die folgende Aussage:*

„Wer seine Herrschaft auf Gewalt, Propaganda und ein Gespinst aus Lügen stützt, fürchtet das freie Wort manchmal mehr als die Kalaschnikow." (Z. 12 ff.)

2 *Erläutern Sie, welchen Gefahren mutige Journalisten ausgesetzt sein können.*

3 *Informieren Sie sich über die politische Situation in Somalia und Eritrea.*

4 *Vergleichen Sie Text 1 und Text 2 miteinander. Welcher Text ist einprägsamer, welcher lebendiger? Begründen Sie Ihre Antwort. Berücksichtigen Sie dabei* » GUT ZU WISSEN. *Welche Textsorte liegt jeweils vor?*

5 *Welche Aufgabe haben Nachrichtenagenturen?*

Recherchieren Sie über die Nachrichtenagentur AFP.

Recherchieren Sie über Nachrichtenagenturen und ihre Aufgabenbereiche.

» GUT ZU WISSEN **Textsorten in der Presse**

Tatsachenbetonte Sachtexte

Nachricht: auf Fakten und Vorgänge beschränkte Mitteilung

Bericht: umfangreiche Nachricht über ein Ereignis, die z. B. auf Hintergründe und Folgen eingeht

Reportage: Darstellung von Ereignissen mit Hintergrundinformationen sowie persönlichen Eindrücken, die die Atmosphäre vermitteln. Der Reporter gibt zwar sein subjektives Erleben wieder, wertet aber nicht.

Meinungsbetonte Sachtexte

Leserbrief: persönliche Stellungnahme zu einem Sachverhalt, oft als Reaktion auf einen Zeitungsartikel. Online-Kommentare sind eine moderne Form des Leserbriefs.

Kommentar: kritische Stellungnahme zu Themenbereichen, bei der die Meinung des Autors deutlich zum Ausdruck kommt

Glosse: pointierter, oft satirischer oder polemischer Kommentar. Häufig werden die rhetorischen Figuren der Ironie und Übertreibung benutzt.

Informierende Texte visualisieren

Aus Textinformationen Diagramme erstellen

Eine Familie wirft Lebensmittel für 940 Euro im Jahr in den Müll

Das zeigt eine aktuelle Studie – 69 Prozent der Deutschen plagt daher das schlechte Gewissen

VON CHRISTOPH SLANGEN

Berlin. Reif für die Mülltonne? Elf Millionen Tonnen Lebensmittel werden in Deutschland jährlich weggeworfen, der Großteil davon unnötig – so die jüngsten Schätzungen von Wissenschaftlern der Universität Stuttgart. Hintergründe zum Umgang mit Lebensmitteln und der Kampagne gegen Verschwendung.

Wie viel Nahrung wird in Deutschland weggeworfen?

Laut einer aktuellen Studie der Universität Stuttgart, die das Ministerium in Auftrag gegeben hat, sind es 11 Millionen Tonnen. Jeder Bundesbürger wirft demnach durchschnittlich 81,6 Kilogramm Lebensmittel pro Jahr weg.

Der Wert der vermeidbaren Lebensmittelabfälle wird auf 235 Euro pro Kopf geschätzt – immerhin 940 Euro im Jahr bei einem Vier-Personen-Haushalt. Die Kosten vermeidbarer Abfälle summieren sich auf 21,6 Milliarden Euro pro Jahr.

Ein sorgsamerer Umgang mit Lebensmitteln würde sich finanziell für die Verbraucher auszahlen. 61 Prozent der Lebensmittelabfälle fallen in Privathaushalten an, je 17 Prozent bei der Industrie und Großverbrauchern wie Gastronomie und Betriebskantinen. Für 5 Prozent ist der Handel verantwortlich. [...]

Warum werden Lebensmittel weggeworfen?

Eine Befragung im Auftrag des Verbraucherschutzministeriums unter 1 001 Bundesbürgern ab 14 Jahren ergab: 84 Prozent der Befragten werfen Lebensmittel weg, weil sie verdorben waren oder das Mindesthaltbarkeitsdatum abgelaufen war, 28 Prozent gaben an, zu viel gekauft zu haben. 19 Prozent nannten zu große Packungen als Hauptgrund und 16 Prozent werfen Lebensmittel weg, weil sie ihnen nicht schmeckten. 69 Prozent plagt dabei ein schlechtes Gewissen. Je älter die Befragten, desto eher meldet es sich: bei 76 Prozent der ab 60-Jährigen, aber nur bei 56 Prozent der 14- bis 29-Jährigen.

Ist Verschwendung auch eine Frage des Einkommens?

Offenbar ja. Nur 42 Prozent der Bundesbürger gaben an, so gut wie nie Lebensmittel wegzuwerfen. Bei Haushaltseinkommen von weniger als 1 500 Euro lag der Anteil mit 53 Prozent am höchsten, am niedrigsten bei den Einkommen über 3 000 Euro mit nur 32 Prozent. Während Menschen mit Abitur häufiger Obst, Gemüse und andere Lebensmittel entsorgen (65 Prozent), sind es 57 Prozent der Befragten mit mittlerem Abschluss und nur 37 Prozent derjenigen mit Hauptschulabschluss. Überdurchschnittlich häufig werfen nach eigenen Angaben die 30- bis 44-Jährigen, die Erwerbstätigen, Schüler und Studenten Lebensmittel weg.

Wie kann Verschwendung bekämpft werden?

Verbraucherschutzministerin Aigner (CSU) will mit Aufklärung der Verschwendung entgegenwirken. „Zu gut für die Tonne" heißt ihre Kampagne. Unter anderem will sie über die Bedeutung des Mindesthaltbarkeitsdatums aufklären: Es ist nicht mit dem Verfallsdatum zu verwechseln, nach dessen Ablauf Produkte ungenießbar sind. Vier Millionen Flugblätter und Info-Karten sollen ab Montag in den Supermärkten verteilt werden. In jedem Fall empfiehlt es sich, nach Ablauf des Mindesthaltbarkeitsdatums Lebensmittel zu prüfen – mit Augen, Nase und Zunge –, statt sie ungeöffnet wegzuwerfen. Aigner will aber auch überflüssige Handelsnormen in der EU abschaffen.

Die Umweltorganisation Greenpeace kritisiert, dass die Verschwendung bereits auf dem Acker beginne: Obst und Gemüse mit kleinen Makeln werde untergepflügt, weil es nicht den strikten und oft überzogenen Vorgaben des Handels entspreche. Im Handel könnte eine Lösung in der besseren Logistik beim Lebensmittelnachschub liegen: Mit häufigeren Lieferungen kleinerer Mengen kann vermieden werden, dass überzählige Ware weggeworfen wird.

(Rhein-Neckar-Zeitung, 14.03.2012)

Aus Textinformationen Diagramme erstellen

1 *Geben Sie zunächst die Rahmenfakten wieder.*

- Wann und wo ist der Artikel erschienen?
- Wer hat ihn geschrieben?
- Auf welche Quelle beruft sich der Autor?
- Wer ist der Auftraggeber?

2 *Setzen Sie sich mit dem ersten Abschnitt des Zeitungsartikels auseinander.*

a) Bewerten Sie die unten stehende grafische Darstellung des ersten Abschnitts (Z. 10–26). Enthält sie alle wichtigen Aussagen?

b) Erörtern Sie, welche andere Diagrammart anstelle des Säulendiagramms auch möglich wäre. Nutzen Sie dazu ➪ Kapitel 8, » GUT ZU WISSEN, S. 146.

c) Fertigen Sie ein entsprechendes Diagramm an.

d) Vergleichen Sie die Diagramme bezüglich ihrer Anschaulichkeit.

Wer wirft wie viel weg?

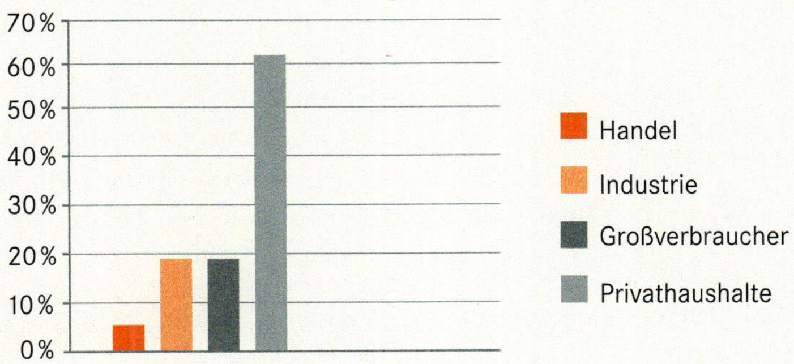

3 *Erstellen Sie ein weiteres Diagramm.*

Thematisieren Sie dabei die Gründe, die für das Wegwerfen angegeben werden.

Wählen Sie einen im Zeitungsartikel beschriebenen Sachverhalt aus und stellen Sie ihn mithilfe eines Diagramms dar.

» GUT ZU WISSEN **Diagramme anfertigen**

Informationen eines Textes lassen sich grafisch darstellen. Wenn ein Text viel Zahlenmaterial enthält, ist es sinnvoll, daraus ein Diagramm (oder mehrere) anzufertigen.
Zunächst ist zu überlegen, was genau dargestellt werden soll. Danach wählt man die Diagrammart aus:

Anteilsverhältnisse einer Gesamtheit werden vermittelt → Kreisdiagramm

Größenverhältnisse werden im Vergleich dargestellt → Säulen- / Balkendiagramm

Entwicklungsverläufe werden geschildert → Kurven- / Liniendiagramm

Strukturbild zur Visualisierung nutzen

Fair funktioniert

Eine neue Studie zeigt: Alle profitieren davon, wenn Bauern und Plantagenarbeiter in Schwellen- und Entwicklungsländern gerechter entlohnt werden. Die Produktivität steigt, es wird mehr investiert, es gibt feste Jobs. Und es fördert die Demokratie.

VON CASPAR DOHMEN

Köln – Meistens lächeln sie, die Menschen, die für fair gehandelte Produkte werben, ob der Kakaobauer aus Ghana, die Kaffeebäuerin aus Nicaragua oder der Baumwollernter aus Indien. Es sind Vertreter der weltweit 1,2 Millionen Kleinbauern und Plantagenarbeiter, denen Verbraucher nach Angabe der Handelsorganisation Fair Trade in Afrika, Asien oder Lateinamerika mit dem Kauf fairtrade-zertifizierter Produkte helfen. Denn die Produzenten erhalten für ihre Waren einen Mindestpreis und ihre Gruppe eine Prämie für gemeinsame Projekte, etwa den Bau einer Schule oder einer Straße. Wie das Geld verwendet wird, entscheiden Bauern und Arbeiter in eigenen Gremien selbst.

Viele individuelle Erfolgsgeschichten haben die Verfechter des fairen Handels im Laufe der Zeit erzählt. Jetzt hat das Center for Evaluation (Ceval) im Auftrag von Transfair Deutschland und deren Schweizer Schwesterorganisation Max Havelaar in der bislang umfangreichsten Studie untersucht, welche Folgen der faire Handel in der Praxis hat. Sechs Produzentenorganisationen haben sich die Wissenschaftler angeschaut: Bei Kaffee, Kakao und Bananen besuchten sie Kleinbauernkooperativen, bei Blumen und Tee Plantagen und bei der Baumwolle ein Kontraktunternehmen. Insgesamt führten die Wissenschaftler zwischen Juni 2011 und Juni dieses Jahres 128 Interviews durch, 32 Gruppendiskussionen, 11 teilnehmende Beobachtungen und 3750 standardisierte Befragungen. Das Ergebnis: Die Bauern profitieren nachweisbar vom fairen Handel.

Fair-trade-zertifizierte Kleinbauern verfügten über „höhere und vor allem stabilere Einkommen" als nicht zertifizierte Produzenten, sagte Dieter Overath, Geschäftsführer bei Transfair Deutschland, anlässlich der Präsentation der Studie. [...]

Im Schnitt können die Fair-Trade-Produzenten aber auch mehr Geld zurücklegen und „letztlich auch mehr investieren". Quer durch alle Sektoren sparten Bauern des fairen Handels bis zu 63,7 Prozent, während es sonst nur 51,2 Prozent waren. [...]

Vor allem fördert der faire Handel die Beteiligung der Menschen am gesellschaftlichen Geschehen und der lokalen Politik. Beispielsweise waren von den Baumwollbauern aus dem Fair-Trade-Sektor 82 Prozent in einer weiteren Initiative lokal engagiert, bei einer Vergleichsgruppe waren es nur 12 Prozent, sagt der Sozialwissenschaftler Reinhard Stockmann, Leiter des Instituts und Inhaber des Lehrstuhls für Soziologie in Saarbrücken. [...]

Bestehende Machtverhältnisse könnten durchbrochen werden, heißt es in der Studie. So richtete sich beispielsweise die Vergabe der Funktionen in den Gremien eines indischen Baumwoll-Kontraktbetriebes nach „den Fähigkeiten der jeweiligen Personen und nicht nach deren Kaste". Teilweise investieren die Kooperativen massiv in die örtliche Infrastruktur und spielen deswegen für die ländliche Entwicklung eine große Rolle.

85 Prozent aller Arbeiter haben einen unbefristeten, schriftlichen Vertrag

So baute die untersuchte peruanische Kaffeekooperative Straßen mit einer Länge von 280 Kilometern in ihrer Region. Das erleichtert den Menschen enorm den Alltag: egal, ob es um den Warentransport, die Erreichbarkeit des nächsten Krankenhauses oder den Einkauf geht. Auch auf den Plantagen profitieren die Arbeiter nachweislich vom fairen Handel, laut Studie insbesondere durch die Einhaltung der Gesundheitsvorschriften und durch feste Arbeitsverhältnisse. [...]

Bis Ende September stiegen die Verkäufe von Fair-Trade-Waren in Deutschland um 34 Prozent auf 34000 Tonnen. Overath erwartet, dass der Umsatz in diesem Jahr auf über 500 Millionen Euro steigt. 2011 waren es 400 Millionen.

(Süddeutsche Zeitung, 14.12.2012)

Strukturbild zur Visualisierung nutzen

1 *Analysieren Sie den Text.*

a) Notieren Sie wichtige Begriffe und Aussagen.
b) Überlegen Sie, wie Sie diese zueinander in Beziehung setzen können. Denken Sie dabei auch an Ober- und Unterbegriffe.

2 *Vergleichen Sie die folgenden Strukturbilder mit Ihren Notizen:*

a) Welche Aspekte werden hier jeweils besonders hervorgehoben?
b) Welchen Zweck haben die Bildelemente?
c) Begründen Sie, welches Strukturbild den Textinhalt besser wiedergibt.

a) Beurteilen und begründen Sie, welches der beiden Strukturbilder den Text besser abbildet.

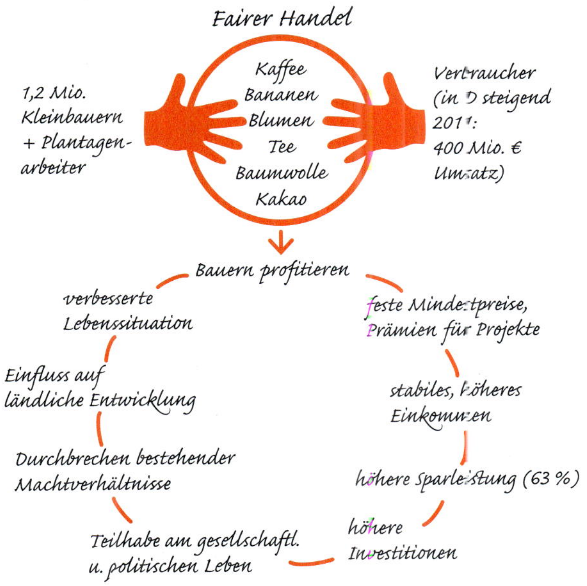

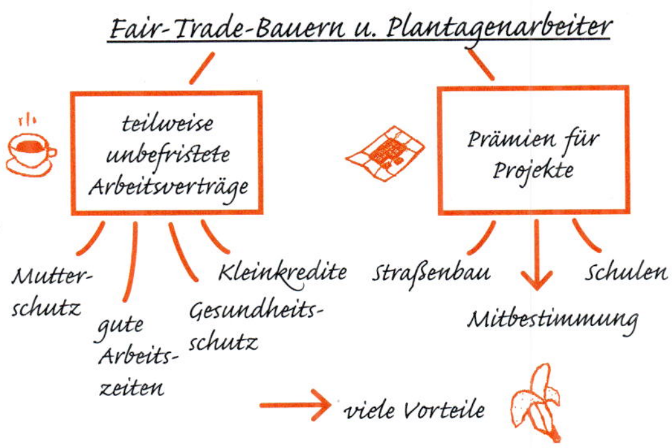

Quelle: Studie von Ceval (Juni 2011 – Juni 2012) / Süddeutsche Zeitung, 14.12.2012

» GUT ZU WISSEN **Ein Strukturbild anfertigen**

Beim Anfertigen eines Strukturbildes werden zentrale Begriffe oder Aussagen notiert und ihre logische Verknüpfung wird grafisch veranschaulicht. Dabei kann man mit einfachen Pfeilen, Gegensatzpfeilen, Kreisen oder anderen Symbolen arbeiten. Es können auch einzelne Elemente farblich voneinander abgehoben werden. Allerdings ist es ratsam, Farben und Symbole in einem angemessenen, eher sparsamen Maße einzusetzen.

Strukturbild zur Visualisierung nutzen

Der Schmuggel trübt die Festlaune

Vor 40 Jahren wurde das Washingtoner Artenschutzabkommen unterzeichnet

VON CHRISTIANE OELRICH

Bangkok – Was die Zöllner an deutschen Grenzen manchmal aus Gepäck und Kisten ziehen, ist ein Panoptikum der Grausamkeiten: in Kisten gepferchte lebende Schildkröten aus Tunesien, in einem schmerzhaften Prozess entzogene Bärengalle aus Vietnam, einen Leopardenschädel aus Simbabwe. Die Einfuhr dieser Tiere und Tierprodukte ist nach dem Washingtoner Artenschutzabkommen (Cites) verboten. [...]

Der illegale Handel mit Nashorn, Elfenbein und anderen Produkten geschützter Tiere wächst alarmierend. Hiobsbotschaften kommen vor allem aus Afrika und Asien. Immer öfter werden abgeschlachtete Tiere entdeckt.

In Vietnam kann man unter dem Ladentisch Tigerknochen- und Nashornpaste kaufen. China ist ein Riesenmarkt. „Die Nachfrage steigt mit wachsendem Wohlstand", sagt der Asiendirektor der Wildlife Conservation Society (WCS), Joe Walston. Das Abkommen stellt besonders gefährdete Tiere völlig unter Schutz. Bei anderen Tieren ist der Handel streng überwacht erlaubt, um den Fortbestand der Art sicherzustellen. Nahezu 35 000 Tier- und Pflanzenarten sind in den Listen erfasst.

Das illegale Geschäft ist lukrativ. Allein deutsche Zöllner haben 2010 laut Bundesamt für Naturschutz 1 526 Produkte beschlagnahmt. Was hier und erst recht in weniger gut regulierten Ländern an den Zöllnern vorbeigeht, lässt sich nur ahnen. „Der illegale Handel ist ein Riesenproblem", räumt der Generalsekretär des Cites-Sekretariats, John Scanlon, ein. „Wir haben es mit immer gefährlicheren Gegnern zu tun: Immer öfter sind organisierte Banden am Werk und Militärmilizen." Es gibt vermutlich nur noch 3 000 Tiger in freier Wildbahn, vor zehn Jahren waren es noch 5 000, sagt der Südostasiendirektor der Tierschutzorganisation Traffic, Bill Schaedla. Im Jahr 2012 wurden in Südafrika 668 Nashörner von Wilderern getötet. Zum Vergleich: 2007 waren es nur 13. Danach stieg die Zahl sprunghaft an.

1998 hatte die Naturschutzunion IUCN 169 Säugetiere auf der Liste der akut gefährdeten Arten, im vergangenen Jahr waren es 196. Bei Reptilien waren es 14, jetzt sind es 144, bei Amphibien damals 18, jetzt 509. Dennoch: „Ohne das Abkommen wäre der Handel mit wilden Tieren und Pflanzen völlig unreguliert", sagt Scanlon.

Und: „Die Unterzeichner des Abkommens sind verpflichtet, Artenschutz national durchzusetzen", betont er. Wer das nicht tut, wird bestraft. Er kann vom lukrativen Handel mit erlaubten Wildprodukten vorübergehend ganz ausgeschlossen werden. Das Geschäft werde im Jahr auf 300 Milliarden Dollar (224 Milliarden Euro) geschätzt, sagt Scanlon. 16 Länder seien zurzeit unter Sanktionen.

„Ohne das Abkommen würde es Tiger und viele andere Säugetiere wohl in freier Wildbahn nicht mehr geben", meint auch Schaedla. Ein Problem sei in vielen Ländern die Umsetzung der Bestimmungen: „Länder, die wenig Geld für Kontrollen haben, ziehen sofort die illegalen Händler an." Da wird die Unfähigkeit der Behörden ausgenutzt, um wilde Tiere als Farmtiere zu deklarieren oder eine geschützte Art als eine ähnliche auszugeben, die ungeschützt ist. Das erkennen nur Experten.

Um Kapazitäten aufzubauen, ist Geld nötig. „Die USA und die EU haben Geld zur Schulung bereitgestellt, aber das ist ein Bruchteil von dem, was etwa in den Klimaschutz geht", sagt Schaedla. Und Abwarten könne sich die Welt bei der dramatischen Entwicklung eigentlich nicht leisten.

(Rhein-Neckar-Zeitung, 02./03.03.2013)

3 *Fertigen Sie ein Strukturbild zu dem Text an. Nutzen Sie dazu* **GUT ZU WISSEN***, S. 161.*

4 *Überprüfen Sie die Arbeit Ihrer Lernpartnerin/Ihres Lernpartners mithilfe des Kompetenzchecks auf S. 164.*

Kompetenzcheck – Testen Sie Ihren Lernerfolg

FAZIT

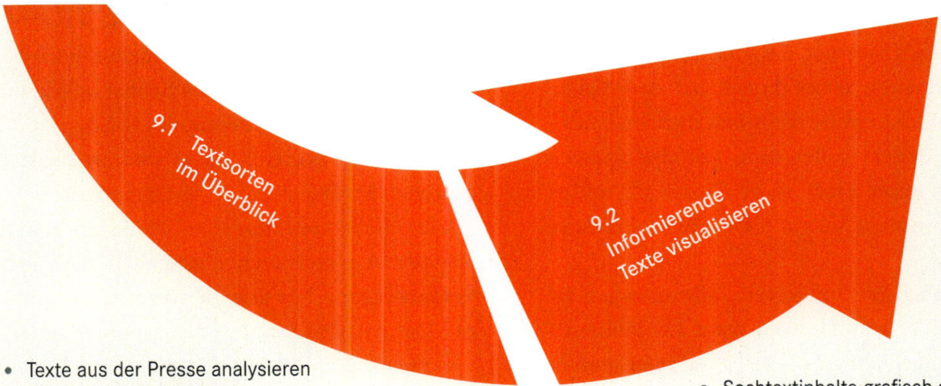

- Texte aus der Presse analysieren
- Textarten unterscheiden
- Inhaltliche und sprachliche Besonderheiten der Textsorten erkennen
  - Kommentar/Leserbrief
  - Nachricht/Reportage

- Sachtextinhalte grafisch aufbereiten
- Visualisierungsformen kennen und zu Inhalten passend auswählen
  - Diagramme
  - Strukturbild

1 *Wenden Sie Ihr Wissen an und visualisieren Sie den Text.*

Auf den Teller statt in den Müll

Welternährungstag: Wie die Deutschen Tafeln die Armut in der Bundesrepublik mindern

VON SIBYLLE HAAS

München – Gerd Häuser, der Vorsitzende des Bundesverbands Deutsche Tafel, ist erleichtert. Denn die obersten Finanzbehörden haben nun beschlossen, dass Lebensmittelspenden an die gemeinnützigen Einrichtungen steuerfrei sind. „Wir sind sehr froh darüber, dass die Finanzbehörden jetzt Klarheit schaffen", sagte Häuser der Süddeutschen Zeitung.

Klarheit gab es bisher nicht. Denn kostenlos abgegebene Lebensmittel wurden in der Vergangenheit als Sachspenden bewertet, die grundsätzlich der Umsatzsteuer unterliegen. Das galt auch für gespendete Lebensmittel an die gemeinnützigen Tafeln, die Bedürftige versorgen. In der Praxis wurde dieser Umsatzsteuer-Paragraf allerdings kaum angewendet. Der Fiskus schaute darüber hinweg – zumal Hersteller oder Händler für das Wegwerfen verzehrfähiger Lebensmittel auch keine Steuern zahlen müssen. Doch dann wurde im Sommer bekannt, dass ein Bäcker aus Sachsen von seinem Finanzamt aufgefordert wurde, für gespendetes Brot Umsatzsteuer zu zahlen.

Damit war die Verunsicherung groß. Einige Bäckereien stellten ihre Spenden an die Tafeln ein – aus Angst vor einer Steuernachzahlung. Das war fatal. Denn die Tafeln sind auf die Spenden angewiesen. „Ein Brötchen ist auch am Ende des Verkaufstages noch essbar. Ein Joghurt, dessen Mindesthaltbarkeitsdatum erreicht ist, ebenso", betont Häuser. Für die Tafeln seien solche Lebensmittel wertvoll. Und für bedürftige Menschen ebenso.

Die Tafeln sammeln seit fast 20 Jahren Lebensmittel und verteilen sie gegen einen symbolischen Betrag an sozial Benachteiligte. Verteilt werden vor allem schnell verderbliche, aber gesunde Waren wie Obst und Gemüse, Brot und Milchprodukte – Frischprodukte also, die der Handel nicht mehr verkaufen kann und die Händler, Lebensmittelketten oder Gastronomiebetriebe dann abgeben. Insgesamt existieren bundesweit etwa 900 Tafeln mit zusammen mehr als 3 000 Ausgabestellen. Die erste Tafel in Deutschland wurde 1993 in Berlin gegründet, und sie ist nach wie vor die größte. Etwa 50 000 Menschen arbeiten ehrenamtlich bei den Tafeln. Ohne deren Einsatz wäre die Arbeit nicht zu bewältigen. „Die Helfer wollen sich mit der sozialen Schieflage in ihrer Stadt nicht abfinden“, erklärt Häuser. „Sie wollen sehr direkte unbürokratische Hilfe leisten.“

Nach Angaben des Bundesverbands versorgen die Tafeln inzwischen bundesweit etwa 1,5 Millionen Bedürftige regelmäßig. Doch es würden immer mehr, sagt Häuser. Nutzer seien vor allem Langzeitarbeitslose, darunter viele Alleinerziehende, aber auch Rentner und Geringverdiener. „Zu uns kommen seit einigen Jahren immer mehr Senioren, die auf Grundsicherung im Alter angewiesen sind“, berichtet Häuser. Bei den Tafeln werde die Altersarmut sehr sichtbar. […]

Anlässlich des Welternährungstags an diesem Dienstag fordern die Tafeln einen verantwortungsvolleren Umgang mit Lebensmitteln. „Jeder Deutsche wirft nach Schätzungen der Uni Stuttgart jedes Jahr Lebensmittel im Wert von etwa 235 Euro weg. Muss das sein?“, fragt Häuser. Aufklärung, die bereits in der Schule beginne, sei ein erster Schritt. „Die Kinder müssen wissen, woher unsere Nahrungsmittel kommen, wie sie erzeugt werden und wie man sich gesund ernährt“, fordert Häuser. Besonders ärgerlich sei es, wenn aus Unwissenheit Essen auf dem Müll lande. So hielten noch immer viele Verbraucher das Mindesthaltbarkeitsdatum für das Verfallsdatum – Lebensmittel würden dann vorschnell weggeworfen. „Dabei sind sie meist noch sehr viel länger genießbar“, erklärt Häuser.

Die Tafeln appellieren an Erzeuger, Hersteller, Händler und Verbraucher, sich auch ihrer globalen Verantwortung bewusst zu werden. „Wir müssen uns klarmachen, dass unser Konsumverhalten Auswirkungen auf den Ressourcenverbrauch weltweit hat und damit auf das Leben unzähliger Menschen“, mahnt Häuser. Das Futter, das Bauern in Deutschland an Schweine und Rinder verfüttern, stamme zu 80 Prozent von Anbauflächen in Südamerika, zitiert Häuser Zahlen des katholischen Hilfswerks Misereor. Wo aber Soja für den Export nach Europa angebaut werde, könne keine Nahrung für die einheimische Bevölkerung wachsen.

Weltweit hungere etwa eine Milliarde Menschen. Schon deshalb sei die Verschwendung von Lebensmitteln nicht akzeptabel. Dass Spenden für die Tafeln fortan steuerfrei bleiben, sei ein kleiner, aber wichtiger Schritt, meint Häuser. Denn das Spenden von Lebensmitteln dürfe nicht bestraft werden.

(Süddeutsche Zeitung, 16.10.2012)

2 *Überprüfen Sie Ihre Visualisierung kritisch anhand des Kompetenzchecks.*

ZIELAUFGABE »

3 *Schreiben Sie zu einem der Texte (S. 158 bis 164) einen Kommentar für die Jugendseite der regionalen Tageszeitung.*

» **KOMPETENZCHECK** **Visualisierung**

- ☑ Habe ich die passende Visualisierungsform ausgewählt?
- ☑ Habe ich die Quelle angegeben?
- ☑ Habe ich die Art des Zahlenmaterials korrekt wiedergegeben?
- ☑ Habe ich die wesentlichen Aspekte genannt?
- ☑ Habe ich die Unterbegriffe richtig zugeordnet?
- ☑ Habe ich zwischen Voraussetzungen, Abläufen, Entwicklungen und Folgen unterschieden?
- ☑ Habe ich die einzelnen Bestandteile sinnvoll zusammengefügt?
- ☑ Habe ich Farben und Symbole in einem angemessenen (eher sparsamen) Maße benutzt?

Kapitel 10

Stellung nehmen und erörtern

10.1 Wie man ein Argument aufbaut

10.2 Die eigene Position schriftlich darlegen

10.3 Eine Stellungnahme verfassen

10.4 Pro- und Kontra-Argumentation – Eine dialektische Erörterung verfassen

Am Ende Ihrer Ausbildungszeit müssen Sie eine wichtige Lebensentscheidung treffen: Suchen Sie sich einen festen Arbeitslatz passend zu Ihrer Ausbildung, machen Sie ein freiwilliges soziales Jahr, versuchen Sie eine befristete Anstellung im Ausland zu bekommen oder wollen Sie etwas ganz anderes tun? Um eine argumentativ begründete Entscheidung treffen zu können, müssen Sie sich informieren und Argumente sammeln.

Am Ende dieses Kapitels werden Sie die gesammelten Informationen nutzen, um eine überzeugende Stellungnahme zu formulieren.

Kompetenzen	Methoden und Arbeitstechniken
✔ Argumente überzeugend aufbauen ✔ Argumenttypen kennen und nutzen ✔ Die eigene Meinung in einer Stellungnahme darlegen ✔ Pro-Kontra-Argumentation verfassen ✔ Entscheidungen treffen	✔ Metaplan ✔ Brainwriting

Wie man ein Argument aufbaut

1 *Lesen Sie die unterschiedlichen Aussagen zu einer Gesichtscreme. Beurteilen Sie, welche Sie überzeugen und welche nicht. Begründen Sie Ihre Entscheidung.*

2 *Sie möchten ein neues Produkt ausprobieren: einen Energydrink. Welche der folgenden Informationen beeinflussen Ihre Entscheidung für das Produkt? Sortieren Sie diese nach Wichtigkeit.*

- ohne synthetische Aromastoffe
- Lieblingsdrink von Heidi Klum
- aufwendige bunte Verpackung
- 40 Prozent weniger Zucker als herkömmliche Energydrinks
- verbesserter Geschmack
- mit besonders vielen Vitaminen
- mit vielen Aufklebern als Beigabe

2 *Sie wollen sich eine neue Jeans kaufen.*

a) Welche Kriterien sind für Ihre Kaufentscheidung ausschlaggebend? Sammeln Sie diese.

b) Ordnen Sie die gesammelten Kriterien nach ihrer Wichtigkeit.

» GUT ZU WISSEN — Der Aufbau eines Arguments

Nach einer **Behauptung** (These) sollte in der Regel ein **Argument** (Begründung) folgen, damit die These nachvollziehbar wird und überzeugt. Mit einer **Argumentationsstütze** untermauert und veranschaulicht man das Argument. Behauptung, Argument und Argumentationsstütze sind die Grundlage für eine gelungene Argumentation.

Behauptung (These):
Am Schulkiosk sollte nur noch gesundes Essen verkauft werden …

Argument (Begründung): *… denn gesunde Nahrung wirkt sich nicht nur positiv auf das Gewicht, sondern auch auf die Leistungsfähigkeit der Jugendlichen aus.*

Argumentationsstütze: *Dies beweist das Pilotprojekt „Ein Obstkorb für jede Klasse", in dem Lehrer und Eltern bei den Jugendlichen eine verbesserte Konzentrationsfähigkeit wahrnehmen konnten.*

3 *Formulieren Sie zu den genannten Thesen schlagkräftige Argumente und finden Sie passende Argumentationsstützen. Nutzen Sie dazu* **GUT ZU WISSEN**, *S. 166.*

- Jede Schule sollte eine Partnerschule im Ausland haben.
- Das Wahlalter sollte auf 16 Jahre herabgesetzt werden.
- In jedem Schuljahr sollte es mindestens zwei Wandertage geben.

3 *Konstruieren Sie drei Argumente zu Themen Ihrer Wahl. Nutzen Sie dazu* **GUT ZU WISSEN**, *S. 166.*

Themenvorschläge: Fastfood – vegetarisch Essen – Computerspiele ...

a) Formulieren Sie jeweils eine Behauptung. Untermauern Sie diese mit einem überzeugenden Argument und einer passenden Argumentationsstütze.

b) Kontrollieren Sie den Aufbau Ihrer Argumente mit einer Partnerin / einem Partner und ergänzen Sie ggf.

4 *Informieren Sie sich über die verschiedenen Argumenttypen in* **GUT ZU WISSEN**.

a) Ordnen Sie Ihre Argumente aus Aufgabe 3 so weit wie möglich Argumenttypen zu.

b) Bestimmen Sie bei den folgenden Argumenten jeweils den Argumenttyp.

- Luftverschmutzung sollte allein aus medizinischen Gründen streng bestraft werden. Menschen brauchen Sauerstoff, um zu überleben.
- Die Schule sollte erst um 9 Uhr anfangen. Wissenschaftler haben herausgefunden, dass zu frühes Aufstehen die Leistungsfähigkeit im Unterricht herabsetzt.
- In Firmen sollte es Ruheräume für die Mittagspause geben. Viele Menschen sind nach einem kurzen Mittagsschlaf („Powernapping“) erfrischt und können bessere Gedächtnisleistungen erbringen.
- Beruflich genutzte Mobiltelefone sollten nach Feierabend prinzipiell ausgeschaltet werden. Ärzte sagen, dass durch die ständige Erreichbarkeit Psyche und Immunsystem leiden.
- Im Deutschunterricht muss der Schwerpunkt wieder auf klassische Literatur und Märchen gelegt werden. Kulturelle Werte müssen an die nächste Generation weitergegeben werden.

5 *Finden Sie drei weitere Argumente und Argumentationsstützen für Thesen aus Aufgabe 3, die den vier beschriebenen Argumenttypen angehören.*

GUT ZU WISSEN – Argumenttypen

Argumente sind unterschiedlich überzeugungsstark, häufig hängt dies vom jeweiligen Argumenttyp ab. So sind z. B. Faktenargumente in der Regel sehr überzeugend, weil sie auf Fakten oder Zahlenwerte zurückgreifen.

Faktenargumente geben Hinweise auf Tatsachen und sind mit wissenschaftlichen Erkenntnissen oder statistischen Untersuchungen (Zahlen) abgesichert.

Wertargumente stützen sich auf gesellschaftlich allgemein anerkannte Werte und Normen, z. B. die Meinungsfreiheit oder die Einhaltung von Menschenrechten.

Autoritätsargumente berufen sich auf Autoritäten bzw. Experten, also auf jemanden, der über besonderes Wissen zum Thema verfügt (z. B. Politiker, Wissenschaftler, Ärzte, Fachkräfte, Prominente).

Erfahrungsargumente führen Erfahrungen an, die von einer Reihe von Personen oder Personengruppen gemacht wurden bzw. allgemein bekannt sind. Mit diesem Argumenttyp sollte man jedoch vorsichtig umgehen und genau prüfen, ob es sich wirklich um einen objektiven Erfahrungswert handelt.

Die eigene Position schriftlich darlegen

Eine Möglichkeit, die eigene Meinung darzustellen, sind Leserbriefe in Zeitungen. Sie werden von Lesern zu aktuellen Artikeln oder bestimmten Anlässen verfasst. Folgende Leserbriefe äußern sich zu einem Zeitungsartikel zum Thema „Handys im Unterricht".

Handys gehören nicht in den Unterricht!

Mein Handy ist meine Uhr!

Ich finde das Fazit des Artikels, Handys im Unterricht zu verbieten, zu streng. Heutzutage hat doch jeder ein Handy und viele nutzen es auch als Armbanduhrersatz. Also ich schaue im Unterricht oft auf mein Handy – aber nicht, weil ich nicht mitmache oder unkonzentriert bin. Ich nutze die Uhr, damit ich weiß, wie viel Zeit mir noch für eine bestimmte Aufgabe bleibt. Außerdem ist solch ein Smartphone praktisch, weil man damit jederzeit ins Internet kann. Schwierige Wörter oder Ähnliches lassen sich rasch und leicht nachschauen. Das kostet weniger Zeit als das Nachschlagen in einem Buch und man kann schneller wieder zu seiner Aufgabe zurückkehren.

Nicolai Schuster

Handys lenken im Unterricht ab

Der Forderung „Handys gehören nicht in den Unterricht" stimme ich voll zu! Tag für Tag ermahne ich meine Tochter, sie soll das Handy im Unterricht ausschalten. Doch ich weiß, dass sie dies in den seltensten Fällen tut. Viele Schüler argumentieren, sie nutzen das Handy als Uhr oder schlagen damit Fremdwörter nach. Dennoch ist zu beachten, dass Handys in erster Linie ablenken. Hier mal kurz geschaut, ob der Schwarm eine SMS geschickt hat. Wenn der Lehrer sich umdreht, schnell der Freundin schreiben, dass die Verabredung klappt. Das lenkt mehr ab, als man sich eingestehen möchte.

Natürlich ist es bequem, mit dem Handy einen Begriff zu googeln. Aber man lernt doch mehr durch die „klassische" Methode: Ein Buch in die Hand nehmen und nachschlagen. Dies muss man in den offiziellen Abschlussprüfungen ja auch können. Schließlich könnte man mit einem Smartphone viel zu leicht einen Täuschungsversuch starten.

Maike Hohenstein

1 *Vergleichen Sie die beiden Leserbriefe.*

a) Welcher Leserbrief überzeugt Sie mehr? Begründen Sie.

b) Untersuchen Sie, ob die Texte den Kriterien der Checkliste entsprechen. Prüfen Sie u. a. den Aufbau der Argumente.

2 *Bilden Sie sich eine eigene Meinung zum Thema.*

a) Sammeln Sie weitere Argumente für oder gegen den Gebrauch von Handys in der Schule.

b) Verfassen Sie selbst einen Leserbrief zum Thema. Orientieren Sie sich an den Beispielen und der Checkliste.

b) Schreiben Sie einen Leserbrief zum Thema aus der Sicht einer Lehrerin / eines Lehrers.

CHECKLISTE **Die eigene Meinung schriftlich darlegen**

- ☑ Das Anliegen bezüglich der aufgeworfenen Fragestellung in eigenen Worten formulieren.
- ☑ Ein ausschlaggebendes Argument (bzw. Argumente) nennen.
- ☑ Die Argumente mit Argumentationsstützen (z. B. persönliche Erfahrungen) untermauern.

Eine Stellungnahme verfassen

Worum geht es? – Themenfrage erfassen und Einleitung schreiben

Stellungnahmen schreiben – das begleitet Sie durch die gesamte Schulzeit. Wie gelingt es Ihnen darin, die Leser/-innen von Ihrer Meinung zu überzeugen? Gute Argumente und eine überzeugende Gliederung Ihres Aufsatzes führen zum Ziel.

Wegen Pflegenotstand: soziales Pflichtjahr für alle Schulabgänger?

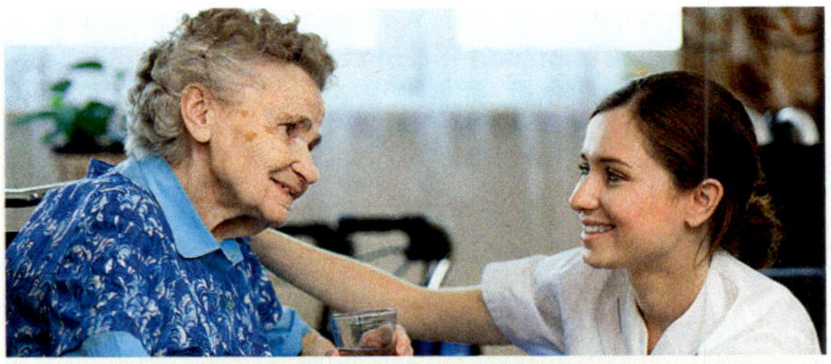

In Deutschland herrscht akuter Pflegekräftemangel – und der Pflegenotstand wird sich noch verschärfen. Deshalb fordern u.a. Wohlfahrtsorganisationen eine Art Wiederauflage des Zivildienstes: Schulabgänger sollen zu einem sozialen Jahr verpflichtet werden.

Der Pflegeexperte Willi Zylajew sagte am Freitag der Bild-Zeitung, dass man mit einem gut durchdachten Konzept für ein Pflegejahr den Notstand etwas lindern könne. Allein auf dieses Konzept solle man allerdings nicht setzen, betonte er. Schließlich könne man niemanden zum Dienst am Mitmenschen zwingen. Wenn das Jahr verpflichtend für alle jungen Leute sein solle, müsse es auch Alternativen in anderen Bereichen geben. Der Johanniterbund äußerte sich ebenfalls positiv zur Idee des sozialen Pflichtjahrs.

Allerdings gibt es auch kritische Stimmen: Gesundheitsexperte Karl Lauterbach lehnt den Vorschlag ab und fordert stattdessen auf, die Anzahl professioneller Pflegekräfte deutlich zu erhöhen.

(Nach: www.focus.de, 16.11.2012)

1 *Setzen Sie sich mit dem Thema „soziales Pflichtjahr" auseinander. Nutzen Sie* » GUT ZU WISSEN.

a) Sammeln Sie zu zweit in einem Brainstorming Argumente: Was spricht für den Vorschlag des Pflegeexperten, was spricht dagegen?

b) Ordnen Sie die Argumente nach der Metaplanmethode.

» GUT ZU WISSEN **Argumente sammeln und nach der Metaplanmethode ordnen**

Um die **Themenfrage** zu erfassen und zahlreiche **Argumente** zu finden, sollte man das Thema aus unterschiedlichen Perspektiven betrachten:

- mithilfe von W-Fragen: Wer? Was? Warum? Welche Folgen? usw.
- indem man sich in die Situation derer, die vom Thema betroffen sind, versetzt: Welche unterschiedlichen Sichtweisen/Meinungen gibt es?

Mit der **Metaplanmethode** lassen sich gesammelte Aspekte ordnen. Sie ist daher hilfreich bei der Planung und Vorbereitung der Stellungnahme. So geht man dabei vor:

- Das Thema, zu dem Argumente gesammelt wurden, wird notiert (Tafel/Pinnwand oder Blatt Papier).
- Die Argumente werden nach Pro und Kontra angeordnet.

Möglicherweise kann man sich nun schon über die eigene Meinung zum Thema klar werden (Pro oder Kontra).

- Innerhalb der Rubriken Pro und Kontra werden Oberbegriffe gesucht, denen die jeweiligen Argumente zugeordnet werden. Dabei sollten die Argumente nach ihrer Stärke steigernd angeordnet und Doppelungen vermieden werden (evtl. muss man ähnliche Argumente streichen).

Worum geht es? – Themenfrage erfassen und Einleitung schreiben

GUT ZU WISSEN | **Den Aufbau einer Stellungnahme planen**

Vor dem Schreiben plant man die Gliederung, d. h. das Gerüst des Aufsatzes:

Einleitung: Einführung in die Themenstellung
Hauptteil: Argument 1, Argument 2, Argument 3 ... (steigernde Anordnung, vgl. S. 171)
Schluss: Fazit und Bekräftigung der eigenen Meinung, evtl. Lösungsansätze anbieten

Muster 1

In einer Zeitschrift habe ich vor einigen Tagen einen Artikel gelesen, in dem ein soziales Pflichtjahr für alle Schulabgänger vorgeschlagen wurde. Daraufhin habe ich mich mit einigen Freunden unterhalten, die alle darüber empört waren. Ein Pflegejahr nach der Schulzeit ist für die meisten wenig sinnvoll, denn viele wissen, was sie später werden möchten, und wollen ihr Berufsziel verfolgen.

Muster 2

Immer mehr Pflegeeinrichtungen klagen seit dem Wegfall des Zivildienstes über Personalmangel. Manche Experten und Politiker meinen, eine einfache, schnelle Lösung gefunden zu haben: Alle Schulabgänger sollen ein soziales Pflichtjahr absolvieren. Dies kann aber zu Problemen führen.

2 *Lesen Sie die beiden Einleitungen.*

Welche der folgenden Themenfragen liegt zugrunde?
- Pflegenotstand – Welche Maßnahmen helfen?
- Ist ein soziales Pflichtjahr sinnvoll?
- Fördert ein soziales Pflichtjahr die persönliche Entwicklung?

Wie könnte die Themenfrage zu diesen Einleitungen lauten?

3 *Vergleichen Sie die beiden Einleitungen.*

a) Welche überzeugt Sie mehr? Begründen Sie Ihre Aussage.

a) Erläutern Sie, auf welche Weise jeweils zum Thema hingeführt wird.

b) Verfassen Sie nun selbst eine Einleitung zum Thema mithilfe von GUT ZU WISSEN.

4 *Wählen Sie eine der Themenfragen aus und verfassen Sie dazu eine Einleitung.*

Sind Noten im Fach Sport sinnvoll? Sollte jeder Schüler ein Jahr im Ausland verbringen?

GUT ZU WISSEN | **Eine Stellungnahme einleiten**

Die Einleitung nennt den Anlass, der zum Schreiben einer Stellungnahme führt (die Themenfrage). Außerdem werden die Leser/-innen zum Thema der Stellungnahme hingeleitet. Dafür gibt es verschiedene Möglichkeiten:

- an eigene Erfahrungen anknüpfen
- die allgemeine Situation beschreiben
- Fakten, Daten oder Zahlen nennen
- ...

Argumente gut präsentieren – Der Hauptteil

Der Hauptteil ist das Kernstück der Stellungnahme: Die zuvor gesammelten Argumente werden „entfaltet", d. h., sie werden im Text aneinandergereiht und durch Argumentationsstützen veranschaulicht. Der Hauptteil sollte so gestaltet sein, dass die Argumente in ihrer Wichtigkeit gesteigert werden – so wie man eine Treppe Stufe um Stufe aufwärtssteigt.

1 *Im Hauptteil müssen die Argumente sprachlich sinnvoll miteinander verknüpft werden.*

a) Ergänzen Sie mit einer Lernpartnerin / einem Lernpartner die Auflistung um drei weitere Formulierungen zur Verknüpfung von Argumenten.

Abgesehen von … ist auch von Bedeutung, dass … *Dabei geht es vor allem um …*
Außerdem sollte bedacht werden … *Zumal hinzukommt, dass …*
Neben dem Argument zu … spielt vor allem … eine Rolle …

b) Finden Sie sich mit zwei anderen Teams zusammen. Erstellen Sie gemeinsam aus allen Formulierungen eine Sprachbox (Karteikarte), auf die Sie beim Schreiben von Stellungnahmen zurückgreifen können.

GUT ZU WISSEN **Argumente anordnen**

Argumente sollten steigernd angeordnet werden. Man fängt mit einem schwächeren Argument an und nennt dann immer stärkere. Zum Schluss formuliert man das überzeugendste Argument, aus dem sich auch das Fazit herleiten sollte.

Ich bin der Meinung, dass … Argument 1, stärkeres Argument 2, stärkstes Argument 3

Pro

Fazit:
Einführen, aber Alternativen bieten

Argument 3: Das soziale Pflichtjahr bringt jedem etwas – unabhängig vom Berufswunsch. Man lernt für das Leben und schult seine Belastbarkeit.

Argument 2: Pflegepersonal ist teuer – das soziale Pflichtjahr würde Kosten sparen.

Argument 1: Mehr Pflegepersonal bedeutet bessere Betreuung.

2 *Die Argumentationstreppe (vgl. GUT ZU WISSEN) liefert Argumente für den Hauptteil einer Stellungnahme zur Themenfrage „Ist ein soziales Pflichtjahr für Schulabgänger sinnvoll?".*

a) Verfassen Sie den Hauptteil anhand der im Kasten genannten Argumente. Achten Sie auf deren Entfaltung und Verknüpfung.

b) Entspricht Ihr Hauptteil den Kriterien einer guten Argumentation? Prüfen Sie ihn mit einer Partnerin / einem Partner.

a) Ergänzen Sie die Treppe um einige der von Ihnen gesammelten Argumente aus Aufgabe 1, S. 169 und fügen Sie diese passend ein.

b) Schreiben Sie anhand der Argumentationstreppe den Hauptteil. Achten Sie dabei auf die Entfaltung und Verknüpfung der Argumente.

c) Überprüfen Sie Ihren Hauptteil kritisch.

Ein Fazit ziehen – Der Schluss

Der Schlussteil rundet den Aufsatz ab und sollte dazu genutzt werden, zusammenzufassen und somit noch einmal die eigene Meinung hervorzuheben.

Muster 1

Ich fände es gut, wenn für Schulabgänger ein soziales Pflichtjahr in der Pflege eingeführt würde. Dann wären die Jugendlichen endlich gezwungen, die Übernahme von Verantwortung und soziales Verhalten zu lernen. Viele können das gar nicht. Gerade ihnen würde eine solche Verpflichtung gut tun. Man kann sehr viel lernen, wenn man anderen hilft, und manchen wird dies erst klar, wenn sie selbst einmal eine Tätigkeit ausüben, in der sie anderen Menschen hilfreich zur Seite stehen müssen.

Muster 2

Ein soziales Pflichtjahr einzuführen finde ich trotzdem nicht gut. Bei all den genannten Argumenten für ein solches Pflegejahr ist doch auch zu berücksichtigen, dass man niemanden zwingen kann, sich für einen Pflegeberuf zu entscheiden oder auch nur kurzzeitig darin tätig zu sein. Es gibt Menschen, die einfach nicht für dieses Arbeitsfeld geschaffen sind, und dies muss man akzeptieren. Stattdessen sollte man dafür sorgen, dass die Pflegefachkräfte angemessen bezahlt werden. Dann wird auch das Interesse an diesen Berufen zunehmen und die Pflegequalität wird langfristig verbessert. Das würde besser gegen den Pflegenotstand helfen als ein Zwangsjahr für alle.

1 *Untersuchen Sie die beiden Schlussteile.*

a) Werden alle Kriterien eingehalten? Was sollte verbessert werden (» GUT ZU WISSEN)?

b) Tauschen Sie sich im Plenum über Ihre Ergebnisse aus.

2 *Schreiben Sie nun selbst einen Schluss zu dem von Ihnen verfassten Hauptteil (vgl. S. 171).*

Aus all den genannten Gründen halte ich die Einführung eines sozialen Pflichtjahres für Schulabgänger für ausgesprochen sinnvoll …

» GUT ZU WISSEN — Eine Stellungnahme abschließen

Aufgabe des Schlusses einer Stellungnahme ist es, ein **Resümee** aus der vorangegangenen Argumentation zu ziehen und den Aufsatz abzurunden.

Der Schluss kann zudem:
- einen Appell enthalten oder einen Ausblick auf die Zukunft geben
- eine kurze Zusammenfassung des Hauptteils liefern

Was man **vermeiden** sollte:
- neue Argumente einführen
- den Hauptteil ausführlich wiedergeben
- einen überraschenden Positionswechsel vornehmen

Haupt- und Schlussteil einer Stellungnahme müssen durch einen **Überleitungssatz** miteinander verknüpft werden. Dafür eignen sich beispielsweise folgende Formulierungen:
Die angeführten Argumente machen deutlich, dass …; Abschließend möchte ich noch einmal klar herausstellen: …; Zusammenfassend lässt sich festhalten, dass …

Pro- und Kontra-Argumentation – Eine dialektische Erörterung verfassen

Bei einer dialektischen Erörterung müssen Sie ein strittiges Thema von zwei Seiten betrachten: Was spricht dafür, was dagegen? D.h., Sie nennen in Ihrem Aufsatz sowohl die Pro- als auch die Kontra-Argumente zum Thema, anschließend legen Sie Ihre eigene Position dar.
Ein solches strittiges Thema ist, auch unter Jugendlichen, die Nutzung sozialer Netzwerke.

1 *Was spricht für, was gegen die Nutzung sozialer Netzwerke?*

a) Sammeln Sie im Plenum Argumente und ordnen Sie diese nach Pro und Kontra (Tafel, Pinnwand).
b) Vertreten Sie eher die Pro- oder die Kontra-Position? Legen Sie sich fest.

Muster

Einleitung

Weltweit nutzen mittlerweile mehr als eine Milliarde Menschen soziale Netzwerke. Aber nicht alle Nutzer scheinen immer nur Gutes im Sinn zu haben. In sozialen Netzwerken lauern auch viele Gefahren und gerade deshalb wird die Kritik daran immer lauter. Es ist ratsam, sich sachlich mit diesem Thema auseinanderzusetzen und kritisch zu fragen: Was spricht für und was gegen die sozialen Netzwerke im Internet?

Hauptteil

1. Argument + Argumentationsstütze

Facebook, ebenso wie andere bekannte soziale Netzwerke, erleichtert die Kontaktpflege, da man sich weltweit kostenlos mit anderen austauschen kann. Durch das soziale Netzwerk bleibt man beispielsweise mit Freunden in Kontakt, die man im Urlaub kennengelernt hat. Dank Facebook kann ich außerdem die Updates meiner Verwandten in der Türkei miterleben und erfahren, was es Neues in ihrem Leben gibt.

2. Argument + Argumentationsstütze

Ein weiteres Argument für soziale Netzwerke ist die Erleichterung der Kommunikation. Früher musste man z.B. Freunde, wenn man mit ihnen sprechen und nicht einseitig per Brief oder E-Mail kommunizieren wollte, anrufen. Oft hat man den anderen telefonisch nicht erreicht. Heute kann man in diesen Fällen via Facebook chatten bzw. man kann eine Nachricht schreiben und weiß, dass der andere sie liest, wenn er online ist.

3. Argument + Argumentationsstütze

Des Weiteren sollte man beachten, dass soziale Netzwerke gut gegen Langeweile sind. Sie bieten viele Informationen, Spiele usw., um sich die Zeit zu vertreiben. Beispielsweise logge ich mich in Facebook ein und schaue mir die Bilder und Meldungen meiner Freunde an.

Überleitung/ Wendepunkt

Trotz all dieser durchaus angenehmen Seiten sozialer Netzwerke, sollte man dennoch auch die negativen Auswirkungen nicht außer Acht lassen.

1. Argument + Argumentationsstütze

Ein erheblicher Nachteil ist, dass soziale Netzwerke einen dazu verleiten, noch mehr Zeit vor dem Bildschirm zu verbringen, als dies ohnehin schon der Fall ist. Die Möglichkeit, immer alle aktuellen Informationen aus dem Freundeskreis zu erfahren und mit anderen in direktem Kontakt zu sein, kann auch von anderen Freizeitaktivitäten ablenken. So verbringe ich, seitdem ich bei Facebook Mitglied bin, mindestens zwei Stunden mehr pro Tag vor dem Bildschirm und gehe kaum noch mit Freunden ins Kino.

2. Argument + Argumentationsstütze

Ein weiterer Kritikpunkt an Facebook oder ähnlichen Netzwerken ist, dass man darin meist mehr über sich preisgibt, als man eigentlich möchte. Das Netzwerk setzt uns mit Netzdaten außerhalb von Facebook in Beziehung. Es ermöglicht anderen Computernutzern auch außerhalb der Facebook-Community die gespeicherten Daten leicht zu finden. Beispielsweise sind viele in Facebook abgelegten Daten über Google auffindbar. Neulich habe ich dort das Bild einer Freundin entdeckt, das sie auf Facebook gestellt hatte.

3. Argument + Argumentationsstütze

Das stärkste Argument gegen Facebook ist aber die Speicherung von Daten, selbst nach einigen Löschversuchen des Nutzers. Jede Interaktion wird auf einer gigantischen Datensammelmaschine gespeichert und danach nicht mehr zum Löschen freigegeben. Sie kann jederzeit, z. B. vom Arbeitgeber, aufgerufen werden. Ein gutes Beispiel, dass Facebook alles speichert, sind die Fälle, in denen Menschen wegen ein paar Partyfotos eine Beförderung oder gar einen Job nicht bekommen haben. Die Arbeitgeber hatten die Fotos gefunden, obwohl sie von den Betroffenen gelöscht worden waren.

Schluss

Die Liste ließe sich noch weiter fortsetzen. Es gibt natürlich einige gute Seiten an sozialen Netzwerken. Aber die Gefahren sollte man nicht unterschätzen. Ich kenne viele, die ihren Account bereits gelöscht haben, und ich werde dies auch demnächst tun. Die Gefahr, geschädigt zu werden, halte ich für zu groß. Man sollte stattdessen wieder häufiger mit anderen Menschen persönlich in Kontakt treten. Die virtuelle Welt ist spannend und bietet uns heute vieles, was früher unmöglich war. Aber dennoch geht nichts über das reale Leben.

2 *Untersuchen Sie den Mustertext.*

a) Nach welchem Prinzip ist die Erörterung aufgebaut? Nutzen Sie » GUT ZU WISSEN und orientieren Sie sich an den Randbemerkungen.

b) Welche Meinung vertritt der Verfasser des Aufsatzes?

» GUT ZU WISSEN – Aufbau einer Pro- und Kontra-Argumentation

Der Hauptteil einer dialektischen Erörterung kann auf zwei verschiedene Weisen aufgebaut werden:

Blockprinzip (auch Sanduhr-Prinzip)

Argument 1 mit Argumentationsstütze — vom stärksten
Argument 2 mit Argumentationsstütze — zum
Argument 3 mit Argumentationsstütze — schwächsten

These (Gegenposition)

Überleitung/Wendepunkt

These (eigene Position)

Argument 1 mit Argumentationsstütze — vom schwächsten
Argument 2 mit Argumentationsstütze — zum
Argument 3 mit Argumentationsstütze — stärksten

Reißverschlussprinzip

Auf ein Argument folgt unmittelbar das Gegenargument:

These mit Argument und Argumentationsstütze →
← Gegenthese mit Argument und Argumentationsstütze
Argument mit Argumentationsstütze →
← Argument mit Argumentationsstütze für Gegenthese
Argument mit Argumentationsstütze →
Argument mit Argumentationsstütze für Gegenthese

3 *Bereiten Sie selbst eine dialektische Erörterung vor.*

a) Bilden Sie Kleingruppen zu sechs Schülerinnen bzw. Schülern und suchen Sie sich gemeinsam eine der folgenden Themenfragen aus:
- Sollte man im Unterricht mit Tablets anstatt mit Büchern, Heften und Stiften arbeiten? Was spricht dafür, was dagegen?
- Das Castingfieber nimmt kein Ende – jetzt müssen auch Kinder für Quoten sorgen. Sollte man Castingshows für Kinder verbieten?

b) Sammeln Sie möglichst viele Pro- und Kontra-Argumente zu Ihrem Thema. Gehen Sie dabei nach der Methode Brainwriting vor (» GUT ZU WISSEN).

» GUT ZU WISSEN | Mit der Methode Brainwriting Argumente sammeln

Jeder Teilnehmer schreibt eine These zum Thema auf eine Karteikarte (Pro oder Kontra). Die Karten werden in die Mitte gelegt und von allen Teilnehmern gelesen. Jeder kann nun zu einer oder mehreren Thesen Argumente und / oder Argumentationsstützen ergänzen. Wenn er fertig ist, legt er die Karte wieder zurück in die Mitte, sodass andere Teilnehmer weitere Ergänzungen vornehmen können. Auf einem Stapel liegen außerdem leere Karten bereit, die von den Teilnehmern während des Schreibprozesses mit weiteren Thesen beschriftet und zu den übrigen Karten gelegt werden können.

4 *Werten Sie Ihre Ergebnisse aus.*

a) Sortieren Sie die Karten mit doppelt genannten Argumenten aus.

b) Ordnen Sie die Karteikarten nach Pro und Kontra.

c) Entscheiden Sie, welche Argumente Sie besonders überzeugend finden, und sortieren Sie beide Stapel vom stärksten bis zum schwächsten Argument.

d) Vertreten Sie persönlich eher die Pro- oder die Kontra-Position? Legen Sie sich fest.

5 *Erstellen Sie eine Gliederung für Ihre Erörterung.*

a) Wählen Sie aus den gesammelten Argumenten drei Pro- und drei Kontra-Argumente aus.

b) Machen Sie sich Notizen zur Anordnung der Argumente nach dem Blockprinzip. Nutzen Sie dafür » GUT ZU WISSEN, S. 174.

a) Wählen Sie aus den gesammelten Argumenten diejenigen aus, die Sie verwenden wollen.

b) Machen Sie sich Notizen zur Anordnung der Argumente nach dem Reißverschlussprinzip. Nutzen Sie dafür » GUT ZU WISSEN, S. 174.

6 *Schreiben Sie die Erörterung. Orientieren Sie sich dabei an Ihrer Gliederung.*

Bei Erörterungen, die nach dem Blockprinzip aufgebaut sind, eignen sich beispielsweise folgende Formulierungen für die Überleitung:
Bei all diesen positiven (negativen) Argumenten, muss aber auch bedacht werden, dass ...
Allerdings gibt es auch schwerwiegende Argumente, die für (gegen) ... sprechen ...

7 *Tauschen Sie Ihren Aufsatz mit einer Lernpartnerin / einem Lernpartner und prüfen Sie gegenseitig Ihre Texte (Gliederung, Argumentationsaufbau).*

Kompetenzcheck – Testen Sie Ihren Lernerfolg

FAZIT

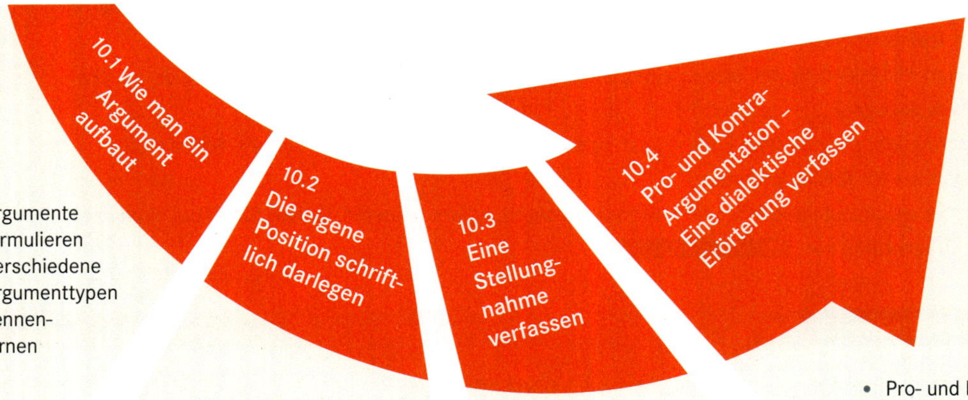

- Argumente formulieren
- Verschiedene Argumenttypen kennenlernen

- Einen Leserbrief verfassen
- Position beziehen

- Argumente sammeln und auswerten
- Argumente anordnen (Argumentationstreppe)
- Den Aufsatz gliedern

- Pro- und Kontra-Argumente sammeln
- Prinzipien des Erörterungsaufbaus kennenlernen

ZIELAUFGABE »

1 *Verfassen Sie eine Stellungnahme zu folgendem Thema: Wie soll es nach der Ausbildung weitergehen?*
Sammeln Sie weitere Informationen zu verschiedenen Möglichkeiten und formulieren Sie entsprechende Argumente.

2 *Überprüfen Sie Ihre Stellungnahme kritisch anhand des Kompetenzchecks. Nehmen Sie auch die Hinweise zur sprachlichen Überarbeitung aus der Umschlagklappe zu Hilfe.*

» KOMPETENZCHECK Eine Stellungnahme überarbeiten

Einleitung
- ☑ Weckt die Einleitung Interesse und leitet zum Thema hin (z. B. durch ein aktuelles Beispiel, eine persönliche Erfahrung, interessante Zahlen)?
- ☑ Nenne ich den Anlass (Themenfrage), warum ich die Stellungnahme verfasse?
- ☑ Ist die Einleitung kurz und prägnant?

Hauptteil/Argumentation
- ☑ Habe ich genügend Argumente genannt?
- ☑ Begründen meine Argumente überzeugend meinen Standpunkt?
- ☑ Gibt es sinnvolle Abschnitte?
- ☑ Sind meine Argumente anschaulich belegt (Argumentationsstützen)?
- ☑ Sind die Argumente sprachlich sinnvoll verknüpft?
- ☑ Ist die Anordnung meiner Argumente schlüssig und korrekt (steigernd; das stärkste Argument steht am Schluss)?

Schluss
- ☑ Ist ein Fazit zu erkennen, wird evtl. ein Ausblick auf die Zukunft gegeben?
- ☑ Werden keine neuen Argumente eingeführt?

Allgemeiner Aufbau
- ☑ Sind Einleitung, Hauptteil und Schluss deutlich zu unterscheiden?
- ☑ Gibt es sinnvolle Abschnitte?

Kapitel 11

Eine Texterörterung verfassen

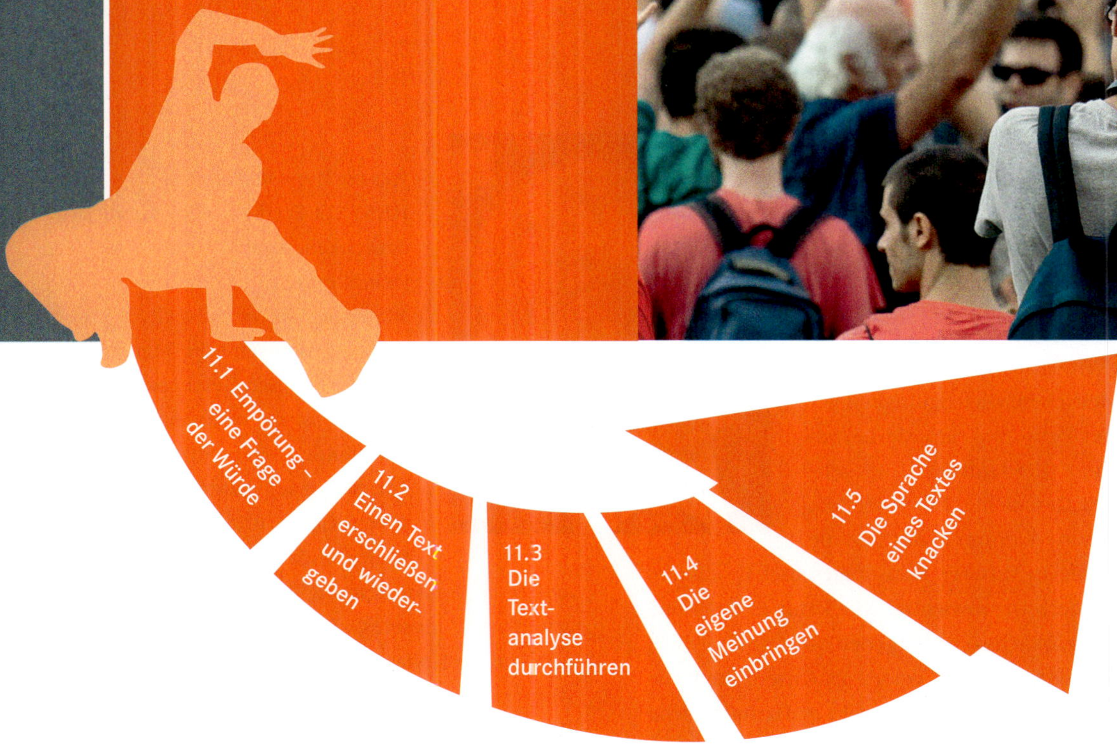

In den Medien begegnen Ihnen immer wieder Texte, die Sie dazu anregen oder regelrecht dazu auffordern, sich mit ihren Inhalten auseinanderzusetzen. Dafür hinterfragen Sie den Text, untersuchen, wie er aufgebaut ist und welche Position der Verfasser vertritt.

Ihre Aufgabe am Ende des Kapitels wird es sein, zu einem Text zum Thema „Ehrenamt“ selbst Position zu beziehen.

Kompetenzen	Methoden und Arbeitstechniken
✔ Einen Text zusammenfassen ✔ Argumentative Texte analysieren ✔ Zu Positionen in argumentativen Texten begründet Stellung nehmen ✔ Erörtern ✔ Die sprachliche Gestaltung eines Textes erfassen	✔ Meinungslinie ✔ Reziproke Lesemethode ✔ 5-Schritt-Lesemethode

Empörung – eine Frage der Würde

Stéphane Hessel schrieb den Bestseller „Empört euch!". In einem Interview äußert er sich über Würde, Werte und Wut.

1 *Erörtern Sie die folgenden Fragen im Plenum:*

a) Was verbinden Sie mit diesem Buchtitel? Welche Inhalte erwarten Sie?
b) Was empört Sie? Welche Zustände kritisieren Sie?

2 *Lesen Sie den Interviewauszug mit verteilten Rollen.*

Warum ist Empörung etwas Kostbares?

Herr Hessel, warum ist Empörung etwas Kostbares?

STÉPHANE HESSEL: Die Gleichgültigkeit lastet heute schwer auf den Menschen. Gleichgültigkeit gegenüber dem, was um sie herum vorgeht, Gleichgültigkeit gegenüber der Geschichte. Ein guter Job, eine schöne Wohnung, das sind die Dinge, die in unserer Konsumgesellschaft zählen. Alles andere ist unwichtig. Nur kann es das sein? Kann es wirklich so weitergehen? Das ist die Frage, die sich jeder von uns gerade in Krisenzeiten wie diesen stellen muss. Letztlich geht es darum, welche Haltung wir dem Leben gegenüber einnehmen: Stellen wir uns tapfer seinen Herausforderungen oder schieben wir die Dinge einfach von uns weg?

Empörung ist also letztlich eine Frage der Würde?

HESSEL: Ja. Der Mensch erlangt seine Würde nur dann, wenn er das, was ihm an Schlechtem widerfährt, was ihn ins Unglück stürzt oder wütend macht, nicht annimmt. Deshalb ist Empörung ein so wichtiger Moment.

Was unterscheidet Ihre Empörung von blinder Wut?

HESSEL: Das Engagement. Sich zu empören, reicht nicht. Wenn nur Wut da ist, alles zu zerhauen, nützt das niemandem. Empörung ist nur sinnvoll, wenn wir daraus den Auftrag ableiten, die Welt besser zu machen und gerechter. Und es geht auch um das rechte Maß: Sich über das schlechte Wetter zu empören, ist zwecklos. Die richtige Empörung gründet auf verletzten Werten.

Was für Werte sind das?

HESSEL: Freiheit, Gleichheit, Brüderlichkeit. Die Grundwerte der Demokratie. [...]

Was empört Sie am meisten?

HESSEL: Ich sehe die Menschheit von zwei großen Gefahren bedroht. Die eine ist die weltweite himmelschreiende Ungerechtigkeit bei der Verteilung der materiellen und geistigen Güter und die wachsende Kluft zwischen Arm und Reich. Die andere ist die Ausbeutung der natürlichen Lebensgrundlagen unseres Planeten und der damit verbundene Kollaps der Weltwirtschaft. [...]

Warum hören die Jungen eigentlich Ihnen zu?

HESSEL: Sie hören mir zu, weil ich sie wie Menschen behandle, die eine Zukunft haben. Ich stelle mich nicht vor sie hin und jammere: „Oje, alles geht den Bach hinunter." Sondern ich sage ihnen: „Es stimmt, große Gefahren lauern auf euch. Aber ihr seid stark genug und habt das nötige Selbstvertrauen, um diese Bedrohungen zu meistern." [...]

Sie haben sich als Alter entrüstet und sind zur moralischen Instanz für Millionen junger Leute geworden. Wie ist das für Sie?

HESSEL: Es ist eine große Verantwortung. Und es ist auch ein bisschen gefährlich, weil ich nicht genau weiß, wie die Leute ein Büchlein wie „Empört euch!" lesen. Vielleicht ziehen sie die falschen Schlüsse daraus und begehren gegen Dinge auf, die mir wichtig sind.

(Interview: Stefan Winkler, Kleine Zeitung, 11.10.2011)

3 *Analysieren Sie das Interview mit Stéphane Hessel.*

a) Erklären Sie folgende Zusammenhänge:
Empörung und Engagement – Empörung und Demokratie.

b) Welche Gefahren sieht Hessel für unsere Gesellschaft?

c) Interpretieren Sie die Antwort Hessels auf die letzte Frage des Interviews.

d) „Ein guter Job, eine schöne Wohnung, das sind die Dinge, die in unserer Konsumgesellschaft zählen. Alles andere ist unwichtig. Nur kann es das sein?“ (Z. 5 ff.)
Nehmen Sie Stellung zu dieser Frage Hessels.

4 *Recherchieren Sie über das Leben von Stéphane Hessel.*

5 *Diskutieren Sie, warum das Buch von Hessel wohl zu einem Bestseller wurde.*

Mögliche Aspekte der Diskussion: der Autor, das Thema, die gesellschaftliche Situation

Hiergeblieben!

Max, 17, hatte mit Demonstrationen nie wirklich etwas am Hut. Erst bei der drohenden Abschiebung einer Mitschülerin wurde er aktiv.

Max ist ein ganz normaler Schüler [...]. Mit Themen wie Migration oder Abschiebung musste er sich nie auseinandersetzen.

Bis er Anfang der 12. Klasse erfuhr, dass seiner Mitschülerin Fabiola die Abschiebung droht. Die Klasse war schockiert und plante sofort Protestaktionen: „Alle hatten irgendwelche Ideen, was man machen könnte“, erzählt er. Sie wollten nicht nur darauf hoffen, dass die Härtefallkommission zugunsten der Familie entscheidet.

Die heute 18-Jährige kam vor sechs Jahren mit ihrer Mutter und ihren zwei Schwestern von Honduras nach Deutschland. „Wir erstellten eine Facebook-Seite für Fabiola, sammelten Unterschriften, sorgten dafür, dass der Fall in den Medien veröffentlicht wird und organisierten eine Demonstration.“ Das Hamburger Abendblatt berichtete in mehreren Artikeln über die Aktion, danach kamen weitere Zeitungen und Fernsehsender hinzu.

[...] Fast 2000 Personen demonstrierten für Fabiola und ihre Familie. Die Petition für die Aufenthaltsgenehmigung unterschrieben sogar 12 000 Menschen.

Dieser Protest hat gewirkt: Die drei Schwestern haben nun eine unbegrenzte Aufenthaltsgenehmigung und damit darf auch ihre Mutter in Deutschland bleiben. Aber nicht nur Fabiola hat der Widerstand etwas gebracht. „Da ausnahmslos alle mitgemacht und zusammengehalten haben, sind wir als Klasse echt zusammengerückt“, erzählt Max.

Noch immer ist er begeistert von diesem Erfolg. Darum will er das Thema Abschiebung auch in Zukunft nicht ruhen lassen. „Es hat mich sehr geprägt, das so hautnah mitzuerleben. [...]“

(www.spiesser.de, 12.03.2013)

6 *Setzen Sie sich mit dem Engagement von Max auseinander.*

a) Wofür setzte sich Max ein?

b) Erläutern Sie, wie es Max und seiner Klasse gelang, der Mitschülerin und ihrer Familie zu helfen.

b) Stellen Sie dieses Beispiel in Zusammenhang zu S. Hessels Aussage über Empörung und Engagement.

Einen Text erschließen und wiedergeben

Meins, deins oder unsers? Immer mehr Menschen teilen sich heutzutage Dinge mit anderen, anstatt sie zu kaufen. Dank des Internets ist bereits eine regelrechte Tauschkultur entstanden.

1 *Setzen Sie sich in der Klasse mit dem Thema „Teilen“ auseinander.*

a) Bilden Sie eine Meinungslinie (» GUT ZU WISSEN). Einer von Ihnen nennt einige der im Schaubild dargestellten Gegenstände oder Ideen. Überlegen Sie, ob Sie diese mit anderen teilen würden. Alle Teilnehmer/-innen stellen sich entsprechend ihrer Position auf.

b) Vergleichen Sie das entstandene Meinungsbild Ihrer Klasse mit den Aussagen des Schaubilds.

2 *Erörtern Sie, welche Aspekte Ihnen bei der grafischen Darstellung fehlen.*

Denken Sie an:
- Gegenstände, die Sie im Alltag gebrauchen
- Dinge, die Ihnen besonders wichtig sind
- geistige/gedankliche Güter

3 *Finden Sie Argumente für oder gegen das Teilen.*

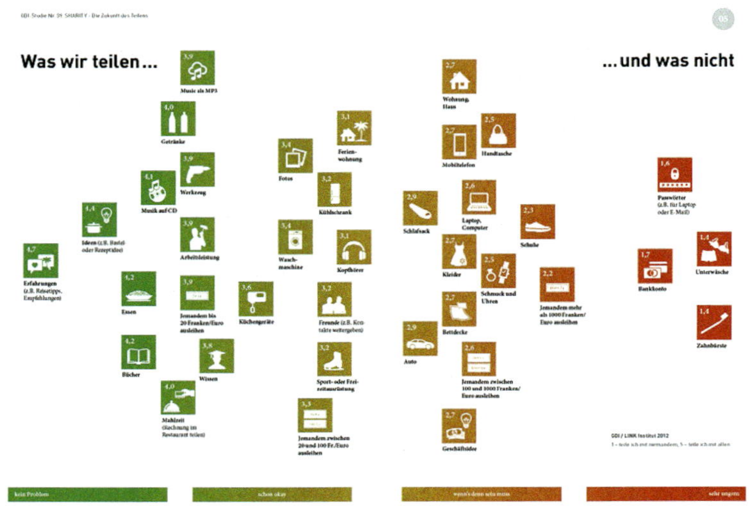

» GUT ZU WISSEN Meinungslinie

Bei der Meinungslinie wird auf dem Boden eine Linie mit Klebeband gezogen oder Sie stellen sich gedanklich eine Linie vor. Das eine Ende stellt die Pro-, das andere die Kontra-Seite dar. Die Teilnehmer/-innen positionieren sich so auf dieser Linie, dass deutlich wird, welche Haltung sie zu der Frage/dem Sachverhalt einnehmen (dafür, eher dafür, dagegen, unentschieden ...).

4 *Recherchieren Sie über den Begriff „Shareconomy“.*

Die Ökonomie des Teilens

Dabei sein ist alles

VON VARINIA BERNAU

Unabhängigkeit ist ihnen wichtiger als Besitz. Deshalb leihen sie ihre Filme für ein paar Stunden, ihre Klamotten für eine Saison aus dem Netz. Deshalb setzen sie auf Carsharing statt aufs eigene Auto. Deshalb überlassen sie ihre Wohnung auch mal einem Unbekannten, wenn sie selbst im Urlaub sind.

Diese Menschen, meist unter 40, meist aus der Stadt, meist mit akademischem Abschluss, wollen zwar alles haben, aber längst nicht alles kaufen. Für viele Hersteller und Händler sind sie deshalb ein Ärgernis. Für diejenigen aber, die den Wandel zu nutzen verstehen, sind sie eine große Hoffnung. [...]

Austausch gab es auch schon in der analogen Welt. Das Internet aber hat ihn erleichtert – erst recht, seit es hierzulande in jeder zweiten Hosentasche steckt. Von Tauschplattformen für Kleidung und Kinderspielzeug, Autos und Akkuschrauber profitieren vor allem diejenigen, die sie nutzen: Wer etwas ausleiht, der spart. Wer etwas verleiht, verdient sich ein paar Euro dazu. [...]

Aber das Teilen ist nicht mehr nur eine Angelegenheit zwischen Privatleuten im Internet. Einige Anbieter von Outdoorausrüstung beispielsweise appellieren an ihre Kunden, die abgetretenen Schuhe zu reparieren, statt sie zu ersetzen. Das spült zunächst zwar etwas weniger Geld in die Kasse, ist auf lange Sicht aber ein cleverer Schachzug – gerade in Zeiten, in denen immer weniger Menschen einer Marke die Treue halten.

Denn Leute, die sich die neue Regenjacke womöglich bei der Konkurrenz holen würden, werden so zu Kunden, die immer wieder zurückkommen. Und wer sich auch noch genau anschaut, wann was an welcher Stelle verschleißt, der kann Produkte verbessern und so die Herstellungskosten senken. Auch das wird immer wichtiger in Zeiten, in denen Ressourcen wie Öl oder manche Metalle knapp und teuer werden.

Wer die Anstöße aus der Shareconomy nur mutig genug weiterentwickelt, der findet womöglich auch Antworten auf ganz grundlegende Fragen der Zukunft – etwa die nach der Nutzung erneuerbarer Energien in intelligenten Stromnetzen. Es lohnt sich, darüber nachzudenken.

Vorankommen wird man dabei nur, wenn man auch wirklich zusammenarbeitet. Um herauszufinden, wie man Produkte so entwickelt, dass sie dem Bedürfnis einer breiten Kundschaft genügen, müssen Händler und Hersteller kooperieren. Auch sie müssen etwas Wertvolles miteinander teilen – Wissen nämlich und aller Wahrscheinlichkeit nach auch Umsätze. Das wird zwangsläufig zu Konflikten führen und kann nur gelingen, wenn man einander vertraut.

Und Vertrauen, das müssen sich Unternehmen auch bei ihren Kunden erarbeiten. Wenn sich ein Mietwagen heute am Straßenrand mit wenigen Klicks auf dem Smartphone ausleihen lässt, dann ist das auch für den Anbieter ziemlich praktisch. So erfährt er nämlich, wer wann und wo in der Gegend herumfährt – und zwar so schnell und so genau, wie es die eifrigsten Marktforscher nicht herausfinden können. Wie gefährlich dies allerdings für den Verbraucher werden kann, merkt dieser oft erst, wenn es zu spät ist. Wenn der Autoverleiher seinen Datenschatz wissentlich auch an andere vertickt. Oder wenn er unwissentlich ins Visier von Hackern gerät. Eine Welt, in der viel geteilt wird, ist noch lange keine Welt, in der niemand mehr ein gutes Geschäft machen will.

(Süddeutsche Zeitung, 04.03.2013)

5 *Bilden Sie 4er-Gruppen und erarbeiten Sie den Text mit der reziproken Lesemethode (» GUT ZU WISSEN). Die eingefärbten Abschnitte zeigen eine mögliche Untergliederung des Textes.*

» GUT ZU WISSEN Reziproke Lesemethode

Bei dieser Lesemethode erarbeiten vier Schüler/-innen einen Text gemeinsam und abschnittsweise. Sie übernehmen dabei abwechselnd verschiedene Aufgaben. Zuerst wird der Text in Abschnitte eingeteilt. Danach wird der erste Abschnitt von allen leise gelesen und anschließend arbeitsteilig erschlossen:

Schüler/-in 1 liest den Abschnitt des Textes vor und stellt den anderen Fragen zum Inhalt.
Schüler/-in 2 fasst den Inhalt des Abschnitts kurz zusammen.
Schüler/-in 3 stellt Fragen zu schwierigen Wörtern und Textstellen. Wenn die Gruppe die Fragen nicht beantworten kann, nutzt sie ein Wörterbuch oder geht auf die Lehrerin/den Lehrer zu.
Schüler/-in 4 äußert sich dazu, wie der Text weitergehen könnte.

Zur Bearbeitung des nächsten Textabschnitts werden die Rollen gewechselt.

6 *Erarbeiten Sie die Themenfrage zum Text „Dabei sein ist alles" (GUT ZU WISSEN, S. 183).*

Einige Schüler/-innen haben die Themenfrage formuliert. Werten Sie diese Beispiele aus. Welche Version ist am besten gelungen? Begründen Sie Ihre Wahl.

- Varinia Bernau äußert sich zu dem Phänomen, dass viele Menschen vieles mit anderen teilen.
- Die Autorin schreibt darüber, dass die digitale Welt das Tauschgeschäft erleichtert.
- V. Bernau meint, die Gedanken der Shareconomy-Bewegung sollten weiterentwickelt werden.
- Die Autorin zeigt auf, dass Shareconomy viele Vorteile für alle Beteiligten bietet, wenn sie vertrauensvoll kooperieren.

Formulieren Sie die Themenfrage in einem Satz.

Muster

Der Artikel „Dabei sein ist alles" von Varinia Bernau wurde am 04.03.2013 in der Süddeutschen Zeitung veröffentlicht. Die Autorin äußert sich zur Shareconomy-Bewegung, in der sie ein großes Potenzial und viele Vorteile für die Beteiligten sieht. Das sei vor allem dann der Fall, wenn diese vertrauensvoll und gut zusammenarbeiten würden.
Diejenigen, die tauschen und teilen, seien meist jünger als 40 Jahre, Städter und hätten oft ein Studium abgeschlossen. Für die einen, d. h. vor allem für Hersteller und Händler, seien sie in der Regel ein Ärgernis, für andere wiederum Hoffnungsträger. Die Autorin stellt dar, dass die Beteiligten durch das Teilen, das durch das Internet erleichtert werde, selbst profitieren.
Auf Wiederverwertung werde inzwischen auch von einigen Geschäften, vor allem Anbietern von Outdoorausrüstung, gesetzt, die so die Chance bekämen, ihre Kunden an sich zu binden und sogar langfristig ihre Produkte verbessern könnten. In Zeiten, in denen die Ressourcen knapper werden, müssten neue Wege gegangen werden. Es lohne sich, Ideen der Shareconomy weiterzudenken und zu entwickeln. Letztendlich bedeute dies aber auch, dass man wirklich zusammenarbeiten und einander vertrauen müsse. Denn auch wenn einiges miteinander geteilt werde, schließe dies nicht aus, dass immer noch gute Geschäfte gemacht werden wollen.

7 *Analysieren Sie die strukturierte Textwiedergabe.*

a) Vergewissern Sie sich, was Sie beim Verfassen einer Textwiedergabe beachten müssen (GUT ZU WISSEN, S. 183).

b) Notieren Sie die Verbformen im Konjunktiv. Machen Sie sich dabei bewusst, wie die Formen gebildet wurden.

Wie war das noch gleich mit dem Konjunktiv? (Kapitel 4, S. 92 f.)

mach-en → sie macht → sie mache (Konjunktiv I)
nehm-en → ich nehme (Konjunktiv I) → ich nähme (Konjunktiv II)
sein → er ist → er sei (Konjunktiv I), z. B.:
Die Welt ist geschäftstüchtig.
Die Autorin sagt, die Welt sei geschäftstüchtig.

1. Das Internet hat den Austausch erleichtert. (Vgl. Z. 15.)
2. „Das spült zunächst zwar etwas weniger Geld in die Kasse, ist auf lange Sicht aber ein cleverer Schachzug [...].“ (Z. 26 ff.)
3. Wer sich den Verschleiß anschaut, der kann Produkte verbessern und so die Herstellungskosten senken. (Vgl. Z. 34 ff.)
4. „Wer die Anstöße aus der Shareconomy nur mutig genug weiterentwickelt, der findet womöglich auch Antworten auf ganz grundlegende Fragen der Zukunft [...].“ (Z. 40 ff.)
5. „Es lohnt sich, darüber nachzudenken.“ (Z. 44 f.)
6. „Das wird zwangsläufig zu Konflikten führen und kann nur gelingen, wenn man einander vertraut.“ (Z. 53 ff.)

8 *Geben Sie die Aussagen (1–6) in der indirekten Rede wieder.*

a) Wählen Sie mindestens zwei Aussagen zur Bearbeitung aus.
b) Überprüfen Sie Ihre Ergebnisse mit einer Partnerin/einem Partner.

a) Bearbeiten Sie alle Aussagen.
b) Überprüfen Sie Ihre Ergebnisse mit einer Partnerin/einem Partner.

9 *Notieren Sie Formulierungen, mit denen Sie bei der Textwiedergabe (GUT ZU WISSEN) die Aussagen der Autorin/ des Autors einleiten können.*

Das Muster (S. 182) enthält zwei solcher Formulierungen. Eine davon lautet: *Die Autorin äußert sich zur ...*
a) Wie lautet die zweite Formulierung?
b) Notieren Sie mindestens zwei weitere Formulierungen.
c) Notieren Sie die Konjunktion, die in der Regel nach diesen einleitenden Formulierungen benutzt wird.

GUT ZU WISSEN — Eine strukturierte Textwiedergabe verfassen

- Eine strukturierte Textwiedergabe wird **eingeleitet** mit näheren **Angaben zum Text** (Titel, Textsorte, Autor/-in, Publikationsorgan, Zeitpunkt der Veröffentlichung) sowie der **Themenfrage**. Die Themenfrage benennt das diskussionswürdige Problem. Häufig ergibt sich daraus auch die Hauptthese der Autorin/des Autors.
- Der **Inhalt des Textes** wird knapp zusammengefasst, wobei neben der Hauptthese die zentralen Thesen aus dem Text aufgeführt werden.
  Die **Position der Autorin/des Autors** wird knapp mit eigenen Worten wiedergegeben. Sie ist sprachlich neutral und objektiv, also ohne persönliche Wertung zu gestalten und wird in der indirekten Rede (unter Verwendung des Konjunktivs) formuliert.

Wenn die strukturierte Textwiedergabe in einen Texterörterungsaufsatz eingebunden ist, schreibt man nur eine Einleitung. Das heißt, dass die Angaben zum Text und die Themenfrage in der Einleitung des Gesamtaufsatzes stehen. Eine Verbindung des Themas mit einer aktuellen Diskussion motiviert die Leser/-innen, den Aufsatz zu lesen.

10 *Notieren Sie stichwortartig Ideen, wie das Thema des Textes „Dabei sein ist alles“ für die Einleitung mit einer aktuellen Diskussion verbunden werden könnte.*
Sie können das Schaubild von S. 180 oder die Ergebnisse der Aufgabe 4 nutzen.

Die Textanalyse durchführen

Generation Y[1]
Wollen die auch arbeiten?

Junge Beschäftigte verlangen eine neue Arbeitswelt. Sonst ziehen sie weiter zum nächsten Job. Ihre Ansprüche verändern die gesamte Wirtschaft.

VON KERSTIN BUND | UWE JEAN HEUSER | ANNE KUNZE

Für viele ist Pippi Langstrumpf die Heldin der Kindheit. Sie können ihre Vornamen herunterbeten (Pippilotta Viktualia Rollgardina Pfefferminza Efraimstochter) und ihre Streiche nacherzählen. [...] Pippi macht, was sie will. Und sie will Spaß.

Die Generation der Umdiedreißigjährigen, die jetzt voll Selbstbewusstsein auf den deutschen Arbeitsmarkt schlendert, könnte man durchaus als Generation Pippi bezeichnen. Denn diese Generation macht sich die Welt, widdewidde wie sie ihr gefällt. Es ist, als sei Pippi tausendfach erwachsen geworden und im Berufsleben angekommen: Die Neuen wollen Spaß haben, schnell vorwärtskommen und dabei weniger Zeit in ihrem Job verbringen. Und nebenbei wollen sie auch noch die Welt retten. [...]

„Die nächste große Generation" haben die amerikanischen Historiker Neil Howe und William Strauss sie getauft. Wenn es nach den Erkenntnissen der Wissenschaftler geht, könnten diese zwischen 1980 und 2000 Geborenen die Welt tatsächlich verbessern. Selbstbewusste Optimisten sind dabei, die Unternehmen zu erobern, und sie stellen Bedingungen. [...]

Selbstbestimmt und flexibel wollen sie arbeiten, das fand die Wirtschaftsprüfungsgesellschaft PwC heraus. Autoritäten zweifeln sie erst einmal an, es sei denn, der Chef beeindruckt sie. Kollegialität und persönliche Entwicklung rangieren bei ihnen ganz oben, und erst am Schluss von insgesamt 19 Kategorien stehen bei ihnen – laut einer Studie des Berliner Instituts trendence – Status und Prestige. [...] Sie wollen Chefs, die wie Eltern sind und auf ihre Bedürfnisse eingehen.

Es könnte sein, dass sie ihre Erwartungen auch durchsetzen. Denn diese Generation hat eine Macht, die ihren Eltern und Großeltern vorenthalten war. Es ist die Macht der Demografie, die Macht der Knappheit in einem hochgebildeten und wirtschaftlich florierenden Land. Vielen Branchen gehen die Fachkräfte aus. Und sie werden noch weniger, wenn die starken Geburtsjahrgänge 1960 bis 1970 erst einmal in Rente sind. [...] Zwar hat etwa ein Fünftel der Generation Y heute keinen Schulabschluss und – laut Hurrelmann – sehr schlechte Berufsperspektiven. Unter den Verlierern sind auffällig viele junge Männer. Früher hätten die einen Job als Hilfsarbeiter gefunden, heute sitzen sie vor dem Fernseher oder Computer, weil niemand mehr Ungelernte brauchen kann. Da sieht der Soziologe ein Problem auf die Gesellschaft zukommen. Für alle anderen aber gilt: Sie wollen arbeiten – bloß anders. [...]

Die Jungen haben die Durchlässigkeit des Bildungssystems kapiert. Im Vorstellungsgespräch

fragen die angehenden Azubis nach ihren Karrieremöglichkeiten. Früher wurden sie technischer Meister, wenn es gut lief, heute wollen sie wissen, ob sie auch promovieren können, wenn sie als Mechaniker hier anfangen. Sie können. [...]

Unter dem Strich lautet das Fazit für die Jungen: Möglichst alles vermeiden, was mir keinen Spaß macht und für mich keinen Sinn erkennen lässt. Aber was heißt es für die Volkswirtschaft? Verspielen die Jungen im globalenWettbewerb den Wohlstand, den die Älteren aufgebaut haben? Oder können sie eine nachhaltigere Wirtschaft mit qualitativem Wachstum schaffen, die die Umwelt schont und die Lebensqualität erhöht? [...]

(DIE ZEIT, 11.03.2013)

1 Generation Y oder Millennials: Y wird im Englischen wie *why* ausgesprochen und steht auch dafür. Diese Generation hinterfragt sehr viel: Warum ist dies so und nicht anders?

1 *Klären Sie den Inhalt des Textes.*

Arbeiten Sie nach der reziproken Lesemethode (» GUT ZU WISSEN, S. 181) oder wenden Sie die 5-Schritt-Lesemethode/ÜFLAZ (➪ Kapitel 3, S. 58) an.

2 *Analysieren Sie den Text „Generation Y – Wollen die auch arbeiten?“ Setzen Sie sich mit den Thesen (Behauptungen) auseinander.*

a) Vergleichen Sie die folgenden Schülerergebnisse zu der These der Zeilen 1–16. Welche Formulierung halten Sie für die treffendere? Begründen Sie Ihre Wahl.
Die ca. 30-Jährigen, die auf den Arbeitsmarkt strömen, könnte man Generation Pippi nennen.
Für viele der heute 30-Jährigen war Pippi Langstrumpf die Heldin der Kindheit.
Zum Vergleich: Die erste These des Textes ist gelb unterlegt.

b) Wie wird die These der Zeilen 1–16 im Text belegt? Notieren Sie das Argument (➪ Kapitel 10, » GUT ZU WISSEN, S. 166).

c) Markieren Sie das Wort, mit dem dieses Argument eingeleitet wird.

d) Nennen Sie andere Wörter, mit denen Argumente eingeleitet werden.

3 *Schreiben Sie die zentralen Thesen des gesamten Textes heraus. Gehen Sie dabei abschnittsweise vor.*

4 *Setzen Sie sich mit der Argumentation des Textes auseinander.*

a) Erörtern Sie, welche Funktion der Hinweis auf die beiden amerikanischen Historiker hat (Z. 17 ff.).

b) Notieren Sie Argumentationsstützen, mit denen die Autoren ihre Thesen untermauern.

c) Analysieren Sie, ob ein bestimmter Argumenttyp vorliegt (➪ Kapitel 10, » GUT ZU WISSEN, S. 167).

» GUT ZU WISSEN – Einen Text analysieren

Einen Text analysieren heißt, die **Meinung seiner Verfasserin/seines Verfassers** zu erkennen und **herauszuarbeiten**. Thesen und Argumente, die die Autorin/der Autor zu Papier bringt, müssen dargelegt und Belege angeführt werden.

Ein Text kann eine oder mehrere Thesen enthalten. Diese werden nicht immer konsequent durch Argumente begründet oder durch Argumentationsstützen entfaltet. Andererseits können sich aber durchaus auch mehrere Argumente oder Argumentationsstützen für eine These finden lassen.

Die eigene Meinung einbringen

Um im Rahmen der Texterörterung Ihre eigene Meinung zum Ausdruck zu bringen, setzen Sie sich mit der Position der Autorin/des Autors auseinander und stellen Sie dar, wo Sie selbst stehen.

1 *Setzen Sie sich mit der Argumentation der Autoren im Text „Generation Y – Wollen die auch arbeiten?" (S. 184 f.) auseinander.*

a) Untersuchen Sie die Stichhaltigkeit der Argumentation.
Berücksichtigen Sie dabei die Ergebnisse der Aufgaben auf S. 185.

b) Wie beurteilen Sie die Thesen?
Mögliche Fragen sind:
Sind die Thesen einleuchtend? Werden sie begründet?

c) Wie beurteilen Sie die Argumente?
Mögliche Fragen sind:
Kann man die Argumente leicht widerlegen?
Sind sie sinnvoll? Werden sie belegt?
Sind die Argumentationsstützen sinnvoll?
Sind sie vertrauenswürdig? Kann man sie überprüfen?

2 *Tauschen Sie sich mit Ihrer Lernpartnerin/Ihrem Lernpartner darüber aus, mithilfe welcher Fragen Sie die folgenden Argumentationsstützen überprüfen können. Notieren Sie Ihre Antworten.*

- Hinweise auf Pressemeldungen
- Verweise auf Persönlichkeiten
- Hinweise auf persönliche Erfahrungen
- Verweise auf „den gesunden Menschenverstand"

GUT ZU WISSEN **Formulierungshilfen für die Darlegung der eigenen Position**

Folgende Formulierungen sind hilfreich für:

- **die Darlegung der eigenen Position:**
  Ich bin der Überzeugung, dass ... *Ich vertrete die Ansicht, dass ...*
  Ich stimme mit ... überein/nicht überein.
- **die Kritik der Position der Autorin/des Autors:**
  Diese Position ist umstritten, weil ... *Es darf nicht vergessen werden, dass ...*
  Man sollte auch berücksichtigen, dass ... *Dem steht jedoch gegenüber, dass ...*
  Zwar zählt der Autor viele nachvollziehbare Argumente auf, dennoch ...
- **die Begründung der eigenen Position:**
  Ich berufe mich dabei auf den Zeitungsartikel/die Studie/den Wissenschaftler ...
- **das Fazit:**
  Alles in allem kann man sagen ... *Letztendlich kann man feststellen ...*
  Abschließend kann man festhalten, dass ...
  Vergleicht man die Position des Autors mit ..., so kommt man zu dem Ergebnis ...

3 *Finden Sie weitere Formulierungen für die in* GUT ZU WISSEN *genannten Schwerpunkte.*

4 *Positionieren Sie sich. Schreiben Sie auf, wie Sie zum Text „Generation Y – Wollen die auch arbeiten?" stehen. Nutzen Sie dazu* » GUT ZU WISSEN.

Arme eine Welt

Eine ganze Industrie lebt davon, junge Leute für ein Auslandsjahr in arme Länder zu bringen und sie da zu umsorgen. Ist das wirklich sinnvoll?

VON FRIEDERIKE HAUPT

Viele junge Deutsche reisen in arme Länder. Dort verbringen sie mehrere Monate im Gefühl, sich nützlich zu machen, denn der Grund ihrer Reise ist: Freiwilligenarbeit, Projekttätigkeit, Sozialerfahrung, Umwelthilfe, Freiwilligenerfahrung, Projekthilfe, Sozialarbeit, Umwelterfahrung, Freiwilligentätigkeit, Projektarbeit. […]

Eine ganze Industrie lebt davon, Leute […] in arme Länder zu verfrachten, sie da zu umsorgen und dann zurück nach Deutschland zu verfrachten. Die jungen Deutschen finden die Sache gut, denn ihr Horizont erweitert sich rasant, bis er gleich dem Äquator die ganze Welt umspannt. Ferner schmückt die Reise als „Erfahrung" den Lebenslauf und ist dort deutlich mehr wert als zum Beispiel eine „Erfahrung", die in Bayern oder Brandenburg gemacht wurde. Faustregel: Je ärmer das Land, desto wertvoller die „Erfahrung". Die Reisenden versichern sich auf diesem Wege ihrer Lebenstüchtigkeit und verbuchen die Nacht in der Strohhütte als Abenteuer beziehungsweise sinnhafte Handlung.

Arme, arme Länder. Sie können dem Erfahrungswahn der jungen Besucher nichts entgegensetzen. So nimmt das Unheil seinen Lauf. […]

Und was nützt es? Wenn heute in China ein Sack Reis um- und einem armen Menschen auf den Fuß fällt, geht kein Aufschrei durch die Reihen derer, die mal in China „Erfahrungen" gesammelt haben. Die Reisenden sind längst woanders, machen ein Praktikum in New York oder studieren Projektwissenschaften in Berlin.

(Frankfurter Allgemeine Sonntagszeitung, 28.04.2013)

5 *Was meinen Sie zum Text „Arme eine Welt"? Nehmen Sie schriftlich Stellung zur Aussage der Autorin.*

» GUT ZU WISSEN — Die eigene Position zu einem Text darlegen

Es gibt verschiedene Möglichkeiten, die eigene Position zu einem Text darzulegen. Man kann

- der Autorin/dem Autor **ganz zustimmen**. In diesem Fall sollte man weitere Argumente formulieren und ausführen, um die These zu untermauern.
- der Autorin/dem Autor **eingeschränkt zustimmen**. Möglicherweise stimmt man dem Autor in seiner Hauptthese zu, kann jedoch bestimmte Aspekte bzw. Argumente nicht vertreten. Es ist auch denkbar, dass die Argumentationsstrategie nicht überzeugt, der Autor zu stark verallgemeinert oder ironisch wird, anstatt zu argumentieren. Dann sollte man überzeugender argumentieren.
- eine andere, **gegensätzliche Position vertreten**.

Für den Aufbau des Aufsatzes heißt dies, dass der Hauptteil der Texterörterung mit der eigenen begründeten Meinung endet:

- Wenn man der Autorin/dem Autor zustimmt, beginnt man diesen Teil des Aufsatzes mit der Position der Gegenseite.
- Wenn man der Autorin/dem Autor widerspricht, entwickelt man ausgehend vom Text und der Position der Autorin/des Autors die eigene Stellungnahme.

Die Sprache eines Textes knacken

1 *Lesen Sie die Überschrift des folgenden Textes. Welche Erwartungen haben Sie an den Text?*

Denken Sie an den Inhalt.

Berücksichtigen Sie neben dem Inhalt auch die sprachliche Darstellung.

Ü-Eier und Socken

VON URSULA OTT

Bei uns in der Firma war letzte Woche der Arbeits- und Gesundheitsschutz. Ja, das ist eine sinnvolle Einrichtung. Der Mensch verbringt bekanntlich viele Stunden bei der Arbeit. Nein, ich möchte wirklich nicht undankbar sein, bestimmt gibt es Orte auf dieser Welt, wo sie froh wären, wenn ihr größtes Problem die Verkrümmung der unteren Wirbelsäule wäre. Schön, dass der Arbeitgeber sich in Deutschland darum kümmert. Aber trotzdem seltsam, wenn sich in deutschen Betrieben die Philosophie durchsetzt „My office is my castle".

Das stand da wirklich, auf der PowerPoint-Präsentation des Arbeitsmediziners: Mein Büro ist mein Schloss. Die ergonomischen Ratschläge waren entsprechend. Legen Sie sich in den Wintermonaten eine Wollsocke vor die Computermaus, damit die Handgelenke nicht so auskühlen. Setzen Sie sich auch mal mit dem Laptop auf den Boden, danach gern auf den Pezziball. Beine auf den Schreibtisch – das kann den unteren Rücken zwischendurch entlasten. Das ist medizinisch sicher sinnvoll. Aber ganz ehrlich – wie sieht das denn aus, wenn wir es uns im Büro noch gemütlicher machen als zu Hause? Wollsocken auf dem Schreibtisch? […]

Merkwürdige Entwicklung. Erst haben wir nach und nach den Arbeitsplatz mit nach Hause ins Private genommen. Am Anfang per Aktentasche, dann per Laptop, jetzt per Tablet und Smartphone. Sodass my home schon länger nicht mehr my castle ist, sondern mein Rundum-erreichbar-Büro. Und jetzt soll ich auch noch mein Privatleben mit in die Firma nehmen? Pezziball, Wollsocke und die Beine hoch? Kein Wunder, dass manche Menschen ein bisschen durcheinander sind in diesen Tagen. Arbeit ist Wohnzimmer und Wohnzimmer ist Arbeit – ja, gibt's denn gar keine Trennung mehr?

Einen Tipp allerdings fand ich hilfreich beim Vortrag des Arbeitsmediziners. Man möge, wenn man vor dem Bildschirm sitzt, den Blickwinkel nicht verstellen mit Familienfotos und Überraschungseifiguren. […]

Vor allem Frauen, schreiben die jungen Forscher, kleistern sich den Arbeitsplatz zu mit Teelichtern, Fotos, Grünpflanzen, Handcremes und Spiegeln. Ich bin zwar keine Forscherin, aber ich kann, ganz unrepräsentativ, die Stichprobe Ott-Schreibtisch abliefern. Keine Ü-Eier, keine Socken. Aber Fotos, ja doch, höchst unergonomisch mitten im Blickwinkel. Angeben will ich – hoffentlich – nicht damit. Aber die Fotos machen mir an trüben Arbeitstagen schlicht gute Laune und erinnern mich daran, was wirklich wichtig ist im Leben.

Ich glaube übrigens nicht, dass es Männer- und Frauenschreibtische gibt.

(Sonntag aktuell, 10.03.2013)

2 *Formulieren Sie Ihren Leseeindruck. Wie wirkt der Text auf Sie?*

aufrüttelnd – witzig – informierend – kommentierend – ironisch – langweilig – übertrieben …

3 *Beantworten Sie die folgenden Fragen zum Text:*

- Welche Vorschläge werden zum Arbeits- und Gesundheitsschutz gemacht?
- Wie beurteilt die Autorin diese?
- Welche Folgerungen zieht sie daraus?

4 *Untersuchen Sie die sprachliche Gestaltung des Textes. Was fällt Ihnen auf?*
Achten Sie insbesondere auf Satzbau/-arten und Ironie.

Tipp

Hinweise zu sprachlichen Mitteln finden Sie in Kapitel 13, S. 211 und in Kapitel 17, S. 274.

Kompetenzcheck – Testen Sie Ihren Lernerfolg

FAZIT

- Sich mit aktuellen Themen auseinandersetzen

- Eine Meinungslinie zu einem aktuellen Thema bilden
- Inhalt (reziproke Lesemethode/ÜFLAZ) und Themenfrage eines Textes erarbeiten
- Eine strukturierte Textwiedergabe verfassen

- Inhalt eines Textes erarbeiten (reziproke Lesemethode/ÜFLAZ)
- Thesen und Argumentation eines Textes analysieren

- Die eigene Position zu Aussagen eines Textes formulieren

- Einen ersten Leseeindruck formulieren
- Die sprachliche Gestaltung eines Textes untersuchen

1 *Wenden Sie Ihr Wissen an und schreiben Sie eine Texterörterung zu folgendem Text:*

Kultur des Teilens

Die Sinn-Gesellschaft

VON SIBYLLE HAAS

Geniales Geschenk gesucht und noch keines gefunden? Wie wär's mit einem Gutschein für die Fahrt im Schützenpanzer BMP, der Kampfmaschine der ehemaligen sowjetischen Infanterie, für den Liebsten? Oder einem Model-Workshop für die Süße mit Laufsteg-Training und Drehübungen, damit das schöne Cocktailkleid zur Geltung kommt?

Im Internet gibt es eine Menge „genialer" Geschenkideen. Dort findet man die Panzerfahrt und das Modeltraining ebenso wie den Bungeesprung und das Erotik-Fotoshooting. [...] Verkommen die Deutschen zu einer Spaßgesellschaft, in der das eigene Vergnügen wichtiger ist als das Wohlergehen anderer? Sind wirklich alle auf der Suche nach dem ultimativen Kick, nach dem einen Glücksmoment?

Bestimmt nicht. Mehr als ein Drittel der Deutschen engagieren sich regelmäßig in einem Ehren-

amt. Damit liegen die Bundesbürger in Europa weit vorn. Sie setzen sich in Sportvereinen, in Schulen, Kindergärten und Kirchen für andere ein. Sie lesen alten Menschen Geschichten vor, betreuen Kinder bei den Hausaufgaben oder erledigen Einkäufe für Kranke. Die Tafel-Bewegung steht beispielhaft für diesen Geist, dem das Gemeinwohl wichtig ist. 50 000 Ehrenamtliche retten jährlich Tausende Tonnen Lebensmittel vor der Vernichtung und verteilen sie an bedürftige Menschen. Sie spenden ihre Freizeit und ihre Fähigkeiten für ein paar Stunden am Tag, in der Woche oder im Monat. Die Tafeln gehören ohne Zweifel zu den großen sozialen Bewegungen unserer Zeit. Die erste Tafel ist 1993 in

Berlin entstanden, heute gibt es bundesweit mehr als 900. Welch ein bemerkenswertes Wachstum.

Lobenswert ist, dass immer mehr Unternehmen ihre Mitarbeiter im Ehrenamt unterstützen. Einige stellen Arbeitnehmer für den Dienst an der Gesellschaft sogar frei. Wie der Versicherungskonzern Munich Re, der Angestellten zwei freie Tage im Jahr für die Arbeit in einem gemeinnützigen Projekt gewährt, wenn sie selbst dafür Urlaubstage opfern. Das mag nach wenig klingen, doch es summiert sich. Auch andere Unternehmen geben Mitarbeitern für ihren bürgerschaftlichen Einsatz frei; ihr Einsatz hat einen Gegenwert von 22 Millionen Euro im Jahr, rechnet das Institut der deutschen Wirtschaft vor. Deshalb ist es richtig, dass der Staat das Ehrenamt stärken und mehr Steuerfreiheit und höhere Pauschalen etwa für Jugendtrainer im Fußball gewähren will.

Das alles zeigt, dass die Menschen nach mehr streben als nach oberflächlichem Spaß. Sie wollen verantwortlich sein für eine gute Sache und etwas Sinnvolles tun. Nicht Spaß treibt die Gesellschaft an, sondern Sinn. Nicht schnell vergängliche Glücksmomente, sondern ein erfülltes Leben macht zufrieden. Und dazu gehört, Zeit mit anderen zu teilen, sie zu verschenken. Zeit in Menschlichkeit zu stecken lohnt sich. Der Wissenschaftler Gert Wagner vom Deutschen Institut für Wirtschaftsforschung in Berlin fand heraus, dass Egoisten unglücklich sind. Menschen, die uneigennützige Ziele haben, sind zufriedener als solche, die in erster Linie nach beruflichem und materiellem Erfolg streben. Zu viel Eigennutz und rein ökonomisches Wachstum tun einer Gesellschaft also nicht gut.

Jeder Dritte engagiert sich regelmäßig in einem Ehrenamt

Wer seine Zeit mit anderen teilt, macht ihnen überdies ein sehr kostbares Geschenk. Denn Zeit ist zu einem knappen Gut geworden, zu einer harten Währung. Die Menschen haben immer weniger davon und hetzen ihrem Terminkalender hinterher. Für andere da zu sein, sich um sie zu kümmern bedeutet deshalb, etwas sehr Wertvolles zu teilen. […]

(Süddeutsche Zeitung, 22./23.12.2012)

2 ***Überprüfen Sie Ihre Texterörterung kritisch anhand des Kompetenzchecks. Nehmen Sie auch die Hinweise zur sprachlichen Überarbeitung aus der Umschlagklappe zu Hilfe.***

» KOMPETENZCHECK Texterörterung

Einleitung

- ☑ Enthält mein Aufsatz folgende Angaben zum Text: Titel, Textsorte, Autor/-in, Publikationsorgan, Zeitpunkt der Veröffentlichung, Themenfrage?
- ☑ Habe ich einen aktuellen Bezug hergestellt?

Hauptteil

Textanalyse

- ☑ Gibt meine strukturierte Textwiedergabe den Inhalt knapp wieder?
- ☑ Enthält diese die zentralen Thesen des Textes?
- ☑ Mache ich die Position der Autorin/des Autors klar?
- ☑ Habe ich dabei die Regeln der indirekten Rede eingehalten?
- ☑ Bin ich, wenn es der Text ermöglicht, auf seine sprachliche Gestaltung eingegangen?

Texterörterung

- ☑ Habe ich meine Position klargemacht?
- ☑ Habe ich eigene Thesen, Argumente und Argumentationsstützen angeführt?
- ☑ Habe ich die Argumentation folgerichtig aufgebaut?

Schluss

- ☑ Habe ich den Aufsatz abgerundet, z. B. durch ein Fazit, einen Bezug zur Einleitung?

» Lernszenario

Sachtexte und nicht lineare Texte verstehen und nutzen

Die Inhalte der Kapitel „Diagramme und Schaubilder verstehen und nutzen", „Stellung nehmen und erörtern" und „Eine Texterörterung verfassen" helfen Ihnen dabei, die Handlungsaufträge aus der folgenden Situation herauszuarbeiten und auszuführen.

Handlungssituation

Der Kauf eines neuen leistungsstärkeren Smartphones sorgt in der Klasse immer wieder für Gesprächsstoff. Viele wollen Vorreiter eines neuen Trends sein und Zugriff auf neue Funktionen haben. Doch es gibt auch die anderen, die sich diesen Trends verweigern, u. a. wegen der Rohstoffe, die in den Geräten verarbeitet werden. Diese würden in Entwicklungsländern oft unter menschenunwürdigen Bedingungen gewonnen. Im Internet stoßen Sie auf die folgende Grafik:

Eisen und Nichteisen-Metalle (Zn, Cr, Al,Ni, Fe)

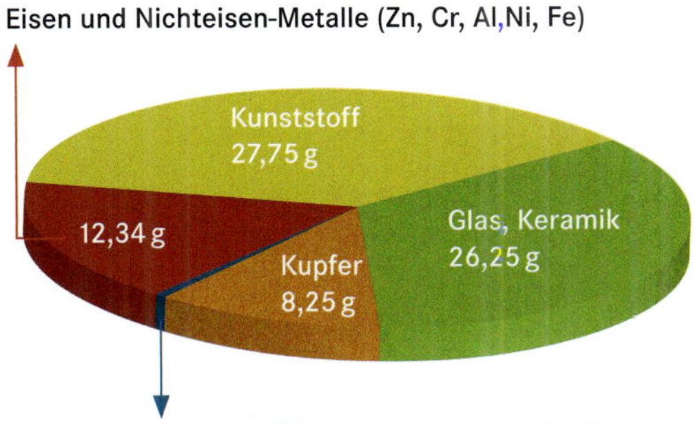

0,2305 g		
Edelmetalle 0,15 g	**seltene Metalle**	**seltene Erden**
Gold 0,025 Silber 0,17 Platin 0,0002 Palladium 0,008	Kobald, Indium, Tantal	SEE, Neodym etc.

(Daten aus: www.handy-clever-entsorgen.de/hintergrundinformation/index.htm)

Sie recherchieren nach einem informativen Film, der vor allem die Folgen dieses Rohstoffverbrauchs aufzeigt und den Sie gemeinsam in der Klasse anschauen.

Ihre Klasse beschließt spontan, alte Handys zu sammeln. Für jedes alte Gerät können Sie bei der ortsansässigen Bürgerstiftung einen kleinen Geldbetrag erhalten.

Doch wie können Sie möglichst schnell möglichst viele Handys sammeln? Da gilt es einiges zu klären. Auf einer ersten „To-Do-Liste" haben Sie sich bereits folgende Punkte notiert:

- Wen kann ich ansprechen?
- Wo und wie sollen die Geräte gesammelt werden?
- Ganz wichtig: Wie überzeuge ich andere, welche Argumente bringe ich vor?
- ...

Der Erlös Ihrer Aktion soll einer Organisation zugeführt werden, die Projekte für diejenigen unterstützt, die unter dem Abbau der Rohstoffe leiden.

Arbeiten Sie im Team und halten Sie sich bei der Erarbeitung Ihrer Aufträge an diese Schritte:

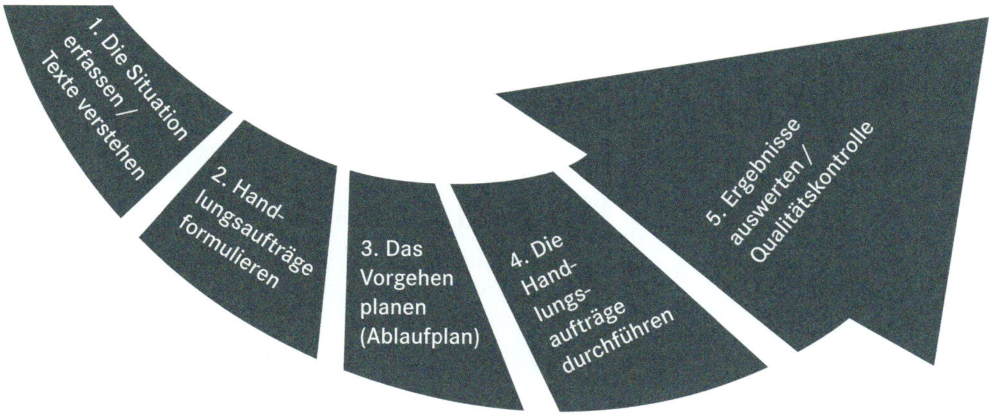

Anregungen zur Vorgehensweise können Sie S. 48 entnehmen.

Sie bilden verschiedene Arbeitsgruppen, die sich arbeitsteilig mit diesen Fragen auseinandersetzen und nach Lösungsmöglichkeiten suchen.
Nach dem Austausch Ihrer Ergebnisse im Plenum beschließen Sie, eine Mail zu verfassen, in der Sie Ihrem Adressatenkreis Ihr Anliegen konkret und mit vielen überzeugenden Argumenten vorbringen.
Auch auf der Homepage soll ein Beitrag erscheinen. Dort soll auch im Verlauf der Aktion immer wieder über den aktuellen Stand berichtet werden.

Kapitel 12

Literarische Texte verstehen

12.1 Reisen, egal wohin … – Zugänge zur Literatur

12.2 Fremde Orte, andere Zeiten – Texte untersuchen

12.3 Inhaltsangaben zu literarischen Texten verfassen

12.4 Exkurs: Spaß am Lesen – Die Buchvorstellung

Ein großer Reiseveranstalter schreibt einen Wettbewerb aus: Für die Zielgruppe von jungen Menschen im Alter von 16 bis 20 Jahren sollen Reisen in das Angebot aufgenommen werden. Der Wettbewerbsauftrag lautet, zum Thema „Was bedeutet Reisen für mich?“ einen literarischen Text, zum Beispiel in Form eines Gedichtes, eines Songs, einer Kurzgeschichte oder einer Erzählung, zu verfassen.

Kompetenzen	Methoden und Arbeitstechniken
✔ Den Aufbau eines Textes beschreiben (Ort und Zeit, Konflikt) ✔ Die Zeitgestaltung erkennen ✔ Literarische Figuren charakterisieren ✔ Epische Texte interpretieren ✔ Inhaltsangaben zu literarischen Texten verfassen	✔ Texte vortragen ✔ Standbilder zu Texten erarbeiten ✔ Placemat-Methode ✔ Mindmap ✔ Buchvorstellung

Reisen, egal wohin ... – Zugänge zur Literatur

1 *Überlegen Sie gemeinsam, wie Sie sich das Leben von Stars vorstellen, z. B. das eines Rappers.*

Samy Deluxe: Die Reise ist das Ziel

Und es geht wieder mal los:
Ich brauch mein Handy, das Netzteil, den Laptop
Hip Top, iPod, Stift und mein' Textblock
Brauch den Rasierer, das Aftershave und das Deo
Zahnbürste, Zahnpasta, Tasche zu und es geht los
Outfit für den Auftritt, Shirt, Socken und Shorts (...)
Ich bin ein gottverdammter Star, man, und ich reis' um die Welt
Und jedes Mal, wenn ich zurückkomm, muss ich gleich wieder weg
Zum nächsten Gig, zum Interview oder TV-Show
Zu Flugzeug und Auto, ja digger genau so
Manchmal wach ich auf und weiß nicht mal, in welcher Stadt ich bin
Alles, was ich brauch, is hier in dieser kleinen Tasche drin
Und ich pack nicht mal aus, denn morgen geht's wieder weiter
Verdammt, mein Leben erscheint mir wie 'ne ewige Reise
Dank an alle, die mich begleiten auf mein' Pfaden und Wegen
Was soll ich sagen, Baby? Das is mein Leben (So sieht's aus)
    Egal, wohin mein Weg mich führt
    Die Reise ist das Ziel
    Ich bin so dankbar für dies' Leben hier
    Darum schreib ich dieses Lied
    Und es is wirklich ganz egal, wohin ich komm'
    Leute geben mir Liebe, singen die Songs.

2 *Vergleichen Sie Ihre Vorstellungen aus Aufgabe 1 mit den Erfahrungen, die Sie im Text finden.*

a) Sieht der Rapper sein Leben eher positiv oder eher negativ? Welches Lebensgefühl vermittelt der Text?

b) Was würden Sie von einem solchen Leben halten? Sammeln Sie Vor- und Nachteile.

b) „Die Reise ist das Ziel" – erklären Sie diese Aussage. Würden Sie zustimmen?

3 *Bereiten Sie den Rap mithilfe des Tipp-Kastens für einen rhythmischen Vortrag vor.*

a) Lesen Sie den Rap erneut. Überlegen Sie, wo Sie Pausen machen, wo Sie besonders betonen, wo Sie die Stimme heben oder senken wollen.

b) Lesen Sie den Text Ihrer Lernpartnerin / Ihrem Lernpartner rhythmisch vor. Geben Sie sich Feedback.

c) Tragen Sie anschließend einzelne Versionen der Lerngruppe vor. Was macht einen Vortrag besonders überzeugend?

d) Bereiten Sie einen weiteren Rap vor, den Sie der Lerngruppe vortragen.

Tipp

Texte singgestaltend vortragen

Wenn Sie einen Text vorlesen wollen, können Sie Ihren Vortrag verbessern, indem Sie den Text (Kopie) markieren, z. B.:

- Stellen, die Sie **betonen** wollen, unterstreichen Sie.
- An Stellen, an denen Sie **Pausen (|)** machen wollen, machen Sie Striche.
- An Stellen, an denen Sie Ihre **Stimme heben (↑)** oder **senken (↓)** wollen, machen Sie Pfeile.

Beispiel: Leute geben mir Liebe ↑, | singen die Songs ↓.

Anastasius Grün: Zwei Heimgekehrte

Zwei Wanderer zogen hinaus zum Tor,
Zur herrlichen Alpenwelt empor.
Der eine ging, weil's Mode just,
Den andern trieb der Drang in der Brust.

Und als daheim nun wieder die zwei,
Da rückt die ganze Sippe herbei,
Da wirbelt's Fragen ohne Zahl:
„Was habt ihr gesehn? Erzählt einmal!"

Der eine drauf mit Gähnen spricht:
„Was wir gesehn? Viel Rares nicht!
Ach, Bäume, Wiesen, Bach und Hain
Und blauen Himmel und Sonnenschein!"

Der andere lächelnd dasselbe spricht,
Doch leuchtenden Blicks, mit verklärtem Gesicht:
„Ei, Bäume, Wiesen, Bach und Hain,
Und blauen Himmel und Sonnenschein!"

Bertolt Brecht: Der Radwechsel

Ich sitze am Straßenrand.
Der Fahrer wechselt das Rad.
Ich bin nicht gern, wo ich herkomme.
Ich bin nicht gern, wo ich hinfahre.
Warum sehe ich den Radwechsel
Mit Ungeduld?

Tipp

Standbilder zu Texten bauen

Ein Standbild kann helfen, Zugang zu einem Text zu bekommen, indem es die Haltungen der Figuren, ihre Mimik und Gestik nachzuempfinden versucht. Ein Standbildbauer formt die Darsteller wortlos – bis ihre Haltungen seiner Meinung nach der Textstelle entsprechen. Die Beobachter bewerten und interpretieren im Anschluss das Standbild.

4 ***Lesen Sie die Gedichte von Anastasius Grün und Bertolt Brecht. Wählen Sie eines aus und bearbeiten Sie zu diesem Gedicht die folgenden Aufgaben.***

a) Gehen Sie entsprechend Ihrer Wahl zu 4er- oder 5er-Teams zusammen. Erarbeiten Sie zu dem ausgewählten Gedicht ein Standbild (➪ Tipp und Kapitel 1, GUT ZU WISSEN, S. 25), in dem Sie auszudrücken versuchen, was Sie über die beiden Wanderer bzw. den Reisenden erfahren. Wählen Sie einen Standbildbauer sowie alle Darsteller. Der Standbildbauer richtet das Standbild ein und erläutert es anschließend. Die anderen beobachten und bewerten die Darstellung. Wechseln Sie die Rollen.

b) Diskutieren Sie die Haltung der beiden Wanderer gegenüber dem Reisen im Gedicht von Grün.

b) Suchen Sie Antwort auf die Frage „Warum sehe ich den Radwechsel mit Ungeduld?" im Gedicht von Brecht.

c) Bereiten Sie den Vortrag des Gedichtes vor (➪ Tipp, S. 194). Was fällt Ihnen im Hinblick auf den Rhythmus dieser Texte im Vergleich zum Text von Samy Deluxe (➪ S. 194) auf?

d) Tragen Sie das ausgewählte Gedicht vor.

5 ***Auch Sie sind sicher schon gereist. Versuchen Sie, eine kleine Episode, die Sie erlebt und erfahren haben, in einem kurzen Text darzustellen.***

a) Sammeln Sie zuerst Wörter, die Ihnen zum Thema „Reisen" in den Sinn kommen.

b) Bilden Sie kurze Sätze. Spielen Sie mit Ihren Sätzen und bringen Sie sie in einen bestimmten Rhythmus, z. B. den eines Rap.

b) Bilden Sie mit den Wörtern kurze Sätze in Form eines Haiku.

c) Tragen Sie Ihren Text mithilfe der Hinweise aus dem Tipp-Kasten (➪ S. 194) vor.

Tipp

Haiku

Ein Haiku hat drei Zeilen, die erste Zeile beinhaltet fünf Silben, die zweite sieben und die dritte Zeile wieder fünf.

Fremde Orte, andere Zeiten – Texte untersuchen

1 *Wie verreisen Sie am liebsten? Mit der Familie? Mit einer Gruppe? Können Sie sich vorstellen, allein zu verreisen? Was würde Ihnen gefallen, was würde Ihnen fehlen?*

Sibylle Berg: Hauptsache weit (2001)

Und weg, hatte er gedacht. Die Schule war zu Ende, das Leben noch nicht, hatte noch nicht begonnen, das Leben. Er hatte nicht viel Angst davor, weil er noch keine Enttäuschungen kannte. Er war ein schöner Junge mit langen dunklen Haaren, er spielte Gitarre, komponierte am Computer und dachte, irgendwie werde ich wohl später nach London gehen, was Kreatives machen. Aber das war später.

Und nun?

Warum kommt der Spaß nicht? Der Junge hockt in einem Zimmer, das Zimmer ist grün, wegen der Neonleuchte, es hat kein Fenster und der Ventilator ist sehr laut. Schatten huschen über den Betonboden, das Glück ist das nicht, eine Wolldecke auf dem Bett, auf der schon einige Kriege ausgetragen wurden. Magen gegen Tom Yam[1], Darm gegen Curry. Immer verloren die Eingeweide. Der Junge ist 18, und jetzt aber Asien, hatte er sich gedacht. Mit 1 000 Dollar durch Thailand, Indien, Kambodscha, drei Monate unterwegs und dann wieder heim, nach Deutschland. Das ist so eng, so langweilig, jetzt was erleben und vielleicht nie zurück.

Hast du keine Angst, hatten die blassen Freunde zu Hause gefragt, so ganz alleine? Nein, hatte er geantwortet, man lernt ja so viele Leute kennen unterwegs. Bis jetzt hatte er hauptsächlich Mädchen kennengelernt, nett waren die schon, wenn man Leute mag, die einen bei jedem Satz anfassen, Mädchen, die aussahen wie dreißig und doch so alt waren wie er, seit Monaten unterwegs, die Mädchen, da werden sie komisch. Übermorgen würde er in Laos sein, da mag er jetzt gar nicht dran denken, in seinem hässlichen Pensionszimmer, muss Obacht geben, dass er sich nicht aufs Bett wirft und weint, auf die Decke, wo schon die anderen Dinge drauf sind. In dem kleinen Fernseher kommen nur Leute vor, die ihm völlig fremd sind, das ist das Zeichen, dass man einsam ist, wenn man die Fernsehstars eines Landes nicht kennt und die eigenen keine Bedeutung haben. Der Junge sehnt sich nach Stefan Raab, nach Harald Schmidt und Echt[2]. Er merkt weiter, dass er gar nicht existiert, wenn er nichts hat, was er kennt. Wenn er keine Zeitung in seiner Sprache kaufen kann, keine Klatschgeschichten über einheimische Prominente lesen, wenn keiner anruft und fragt, wie es ihm geht.

Dann gibt es ihn nicht. Denkt er. Und ist unterdessen aus seinem heißen Zimmer in die heiße Nacht gegangen, hat fremdes Essen vor sich, von einer fremdsprachigen Serviererin gebracht, die sich nicht für ihn interessiert, wie niemand hier. Das ist wie tot sein, denkt der Junge.

Weit weg von zu Hause, um anderen beim Leben zuzusehen, könnte man umfallen und sterben in der tropischen Nacht und niemand würde weinen darum. Jetzt weint er doch, denkt an die lange Zeit, die er noch rumbekommen muss, alleine in heißen Ländern mit seinem Rucksack, und das stimmt so gar nicht mit den Bildern überein, die er zu Hause von sich hatte. Wie er entspannt mit Wasserbüffeln spielen wollte, in Straßencafés sitzen und cool sein.

Was ist, ist einer mit Sonnenbrand und Heimweh nach den Stars zu Hause, die sind wie ein Geländer zum Festhalten. Er geht durch die Nacht, selbst die Tiere reden ausländisch, und

dann sieht er etwas, sein Herz schlägt schneller. Ein Computer, ein Internet-Café. Und er setzt sich, schaltet den Computer an, liest seine 345 Mails.
Kleine Sätze von seinen Freunden, und denen antwortet er, dass es ihm gut gehe und alles großartig ist, und er schreibt und schreibt und es ist auf einmal völlig egal, dass zu seinen Füßen ausländische Insekten so groß wie Meerkatzen[3] herumlaufen, dass das fremde Essen im Magen drückt. Er schreibt seinen Freunden über die kleinen Katastrophen und die fremde Welt um ihn verschwimmt, er ist nicht mehr allein, taucht in den Bildschirm ein, der ist wie ein weiches Bett, er denkt an Bill Gates und Fred Apple, er schickt eine Mail an Sat. 1, und für ein paar Stunden ist er wieder am Leben, in der heißen Nacht weit weg von zu Hause.

1 Tom Yam: asiatisches Gericht
2 Echt: Musikband
3 Meerkatzen: kleine Affenart

2 *Untersuchen Sie den Text.*

a) Beantworten Sie folgende Fragen und suchen Sie Textstellen, die Ihre Antworten belegen:
- Warum reist der Junge?
- Was für ein Mensch ist er?
- Welche Gedanken hat er in seinem Pensionszimmer und auf der Straße?
- Warum fühlt er sich im Internet-Café wohl?
- Gibt es einen Wendepunkt in der Erzählung?

a) Vergleichen Sie die Erwartungen des Jungen mit dem, was ihm dann auf der Reise passiert. Halten Sie Ihre Ergebnisse in einer Tabelle fest.

Erwartungen	**Was passiert?**
will Spaß haben	*sitzt in ödem Hotelzimmer*

b) Fassen Sie den Text mündlich kurz zusammen. Lassen Sie dabei alles Nebensächliche weg und bemühen Sie sich um einen verständlichen Aufbau.

3 *Lesen Sie folgende Textstellen.*

Erklären Sie mit eigenen Worten, was jeweils gemeint ist.

Erklären Sie die Textstellen und überlegen Sie sich Situationen in Ihrem Leben, in denen Sie sich so gefühlt haben wie der Junge.

- „Er merkt weiter, dass er gar nicht existiert, wenn er nichts hat, was er kennt.“ (Z. 43 f.)
- „(...) er schreibt und schreibt und es ist auf einmal völlig egal, dass zu seinen Füßen ausländische Insekten so groß wie Meerkatzen herumlaufen ...“ (Z. 72 ff.)
- „Er schreibt seinen Freunden (...), er ist nicht mehr allein.“ (Z. 75 ff.)
- „(...) Bildschirm (...), der ist wie ein weiches Bett.“ (Z. 78 f.)

4 *Welche Rolle spielen Medien (Fernsehen, Zeitungen, Internet) im Leben des Jungen?*

5 *Eine Freundin oder ein Freund möchte eine ähnliche Reise unternehmen wie der Junge. Würden Sie ihm eher zuraten oder abraten? Mit welchen Argumenten?*

Anderen beim Leben zusehen – Figuren charakterisieren

In Sibylle Bergs Kurzgeschichte „Hauptsache weit“ (S. 196 f.) erfahren wir zwar nicht einmal den Namen der Hauptfigur, dennoch können wir sie uns gut vorstellen. Wie schafft der Text das?

1 *Welche Vorstellung erhalten Sie von dem Jungen in der Erzählung?*

a) Bilden Sie 4er-Teams. Sammeln Sie Ideen mithilfe der Placemat-Methode (>> GUT ZU WISSEN).

b) Ordnen Sie nun die gesammelten Ideen folgenden Oberbegriffen zu: Äußeres – soziales Umfeld – Charakter.
Ergänzen Sie weitere Aspekte.

Äußeres: schöner Junge mit langen dunklen Haaren

b) Entwickeln Sie eine Mindmap (Kapitel I, >> GUT ZU WISSEN, S. 12), indem Sie die Ideen aus der Placemat strukturieren. Finden Sie Oberbegriffe und ergänzen Sie weitere Aspekte.

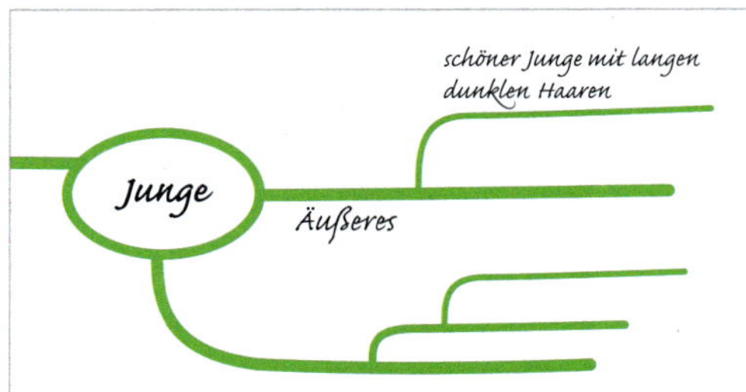

c) Suchen Sie zu den von Ihnen gefundenen Aspekten Belegstellen aus dem Text. Notieren Sie die Zeilen.

d) Charakterisieren Sie den Jungen schriftlich. Orientieren Sie sich an >> GUT ZU WISSEN: Planen Sie Ihren Text, indem Sie eine sinnvolle Reihenfolge für Ihre Punkte überlegen. Formulieren Sie den Text aus. Überlegen Sie, wie Sie Ihre Ideen belegen können. Überarbeiten Sie Ihren Text anschließend.

2 *Würden Sie dem Jungen gerne begegnen? Weshalb (nicht)?*

>> GUT ZU WISSEN – Figuren charakterisieren

Wenn eine literarische Figur charakterisiert werden soll, werden äußere Merkmale, Ausdrucksweise, soziales Umfeld, Verhalten, Einstellungen und die Beziehung zu anderen untersucht und dargestellt. Der Text kann folgendermaßen aufgebaut werden:

- Man beginnt mit den **äußeren Merkmalen** (Aussehen, Ausdrucksweise ...), um sich dann den **inneren Merkmalen** (Charakter, Verhalten ...) und den **Beziehungen zu anderen Personen** zu widmen.
- Der Aufbau der Charakterisierung kann auch **der Entwicklung einer Person folgen**.

Wichtige Aussagen sollten mit Textstellen belegt werden (z. B. Z. 21 f.)

Die Charakterisierung wird im **Präsens** geschrieben.

>> GUT ZU WISSEN – Mit der Placemat-Methode Ideen sammeln

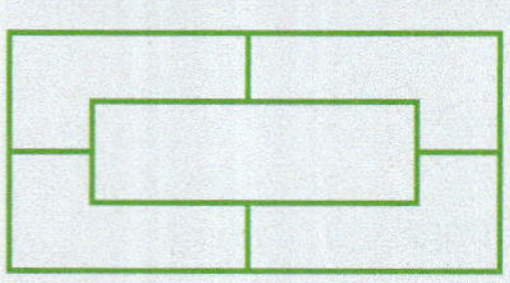

Eine Gruppe erhält eine Placemat (DIN A3) mit fünf Feldern. Jedes Gruppenmitglied schreibt die eigenen Ideen zu einem Thema in eines der Felder am Rand, die Mitte bleibt zunächst frei. Die Ideen werden vorgelesen und die Gruppe entscheidet, welche Ideen ausgewählt und in die Mitte der Placemat geschrieben werden.

Und plötzlich war alles still – Die Zeitstruktur untersuchen

1 *Gibt es etwas, z. B. einen Gegenstand, das bei Ihnen Erinnerungen an Vergangenes auslöst?*

Selim Özgür: „Ich habe einen Jungen gesehen ..." (2012)

Und immer diese Unordnung! Ich habe keinen Platz in meiner Hälfte des Zimmers! – schrie Hirolan lauthals. Er suchte zum unzähligen Male seinen Schlüsselbund, den er irgendwo unter den Papierhaufen auf seinem Schreibtisch glaubte. Alles, was auf dem Tisch lag, wurde in großzügigen, grob ausgeführten Handgriffen gepackt und auf die andere Seite des Tisches gelegt. Papiere, Bücher, Hefte wirbelten von rechts nach links, dann wieder von links nach rechts. Ab und zu flog ein Buch oder ein Heft durch das Zimmer, egal wohin, nur weg vom Tisch. Als der Tisch umgewälzt war, kamen die Kleiderhaufen oder weitere Papierberge am Boden dran. (...) Er kroch unters Bett, wühlte und erfuchtelte Gegenstände, die alles sein konnten, nur nichts Klimperndes wie ein Schlüsselbund. Irgendwo musste der verdammte Schlüsselbund doch hingekommen sein.

Erschöpft hockte Hirolan sich auf sein Bett, versuchte sich abzureagieren, doch seine Augen waren nicht auf Entspannungskurs, sondern zerrten ihn in eine neue Ecke des Zimmers. Dort, zwischen der Stereoanlage und der Zeitungsbeige, könnten sie doch sein. Du hast bloß nicht genau genug gesucht, sagte ihm das teuflische Gewissen.

Noch immer in Trance, stürzte er sich auf jene Stelle im Regal, riss alles raus, was die Rettung des verfluchten Schlüsselbundes behindern konnte, und als auch das nicht gefruchtet hatte, setzte er sich wieder auf das Bett, um aus dem Tower einen Überblick über den Flugplatz seiner Zimmerhälfte zu erhalten.

Ein weiteres Mal stürzte er sich auf einen Berg von Zeitungen, Papieren, Kleidern, der sich auf dem schmalen Boden zwischen seinem Bett und den Regalen türmte. Es erklang ein Kammerorchester aus raschelnden Blättern, flatternden T-Shirts, scheppernden CDs, tropfenartigem Klatschen durchs Zimmer fliegender Büroartikel, verfeinert durch Grummelgeräusche und gelegentlicher Flüche aus Hirolans Mund. Das Treiben wurde immer heftiger, es war dabei, sich in einen unendlichen Teufelskreis zu steigern.

Und plötzlich war alles still. Es flogen keine Stifte, es raschelte kein Papier. Stille. Hirolan bückte sich und entnahm den Unordnungstrümmern ein flaches, quaderförmiges Ding mit einem goldfarbigen Kleber drauf. Er setzte sich auf die Bettkante und betrachtete sein Fundstück. Er schüttelte es ganz fein, und die beiden Spulen klackerten, wie es nur solch kleine Spulen tun können.

Hirolan blickte zur Stereoanlage, öffnete das entsprechende Fach, legte das klackernde Ding hinein, schloss die Klappe und drückte auf den Knopf, und ein leises, unschuldiges Rascheln erfüllte seine Ohren. Er wartete ungeduldig und hüpfte vor Vorfreude leicht auf der Matratze auf und ab. Mit tosendem Rausch dröhnte das Lied aus den Lautsprechern und fegte durch das ganze Zimmer. Eine Dramatik aus dem nasalen Schrei eines Saxofons, wiegender Geigen und trommelnder Perkussion brauste auf. Hirolan lief ein eisiger Schauer den Rücken runter, der allen Möbeln und seiner Haut die Schicht von mehr als fünfzehn Jahren Zeit abwischte. Nackt sah er sich mit seinem längst vergangenen Ich konfrontiert.

Auf dem Bett lagen Spielzeugautos, mit denen er stundenlang und am Bett kniend spielte. Die Frauenstimme drang in seinen Körper, mit jeder Zelle spürte er die erfüllende Melancholie ihres Klanges. Es roch nach winterlichem Samstagnachmittag. Draußen war es dunkel, er

Und plötzlich war alles still – Die Zeitstruktur untersuchen

spielte unter dem Licht des großen Lampions. In der Küche wurden Spaghetti gekocht. Tränen gesellten sich zum eisigen Schauer. Die Stimme sang von einem Jungen, der über die Welt lachte und einen eigenen Weg wählte. Vielleicht realisierte Hirolan den türkischen Text damals noch nicht, doch ein inneres Gefühl machte ihm Mut, über die Melancholie hinwegzukommen und stark zu sein. Das Lied war ihm ein steter Begleiter, ein musikalischer Freund geworden.

Er blickte durch das Zimmer, betrachtete die Möbel. Die meisten von ihnen waren schon, seit er sich erinnern kann, an ihrem Ort: das massive Doppelstockbett, das Regal mit der Stereoanlage, der schwere Industrieschreibtisch, die Holzleiter, um in das obere Bett zu gelangen. Seine Augen rochen das Holz, die Matratze, die Tränen von früher und von heute. Sein Herz trat eine Höhenreise an, ließ den Körper als Hülle zurück. Er flog im Rhythmus der Musik davon, sprang umher, hüpfte, tanzte wild und ungehemmt, mit neuem Körper und neuen Beinen. Er besuchte seine Großeltern in der Türkei, die damals noch lebten. Ein Film voller kleiner Erinnerungen, Stimmen, Schmerzen, Gefühlen flimmerte vorbei. Das Lied türmte sich noch zu einem letzten Mal auf, kratzte noch einmal in seinem tiefsten Innern nach unentdeckten Vergangenheiten, nach unverarbeiteten Schmerzen. Im Flug fühlte er sich frei, er genoss die neue Welt, in der er weniger fern war, als in der er lebte.

Mit dem finalen Trommelwirbel riss ihn das Bewusstsein aus dem Flug und zwang ihm das Hautkleid von heute auf. Weich und mulmig spürte er seinen alten Körper wieder. Rau fühlte sich die Haut an. Irgendwie dreckig. Aber sein inneres Kind war anders. Es fühlte sich zart an, sanft, gereinigt. Die Tränen und der eisige Schauer hatten einen alten Staub weggewaschen. Hirolan lehnte sich zurück, ließ seinen Körper entspannen, lag einfach da, und ließ die Unordnung Unordnung sein.

2 *„Und plötzlich war alles still." (Z. 44): Warum ist es plötzlich still? Erklären Sie die Textstelle.*

3 *Teilen Sie den Text in Abschnitte ein und überlegen Sie für jeden Abschnitt eine Überschrift.*

Zeile	Überschrift	Zeit	Gefühle
Z. 1–18	*Hirolan sucht Schlüsselbund*	*jetzt*	*Ärger über verlorenen Schlüssel*

a) Ergänzen Sie, zu welchem Zeitpunkt der Abschnitt jeweils spielt (Spalte 3).

b) Notieren Sie die Gefühle Hirolans (Spalte 4).

c) Wie verändern sich seine Gefühle? Wodurch verändern sie sich? Sammeln Sie in Teams Ideen mit der Placemat-Methode (» GUT ZU WISSEN, S. 98).

4 *Schreiben Sie einen Text, der von der Gegenwart ausgeht und in den Sie Ihr in Aufgabe 1 beschriebenes Erlebnis als Rückblende (» GUT ZU WISSEN) einbauen.*

4 *Schreiben Sie eine Vorausschau (» GUT ZU WISSEN) für Selim Özgürs Text. An welcher Stelle könnte Hirolan in die Zukunft schauen?*

» GUT ZU WISSEN **Die Zeitstruktur von Erzähltexten erkennen**

Erzählende Texte erzählen das Geschehen nicht unbedingt immer in der Reihenfolge, wie die Ereignisse stattgefunden haben. Manchmal geht der Blick in die Vergangenheit, man spricht dann von einer **Rückblende**, manchmal wird in die Zukunft geblickt, dann spricht man von einer **Vorausschau**.

Inhaltsangaben zu literarischen Texten verfassen

1 *Erzählen Sie Ihrem Lernpartner, warum Sie sich für Ihren Beruf entschieden haben.*

Fanny Müller: Aus dem Berufsleben (2004)

Frau K.s Enkelin ist mit der Schule fertig, und nun geht es um die Berufsfindung. Ich sitze von meinem Tagewerk völlig erschöpft mit Frau K. und Ywonne, dem Gegenstand der Sorge, auf dem Spielplatz. Gleichzeitig halte ich ein Auge auf meinen zweijährigen Neffen, den ich in Pension habe. Er hockt im Sandkasten und backt Kuchen.
Anneliese Köster ist eben dazugekommen und lässt sich auf die Bank fallen. Sie hat eine Thermoskanne Kaffee mitgebracht. „Was willst du denn arbeiten", fragt sie Ywonne. Ywonne gibt wahrheitsgemäß an, dass sie gar nicht arbeiten will, sie will bloß Geld verdienen. Eine Idee, mit der auch ich seit einigen Jahren sympathisiere. Ich frage mich nur, warum dieser Gedanke noch nicht bis zu den Gewerkschaften durchgedrungen ist. Die hatten doch immerhin über hundert Jahre Zeit, um draufzukommen.
„Ohne Arbeit gibt das kein Geld", sagt Anneliese und schenkt den Kaffee aus. Der riecht irgendwie komisch. Ich wette, sie hat ihn wieder mit einem „Schuss" versetzt. „Das is ja nicht wahr", schaltet sich Frau K. ein, „in Blankenese[1] sitzt'n Haufen Arbeitslose in Villas rum." „Denn ham die das geerbt", sagt Anneliese, „von ihrn Vater oder Großvater und die ham gearbeitet ..." – „Das denks du!", sagt Frau K. und stellt im Folgenden die europäische Geschichte ein wenig verkürzt dar, „das warn alles Raubritter und Seeräuber und so was, das is doch alles geklaut." – „Bei so altes Geld is das egal", widerspricht Anneliese, „kuck allein ma die Sparkassenräuber, die wolln auch immer gebrauchte Scheine!" Wir sind für einen Moment sprachlos. „Anneliese", sagt Frau K. schließlich, „das is nich logisch." – „Logisch is das logisch, das steht doch immer inner Zeitung!" Oha. „Anneliese", fährt Frau K. fort, „was hast du inn Kaffee getan? Nich, dass wir jetz auch gleich anfangen mit son Tühnkram[2]."
Annelieses Erwiderung kriege ich nicht mit, denn jetzt fängt mein Neffe an zu brüllen. Er hat versucht, seine Sandkuchen aufzufressen. Ich flöße ihm Mineralwasser ein und setze ihn zu uns auf die Bank. Anneliese beugt sich zu ihm herunter. „Na, mein Schieter, was willst du denn ma wern, wenn du groß bist?" – „Tante", sagt er hilfesuchend und krabbelt auf meine Knie. „Das ist kein Beruf", dröhnt Anneliese, die unter Garantie schon zu Hause den Kaffee probiert hat. Außerdem hat sie unrecht. Wenn ich mir die letzten beiden Tage mit meinem Neffen vor Augen führe, dann bin ich ganz sicher, dass Tante doch ein Beruf ist. Ein schlecht bezahlter, um nicht zu sagen, ein überhaupt nicht bezahlter. Wo man dann hinterher noch angerufen wird, wo die rot-blaue Mütze geblieben sei. Dabei hat der nie im Leben eine mitgehabt.

1 Blankenese: Stadtteil von Hamburg
2 Tühnkram: unsinnige Dinge

2 *Lesen und besprechen Sie den Text. Formulieren Sie einen ersten Eindruck und arbeiten Sie dann die Ansichten zu Berufsfindung und Arbeitsleben heraus, die im Text vertreten werden.*

3 *Planen Sie Ihre Inhaltsangabe, indem Sie zunächst den Text genau untersuchen.*

a) Klären Sie zunächst grundlegende W-Fragen: Wo und wann findet das Geschehen statt? Welche Figuren sind beteiligt? Was geschieht?

b) Kopieren Sie den Text. Markieren Sie die wichtigsten Aussagen (gelb) und notieren Sie Stichpunkte.

Frau K.s Enkelin ist mit der Schule fertig, und nun geht es um die Berufsfindung. Ich sitze von meinem Tagewerk völlig erschöpft mit Frau K. und Ywonne, dem Gegenstand der Sorge, auf dem Spielplatz. Gleichzeitig halte ich ein Auge auf meinen zweijährigen Neffen, den ich in Pension habe. Er hockt im Sandkasten und backt Kuchen.

Figuren
Ort
Ywonne mit Schule fertig > Gegenstand der Sorge

c) Fassen Sie den Inhalt der vier Abschnitte kurz zusammen.

Die Ich-Erzählerin unterhält sich mit Frau K. – Ywonne, Enkelin von Frau K., ist mit der Schule fertig ...

d) Strukturieren Sie nun schriftlich Ihre Ergebnisse nach folgendem Muster:

1. Welche Figuren sind beteiligt? Wie stehen sie zueinander?

↓

2. Welches Problem / Welche Schwierigkeit wird behandelt?
Wie ist es zu diesem Problem / dieser Schwierigkeit gekommen?

↓

3. Wie gehen die einzelnen Personen mit dem Problem / der Schwierigkeit um?

↓

4. Wie entwickelt sich das Problem / die Schwierigkeit? Wird es/sie gelöst? Wenn ja, wie?

Personen: Tante (= Ich-Erzählerin), Neffe, Frau K., Ywonne (= Frau K.s Enkelin), Anneliese Köster
Problem: Berufsfindung von Iwonne, da ...
Umgang der Personen mit Problem: *Ywonne: will Geld verdienen, aber nicht arbeiten*
Anneliese: ...
Entwicklung des Problems: ...

4 *In der Kurzgeschichte gibt es eine Reihe von wörtlichen Reden, die für die Inhaltsangabe in indirekte Rede (➪ Kapitel 4, S. 92 f.) umgeformt werden müssen.*

a) Formulieren Sie die direkte Rede „Was willst du denn arbeiten" (Z. 10 f.) in indirekte Rede um. Wie antwortet Ywonne darauf im Text? Wie würden Sie diese Entgegnung in einer Inhaltsangabe wiedergeben?

b) Sehen Sie sich nun das Gespräch in Absatz 3 (Z. 11–21) an. Was fällt im Hinblick auf die Sprache auf? Welche Wirkung hat diese Form auf die Leser/-innen?

c) Vergleichen und beurteilen Sie folgende Texte:

Text 1: *Anneliese Köster fragt Ywonne, was sie arbeiten wolle. Ywonne sagt, sie wolle nicht arbeiten, sondern nur Geld verdienen. Anneliese sagt, ohne Arbeit gebe es kein Geld.*

Text 2: *Auf die Frage von Anneliese Köster, was sie arbeiten wolle, erwidert Iwonne, sie wolle nicht arbeiten, sondern nur Geld verdienen, was nach Annelieses Meinung nicht möglich ist.*

Tipp

Redeeinleitende Verben

Folgende Verben helfen Ihnen dabei, Gespräche in einer Inhaltsangabe abwechslungsreich wiederzugeben: *befragen, erwidern, jemanden informieren, feststellen, behaupten, erklären, einwenden, vermuten, zu dem Ergebnis kommen.*

d) Geben Sie das Gespräch in Absatz 3 in hochsprachlicher indirekter Rede wieder. Verwenden Sie die Begriffe aus dem Tipp-Kasten.

d) Geben Sie das Gespräch in Absatz 3 in indirekter Rede wieder. Achten Sie auf einen abwechslungsreichen Satzbau.

5 *Formulieren Sie mithilfe Ihrer Vorarbeiten den Hauptteil der Inhaltsangabe.*

a) Lassen Sie einen zweizeiligen Abstand sowie links und rechts einen breiten Rand beim Schreiben, damit Sie Ihre Texte anschließend mit der Textlupe (➪ Kapitel 7, S. 121) bearbeiten können.
So können Sie beginnen:
Die Ich-Erzählerin, die ihren zweijährigen Neffen beaufsichtigt, unterhält sich mit Frau K. und deren Enkelin Ywonne auf dem Spielplatz. Ywonne hat die Schule abgeschlossen ...

b) Tauschen Sie Ihren Text mit Ihrer Lernpartnerin / Ihrem Lernpartner und sehen Sie die Texte sorgfältig durch. Machen Sie insbesondere Verbesserungsvorschläge, wo Textzusammenhänge durch Verknüpfungen deutlich gemacht werden können.

c) Überarbeiten Sie anschließend Ihren Text.

CHECKLISTE **Eine Inhaltsangabe schrittweise erarbeiten**

Planen

- ☑ Den ersten Eindruck vom Text formulieren und die W-Fragen zu Ort, Zeit und Figuren beantworten.
- ☑ In einer Kopie die wichtigsten Aussagen markieren.
- ☑ Den Text in Abschnitte / Handlungsschritte untergliedern und sich der Zeitstruktur bewusst werden.
- ☑ Die einzelnen Abschnitte / Handlungsschritte in Stichpunkten zusammenfassen.
- ☑ Stichpunktartig den Hauptteil planen, indem man überlegt, wer die beteiligten Figuren sind, wie sie zueinander stehen, welches Problem behandelt wird, wie sie mit dem Problem umgehen und wie es sich entwickelt.
- ☑ Die Kernaussage kurz zusammenfassen.

Formulieren

- ☑ Die Stichpunkte ausformulieren und den Hauptteil daraus strukturieren.
- ☑ Einleitung und Schluss ergänzen.

Überarbeiten

- ☑ Inhaltsangabe überarbeiten.

6 *Schreiben Sie die Einleitung Ihrer Inhaltsangabe.*

a) Beurteilen Sie folgende Formulierungen mithilfe von » GUT ZU WISSEN, S. 204:
Text 1: *In der Kurzgeschichte „Aus dem Berufsleben“ von Fanny Müller aus dem Jahr 2004 geht es um jemanden, der Tante von Beruf ist.*
Text 2: *Die Erzählung „Aus dem Berufsleben“, geschrieben von Fanny Müller, beschäftigt sich mit der Frage, ob Arbeit, Beruf und der Besitz von Geld zusammenhängen.*
Text 3: *Der Text „Aus dem Berufsleben“, geschrieben von Fanny Müller, erschien im Jahr 2004 und behandelt die Frage, ob man arbeiten muss, um Geld zu verdienen.*
Text 4: *In der Kurzgeschichte „Aus dem Berufsleben“ von Fanny Müller überlegt die Ich-Erzählerin, angeregt durch ein Gespräch mit Freundinnen, ihr Verhältnis zu Arbeit und Geld.*

b) Formulieren Sie eine eigene Einleitung.

7 *Formulieren Sie einen Schluss mithilfe der Hinweise in » GUT ZU WISSEN, S. 204.*

a) Formulieren Sie in wenigen Sätzen, wie der Text auf Sie gewirkt hat.

a) Formulieren Sie in wenigen Sätzen eine Bewertung des Textes.

b) Geben Sie Ihren Schluss Ihrer Lernpartnerin / Ihrem Lernpartner zum Gegenlesen.

c) Überarbeiten Sie Ihren Text.

8 *In einer erweiterten Inhaltsangabe wird von Ihnen verlangt, dass Sie im Schlussteil eine weitere Frage beantworten. Für diesen Text könnte die Frage lauten: Beurteilen Sie die Ansicht von Ywonne: „... dass sie gar nicht arbeiten will, sie will bloß Geld verdienen." (Z. 12 f.)*

a) Erstellen Sie eine Liste, in der Sie Aussagen für und gegen Ywonnes Haltung aus dem Text herausschreiben und einander gegenüberstellen.

b) Nehmen Sie Stellung zu Ywonnes Haltung und belegen Sie Ihre Meinung.

a) Sammeln Sie aus dem Text Aussagen für und gegen Ywonnes Haltung, ergänzen Sie Ihre Liste und stellen Sie die Argumente einander gegenüber.

b) Nehmen Sie Stellung zu Ywonnes Haltung und finden Sie eigene Argumente dafür und dagegen.

9 *Erarbeiten Sie folgende Aufgaben nach dem Muster des hier erarbeiteten Textes. Nehmen Sie die Checkliste (S. 203) und* GUT ZU WISSEN *zu Hilfe.*

a) Schreiben Sie eine Inhaltsangabe zu Sibylle Bergs Text „Hauptsache weit" (S. 196 f.). Erläutern Sie, welche Funktion die Medien im Leben des Jungen spielen.

b) Schreiben Sie eine Inhaltsangabe zu Selim Özgürs Text „Ich habe einen Jungen gesehen ..." (S. 199 f.). Welche Wirkung hat es auf Hirolan, als er die Kassette findet? Erläutern Sie die Gründe für diese Wirkung.

GUT ZU WISSEN — Eine Inhaltsangabe verfassen (literarische Texte)

Eine **Inhaltsangabe**, die den Inhalt eines Textes möglichst **knapp**, aber in den **wesentlichen Aussagen vollständig** zusammenfasst, besteht aus Einleitung, Hauptteil und Schluss.

Die **Einleitung** enthält Angaben zur Autorin / zum Autor des Textes, zum Titel, zur Textsorte und zum Erscheinungsjahr (soweit angegeben). Die Kernaussage des Textes wird in einem Satz zusammengefasst.

Im **Hauptteil** werden wichtige Handlungsschritte knapp und zusammenhängend dargestellt. Dabei sollten die Hauptpersonen, ihre Ziele und ihr Verhältnis zueinander in Bezug auf die Handlung deutlich werden. Aussagen des Textes müssen in eigenen Worten umformuliert werden.

Im **Schluss** kann die Wirkung des Textes beschrieben, eine eigene Bewertung formuliert oder ein Vergleich zu anderen Texten gezogen werden. Manchmal enthält die Aufgabenstellung zum Verfassen einer Inhaltsangabe eine Zusatzfrage, die im Schlussteil beantwortet wird.

Sprache

- Die Inhaltsangabe steht im **Präsens**, Rückblenden werden ins Perfekt gesetzt.
- Inhalte wörtlicher Rede werden knapp zusammengefasst oder es wird die **indirekte Rede** verwendet.
- Der Stil ist **sachlich** und enthält keine persönliche Wertung. Auf Spannungserzeugung wird verzichtet.

Die Sätze einer Inhaltsangabe werden geschickt verknüpft, sodass die Zusammenhänge deutlich werden, z. B. durch Konjunktionen (*da*, *deshalb*, *weil*, *bevor*, *danach*, *nachdem*, *obwohl*, *wenn auch*, *sodass*, *damit*, *sodass* ...) oder Relativsätze (*Iwonne, die* ...; *Mein Neffe, der* ...).

Exkurs: Spaß am Lesen – Die Buchvorstellung

1 *Welche Bücher haben Sie in der letzten Zeit gelesen? Welches davon würden Sie gern Ihrer Lerngruppe vorstellen? Bringen Sie das ausgewählte Buch mit in den Unterricht.*

2 *Überlegen Sie gemeinsam, wie Sie das Interesse Ihrer Lerngruppe für Ihr Buch gewinnen können.*

Cover zeigen – beeindruckendes Zitat aus Buch / Rezension – Hinweis auf Verfilmung ...

3 *Ordnen Sie folgende Fragen in einer sinnvollen Reihenfolge den Gliederungspunkten im Tipp zu und erarbeiten Sie die Buchvorstellung für Ihr Buch.*

- Wann und wo spielt die Handlung?
- Wann hat die Autorin / der Autor gelebt? Was hat sie / er noch geschrieben?
- Werden die Erlebnisse der Autorin / des Autors im Roman deutlich?
- Welchen Charakter haben die Hauptfiguren?
- Warum ist der Roman lesenswert?
- In welcher Beziehung stehen die Hauptfiguren zueinander?
- Was passiert in dem Roman?
- Zu welcher Gattung (Liebesroman, Fantasy, Krimi ...) gehört das Buch?

3 *Erarbeiten Sie anhand von* » GUT ZU WISSEN *eine Buchvorstellung für Ihr Buch.*

Tipp

Gliederung einer Buchvorstellung:
1. Titel
2. Autor
3. Inhalt
4. Leseprobe
5. Eigene Meinung

4 *Stellen Sie Ihre Bücher in den nächsten Wochen im Unterricht vor.*

» GUT ZU WISSEN | **Bücher vorstellen**

Mit dem **Einstieg** einer Buchvorstellung sollte man das **Interesse** der Zuhörerinnen und Zuhörer wecken. Dann werden Informationen zu **Autorin / Autor** (Leben, weitere Werke) gegeben, evtl. auch zu den Entstehungsbedingungen des Werkes, anschließend wird der **Inhalt sachlich** referiert. Eine geschickt ausgewählte **Leseprobe** soll einen Vorgeschmack auf das Buch geben. Zum Abschluss wird die **eigene Meinung** zum Buch formuliert.

Wenn ein spannendes Buch ausgewählt wurde, sollte das Ende nicht verraten werden. Eine Fragestellung kann die Spannung erhalten, z. B.: Wird der Held das Rätsel lösen können?

Die ausgesuchte Stelle zur **Leseprobe** sollte etwa eine halbe Seite lang und typisch für das Buch sein. Das Vorlesen und der gesamte Vortrag sollten zu Hause geübt werden.

Für die Lerngruppe kann es hilfreich sein, wenn man ein knappes **Handout** austeilt. Es sollte eine Seite nicht überschreiten und übersichtlich gestaltet sein Das Handout folgt dem Aufbau der Buchvorstellung.

Kompetenzcheck – Testen Sie Ihren Lernerfolg

FAZIT

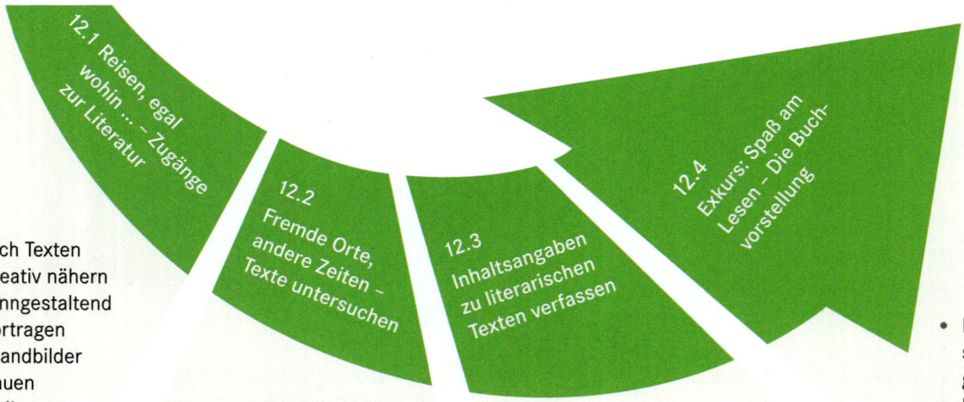

- Sich Texten kreativ nähern
- Sinngestaltend vortragen
- Standbilder bauen
- Haikus verfassen

- Texte lesen und die Problematik verstehen
- Figuren charakterisieren
- Zeitstruktur untersuchen

- Texte erschließen und schrittweise zusammenfassen
- Indirekte Rede
- Inhaltsangaben verfassen

- Buchvorstellung gliedern
- Handout erstellen

1 *Wenden Sie Ihr Wissen an und verfassen Sie eine Inhaltsangabe zum Text „Trachtenmode" von Elke Heidenreich auf S. 297. Beurteilen Sie das Verhalten der beiden Männer, die bei dem Känguru ausharren.*

KOMPETENZCHECK – Eine Inhaltsangabe überarbeiten

- ☑ Habe ich in der Einleitung Textsorte, Titel, Autorin / Autor und Erscheinungsjahr (soweit angegeben) genannt? Ist die Kernaussage treffend formuliert?
- ☑ Enthält die Inhaltsangabe Angaben zu Ort, Zeit und Figuren?
- ☑ Sind die Handlungsschritte vollständig? Habe ich mich auf das Wesentliche beschränkt?
- ☑ Habe ich die Zusammenhänge klargemacht, auch durch passende Verknüpfung der Sätze?
- ☑ Bin ich im Schlussteil kurz auf die Aussageabsicht des Textes eingegangen und habe eine eigene Wertung formuliert? Oder: Habe ich die Zusatzfrage, sofern vorhanden, umfassend beantwortet?
- ☑ Habe ich die Inhaltsangabe im Präsens geschrieben?
- ☑ Ist die Sprache sachlich und ohne eigene Wertung?
- ☑ Sind die Sätze klar und verständlich? Werden die Zusammenhänge deutlich?
- ☑ Habe ich direkte Aussagen in indirekter Rede wiedergegeben bzw. Gespräche zusammengefasst?
- ☑ Habe ich auf spannungssteigernde Elemente (z. B. Begriffe wie *plötzlich* oder *auf einmal*) verzichtet?

ZIELAUFGABE

2 *Führen Sie den Literaturwettbewerb (S. 193) in Ihrer Klasse durch. Geben Sie Ihren Text einer Jury, die Sie zuvor bestimmen, und lassen Sie alle Texte von ihr bewerten.*

Tipp
Entwickeln Sie zur Bewertung literarischer Texte einen Kriterienkatalog.

Kapitel 13

Literarische Texte interpretieren

13.1 Texte aus verschiedenen Zeiten lesen

13.2 Sich kreativ mit Texten auseinandersetzen

Literarischen Texten kann man sich auf unterschiedliche Weise nähern. Man kann sie kreativ bearbeiten und auf diese Weise auch interpretieren. „Mit ein bisschen Fantasie geht das schon", „kreativ bin ich allemal" – hört man bisweilen. Aber das ist nicht immer so einfach. Sie haben viele Fragen zu dieser Aufgabenart, die in Klassenarbeiten abgefragt wird. Am Ende des Kapitels werden Sie eine der Aufgaben erfolgreich bearbeiten.

Kompetenzen	Methoden und Arbeitstechniken
✔ Texte vergleichen	✔ Think-Pair-Share
✔ Erzählformen und sprachliche Mittel untersuchen	✔ Mit Redekärtchen diskutieren
✔ Historische Bezüge zum Text herstellen	✔ Visualisierung der Figurenkonstellation
✔ Eigene Deutungen eines Textes aufzeigen	✔ Schreibkonferenz
✔ Literarische Figuren charakterisieren	
✔ Empathie entwickeln	
✔ Kreative Verfahren des Schreibens anwenden	
✔ Eigene Gestaltungsversuche präsentieren	

Texte aus verschiedenen Zeiten lesen

Ein Roman von heute

Wolfgang Herrndorf: Tschick (2010)

Maik Klingenberg, der Ich-Erzähler in Wolfgang Herrndorfs Roman „Tschick", besucht die 8. Klasse eines Gymnasiums in Berlin und ist so langweilig, dass ihn niemand in der Klasse wahrnimmt. Andrej Tschichatschow, genannt Tschick, ein Russlanddeutscher, kommt in die Klasse, und Maik steht ihm, wie alle anderen in der Klasse, skeptisch gegenüber. Dennoch freunden sich die beiden Außenseiter an und Maik macht plötzlich Dinge, die er sich vorher nicht getraut und nicht zugetraut hätte. Zum Beispiel fährt er mit Tschick in den Sommerferien in den Urlaub – in einem „geliehenen" Auto.

Mein Arm hing aus dem Fenster, mein Kopf lag auf meinem Arm. Wir fuhren Tempo 30 zwischen Wiesen und Feldern hindurch, über denen langsam die Sonne aufging, irgendwo hinter Rahnsdorf, und es war das Schönste und Seltsamste, was ich je erlebt habe. Was daran seltsam war, ist schwer zu sagen, denn es war ja nur eine Autofahrt, und ich war schon oft Auto gefahren. Aber es ist eben ein Unterschied, ob man dabei neben Erwachsenen sitzt, die über Waschbeton und Angela Merkel reden, oder ob sie eben nicht da sitzen und niemand redet. Tschick hatte sich auf seiner Seite auch aus dem Fenster gehängt und steuerte den Wagen mit der rechten Hand eine kleine Anhöhe hinauf. Es war, als ob der Lada von alleine durch die Felder fuhr, es war ein ganz anderes Fahren, eine andere Welt. Alles war größer, die Farben satter, die Geräusche Dolby Surround, und ich hätte mich, ehrlich gesagt, nicht gewundert, wenn auf einmal Tony Soprano[1], ein Dinosaurier oder ein Raumschiff vor uns aufgetaucht wäre.

Wir waren auf dem direktesten Weg aus Berlin rausgefahren, den Frühverkehr hinter uns lassend, und steuerten durch die Vororte und über abgelegene Wege und einsame Landstraßen. Wobei sich als Erstes bemerkbar machte, dass wir keine Landkarte hatten. Nur einen Straßenplan von Berlin. (...) Aber wie man es bis in die Walachei schaffen sollte, wenn man nicht mal wusste, wo Rahnsdorf ist, deutete sich da als Problem schon mal an. Wir fuhren deshalb erst mal Richtung Süden. Die Walachei liegt nämlich in Rumänien und Rumänien ist im Süden.

Das nächste Problem war, dass wir nicht wussten, wo Süden ist. Schon am Vormittag zogen schwere Gewitterwolken auf, und man sah keine Sonne mehr. Draußen waren mindestens vierzig Grad. Es war noch heißer und schwüler als am Tag davor.

[1] Tony Soprano: Figur der amerikanischen Fernsehserie „The Sopranos"

1 *Klären Sie folgende Fragen zum Text:*

a) Wann und wo findet die Handlung statt? Welche Figuren kommen in dem Textausschnitt vor?
b) Wohin wollen die beiden? Gehen Sie dafür der Bedeutung des Begriffs „Walachei" nach.
c) Tragen Sie zusammen, was an der Situation ungewöhnlich ist.
d) Was erfahren Sie über die Hauptfiguren? Wie stehen sie zueinander?
e) Beschreiben Sie, wie Maik und Tschick auf Sie wirken, und belegen Sie Ihre Einschätzung am Text.

Ein Roman von heute

2 *Untersuchen Sie die Form des Textes: Wer erzählt das Geschehen? Wie wird erzählt?*

a) Wie würde sich die Wirkung des Textes verändern, wenn in der Er-Form erzählt würde? Probieren Sie das an den ersten Sätzen aus. Nutzen Sie dazu GUT ZU WISSEN.
Maiks Arm hing aus dem Fenster, sein Kopf lag auf seinem Arm.

b) Was fällt Ihnen weiterhin an der Sprache des Ich-Erzählers auf?

c) Wie beurteilen Sie die Sprache? Hätten Sie Lust weiterzulesen? Warum (nicht)?

3 *Betrachten Sie folgende Textstelle genauer: „Aber es ist eben ein Unterschied, ob man dabei neben Erwachsenen sitzt, die über Waschbeton und Angela Merkel reden ...“ (Z. 5 f.)*

a) Geben Sie mit eigenen Worten wieder, was hier gemeint ist.

b) Woran liegt es, dass man sich die Erwachsenen, die so beschrieben werden, gut vorstellen kann?

c) Welche Rückschlüsse können Sie hieraus auf die Beziehung zwischen Maik und den Erwachsenen ziehen?

d) Bei dieser Formulierung handelt es sich um ein besonderes sprachliches Mittel. Sehen Sie in GUT ZU WISSEN (S. 211) nach, wie man es bezeichnet.

4 *Literarische Texte arbeiten oft mit sprachlichen Mitteln, die im Kopf der Leser komplexe Bilder entstehen lassen.*

Wählen Sie eines der Zitate und bearbeiten Sie die Aufgaben.

Wählen Sie zwei der Zitate und bearbeiten Sie die Aufgaben.

- „... es war ein ganz anderes Fahren, eine andere Welt.“ (Z. 9)
- „... Tony Soprano, ein Dinosaurier oder ein Raumschiff vor uns aufgetaucht wäre.“ (Z. 11 f.)
- „Aber wie man es bis in die Walachei schaffen sollte, wenn man nicht mal wusste, wo Rahnsdorf ist, deutete sich da als Problem schon mal an.“ (Z. 16 f.)

a) Geben Sie mit eigenen Worten wieder, was jeweils gemeint ist.

b) Wie wirkt diese Formulierung an dieser Stelle auf die Leser?

c) Wie bezeichnet man das sprachliche Mittel? Sehen sie in GUT ZU WISSEN, S. 211 und S. 274 nach.

d) Suchen Sie weitere auffällige sprachliche Formulierungen und erklären Sie sie.

5 *Dem Ich-Erzähler Maik geht es in dem Ausschnitt ziemlich gut. Erzählen Sie (in Ich- oder Er-Form) eine Situation, in der Sie auch unterwegs waren und sich wohlgefühlt haben. Versuchen Sie Ihren Text durch sprachliche Mittel anschaulich zu gestalten. Hängen Sie die Texte im Klassenzimmer aus. Gibt es Texte, die Sie besonders beeindrucken?*

GUT ZU WISSEN **Die Erzählform untersuchen**

Ein **Ich-Erzähler** stellt dar, was aus seiner Sicht geschieht (äußere Handlung) und was er denkt und fühlt (innere Handlung). Als Leser/-in fühlt man sich dieser Figur nahe.

Ein **Er-Erzähler** erzählt das Geschehen aus der Sicht einer Figur (äußere und innere Handlungen der Figuren), ist selbst aber nicht an der Handlung beteiligt. Er kann erzählen, was von außen zu beobachten ist (neutral), oder er scheint zu wissen, was im Kopf einer oder mehrerer Figuren vorgeht (personal). Kennt er Vergangenheit und Zukunft der Figuren und wendet sich noch mit Kommentaren an die Leser/-innen, bezeichnet man ihn als allwissend oder auktorial.

Eine Novelle aus früheren Zeiten zum Vergleich

1 *Was stellen Sie sich unter einem „Taugenichts" vor?*

a) Sammeln Sie Ihre Ideen in einem Cluster und tauschen Sie sich aus. Beziehen Sie die Illustration in Ihre Überlegungen ein.

b) Lesen Sie anschließend den Text und achten Sie dabei besonders auf den Taugenichts.

Joseph von Eichendorff: Aus dem Leben eines Taugenichts (1826)

Auch der Ich-Erzähler aus Joseph von Eicherndorffs Novelle[1] begibt sich auf Reisen. Er ist ein Müllersohn und hat keine rechte Lust zu arbeiten. So schickt ihn sein Vater los, damit er sich selbst sein Brot verdiene, was ihm gerade recht ist. Da die Novelle aber schon vor fast 200 Jahren spielt, sieht seine Reise ganz anders aus als die von Maik und Tschick. In der folgenden Szene ist er auf einer Landstraße unterwegs. Während er geht, singt er und begleitet sich auf seiner Geige. Gerade hat er ein Lied beendet.

„Aus dem Leben eines Taugenichts", Federlithografie von Adolf Schroedter, 1842

Indem, wie ich mich so umsehe, kömmt ein köstlicher Reisewagen ganz nahe an mich heran, der mochte wohl schon einige Zeit hinter mir drein gefahren sein, ohne dass ich es merkte, weil mein Herz so voller Klange war, denn es ging ganz langsam und zwei vornehme Damen steckten die Köpfe aus dem Wagen und hörten mir zu. Die eine war besonders schön und jünger als die andere, aber eigentlich gefielen sie mir alle beide. Als ich nun aufhörte zu singen, ließ die ältere still halten und redete mich holdselig[2] an: „Ei, lustiger Gesell, Er weiß ja recht hübsche Lieder zu singen." Ich nicht zu faul dagegen: „Ew. Gnaden[3] aufzuwarten, wüsst' ich noch viel schönere." Darauf fragte sie mich wieder: „Wohin wandert Er denn schon so am frühen Morgen?" Da schämte ich mich, dass ich das selber nicht wusste, und sagte dreist: „Nach W."; nun sprachen beide miteinander in einer fremden Sprache, die ich nicht verstand. Die jüngere schüttelte einigemal mit dem Kopfe, die andere lachte aber in einem fort und rief mir endlich zu: „Spring Er nur hinten mit auf, wir fahren auch nach W." Wer war froher als ich! Ich machte einen Reverenz[4] und war mit einem Sprunge hinter dem Wagen, der Kutscher knallte; und wir flogen über die glänzende Straße fort, dass mir der Wind am Hute pfiff.

Hinter mir gingen nun Dorf, Gärten und Kirchtürme unter, vor mir neue Dörfer, Schlösser und Berge auf; unter mir Saaten, Büsche und Wiesen bunt vorüberfliegend, über mir unzählige Lerchen in der klaren blauen Luft – ich schämte mich, laut zu schreien, aber innerlichst jauchzte ich und strampelte und tanzte auf dem Wagentritt[5] herum, dass ich bald meine Geige verloren hätte, die ich unterm Arme hielt.

[1] Novelle: kurze Form der Erzählung, die ein ungewöhnliches Ereignis thematisiert
[2] holdselig: freundlich, anmutig
[3] Ew. Gnaden: Euer Gnaden, abgekürzt ew. Gnaden, ist eine respektvolle Anrede, mit der Adlige angeredet werden
[4] Reverenz: hier: Verbeugung
[5] Wagentritt: an der Kutsche angebrachte Trittstufe

Eine Novelle aus früheren Zeiten zum Vergleich

2 *Klären Sie folgende Fragen zum Text:*

a) Was können Sie nach dem ersten Lesen über den Taugenichts sagen? Empfinden Sie ihn eher als eine positive Figur oder als negative Figur?

b) Auch wenn Sie nicht alles verstehen: Worum geht es in dem Textausschnitt? Welche Personen sind außer dem Taugenichts beteiligt? Wo spielt die Szene?

c) Notieren Sie alle Wörter, die Sie nicht verstehen, und klären Sie die Bedeutung.

d) Fassen Sie nun den Text mit Ihren eigenen Worten zusammen.

3 *Dass auch die Sprache in diesem Text besonders ist, ist Ihnen sicherlich aufgefallen.*

Wählen Sie eines der folgenden Zitate und bearbeiten Sie die Aufgaben.

Wählen Sie zwei der folgenden Zitate und bearbeiten Sie die Aufgaben.

- „Wer war froher als ich!“ (Z. 13)
- „... und wir flogen über die glänzende Straße fort ...“ (Z. 14)
- „... jauchzte ich und strampelte und tanzte ...“ (Z. 19)

a) Geben Sie mit eigenen Worten wieder, was jeweils gemeint ist?

b) Wie wirkt diese Formulierung an dieser Stelle auf die Leser?

c) Wie bezeichnet man das sprachliche Mittel? Sehen Sie in » GUT ZU WISSEN unten und in Kapitel 17, S. 274 nach.

d) Finden Sie im Textausschnitt eine weitere Textstelle, die besonders gestaltet ist.

e) Welche Atmosphäre entsteht durch diese Erzählweise?

» GUT ZU WISSEN Sprachliche Mittel untersuchen

In literarischen Texten finden sich sprachliche Mittel, die dazu beitragen, dass Inhalte besonders anschaulich und eindringlich dargestellt werden. Hierzu gehören z. B.:

- **Anapher:** Wiederholung eines Wortes oder einer Wortgruppe am Anfang aufeinanderfolgender Sätze, z. B.: *Endlich sieht er ihn, endlich kommt er zurück.*
- **Emphase:** nachdrückliche Betonung, z. B.: *Das ist **die** Lösung.*
- **Hyperbel:** übertriebene Darstellung eines Sachverhalts, z. B.: *Ich warte hier schon eine Ewigkeit.*
- **Ironie:** Darstellungsweise, die das Gegenteil des eigentlichen Wortlautes meint, z. B.: *Du machst aber schöne Geschichten.*
- **Klimax:** Anordnung einer Wort- oder Satzreihe in stufenweiser Steigerung, z. B.: *Ich kam, sah und siegte.*
- **Parallelismus:** Wortfolgen, die parallel gebaut sind, z. B.: *Soll ich etwas sagen oder soll ich besser ruhig sein?*
- **Pars pro Toto** (lat. Teil für das Ganze): Redefigur, die einen Teil (des Gegenstands) als Bezeichnung für das Ganze nimmt, z. B. *ein 1000-Seelen-Dorf* (= ein Dorf mit 1000 Menschen)
- **Reihung** (Akkumulation): Mehrere Begriffe werden aneinandergehängt, z. B.: *sichtbar, riechbar, hörbar, tastbar.*
- **Vergleich:** Verknüpfung von zwei Bedeutungsbereichen, die das Gemeinsame hervorhebt, z. B.: *Sie ist schön wie eine Rose.*

Tipp

Eine Liste mit weiteren sprachlichen Mitteln finden Sie in » GUT ZU WISSEN, Kapitel 17, S. 274.

4 *Was erfahren Sie über die beiden Damen?*

a) Wie reagieren sie auf den Wanderer, wie äußert er sich über sie? Belegen Sie Ihre Aussagen.

b) Worüber könnten sich die beiden Damen in der Textstelle auf S. 212 oben unterhalten? Arbeiten Sie nach der Methode *Think-Pair-Share* (Kapitel 8, S. 148).

Eine Novelle aus früheren Zeiten zum Vergleich

„... nun sprachen beide miteinander in einer fremden Sprache, die ich nicht verstand. Die jüngere schüttelte einigemal mit dem Kopfe, die andere lachte aber in einem fort und rief mir endlich zu: „Spring Er nur hinten mit auf, wir fahren auch nach W." (Z. 10 ff.)

c) Notieren Sie Vorschläge, die zu der Situation und der Körpersprache der Damen passen.

d) Tauschen Sie sich mit Ihrer Lernpartnerin / Ihrem Lernpartner über Ihre Ergebnisse aus und formulieren Sie gemeinsam ein mögliches Gespräch der beiden Damen.

Schreiben Sie in modernem Deutsch.

Versuchen Sie so zu formulieren, dass es altertümlich klingt.

e) Bilden Sie mit weiteren Lernpartnern 4er-Teams und tragen Sie Ihre Gesprächsversionen mit verteilten Rollen vor. Vergleichen Sie die verschiedenen Gespräche in Hinblick auf Stärken und Schwächen.

5 *Der Müllersohn aus Eichendorffs Novelle kommt weiter in der Welt herum, erlebt dabei einige Abenteuer und kehrt schließlich in das Schloss seiner Reisebegleiterinnen zurück. Er heiratet seine Traumfrau und der letzte Satz der Novelle lautet: „... und es war alles, alles gut!"*

a) Welche andere Textsorte kennen Sie, die mit einem immer gleichen, positiven Satz endet?

b) Finden Sie noch andere Ähnlichkeiten mit dieser Textsorte?

6 *Vergleichen Sie das Ende vom Taugenichts mit dem Ende des Romans „Tschik" (S. 208). Maik stellt dort fest:*

„Seit ich klein war, hatte mein Vater mir beigebracht, dass die Welt schlecht ist. (...) Trau keinem, geh nicht mit Fremden und so weiter. (...) Und vielleicht stimmte das ja auch, und der Mensch war zu 99 Prozent schlecht. Aber das Seltsame war, dass Tschick und ich auf unserer Reise fast ausschließlich dem einen Prozent begegneten, das nicht schlecht war."

a) Wer hat recht: Maiks Vater mit seinen Warnungen oder Maik mit seinen Erfahrungen? Bilden Sie 4er-Teams. Verteilen Sie Redekärtchen (➪ Tipp-Kasten) und diskutieren Sie die Fragestellung.

b) Vergleichen Sie den Romanausschnitt und den Ausschnitt aus der Novelle miteinander. Beachten Sie dabei: das Lebensgefühl der beiden Figuren auf der Reise, das jeweilige Reiseziel, die Schlüsse (➪ Aufgabe 4 und 5).

Tipp

Mit Redekärtchen diskutieren

Damit sich alle im Team gleichermaßen an einer Diskussion beteiligen, werden pro Person vier Kärtchen (je Person eine Farbe) ausgegeben. Während der Diskussion darf nur sprechen, wer vorher sein Kärtchen in die Mitte gelegt hat.

Es ist nicht erlaubt, zweimal nacheinander das Wort zu ergreifen (zu erkennen an der Farbe der Kärtchen, die aufeinanderliegen).

GUT ZU WISSEN — **Texte aus früheren Epochen lesen**

Texte aus früheren Epochen sind nicht immer leicht zu verstehen: Die Sprache kann dabei ein Hindernis sein. Manchmal hilft es, ältere Texte mit Texten aus der heutigen Zeit zu vergleichen. Um den Zugang zu älteren Texten zu erleichtern, fasst man Texte aus früheren Zeiten zu **Epochen** zusammen, die einige ähnliche Merkmale aufweisen. „Aus dem Leben eines Taugenichts" wird z. B. der **Romantik** (1795–1840) zugerechnet. In dieser Epoche spielen Fantasie und Volkstümlichkeit eine große Rolle. Die Natur wird idealisiert, die Menschen sehnen sich in die Ferne. Dazu passen die Lust am Wandern und die Lebensfreude, die im „Taugenichts" deutlich werden.

Sich kreativ mit Texten auseinandersetzen

Einen Brief schreiben

Auf einen literarischen Text mit eigenen Texten, z. B. einem persönlichen Brief, zu reagieren, zählt zu den kreativen Auseinandersetzungen mit einer Textvorlage. Dabei ist es wichtig, Handlungszusammenhänge zu erkennen und sich in die Figur hineinzuversetzen, aus deren Perspektive man schreibt. In dem Briefroman „Adressat unbekannt" (1938) der amerikanischen Autorin Kathrine Kressmann Taylor schreiben sich Max und Martin, zwei Freunde und Geschäftspartner, von denen der eine zu Beginn der 1930er-Jahre aus den USA nach Deutschland zurückkehrt.

GALERIE SCHULSE-EISENSTEIN
SAN FRANCISCO, KALIFORNIEN, U.S.A.

12. November 1932

Herrn Martin Schulse
Schloss Rantzenburg
München, Deutschland

Mein lieber Martin,
nun bist du also wieder in Deutschland. Wie sehr ich Dich beneide! Obwohl ich dieses Land seit meinen Studienzeiten nicht mehr gesehen habe, wirkt der Zauber von *Unter den Linden* noch immer auf mich – die geistige Freiheit, die Diskussionen, die Musik und die freundschaftliche Wärme. Inzwischen ist ja auch Schluss mit dem Junkergehabe, mit der preußischen Arroganz und dem Militarismus. Du findest ein demokratisches Deutschland vor, ein Land mit einer tief verwurzelten Kultur, in dem der Geist einer wunderbaren politischen Freiheit aufzublühen beginnt. Wie gut es sein muss, dort zu leben. Deine neue Adresse hat mich mächtig beeindruckt, und ich hoffe sehr, dass die Überfahrt für Elsa und die Sprösslinge angenehm und unbeschwerlich verlief.
Was mich betrifft, ich bin im Augenblick nicht so glücklich. Seit Eurer Abreise fühle ich mich besonders an den Sonntagvormittagen einsam – ein armer Junggeselle ohne Ziel. Mein amerikanischer Sonntag spielt sich jenseits des großen Meeres ab, das ich in Gedanken überspringe. Das große alte Haus auf dem Hügel, Dein warmherziger Willkommensgruß – ein Tag, den wir nicht gemeinsam verbringen, ist kein vollendeter Tag, versicherst Du mir. Und unsere liebe, fröhliche Elsa, die mir strahlend entgegenläuft und ruft: „Max, Max!", die mich an der Hand nimmt, mich ins Haus zieht und die Flasche mit meinem Lieblingsschnaps öffnet. Und Eure wunderbaren Jungen – vor allem Dein Heinrich, ein so schönes Kind; wenn ich ihn wiedersehen werde, wird er schon ein Mann sein.
Und diese Abendessen – kann ich hoffen, eines Tages noch einmal so zu speisen wie bei Euch? Jetzt gehe ich in ein Restaurant, und vor meinem einsamen Roastbeef habe ich Visionen von gebackenem Schinken in köstlich duftender Burgundersauce – und Spätzle, ah! Spätzle und Spargel! Nein, ich werde mich niemals mit meiner amerikanischen Kost abfinden. Und die Weine, die so behutsam von den deutschen Schiffen entladen wurden. Und unsere Trinksprüche, wenn die Gläser zum vierten, fünften, sechsten Male bis zum Rand gefüllt wurden.
Natürlich hast Du recht daran getan, wieder nach Deutschland zu gehen. Du bist trotz Deines Erfolgs hier nie wirklich Amerikaner geworden, und jetzt, da die Galerie so gut eingeführt ist, ist es nur richtig, dass Du Deine kräftigen Jungs in ihrer Heimat zur Schule schickst. Und Elsa hat all die Jahre hindurch ihre Familie sehr vermisst, und ihre Verwandten sind bestimmt auch glücklich, Dich wiederzusehen. Der mittellose junge Künstler ist nun der Wohltäter der Familie geworden, auch dies wird Dir ein stiller, kleiner Triumph sein.
Das Geschäft läuft weiterhin ausgezeichnet. Mrs. Levine hat den kleinen Picasso zu unserem Preis gekauft, wozu ich mir selbst gratuliere, und die alte Mrs. Fleshman habe ich inzwischen so weit, dass sie immerhin mit dem Gedanken spielt, die abscheuliche Madonna zu erwerben. Niemand kommt auf die Idee, ihr zu sagen, ein Stück ihrer Sammlung sei hässlich, einfach weil alle so schrecklich sind. Aber mir geht Dein Geschick im Umgang mit den alten jüdischen Matronen ab. Ich kann sie durchaus von der Vorzüglichkeit einer Investition überzeugen, aber nur Du hattest diesen feinsinnigen Zugang zu einem Kunstwerk, der sie entwaffnet hat. Außerdem trauen sie wahrscheinlich niemals einem anderen Juden.

Einen Brief schreiben

Ich habe gestern einen wunderbaren Brief von Griselle bekommen. Sie schreibt, ich könne bald sehr stolz auf meine kleine Schwester sein. Sie hat die Hauptrolle in einem neuen Theaterstück, das in Wien aufgeführt wird, und die Kritiken sind hervorragend – die entmutigenden Jahre, die sie in kleinen Ensembles verbracht hat, beginnen Früchte zu tragen. Armes Kind, es war nicht leicht für sie, aber sie hat sich niemals beklagt. Sie besitzt Courage, zudem Schönheit und, wie ich hoffe, Talent. Sie erkundigt sich auch nach Dir, Martin, auf ganz freundschaftliche Weise. Es ist keine Bitterkeit bei ihr zurückgeblieben. Dieses Gefühl verblasst in ihrem Alter schnell. Einige wenige Jahre genügen, und es bleibt nur mehr die Erinnerung an den Schmerz. Und natürlich traf keinen von Euch beiden die Schuld. Diese Dinge ereignen sich wie ein plötzlicher Sturm, einen Augenblick lang ist man durchnässt und durchgeschüttelt, man fühlt sich vollkommen hilflos angesichts dieser Kraft. Doch dann kommt wieder die Sonne hervor, und obwohl man dieses Erlebnis nie mehr ganz vergisst, hinterlässt es nur Sanftheit, keinen Kummer. Es wäre Dir – ebenso wenig wie mir – unter anderen Vorzeichen gar nicht passiert. Ich habe Griselle nicht geschrieben, dass Du in Europa bist, aber vielleicht sollte ich es tun, wenn Du es auch für klug hältst. Griselle schließt nicht leicht Freundschaften, und ich weiß, sie wäre froh, Freunde nicht weit entfernt von ihr zu wissen.
Vierzehn Jahre seit Kriegsende! Hast Du das Datum rot in Deinem Kalender markiert? Welch weiten Weg wir gegangen sind – wir als Völker – seit dieser so bitteren Erfahrung!
Mein lieber Martin, sei in Gedanken nochmals umarmt und grüße Elsa und die Jungen aufs Herzlichste von mir.
Dein wie immer treu ergebener

Max

1 *Setzen Sie sich mit diesem Brief auseinander.*

a) Nennen Sie Ort und Zeit der Handlung.

b) Ordnen Sie das Datum dieses Briefes historisch ein:
Erster Weltkrieg – Machtergreifung Hitlers – Zweiter Weltkrieg – Teilung Deutschlands

a) Zeigen Sie am Text, wie Deutschland zu der Zeit beschrieben wird.

b) Erläutern und bewerten Sie die Aussage von Max, es sei Schluss mit dem Junkergehabe, mit der preußischen Arroganz und dem Militarismus. (Z. 4 f.)

c) Erklären Sie mithilfe der grafischen Darstellung die Beziehung der Figuren.

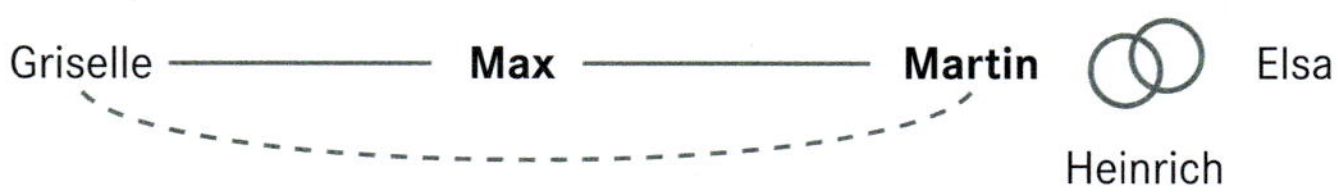

Tipp

Figurenkonstellation grafisch darstellen

Den Beziehungen zwischen einzelnen Figuren in einem literarischen Werk kann man sich nähern, indem man sie durch grafische Darstellung besonders veranschaulicht.

2 *Charakterisieren Sie Martin und Max.*

a) Wie wird das geschäftliche Geschick von Martin dargestellt?

b) Welche Entwicklung hat Martin durchlaufen?

c) Finden Sie Synonyme (sinnverwandte Wörter) für das Adjektivpaar *erfolgreich/ nicht erfolgreich.*

d) Beantworten Sie die folgenden Fragen zu Max und belegen Sie Ihre Aussagen am Text: Was macht Max beruflich? Wie geht es ihm privat? Welcher Glaubensgemeinschaft gehört er an? Wie steht Max zu der Beziehung von Griselle und Martin?

e) Formulieren Sie weitere Fragen zu Max. Arbeiten Sie mit Ihrer Lernpartnerin / Ihrem Lernpartner zusammen und beantworten Sie gegenseitig Ihre Fragen.

f) Welche Bedeutung kommt der Beziehung zwischen Max und Martin zu?

Einen Brief schreiben

3 *Setzen Sie sich mit Griselle auseinander.*

a) Max sagt von Griselle, sie besitze Courage, Schönheit und Talent (Z. 36 f.). Bilden Sie zu jedem dieser Nomen Synonyme bzw. Antonyme (Begriffe mit entgegengesetzter Bedeutung).

b) Bilden Sie zu den vorgegebenen Nomen Adjektive.

c) Recherchieren Sie die Bedeutung des Namens „Griselle".

4 *Erläutern Sie, aus welchem Grund Max den Brief auf S. 213 f. geschrieben hat.*

SCHLOSS RANTZENBURG
MÜNCHEN, DEUTSCHLAND

10. Dezember 1932

Mr. Max Eisenstein
Galerie Schulse-Eisenstein
San Francisco, Kalifornien, U.S.A.

Max, mein teurer alter Gefährte,

die Abrechnungen und Kontoauszüge sind prompt bei mir eingetroffen, wofür ich Dir herzlich danke. Aber fühle Dich bitte nicht allzu verpflichtet, mir unsere Geschäfte in aller Ausführlichkeit darzulegen. Du weißt, dass ich mit allem einverstanden bin, was Du tust. Und ich bin hier in München mit meinen neuen Angelegenheiten mehr als ausgelastet. Wir sind nun eingerichtet, aber was war das für ein Aufstand! Wie Du weißt, hatte ich das Haus schon lange im Auge. Und ich habe es zu einem ausgesprochen günstigen Preis erworben. Dreißig Zimmer und ein viereinhalb Hektar großes Parkgrundstück. Du würdest Deinen Augen nicht trauen. Andererseits würdest Du die Armut missbilligen, die in diesem traurigen Land, meinem Vaterland, herrscht. Die Bedienstetenwohnungen, die Ställe und Nebengebäude sind äußerst weitläufig, und Du wirst es nicht glauben, wir beschäftigen jetzt zehn Angestellte für dasselbe Gehalt, das wir unseren beiden Leuten in San Francisco bezahlt haben.

Die Wandteppiche und Kunstwerke, die wir aus Amerika mitgebracht haben, machen sich ausnehmend gut. Dazu sind nun noch einige ausgesuchte Möbelstücke gekommen, die ich erstehen konnte. Ich denke, wir werden für dieses Haus sehr bewundert, um nicht zu sagen, wir werden darum beneidet. Ich habe vier vollständige Service aus feinstem Porzellan gekauft, einiges an Kristall und dazu noch ein komplettes Silberservice, das Elsa in Entzücken versetzt. (…) Für die Jungen haben wir drei Ponys (die Kleinen, Karl und Wolfgang, sind noch nicht groß genug zum Reiten) und einen Hauslehrer. Ihr Deutsch ist sehr schlecht, viel zu sehr mit Englisch durchmischt.

Für Elsas Familie ist die Situation nicht ganz leicht jetzt. Die Brüder sind inzwischen alle berufstätig, und obwohl sie für ihre Arbeit sehr geschätzt werden, sind sie finanziell gezwungen, alle in einem Haus zu leben. In den Augen der Familie sind wir amerikanische Millionäre. Davon kann nun gar nicht die Rede sein, doch dank unseres amerikanischen Einkommens zählen wir hier zu den Vermögenden. Hochwertige Lebensmittel sind ausgesprochen teuer, und es gibt politische Unruhen, selbst jetzt noch, unter der Präsidentschaft Hindenburgs, eines feinsinnigen Liberalen, den ich sehr bewundere.

Alte Bekannte beginnen mich bereits zu bedrängen, ich solle mich für ein Amt in der Stadtverwaltung zur Verfügung stellen. Dieses Ansinnen will ich gern bedenken, denn es könnte uns hier von Nutzen sein, wenn ich mich in öffentlichen Angelegenheiten engagierte.

Was Dich angeht, mein guter Max, wir haben Dich allein gelassen, aber Du darfst kein Misanthrop[1] werden. Sieh zu, dass Du schnell eine nette, dicke, kleine Frau findest, die sich um Dein Wohlergehen kümmert und Dich fleißig bekocht, bis sich Deine Laune wieder aufheitert. Dies ist mein Ratschlag, und er ist gut, obwohl ich lachen muss, während ich ihn niederschreibe.

Du berichtest von Griselle. Sie verdient ihren Erfolg so sehr, die Süße. Ich freue mich mit Dir, wenngleich ich mich sogar jetzt noch ärgere, dass sie sich ihren Weg erkämpfen muss, ein Mädchen allein. Jeder Mann erkennt auf Anhieb, dass sie ein Geschöpf ist, das für den Luxus erschaffen wurde, für Hingabe, für ein angenehmes und schönes Leben, dessen Behaglichkeit ihr den Freiraum zur Entfaltung ihrer Empfindsamkeit bietet. In ihren dunklen Augen

Einen Brief schreiben

spiegelt sich eine weiche, tapfere Seele, aber es gibt auch eine unerbittliche Stärke und etwas Wagemutiges in ihr. Sie ist eine Frau, die nichts leichtfertig macht oder gibt. Ach, Max, wie immer verrate ich mich selbst. Obwohl Du während unserer stürmischen Affäre geschwiegen hast, weißt Du, dass mir die Entscheidung nicht leichtgefallen ist. Du hast mir, Deinem Freund, nie einen Vorwurf gemacht, während Deine kleine Schwester litt. Und ich hatte immer das Gefühl, Du wusstest, dass auch ich litt, ganz furchtbar sogar.
Was konnte ich denn tun? Da waren Elsa und meine kleinen Söhne. Es gab keine andere Möglichkeit. Dennoch empfinde ich eine Zärtlichkeit für Griselle, die auch dann noch andauern wird, wenn sie längst einen viel jüngeren Mann gefunden hat, der sie lieben und heiraten wird. Die alte Wunde ist verheilt, aber die Narbe juckt zuweilen, mein Freund.
Ich bitte Dich, ihr unsere Adresse zu geben. Wir sind so nah an Wien, dass sie das Gefühl haben kann, nicht weit von ihr sei ein Zuhause für sie. Elsa weiß nichts von der alten Leidenschaft zwischen uns, und du kannst Dir vorstellen, mit welcher Wärme sie Deine Schwester willkommen hieße – so, als hieße sie Dich willkommen.
Ja, Du musst ihr sagen, dass wir hier wohnen, und dränge sie, sobald wie möglich mit uns Kontakt aufzunehmen. Gratuliere ihr bitte recht herzlich von uns zu ihrem schönen Erfolg.
Elsa bittet mich, Dir ihre besten Grüße auszurichten, und Heinrich brennt darauf, seinem Onkel Max „Hello" sagen zu können. Wir vergessen dich nicht, Maxel.
Von ganzem Herzen der Deine

Martin

[1] der Misanthrop: Menschenhasser, Menschenfeind

5 *Setzen Sie sich mit dem Antwortschreiben Martins auseinander.*

a) Übertragen Sie die Figurenkonstellation von S. 214 in Ihr Heft.
b) Ergänzen Sie diese um weitere Figuren. Achten Sie dabei auf die Anordnung.

6 *Skizzieren Sie das Umfeld, in dem Martin lebt.*

a) Vergleichen Sie seine wirtschaftliche Situation mit der seiner Mitbürger.
b) Unterscheiden Sie zwischen seiner Situation in den USA und in Deutschland.

7 *Analysieren Sie, wo Martin politisch steht. Belegen Sie Ihre Aussage.*

8 *Vergleichen Sie Elsa und Griselle. Welchen Frauentypus verkörpern sie?*

Berücksichtigen Sie dabei auch den Brief vom 12. November 1932 auf S. 213f.

9 *Schreiben Sie einen Brief von Max an seine Schwester Griselle, in dem er Martins Wünschen nachkommt und schreibt, wie sich Martin in Deutschland eingelebt hat.*

Lesen Sie dazu noch einmal die Zeilen 5–25.

GUT ZU WISSEN | **Einen Brief verfassen**

Wenn ein Brief zu einer literarischen Vorlage verfasst werden soll, ist es wichtig, dass man sich in die Figur hineinversetzt, aus deren Perspektive geschrieben wird. Aus dieser Sicht müssen die Inhalte der Textvorlage entsprechend der Aufgabenstellung aufgegriffen und gestaltet werden. Vielleicht hat die Person Charakterzüge, die auch in diesem Brief zum Tragen kommen, oder einen besonderen Anlass, ihn zu verfassen. Auch der Adressat des Briefes darf nicht außer Acht gelassen werden. Der Schreibstil ist sowohl auf den Schreiber als auch auf den Anlass abzustimmen. Die Regeln zur Gestaltung eines persönlichen Briefes sind zu berücksichtigen.

Einen Tagebucheintrag verfassen

Martin verändert sich in Deutschland. Aus ihm wird, nach anfänglichen Zweifeln, ein Anhänger der Nationalsozialisten. Er beendet den Briefwechsel mit Max. Inzwischen ist Griselle wegen eines Engagements nach Berlin gegangen, ein Brief ihres Bruders an sie ist mit der Aufschrift „Adressat unbekannt“ zurückgekommen. Max schreibt einen weiteren Brief an Martin.

1 *Tragen Sie zusammen, was Sie zum historischen Hintergrund dieser Zeit wissen, recherchieren Sie ggf. im Internet.*

GALERIE EISENSTEIN
SAN FRANCISCO, KALIFORNIEN, U.S.A.

23. November 1933

Herrn Martin Schulse
c/o Deutsch-Völkische Bank
und Handelsgesellschaft
München, Deutschland

Martin,
in großer Verzweiflung wende ich mich an Dich. (…)
Es geht um Griselle. Seit zwei Monaten habe ich keine Nachricht von ihr erhalten, und nun dringen auch noch Gerüchte an mein Ohr. Von jüdischem Mund zu jüdischem Mund weitergetragen, gelangen allmählich Berichte aus Deutschland zu uns herüber, Geschichten so voller Schrecken, dass ich meine Ohren verschließen würde, wenn ich es könnte, aber ich kann nicht. Ich muss wissen was ihr zugestoßen ist. Ich muss mir Gewissheit verschaffen. (…) Sie sagte zu den Leuten, von denen sie sich verabschiedete, sie wäre in Sicherheit, wenn sie bei Freunden in München ankäme. Das ist meine Hoffnung, dass sie sich an Dich gewandt hat (…). Schreib mir ein Wort, Martin, und wenn sie nicht zu Dir gekommen ist, ziehe doch einige vorsichtige Erkundigungen ein, sofern es in Deiner Macht steht. Ich finde keine Ruhe mehr. Ich quäle mich Tag und Nacht, sehe das tapfere kleine Ding mühselig all die vielen Kilometer durch ein feindliches Land wandern, und bald beginnt der Winter. Gott gebe, Du könntest mir ein Wort der Erleichterung senden.

Max

2 *Tauschen Sie sich in der Klasse darüber aus, was Max bewogen hat, diesen Brief zu schreiben.*

3 *Verfassen Sie einen Tagebucheintrag von Max, in dem er seine Gefühle und Hoffnungen schildert.*

Lesen Sie dazu noch einmal den Brief vom 10. Dezember 1932 auf S. 215 f., in dem Martin seine Gefühle gegenüber Griselle zum Ausdruck bringt.

GUT ZU WISSEN | **Einen Tagebucheintrag verfassen**

Beim Verfassen eines Tagebucheintrags geht es darum, die Gedanken und Gefühle einer Figur wiederzugeben. Diese stehen im Vordergrund und nicht der chronologische Ablauf der Handlung. Deshalb ist es notwendig, aus dem vorgegebenen Text Informationen zur Figur zusammenzutragen und zu interpretieren. Im nächsten Schritt ist es wichtig, sich in diese hineinzuversetzen, ihre Gefühle und Stimmung zu erspüren sowie zu überlegen, wie sie sprechen bzw. schreiben könnte. Hilfreiche Hinweise geben direkte Äußerungen in der Textvorlage oder charakteristische Merkmale. Der Eintrag sollte mit dem Datum und ohne eine Anrede wie „Liebes Tagesbuch“ beginnen. Allzu umgangssprachliche Ausdrücke sowie unvollständige Sätze sollten vermieden werden.

Einen Tagebucheintrag verfassen

Die Antwort von Martin lässt nicht lange auf sich warten.

8. Dezember 1933

Heil Hitler! Ich bedaure sehr, Dir schlechte Nachrichten übermitteln zu müssen. Deine Schwester ist tot. Unglücklicherweise war sie – so wie Du selbst gesagt hast – wirklich verrückt. Vor knapp einer Woche kam sie hier an, verfolgt von einem Haufen SA-Leuten. Bei uns ging es sehr hektisch zu – seit der Geburt des kleinen Adolf im letzten Monat steht es um Elsas Gesundheit nicht zum Besten. Der Arzt und zwei Krankenschwestern waren hier, alle Bediensteten und die Kinder hasteten durchs Haus. Wie der Zufall es will, bin ich es, der die Tür öffnet. Erst denke ich, eine alte Frau stünde vor mir, doch dann schaue ich ihr ins Gesicht, und dann sehe ich, dass die SA gerade durch das Parktor gerannt kommt. Kann ich sie verstecken? Die Chancen stehen eins zu tausend. Jeden Moment kann einer der Angestellten herbeieilen. Kann ich es verantworten, dass das Haus durchsucht wird, während Elsa krank im Bett liegt? Kann ich es wirklich riskieren, festgenommen zu werden und alles zu verlieren, was ich hier aufgebaut habe, weil ich einer Jüdin Unterschlupf gewähre? Natürlich habe ich als Deutscher eine unmissverständliche Pflicht. Sie hat auf der Bühne ihren jüdischen Körper vor reinen, jungen deutschen Männern zur Schau gestellt. Ich sollte sie festhalten und dem SA-Trupp übergeben. Aber das bringe ich nicht über mich.

„Du wirst uns alle ins Verderben stürzen, Griselle", sage ich zu ihr. „Lauf zurück, tiefer in den Park hinein." Sie schaut mich an, lächelt (sie war immer ein tapferes Mädchen) und trifft ihre eigene Entscheidung.

„Ich will dir keinen Schaden zufügen, Martin", sagt sie und rennt die Stufen hinunter und dann auf die Bäume zu. Aber sie muss müde gewesen sein. Sie läuft nicht sehr schnell, und die Männer der SA haben sie entdeckt. Ich bin hilflos. Ich gehe ins Haus, und nach wenigen Minuten hört sie auf zu schreien. Am nächsten Morgen habe ich den Leichnam ins Dorf zur Beisetzung bringen lassen. Es war verrückt von ihr, nach Deutschland zu kommen. Arme kleine Griselle. Ich trauere mit Dir, aber wie Du sehen kannst, war ich außerstande, ihr beizustehen.

Ich muss Dich nun ernsthaft bitten, keinen Kontakt mehr mit mir aufzunehmen. Jedes Schreiben, das zu Hause eintrifft, wird von der Zensur geprüft (...). Ein neues Deutschland beginnt Gestalt anzunehmen. Unter unserem glorreichen Führer werden wir der Welt bald großartige Dinge zeigen.

Martin

4 *Fassen Sie den Inhalt des Briefes zusammen und nehmen Sie Stellung zum Verhalten Martins.*

3. Januar 1934

Lieber, von uns allen geschätzter Martin,

bitte vergiss nicht Großmutters Geburtstag. Am 8. wird sie 64. Amerikanische Betriebe werden für Deine Gesellschaft Junger Deutscher Maler 1000 Pinsel liefern. Mandelberg ist dem Verein auch beigetreten. Schicke am 25., jedoch nicht früher, 11 Picasso-Reproduktionen, 20 auf 90, an angeschlossene Galerien. Rote und blaue sollten überwiegen. Wir können Dir im Augenblick für diese Transaktion $ 8000 auszahlen. Beginne neues Rechnungsbuch 2.

Unser Gebete begleiten dich jeden Tag, lieber Bruder,

Eisenstein

5 *Interpretieren Sie den Brief, den Max danach verfasst.*

a) Warum unterschreibt Max mit seinem Nachnamen?

b) Beurteilen Sie, wie der Hinweis auf die Unterstützung der „Gesellschaft Junger Deutscher Maler" (Z. 2 f.) durch amerikanische Betriebe verstanden werden kann.

c) Nennen Sie weitere Hinweise, die befremdlich wirken.

Tipp

Wenn Sie wissen wollen, wie der Briefroman endet, betrachten Sie das Kuvert auf S. 213.

6 *Verfassen Sie einen Tagebucheintrag Martins, nachdem er diesen Brief erhalten hat, oder Max', nachdem er den Brief abgeschickt hat.*

Eine Geschichte weiterschreiben

Günter Kunert: Zentralbahnhof (1972)

An einem sonnigen Morgen stößt ein Jemand innerhalb seiner Wohnung auf ein amtliches Schreiben: Es liegt auf dem Frühstückstisch neben der Tasse. Wie es dahin kam, ist ungewiss. Kaum geöffnet, überfällt es den Lesenden mit einer Aufforderung.
Sie haben sich, befiehlt der amtliche Druck auf dem grauen, lappigen Papier, am 5. November des laufenden Jahres morgens acht Uhr in der Herrentoilette des Zentralbahnhofes zwecks Ihrer Hinrichtung einzufinden. Für Sie ist Kabine 18 vorgesehen. Bei Nichtbefolgung dieser Aufforderung kann auf dem Wege der verwaltungsdienstlichen Verordnung eine Bestrafung angeordnet werden. Es empfiehlt sich leichte Bekleidung, um einen reibungslosen Ablauf zu garantieren.
Wenig später taucht der solchermaßen Betroffene verzagt bei seinen Freunden auf. Getränke und Imbiss lehnt er ab, fordert hingegen dringlich Rat, erntet aber nur ernstes und bedeutungsvolles Kopfschütteln. Ein entscheidender Hinweis, ein Hilfsangebot bleibt aus. Heimlich atmet man wohl auf, wenn hinter dem nur noch begrenzt Lebendigen die Tür wieder zufällt, und man fragt sich, ob es nicht schon zu viel gewesen ist, sie ihm überhaupt zu öffnen. Lohnte es denn, wer weiß was alles auf sich zu laden für einen Menschen, von dem in Zukunft so wenig zu erwarten ist?
Der nun selber begibt sich zu einem Rechtsanwalt, wo ihm vorgeschlagen wird, eine Eingabe zu machen, den Termin (5. Nov.) aber auf jeden Fall einzuhalten, um Repressalien auszuweichen. Herrentoilette und Zentralbahnhof höre sich doch ganz erträglich und vernünftig an. Nichts werde so heiß gegessen wie gekocht. Hinrichtung? Wahrscheinlich ein Druckfehler. In Wirklichkeit sei „Einrichtung“ gemeint. Warum nicht? Durchaus denkbar findet es der Rechtsanwalt, dass man von seinem frisch gebackenen Klienten verlange, er solle sich einrichten. Abwarten. Und vertrauen! Man muss Vertrauen haben! Vertrauen ist das Wichtigste.
Daheim wälzt sich der zur Herrentoilette Beorderte schlaflos über seine durchfeuchteten Laken. Erfüllt von brennendem Neid lauscht er dem unbeschwerten Summen einer Fliege. Die lebt! Die hat keine Sorgen! Was weiß die schon vom Zentralbahnhof?! Man weiß ja selber nichts darüber ... Mitten in der Nacht läutet er an der Tür des Nachbarn ...

1 *Fassen Sie kurz zusammen, was bisher geschehen ist.*

2 *Untersuchen Sie den vorliegenden Text.*

a) Wann und wo spielt die Handlung? Wer ist die Hauptfigur?
b) Nennen Sie die anderen Figuren und erläutern Sie ihr Verhalten.

3 *Setzen Sie sich mit der Hauptfigur auseinander.*

a) Welche Informationen erhalten Sie über die Hauptfigur? Wie wird von ihr gesprochen? Wie wirkt das?
b) Welche Reaktion ruft das amtliche Schreiben bei ihr hervor? Beschreiben Sie ihre Stimmung.

4 *Wie wird die Geschichte erzählt?*

a) Untersuchen Sie die Erzählform (GUT ZU WISSEN, S. 209). Welche Wirkung wird dadurch erreicht?
b) Bestimmen Sie die Zeitform des Textes. Welche Wirkung wird damit verbunden?

Eine Geschichte weiterschreiben

5 *Analysieren Sie die Sprache und den Stil.*

a) Setzen Sie sich mit dem ersten Abschnitt auseinander. Welche Wirkung geht von den beiden Verben „stößt“ (Z. 1) und „überfällt“ (Z. 3) aus?

b) Untersuchen Sie den Sprachstil, der im zweiten Abschnitt vorherrscht. Welche Welt beschreibt der Autor? Wofür steht die Sprache?

c) Erklären Sie, in welcher Form die Gespräche mit den anderen Figuren wiedergegeben werden.

d) Im vierten Abschnitt werden Fragesätze formuliert sowie das Wort „vertrauen“ (Z. 23 f.) benutzt. Untersuchen Sie die damit verbundene Wirkung.

6 ***Die folgenden Texte setzen die Geschichte fort. Tauschen Sie sich darüber aus, welches Beispiel besser zur Textvorlage passt. Begründen Sie Ihre Entscheidung.***

Einmal, zweimal schrillt die Klingel durch die stille Nacht. Krrrr, Krrr! Hört das jemand? Schaut einer? Endlich wird er eingelassen. „Sie sehen ja ganz blass aus“, stellt der Nachbar fest. „Soll ich Ihnen ein Glas Wasser holen – oder, warten Sie, besser einen Schnaps?“ Endlich ist da jemand, der ihn anhört. Heinrich ist erleichtert. Die Last drückt nur noch halb so schwer auf seinen Schultern. Ein riesengroßer Stein ist ihm vom Herzen gefallen.

Derjenige öffnet diese erst nach eindringlich langem Betätigen der Türklingel. Es wird die Frage gestellt, was es denn so Wichtiges gebe, dass man den Nachbarn spät nachts aus dem Bett holen müsse. Bevor der eher Tote als Lebendige dazu eine Antwort geben kann, wird er in die Wohnung eingelassen. Bei dunklem Licht sitzen sich der Betroffene und sein Nachbar an einem Küchentisch gegenüber. Der Verurteilte erklärt dem Ahnungslosen die Situation mit bedrückender Trauer. Er solle den Brief holen, fordert ihn der Nachbar auf.

7 ***Schreiben Sie die Textvorlage weiter. Lassen Sie einen ausreichend großen Rand.***

Sie können Anregungen aus den Beispieltexten nutzen. Beachten Sie auch die Überschrift.

a) Korrigieren Sie nun Ihre Texte mithilfe der Methode Schreibkonferenz (Kapitel IV, S. 70).
- Bilden Sie Gruppen von drei bis fünf Mitgliedern, setzen Sie sich um einen Tisch und geben Sie die Texte im Uhrzeigersinn weiter. Arbeiten Sie mit unterschiedlichen Farben.
- Lesen Sie Ihre Texte untereinander und bearbeiten Sie diese. Merken Sie an, was Ihnen gefällt, wo Sie noch Fragen haben, was Ihrer Meinung noch nicht klar genug ist, was Sie als fehlerhaft empfinden.

b) Wenn Ihr Text wieder vor Ihnen liegt, überprüfen Sie, welche Anmerkungen Sie übernehmen wollen. Überarbeiten Sie den Text.

GUT ZU WISSEN **Eine Geschichte weiterschreiben**

Beim Weiterschreiben einer Geschichte gibt der vorgegebene Anfang einiges vor. Ort und Zeit des Geschehens, Figuren bzw. Figurenkonstellation sowie die Erzählperspektive sind zu beachten und sollten beibehalten werden. Dabei können/sollen Gefühle und Gedanken der Figuren zum Ausdruck gebracht werden. Neben der inhaltlichen Analyse ist auch die sprachliche von großer Bedeutung. Zu überprüfen ist, ob die Sätze eher lang und verschachtelt oder eher kurz sind und ob die Textvorlage direkte Rede enthält oder nicht.

Ein Spannungsbogen mit Höhepunkt und Schluss setzt die Geschichte folgerichtig fort. Extreme Handlungsstränge sollten vermieden werden.

Kompetenzcheck – Testen Sie Ihren Lernerfolg

FAZIT

- Erzählform
- Sprachliche Mittel
- Texte aus verschiedenen Zeiten vergleichen

- Handlungszusammenhänge erkennen
- Sich in eine Figur hineinversetzen
- Inhalt und Stil der Textvorlage berücksichtigen
- Einen Brief schreiben
- Einen Tagebucheintrag verfassen
- Einen Text weiterschreiben

1 *Wenden Sie Ihr Wissen an und bearbeiten Sie eine der Aufgaben zum folgenden Text.*

- Verfassen Sie einen Tagebucheintrag von Jakobs Mutter an dem Tag, als ihr Sohn das Elternhaus verlässt.
- Ein halbes Jahr ist vergangen, seitdem Jakob das Elternhaus verlassen musste. Schreiben Sie einen Brief Jakobs an seine Eltern.

Marlene Schulz: Köttel im Gepäck (2011)

Seine Familie nannte ihn Jakob. Die anderen sagten Two, denn er war Jakob, der Zweite. Den ersten kannte er nicht. Ein Onkel.

Tutu, riefen sie ihm manchmal hinterher. Tutu, Tütü, pfiffen sie. Du traust dich ja doch nicht, hatten sie gesagt. Wetten?

Es waren die älteren Jungen auf dem Schulhof, die ihn ausgesucht hatten, für ihre Spielchen. Jakob traute sich, schlich in der Dämmerung in Nachbars Garten, öffnete den Stall, packte das Kaninchen am Nacken, hob es hoch, betrachtete das lang gestreckte Bauchfell, köttelverfärbt, setzte das Tier in den Rucksack, den der Vater immer aufhatte, wenn sie sonntags hoch in den Wald gingen. Vater, Mutter und alle zwölf Kinder.

Scher dich zum Teufel, schrie er. Was bist du für einer, dass du klauen musst? Hab ich's dir nicht beigebracht, du Gauner. Für dich werd' ich nicht mit dem Finger auf mich zeigen lassen. Ich will dich hier nicht mehr sehen. Raus!

Die Mutter hatte die Hand vor den Mund gehalten.

Wenn Vater raus sagte, meinte er raus. Kein Reinkommen mehr.

Sie hatten einen Stuhl vom Esstisch weggestellt, das Foto vom ersten Schultag aus dem Album genommen. Den elf anderen war es verboten, Jakob jemals wieder zu erinnern.

So einer gehört nicht zu uns, hatte der Vater gesagt, die Mutter geschwiegen. Jakob der Zweite. Den Rucksack hatte ihm der Vater hinterhergeworfen. Jakob der Zweite war sechzehn. Alles, was er bei sich hatte, war ein leerer Rucksack. Und ein paar Kaninchenköttel.

Von den Geschwistern waren drei noch am Leben. Adam hatte für das Familientreffen eine Chronik erstellt. Vater, Mutter, das Hochzeitsdatum, die Todestage. Dann der Reihe ihrer Geburt nach die Geschwister, die Angetrauten, Kinder, Enkel. Zuerst die drei Mädchen, dann er selbst, nach ihm Karl. Fünf. Georg, Elisabetha, Heinrich. Acht. Walter, Franziska. Zehn. Und schließlich Herbert.

Sie nannte ihn Jack, Jakob ging ihr zu schwer von der Zunge. Seine Augen mochte sie besonders an ihm. Dieses Blau, wie Vergissmeinnicht. Nein, Familie habe er nicht, keine Geschwister, auch die Eltern bereits früh verloren.

2 ***Überprüfen Sie Ihre Arbeit kritisch anhand des passenden Kompetenzchecks. Nehmen Sie auch die Hinweise zur sprachlichen Überarbeitung aus der Umschlagklappe zu Hilfe.***

» KOMPETENZCHECK Einen Tagebucheintrag verfassen

- ☑ Habe ich mich in die Situation der Figur versetzt, die schreibt?
- ☑ Passt mein Tagebucheintrag zu meiner Figur und zur Textvorlage?
- ☑ Habe ich die Stimmung der Figur, aus deren Sicht ich schreibe, wiedergegeben?
- ☑ Habe ich einen Schreibstil gewählt, der zur Figur und zu ihrer Situation passt?
- ☑ Habe ich den Inhalt interessant und kreativ gestaltet?
- ☑ Habe ich zu Beginn das Datum notiert und auf Anreden wie „Liebes Tagebuch!“ verzichtet?
- ☑ Ist meine Arbeit übersichtlich strukturiert? Habe ich sie in Abschnitte gegliedert?
- ☑ Habe ich allzu umgangssprachliche Ausdrücke sowie unvollständige Sätze vermieden?

» KOMPETENZCHECK Einen Brief schreiben

- ☑ Knüpft mein Text an die Textvorlage an?
- ☑ Habe ich mich in die Figur hineinversetzt, aus deren Sicht ich schreibe?
- ☑ Habe ich Gedanken und Gefühle dieser Figur gut wiedergegeben?
- ☑ Habe ich die Beziehung zwischen Schreiber und Empfänger berücksichtigt?
- ☑ Ist der Inhalt meines Briefes schlüssig?
- ☑ Habe ich den Inhalt kreativ und gleichzeitig realistisch gestaltet?
- ☑ Habe ich den Empfänger den Anlass für das Schreiben des Briefes wissen lassen?
- ☑ Habe ich eine Anrede und ein Grußwort formuliert? Passen sie zu der Beziehung der beiden Figuren und in die Zeit des Geschehens?
- ☑ Habe ich – falls vorhanden – das Anredepronomen *Sie* und seine Formen großgeschrieben?
- ☑ Habe ich auf die äußere Form eines Briefes geachtet?
- ☑ Habe ich allzu umgangssprachliche Ausdrücke sowie unvollständige Sätze vermieden?

Lernszenario

Literarische Texte

Die Inhalte der Kapitel „Literarische Texte verstehen“ und „Literarische Texte interpretieren“ helfen Ihnen dabei, die Handlungsaufträge aus der folgenden Situation herauszuarbeiten und auszuführen.

Handlungssituation

Im Jahre 1995 erklärte die UNESCO den 23. April eines jeden Jahres zum „Welttag des Buches“.

In diesem Jahr will Ihre Klasse diesen Tag mit der Durchführung eines Projektes zum Thema „Tag des Buches“ würdigen.

Das Projektergebnis soll den Lehrerinnen und Lehrern und den Schülerinnen und Schülern im Foyer Ihrer Schule präsentiert werden.

Die Arbeit an dem Projekt soll von unterschiedlichen inhaltlichen Schwerpunkten getragen werden:

➔ Innerhalb Ihrer Schulart wollen Sie eine Umfrage über das Leseverhalten der Lehrerinnen und Lehrer, der Mitarbeiterinnen und Mitarbeiter und der Schülerinnen und Schüler durchführen. Die Umfrage ist selbstverständlich anonym; die Ergebnisse werden vertraulich behandelt:
Sie erstellen einen Fragebogen, denn Sie wollen Informationen erhalten über
- Alter und Geschlecht der Befragten
- die Anzahl der gelesenen Bücher pro Jahr
- bevorzugtes Genre (Sachbuch, Biografien, Krimi/Thriller, Science-Fiction/Fantasy, sonstige Romane)
- bevorzugte Themen (Liebe, Sport, Weltraum, Reisen, Kommissare, Agenten …)
- Lieblingsautor(en), Lieblingsbuch/Lieblingsbücher
- …

Die Ergebnisse dieser Befragung sollen anlässlich der Präsentation vorgestellt werden.

➔ Auf der Grundlage der Auswertung und der Ergebnisse der Befragung wollen Sie einen Büchertisch gestalten. Die Auslage wird noch durch aktuell gefragte Jugendbücher ergänzt.

Welttag des Buches in Panama

Welttag des Buches in Pakistan

Die Auslage und die Gestaltung des Büchertisches planen Sie gemeinsam mit der örtlichen Bibliothek oder mit den Buchhandlungen vor Ort.

➔ Von Ihnen ausgesuchte Werke (auf Basis der Befragung) sollen am Tage der Präsentation beispielhaft vorgestellt werden.

In diesem Zusammenhang erstellen Sie kurze schriftliche Informationen:

- zur Autorin/zum Autor
- zum Titel des Buches (evtl. Hintergründe)
- zur Art des Buches (Sachbuch, Biografien, Krimi/Thriller, Science-Fiction/Fantasy, sonstige Romane)
- über die Hauptpersonen und deren Beziehungen
- eine Kurzübersicht über den Gang der Handlung

Die Buchvorstellung runden Sie mit einer Leseprobe ab.

➔ Die Gestaltung der Präsentation muss von Ihnen vorbereitet werden.

Sie sorgen für eine angenehme Atmosphäre (Programm, Leseecken, Versorgung der Gäste usw. Entwickeln Sie eigene und kreative Ideen.). Organisatorisches ist mit der Schulleitung abzusprechen.

Arbeiten Sie im Team und halten Sie sich bei der Erarbeitung Ihrer Aufträge an diese Schritte:

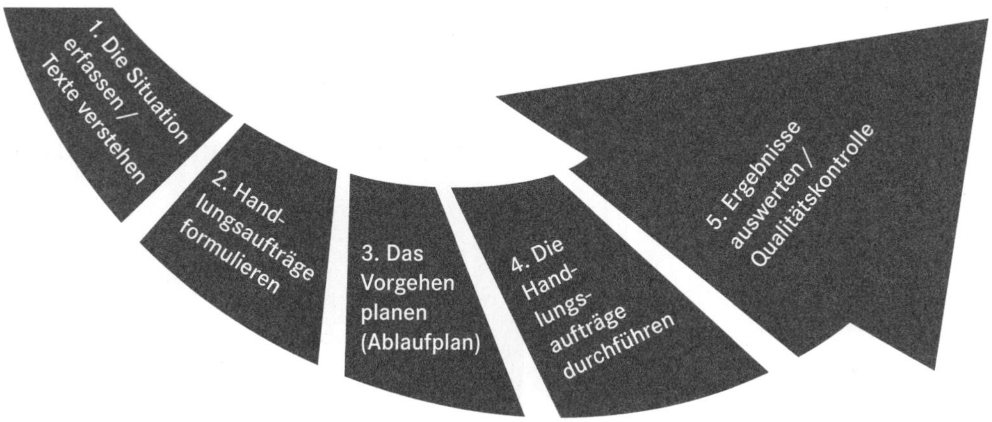

Anregungen zur Vorgehensweise können Sie S. 48 entnehmen.

Kapitel 14

Neue und alte Medien nutzen

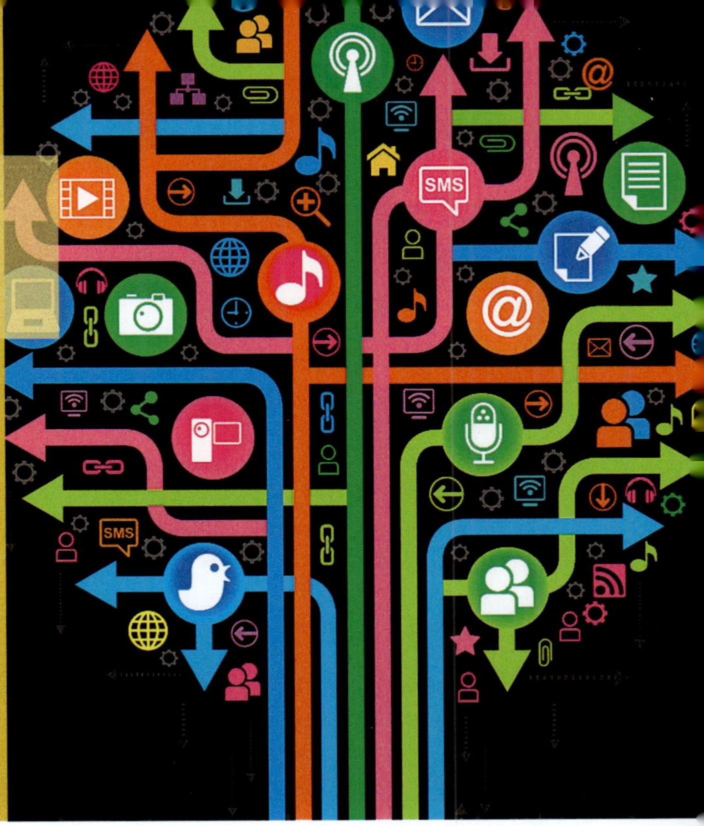

Arbeit, Freizeit, Information, Unterhaltung: Sie organisieren Ihr Leben zunehmend mit digitalen Medien. Beinahe täglich erfahren Sie von neuen technischen Möglichkeiten, aber auch von Gefahren wie Datenmissbrauch oder Überwachung der Nutzer.

Auch Sachfragen sind anscheinend schnell recherchiert: „Einfach in die Suchmaschine eingeben, schon ist das Ergebnis da!" – Ist das wirklich so einfach?
Sie setzen sich damit auseinander, wie Sie am schnellsten zielführende Informationen erhalten.
Am Ende des Kapitels erstellen Sie ein Quiz für Ihre Lerngruppe, in dem Sie Ihr Wissen über Medien anwenden.

Kompetenzen	Methoden und Arbeitstechniken
✔ Unterschiedliche Medienarten kennen	✔ Fishbowl-Diskussion
✔ Das eigene Medienverhalten reflektieren	✔ Schaubilder analysieren
✔ Informationen systematisch beschaffen	✔ Recherchestrategie im Internet
✔ Mit Medien kritisch und sachgerecht umgehen	✔ Internetinformationen kritisch prüfen
✔ Mit Daten verantwortungsvoll umgehen	✔ Texte verstehen und auswerten

Print oder digital – was sind unsere Vorlieben?

Was Printmedien und digitale Medien bieten

1 *Erklären Sie, was Medien sind.*

a) Nennen Sie die Medien, auf die sich die beiden vermutlich beziehen.
b) Diskutieren Sie in der Lerngruppe, was man unter dem Begriff „Medien“ versteht.
c) Informieren Sie sich über die Bedeutung eines der folgenden Begriffe: Printmedien, digitale Medien, Bildmedien, Speichermedien, Hörmedien, Massenmedien, audiovisuelle Medien, Presse, analoge Medien, Multimedia.
d) Präsentieren Sie Ihre Ergebnisse mithilfe eines geeigneten Mediums (➪ Kapitel 15, S. 250 f.).

Tine: Ich finde, dass dieser Skandal von den Medien unnötig übertrieben und aufgebauscht wird.
Ömer: Ja, finde ich auch. Man hört und sieht nichts anderes mehr.

2 ***Übertragen Sie die Tabelle in Ihr Heft und ordnen Sie zu: Welche Medien vermitteln welche Inhalte auf welche Weise?***

Medienart		Welcher Inhalt wird vermittelt?	Wie ist die Gestaltung?
Printmedien	Digitale Entsprechungen		
Bücher - Sachbücher - unterhaltende Bücher	z. B. E-Books, Online-Lexika	...	...
Zeitungen - Regionalzeitungen - überregionale Zeitungen - Wochenzeitungen - Boulevardzeitungen	z. B. E-Paper	...	...
Zeitschriften - Magazine - Illustrierte (Regenbogenpresse) - Fachzeitschriften	z. B. Zeitschriftenartikel-Datenbanken	...	...
Broschüren	...	...	...
Flyer, Flugblätter, Handzettel	...	...	...

Wörterbox:
Schwerpunkt Information – Schwerpunkt Unterhaltung – politische, wirtschaftliche, gesellschaftliche Themen – bunt und reichlich bebildert – Einzelblätter – zuverlässig recherchiert und geprüft – geringer Umfang – häufig auf prominente Personen bezogen – kurzfristige und gezielte Information – knappe und übersichtliche Darstellung von Sachthemen, Produkten, Projekten – Werbung – umfangreiche Behandlung eines Sachthemas – einfache Gestaltung – Skandale, Sensationen

3 *Untersuchen Sie den Aufbau der Medien genauer. Bringen Sie dazu verschiedene Printmedien mit und vergleichen Sie sie in Aufbau und Inhalt.*

3 *Untersuchen Sie, wie sich die digitalen Formate von den Printausgaben unterscheiden.*

Was Printmedien und digitale Medien bieten

4 *Diskutieren Sie, ob man in Zukunft auf Printmedien verzichten kann.*

a) Erstellen Sie eine Pro- und Kontra-Liste.

b) Teilen Sie sich je nach persönlichem Standpunkt auf und führen Sie eine Diskussion mit dem Thema: Kann man auf Printmedien verzichten? Wenden Sie dabei die Fishbowl-Diskussionsmethode an (» GUT ZU WISSEN).

» GUT ZU WISSEN **Fishbowl-Diskussionsmethode**

Ein kleinerer Teil der Lerngruppe setzt sich in Kreisform, dabei bleibt ein Stuhl frei. Die Kleingruppe diskutiert, die übrige Gruppe schaut und hört zu. Sobald jemand aus der Beobachtergruppe etwas beitragen möchte, nimmt sie / er den leeren Stuhl ein. Dafür muss ein anderer aus der Diskussionsgruppe in die Beobachtung wechseln.

5 *Verfassen Sie eine Stellungnahme (➪ Kapitel 10, S. 169 ff.) zum Thema: Wie sieht die Zukunft der Medienlandschaft aus?*

6 *Ihr Betrieb hatte wegen Modernisierungsmaßnahmen ein paar Tage geschlossen und möchte Kundschaft und Öffentlichkeit sowohl auf die Wiedereröffnung als auch auf die Veränderungen und Verbesserungen aufmerksam machen. Welche Medien sind geeignet?*

a) Listen Sie Ihre Ideen zur Medienwahl auf und erläutern Sie diese in Stichworten. Begründen Sie Ihre Wahl.

a) Formulieren Sie Texte zur Einladung und Information, die für verschiedene Medien geeignet sind.

b) Stellen Sie die Ergebnisse der Lerngruppe vor und geben Sie sich wechselseitig ein Feedback.

7 *Beurteilen Sie die neuesten Entwicklungen auf dem Medienmarkt.*

a) Teilen Sie sich in Kleingruppen auf. Wählen Sie ein Medium aus und recherchieren Sie, über welche Funktionen und Möglichkeiten es aktuell verfügt: Computer/Laptop, Fernseher, Smartphone, MP3-Player.

b) Stellen Sie Ihrer Lerngruppe die Ergebnisse in Form eines Verkaufsgesprächs vor (➪ Kapitel 2, S. 36 f.).

c) Diskutieren Sie, welche Folgen die technischen Weiterentwicklungen haben.

» GUT ZU WISSEN **Medien und Massenmedien**

Medien sind Vermittler von Inhalten, das können Sprache, Schrift, Bilder und Töne sein. Menschen können sich mithilfe der Medien austauschen, bilden, unterhalten und informieren. Dabei ist die Art der Vermittlung vielfältig und verschieden, z. B. mithilfe gedruckter Produkte (**Printmedien** wie Buch, Zeitung) oder mithilfe digitaler Verfahren (DVD, Handy, MP3-Player, Computer, Internet etc.). Im Bereich der **digitalen Medien** verfeinert sich das Angebot an Geräten immer mehr: Smartphones, Tablet-PCs, Spielekonsolen, Digitalkameras, Fernseher etc.

Meist sind die sogenannten **„Massenmedien“** gemeint, wenn man „die Medien“ sagt. Mit ihrer Hilfe können viele Menschen zeitnah oder gleichzeitig mit Informationen versehen werden. So tragen sie auch entscheidend zur Meinungsbildung bei, z. B. bei politischen oder gesellschaftlichen Ereignissen.

Den eigenen Mediengebrauch beobachten

Die Studie des Medienpädagogischen Forschungsverbunds Südwest (JIM-Studie 2012) bezieht sich auf den Medienumgang der 12- bis 19-Jährigen in Deutschland.

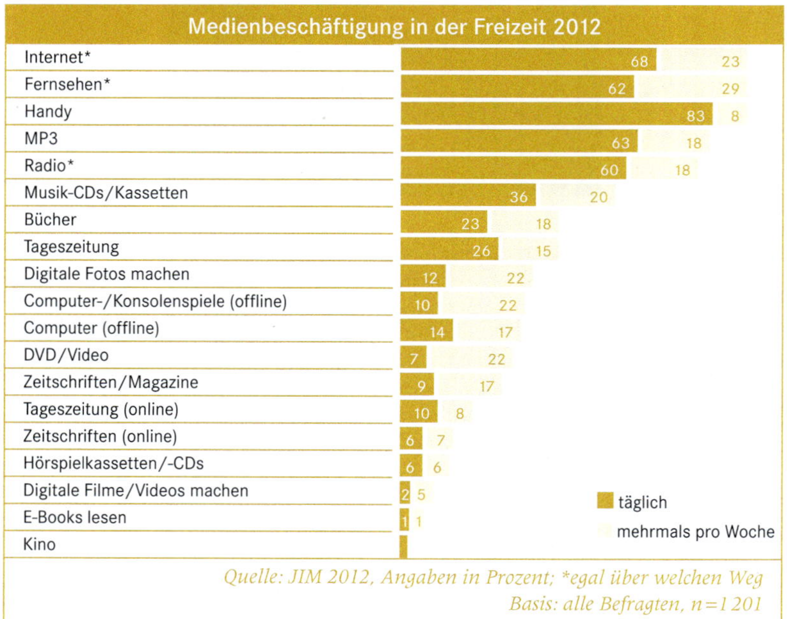

1 *Erläutern Sie das Schaubild (➪ Kapitel 8, S. 143 f.).*

a) Benennen Sie zu Beginn ganz allgemein, welche Informationen dargeboten werden. Beschreiben Sie dann die Aussage der Balken.

b) Fassen Sie zum Schluss Ihre Ergebnisse zusammen.

2 *Analysieren Sie Ihr eigenes Medienverhalten.*

a) Legen Sie eine Tabelle mit den von Ihnen verwendeten Medien an, nutzen Sie dazu die Kategorien im Diagramm (Internet, Fernsehen usw.). Notieren Sie täglich oder mehrmals pro Woche, wie häufig Sie auf die jeweils gewählten Medien zugreifen.

b) Vergleichen Sie die Ergebnisse in einer 4er-Gruppe und halten Sie Unterschiede und Gemeinsamkeiten übersichtlich fest.

c) Stellen Sie fest, inwiefern sich die Ergebnisse der gesamtdeutschen Studie von denen Ihrer Kleingruppe unterscheiden.

b) Sammeln Sie die Ergebnisse der ganzen Lerngruppe ein und erstellen Sie ein Schaubild nach dem oben abgebildeten Beispiel.

c) Vergleichen Sie die Ergebnisse der gesamtdeutschen Studie mit denen Ihrer Lerngruppe.

Tipp
Nutzen Sie für Ihre Grafik kostenlos www.grafstat.de.

3 *Beurteilen Sie die verschiedenen Motive für Mediengebrauch (z. B. Entspannung, Information).*

a) Sammeln Sie Motive und ordnen Sie die Ergebnisse geeigneten Kategorien mit Oberbegriffen zu wie Kommunikation, Freizeit, Schule oder Beruf.

b) Diskutieren Sie: Gibt es Situationen, in denen der Mediengebrauch reduziert und durch andere Aktivitäten ersetzt werden könnte?

Den eigenen Mediengebrauch beobachten

Online-Communitys* – Nutzungshäufigkeit und Nutzungsmuster

Online-Communitys zählen bei Jugendlichen zu den drei am häufigsten ausgeübten Anwendungen im Internet und werden von insgesamt 87 Prozent der Internet-Nutzer zumindest selten genutzt. 13 Prozent haben sich noch nicht für – oder gar gegen – einen Beitritt zu diesen Netzwerken entschieden, der Anteil der Nicht-Nutzer ist bei den 12- bis 13-Jährigen (25 %) und bei Gymnasiasten (15 %, Realschule: 10 %, Hauptschule: 8 %) besonders hoch. Hinsichtlich der Nutzungshäufigkeit zeigt sich inzwischen eine gewisse Sättigung. 79 Prozent der Internet-Nutzer loggen sich mindestens mehrmals pro Woche auf den Seiten eines sozialen Netzwerks ein, genauso viele wie im Vorjahr (78 %, 2010: 71 %). Mädchen nutzen die Communitys etwas häufiger als Jungen, hinsichtlich des Alters sind die 16- bis 17-Jährigen besonders stark bei den regelmäßigen Nutzern vertreten.

Diejenigen, die eigene oder fremde Profile in den Netzwerken täglich besuchen (57 %), tun dies zu gut zwei Dritteln sogar mehrmals pro Tag. Der Service, sich per Handy über Neuigkeiten in der Community informieren zu lassen, hat sich stark entwickelt: Machten im Vorjahr 16 Prozent der täglichen Nutzer von dieser Möglichkeit Gebrauch, ist dieser Anteil aktuell auf 41 Prozent angestiegen. Dabei nehmen Jungen (45 %) diese Möglichkeit etwas häufiger in Anspruch als Mädchen (37 %) und selbst bei den Jüngsten sind es bereits 30 Prozent (14–15 Jahre: 46 %, 16–17 Jahre: 41 %, 18–19 Jahre: 43 %). Haupt- (50 %) und Realschüler (49 %) lassen sich häufiger informieren als Gymnasiasten (35 %).

(Auszug aus JIM-Studie 2012, hrsg. vom Medienpädagogischen Forschungsverbund Südwest, S. 40)

* Damit sind die Kommunikationsformen gemeint, die im Internet stattfinden, etwa auch in sozialen Netzwerken.

4 ***Erarbeiten Sie die Aussage des Auszugs aus der JIM-Studie 2012.***

a) Entscheiden Sie, welche der folgenden Aussagen zutreffen. Korrigieren Sie falls nötig.
87 Prozent der jugendlichen Internet-Nutzer bewegen sich selten in sozialen Netzwerken. – Gegen einen Beitritt sind 13 Prozent. – Die häufigsten Nutzer sind Gymnasiasten. – Die Nutzungshäufigkeit ist im Vergleich zum Vorjahr nicht gestiegen. – Mädchen sind in Online-Communitys weniger vertreten. – Männliche Hauptschüler lassen sich zunehmend per Handy über Neuigkeiten informieren.

b) Erläutern Sie, welche Rolle Online-Communitys im Alltag von Jugendlichen spielen. Nehmen Sie auch Bezug auf die Mediennutzung in Ihrer Lerngruppe.

5 ***Setzen Sie sich mit folgenden Medien und digitalen Kommunikationsformen auseinander: Radio, Fernsehen (öffentlich-rechtlich), Fernsehen (privat, Pay-TV), E-Mail, Chat, SMS, soziale Medien im Internet (Facebook, YouTube, Twitter, Blogs usw.).***

a) Erarbeiten Sie deren Vor- und Nachteile mit Blick auf den Austausch zwischen den Menschen. Legen Sie dazu eine Tabelle an.

a) Erstellen Sie eine Tabelle: Notieren Sie, welche Informationen die Nutzer jeweils erhalten und welchen Einfluss diese Medien auf den Nutzer haben.

b) Bereiten Sie Kurzvorträge über die genannten Medien und digitalen Kommunikationsformen vor.

6 ***Diskutieren Sie: Was bringt die Medienbeschäftigung unserer Gesellschaft: Chance oder Gefahr?***

Online finden, was man sucht

Recherchieren im Internet – aber wie?

Noch nie waren Informationen aller Art so leicht, schnell und jederzeit verfügbar wie heute. Daraus hat sich ein neues Problem entwickelt: Wie bewältigt man die Informationsflut?

1 *Ihre Vorgesetzte gibt Ihnen den Auftrag, das Thema „Rauchen am Arbeitsplatz" für die nächste Betriebsversammlung vorzubereiten. Bei Ihrer Internetrecherche sind Sie auf die abgebildeten Einträge gestoßen. Prüfen Sie, welche Seiten zuverlässige und weiterführende Informationen vermuten lassen.*

a) Schauen Sie sich die Überschriften und Web-Adressen (URL) an: Was kann man über das Interesse des Anbieters vermuten (kommerziell, Werbung, Information etc.)?

b) Lesen Sie den Vorschautext und beurteilen Sie, ob er eine ergiebige Information erwarten lässt.

Ergebnis einer Internetrecherche

RAUCHVERBOT: Die Abgrenzung einer rauchenden Gesellschaft und die ...
RAUCHVERBOT: Die Abgrenzung einer rauchenden Gesellschaft und die Zerstörung der deutschen **Gastronomie**: Amazon.de: Guiseppe Cellura: Bücher
www.amazon.de/RAUCHVERBOT...Gesellschaft-Gastronomie/dp/3862791645
Weitere Ergebnisse von amazon.de »

Gastronomie Nachrichten zum Thema Rauchverbot | Gastro News über ...
Finden Sie alle **Gastronomie**, Hotellerie & Tourismus Nachrichten aus dem Archiv von Gastro News zum Thema: **Rauchverbot**
www.gastro.de/news/schlagworte/rauchverbot/188

Hamburger Altkanzler - Hitzige Debatte um Rauchverbot für Helmut ...
25.01.2013 – Nach der neuerlichen Beschwerde über den Raucher Helmut Schmidt gibt es Unterstützung für den Altkanzler, aber auch Unverständnis.
www.abendblatt.de›Hamburg

British American Tobacco Germany - Rauchen in der Gastronomie
Juli 2008 wurden in allen Bundesländern **Rauchverbote** in der **Gastronomie** eingeführt. Beim Bundesverfassungsgericht waren daraufhin insgesamt 27 Klagen zu den ...
www.bat.de/group/sites/BAT_7TYF37.nsf/vwPagesWebLive/DO7VHAUT?open...

Rauchverbot – Wikipedia
Ein Rauchverbot untersagt, Tabak (und oft auch vergleichbare Substanzen) an bestimmten Orten abbrennen zu lassen. Ziel ist in der Regel der Schutz der ...
de.wikipedia.org/wiki/Rauchverbot

Rauchverbot bei Traditionsveranstaltung : Harte Zeiten für das ...
23.01.2013 – Die Gäste beim Kramermahl im Rathaus werden wohl ab dem Jahr 2014 auf ihre Pfeife nach dem Essen verzichten müssen. Das neue ...
www.wn.de›Muenster

Rauchverbot - SPIEGEL ONLINE - Nachrichten
Debatte über EU-Verbote. Darauf eine Mentholzigarette! SPIEGEL ONLINE – 21.12.2012. Rauchen ist ungesund, ja doch. Nur gehen die Anti-Tabak-Pläne der ...
www.spiegel.de›Panorama›Gesellschaft

Recherchieren im Internet – aber wie?

2 *Diskutieren Sie die vorgegebene Reihenfolge. Berücksichtigen Sie* GUT ZU WISSEN.

a) Erstellen Sie eine eigene Reihenfolge (Ranking) mit Blick auf Ihr Ergebnis aus Aufgabe 1.
b) Stellen Sie Ihre Reihenfolge der Lerngruppe vor und begründen Sie Ihre Entscheidungen.

GUT ZU WISSEN – Suchmaschinen richtig nutzen

Die Ergebnisreihenfolge der Suchmaschinentreffer sagt nicht unbedingt etwas über die Bedeutung für die eigene Recherche aus. Suchmaschinenbetreiber sind Wirtschaftsunternehmen. Unternehmen wiederum versuchen, gezielt ihre Werbung zu platzieren. Man muss die **Einträge** stets selbst **kritisch beurteilen**. Die Prüfung erfolgt bereits bei der Auswahl der Webseiten, die man öffnen will. Hilfreich für die Recherche ist es, vorab zu überlegen, welche **Organisation oder Institution** Spezialwissen zum Thema haben könnte, etwa Verbände, Organisationen, Interessengruppen, Ministerien, Krankenkassen, Innungen, Gewerkschaften, Handwerkskammern etc. **Expertenwissen** findet sich auch in Foren oder Communitys.

3 *Recherchieren Sie weiter im Internet nach Informationen über die rechtlichen Regeln zum Thema „Rauchen am Arbeitsplatz". Berücksichtigen Sie die Checkliste.*

a) Gehen Sie gezielt auf die Websites einschlägiger Quellen: Krankenkassen, Berufsverbände, Bundesgesundheitsministerium (z. B. www.bmg.bund.de), Bundeszentrale für gesundheitliche Aufklärung (www.bzga.de).
b) Suchen Sie weiter mit unterschiedlichen Suchwerkzeugen (z. B. Yahoo, Google).

a) Verwenden Sie dazu Suchmaschinen. Setzen Sie unterschiedliche Suchbegriffe treffend ein und nutzen Sie verschiedene Verknüpfungen (AND, NOT, Anführungszeichen etc.).

Tipp
Lesen Sie auf den Webseiten der Suchmaschinen die Hinweise durch, wie Sie Ihre Suche verbessern können.

4 *Werten Sie die Ergebnisse aus.*

a) Prüfen Sie sie im Hinblick auf den Informationsgehalt: Welche Quellen sind geeignet?
b) Erläutern Sie, wie Sie die brauchbaren Informationen gefunden haben.
c) Stellen Sie eine Liste an Links zusammen, auf die Sie bei der Vorbereitung für die Betriebsversammlung zurückgreifen können.

5 *Erstellen Sie eine Liste von zuverlässigen und einschlägigen Quellen (Anbietern) aus Ihrem beruflichen Umfeld.*

CHECKLISTE – Im Internet recherchieren

- ☑ Die Themenstellung ist eingegrenzt und Suchbegriffe sind überlegt ausgewählt worden.
- ☑ Es sind verschiedene Quellen und Suchmaschinen genutzt worden.
- ☑ Es ist ein eigenes Ergebnis-Ranking erstellt worden, passend zum Thema.
- ☑ Die Web-Adresse und der Vortext sind sorgfältig geprüft.
- ☑ Versteckte Werbung, mögliche Virenfallen oder kostenpflichtige Angebote sind vermieden worden.
- ☑ Die Seiten offizieller, einschlägiger, seriöser Institutionen oder Organisationen werden bevorzugt.
- ☑ Informationen werden stets kritisch bewertet.

Informationen aus dem Internet kritisch prüfen

Wer Informationen sucht, ist mit der Frage nach ihrer Glaubwürdigkeit beschäftigt. Wie leicht das Internet manipuliert und manipuliert werden kann, zeigt die sogenannte „Bluewater-Affäre".

Bluewater-Affäre

Die Bluewater-Affäre war eine aufwendige Guerilla-Marketing-Kampagne der Regisseure Jan Henrik Stahlberg und Marcus Mittermeier für deren Film *Short Cut to Hollywood*. Im Zentrum stand ein fingierter Bombenanschlag in der Kleinstadt Bluewater in Kalifornien am 10. September 2009. Die Nachricht des Attentats wurde durch die Presseagentur dpa und verschiedene Internetseiten vermeldet, aber kurze Zeit später als Falschmeldung erkannt und zurückgezogen.[1] Es folgte eine breite öffentliche Diskussion über korrektes journalistisches Arbeiten und moralische Grenzen der Werbung.[2]

Ablauf

Mithilfe fingierter Zeugenanrufe bei deutschen Redaktionen verbreiteten Stahlberg und Mittermaier zusammen mit einem umfangreichen Team, zu dem auch mehrere Schauspieler und ein taz-Journalist gehörten, die Nachricht, dass in der amerikanischen Kleinstadt Bluewater drei Attentäter in einem Restaurant mehrere Bomben gezündet hätten. Um die Nachricht glaubhaft zu machen, richteten die Initiatoren zuvor eigens gefälschte Internetseiten der Stadt und des örtlichen Fernsehsender KVPK-TV ein. Hierfür nutzten sie auch szenisches Material aus ihrem Kinofilm. Zusätzlich bedienten sie sich sozialer Netzwerke und fälschten am Vortag Einträge in der englischsprachigen Wikipedia.[3]

Als Erstes brachte die Deutsche Presse-Agentur um 9.38 Uhr die Meldung, im Glauben exklusiv zu berichten. In kurzer Zeit wurde sie von anderen Redaktionen übernommen und weiterverbreitet. Kurz nach der ersten Meldung publizierten die Initiatoren eine Korrektur, die ebenfalls gefälscht war: Es handle sich nicht um Attentäter, sondern um deutsche Rapper, die mit Bombenattrappen in ein Restaurant gestürmt seien, um mediale Aufmerksamkeit zu erregen. Auch diese Meldung wurde von der dpa um 10.06 Uhr weiterverbreitet. Etwa vier

Stunden nach der ersten Eilmeldung brachte die dpa einen Widerruf, indem sie ihre Kunden darauf aufmerksam machte, dass man einer Fälschung aufgesessen sei. Der *Stern*, der die Geschichte auf seiner Internetseite veröffentlicht hatte, bestätigte Stahlberg eine „großartige Inszenierung".[4] In einer Stellungnahme erklärte Stahlberg, sein Projekt kritisiere, dass es auch bei der Nachrichtenberichterstattung letztendlich nur um die Quoten gehe.[5] Auf den gefälschten Internetseiten wurden später Trailer und ein Making-of der Kampagne gezeigt. Zwei Wochen nach der Bluewater-Affäre feierte *Short Cut to Hollywood* Premiere.

Im NDR-Medienmagazin *zapp* attestierte die Journalistenvereinigung *netzwerk recherche* den Journalisten einen Verstoß gegen journalistische Grundregeln.[6] Als Lehre aus dem PR-Coup änderte die dpa ihre Bestimmungen für die Prüfung von Meldungen und deren Quellen.[7, 8]

(wikipedia, 01.04.2012)

Einzelnachweise

1 http://www3.ndr.de/sendungen/zapp/archiv/ethik_journalismus/werbevideo100.html
2 Guerilla-Marketing: Verboten gute Werbung in *Spiegel Online* vom 10. Januar 2010
3 Versionsänderung des Artikels „Bluewater, California" der englischsprachigen Wikipedia am 9. September 2009
4 Medienblamage: Die Bluewater-Affäre vom 10. September 2009
5 http://www.janstahlberg.de/pages/2009/09/18/bluewater-affare/
6 Ethik und Journalismus: Werbe-Video – Die Täuschung der Medien in *zapp* vom 16. September 2009
7 dpa: Lehren aus Bluewater Stefan Niggemeier in *Bildblog* vom 15. September 2009
8 Krise der Nachrichtenagenturen: Vorm endgültigen Redaktionsschluss in *Die Tageszeitung* vom 22. Juni 2010
(...)

Informationen aus dem Internet kritisch prüfen

1 *Stellen Sie den Verlauf der Bluewater-Affäre dar. Was versteht man darunter?*

a) Wie wurden bei der Bluewater-Affäre Informationen manipuliert?
erfundene Zeugenaussagen und Anrufe bei Redaktionen, gefälschte Homepage der Stadt

b) Wie war die Reaktion auf die Medienkampagne?

c) Welche Folgen hatte das Ereignis?

Tipp

Unter Manipulation versteht man das bewusste Fälschen von Informationen.

2 *Recherchieren Sie, welche Aufgaben Nachrichtenagenturen wie dpa haben.*

3 *Bewerten Sie den Wikipedia-Artikel im Hinblick auf seine Informationsqualität.*

a) Untersuchen Sie, wie die Falschinformation sprachlich kenntlich gemacht wird (➪ Kapitel. 4, S. 92 f.).
gezündet hätten (Z. 20 ff.) ➪ Konjunktiv II

b) Überprüfen Sie online die angegebenen Quellen.

c) Wenden Sie die Checkliste auf den Wikipedia-Eintrag an.

b) Prüfen Sie den Wikipedia-Eintrag mithilfe der Checkliste.

c) Diskutieren Sie in Teams, inwieweit die Zuverlässigkeit der Webseite Wikipedia überprüft werden kann.

4 *Diskutieren Sie, inwiefern die Fälschung von Nachrichten und der Missbrauch der digitalen Medien schwerwiegende Folgen haben können.*

a) Nennen Sie Themen, bei denen schwerwiegende Folgen für Menschen entstehen können.

b) Diskutieren Sie die möglichen Folgen.

5 *Diskutieren Sie die Grenzen einer Werbekampagne. Was wäre in Ihrem beruflichen Umfeld eine Grenzüberschreitung?*

CHECKLISTE Informationsqualität prüfen

- ☑ Die Information beantwortet das Suchanliegen.
- ☑ Das Ziel der Veröffentlichung ist erkennbar (z. B. Information, Diskussion, Verkauf).
- ☑ Die Information ist aktuell.
- ☑ Es ist eine Autorin/ein Autor genannt und es gibt ggf. weitere Informationen über sie/ihn.
- ☑ Es gibt ein Impressum (Herkunftsangabe).
- ☑ Der Inhalt lässt sich durch Quellen- oder Literaturangaben überprüfen.
- ☑ Die Information ist durch andere zuverlässige Quellen bestätigt (z. B. Zeitungsartikel, aktuelle Bücher, Broschüren).
- ☑ Die eingearbeiteten Links führen zu weiteren seriösen Informationen.
- ☑ Die Webseite ist klar und übersichtlich aufgebaut.
- ☑ Der Inhalt ist verständlich und sprachlich richtig vermittelt.

Informationen aus der Presse kritisch prüfen

Stimmt das eigentlich so, wie es in der Presse dargestellt wird? Die Frage nach der Informationsweitergabe wird immer wieder in der Öffentlichkeit gestellt und unterschiedlich diskutiert.

1 *Berichten Sie: Über welche Veröffentlichungen haben Sie sich schon aufgeregt?*

2 *Entscheiden Sie, welche Schlagzeilen Sie für kritisch halten, und begründen Sie.*

Nationalstürmer spielte unterirdisch! – Minister ist ein gemeiner Lügner! – Horrorcrash: Sensationelle Unfallbilder – Nachbar deckt auf: Mit diesen Männern geht meine Untermieterin ins Bett! – Skandal: Angestellte widerrechtlich abgehört! – Leser klagen an: Diese Religion gehört verboten! – Schon wieder: Schauspieler trennt sich von dritter Frau! – Ganz klar: Dieses Handy ist unschlagbar!

Pressekodex

Die im Grundgesetz der Bundesrepublik verbürgte Pressefreiheit schließt die Unabhängigkeit und Freiheit der Information, der Meinungsäußerung und der Kritik ein. Verleger, Herausgeber und Journalisten müssen sich bei ihrer Arbeit der Verantwortung gegenüber der Öffentlichkeit und ihrer Verpflichtung für das Ansehen der Presse bewusst sein. Sie nehmen ihre publizistische Aufgabe fair, nach bestem Wissen und Gewissen, unbeeinflusst von persönlichen Interessen und sachfremden Beweggründen wahr. (...)

1. Die Achtung vor der Wahrheit, die Wahrung der Menschenwürde und die wahrhaftige Unterrichtung der Öffentlichkeit sind oberste Gebote der Presse. (...)

2. Recherche ist unverzichtbares Instrument journalistischer Sorgfalt. Zur Veröffentlichung bestimmte Informationen in Wort, Bild und Grafik sind mit der nach den Umständen gebotenen Sorgfalt auf ihren Wahrheitsgehalt zu prüfen und wahrheitsgetreu wiederzugeben. Ihr Sinn darf durch Bearbeitung, Überschrift oder Bildbeschriftung weder entstellt noch verfälscht werden. Unbestätigte Meldungen, Gerüchte und Vermutungen sind als solche erkennbar zu machen. (...)

3. Veröffentlichte Nachrichten oder Behauptungen, insbesondere personenbezogener Art, die sich nachträglich als falsch erweisen, hat das Publikationsorgan, das sie gebracht hat, unverzüglich von sich aus in angemessener Weise richtigzustellen. (...)

4. Bei der Beschaffung von personenbezogenen Daten, Nachrichten, Informationsmaterial und Bildern dürfen keine unlauteren Methoden angewandt werden. (...)

7. Die Verantwortung der Presse gegenüber der Öffentlichkeit gebietet, dass redaktionelle Veröffentlichungen nicht durch private oder geschäftliche Interessen Dritter oder durch persönliche wirtschaftliche Interessen der Journalistinnen und Journalisten beeinflusst werden. (...)

8. Die Presse achtet das Privatleben des Menschen und seine informationelle Selbstbestimmung. Ist aber sein Verhalten von öffentlichem Interesse, so kann es in der Presse erörtert werden. (...)

9. Es widerspricht journalistischer Ethik, mit unangemessenen Darstellungen in Wort und Bild Menschen in ihrer Ehre zu verletzen. (...)

10. Die Presse verzichtet darauf, religiöse, weltanschauliche oder sittliche Überzeugungen zu schmähen. (...)

11. Die Presse verzichtet auf eine unangemessen sensationelle Darstellung von Gewalt, Brutalität und Leid. Die Presse beachtet den Jugendschutz. (...)

12. Niemand darf wegen seines Geschlechts, einer Behinderung oder seiner Zugehörigkeit zu einer ethnischen, religiösen, sozialen oder nationalen Gruppe diskriminiert werden. (...)

16. Es entspricht fairer Berichterstattung, vom Deutschen Presserat öffentlich ausgesprochene Rügen zu veröffentlichen, insbesondere in den betroffenen Publikationsorganen bzw. Telemedien.

(In der Fassung vom 13. März 2013, hrsg. vom Deutschen Presserat, unter: www.presserat.info [23.07.2013])

Informationen aus der Presse kritisch prüfen

3 *Untersuchen Sie den Pressekodex. Berücksichtigen Sie* **GUT ZU WISSEN**.

a) Markieren Sie auf einer Kopie die wesentlichen Textstellen (Kapitel III, S. 54).
b) Notieren Sie, worauf sich der Pressekodex beruft.
c) Schreiben Sie für jeden Abschnitt eine treffende Kurzüberschrift auf.
d) Erläutern Sie, wie die Einhaltung der ethischen Grundsätze kontrolliert wird.

Tipp
Kodex: Sammlung von Normen und Regeln: Ehrenkodex, Verhaltenskodex

4 *Beurteilen Sie Schlagzeilen. Prüfen Sie die Überschriften aus Aufgabe 2 erneut mit Blick auf den Pressekodex. Beziehen Sie sich jeweils auf den entsprechenden Textabschnitt.*

4 *Beurteilen Sie Schlagzeilen. Notieren Sie die Schlagzeilen von Titelseiten der Boulevardpresse (Bild, Express etc.). Stellen Sie sie vor und diskutieren Sie in der Lerngruppe darüber.*

Jahresbilanz des Presserats

Hamburg/Berlin – Auch im vergangenen Jahr blieb die Zahl der Beschwerden an den Deutschen Presserat hoch. 1500 Menschen verlangten 2012 eine Prüfung redaktioneller Inhalte anhand des Pressekodex, dies gab der Deutsche Presserat am Dienstag in seiner Jahresbilanz bekannt. Die Deutschen sahen vor allem Ziffer 9 der publizistischen Grundsätze – den Schutz der Ehre des Menschen – gefährdet. (…) Die drei aus ehrenamtlichen Mitgliedern bestehenden Beschwerdeausschüsse prüften insgesamt 670 Fälle, woraufhin 188 Maßnahmen ausgesprochen wurden: 17 öffentliche Rügen (die höchste Kategorie der Unmutsäußerungen), 5 nicht öffentliche Rügen, 51 Missbilligungen und 91 Hinweise. Letztlich bleiben aber sämtliche Sanktionen

des Deutschen Presserats ohne direkte Folgen. Hauptanliegen sei, ethische Diskurse anzustoßen, so Ursula Ernst, Sprecherin des Deutschen Presserats.

(jud, Spiegel online, 05.02.2013 [02.06.2013])

5 *Diskutieren Sie die Maßnahmen des Presserats.*

a) Definieren Sie die Begriffe *Rüge*, *Missbilligung* und *Hinweis*.
b) Untersuchen Sie die Wirkung der einzelnen Maßnahmen in der Öffentlichkeit.
c) Diskutieren Sie, ob ein Verhaltenskodex für die Presse sinnvoll ist.

Tipp
Eine Liste der Rügen finden Sie unter www.presserat.info/inhalt/dokumentation/chronik-der-ruegen/1997-2009.html.

GUT ZU WISSEN | **Presse und Gesellschaft**

Der Begriff „Presse“ bezog sich ursprünglich auf Druckerzeugnisse (Printmedien). Heute ist damit die Gesamtheit der **öffentlichen Massenmedien** gemeint, also auch Hörfunk, Fernsehen und Internet. Die Arbeit der Journalistinnen und Journalisten unterliegt nach Grundgesetz Art. 5 der **Meinungs- und Informationsfreiheit**. Der Pressekodex ist eine **freiwillige Selbstverpflichtung**. Da der Journalismus die Meinungsbildung einer Gesellschaft beeinflusst, wird besonders die Arbeit der Boulevardzeitungen kritisch gesehen. Grund dafür ist die oft verzerrte, verkürzte, auf Sensationen konzentrierte und mit auffälligen Bildeffekten arbeitende Berichterstattung.

Wenn die Datenflut versiegt

Fallen Rechner oder Telefon aus, so sind alltägliche Abläufe plötzlich gestört. Oft ist nicht klar, wie weitreichend die Gesellschaft von diesen Störungen betroffen ist.

Brand sorgte für kompletten Ausfall von Internet und Telefon

sz – Seit Montagmorgen gibt es im Kreis Siegen-Wittgenstein und dem Umland massive Probleme mit dem Netz der Deutschen Telekom. Grund ist ein Brand im Gebäude an der Ecke Koblenzer Straße/Leimbachstraße, wo die Signale verteilt werden. Kunden von Alternativanbietern konnten zeitweise dennoch kommunizieren. Problematisch war die Situation auch deshalb, weil zeitweise die Notrufnummern 110 und 112 nicht funktionierten. Mittlerweile sind die Nummern wieder über das Mobilfunknetz erreichbar. Die einzelnen Feuerwehrgerätehäuser waren mit Personal besetzt, damit die Bürger im Ernstfall die Rettungskräfte verständigen konnten. Eine erreichbare Handy-Nummer sowie eine Rufumleitung in die Olper Leitstelle verbesserten die Lage am späten Vormittag. (...)

Neben Privatkunden waren auch Banken und Sparkassen sowie der Einzelhandel betroffen. Einige Bank-Filialen mussten schließen, weil die Anbindung an die Zentrale fehlte, auch die Kartenzahlung in Geschäften war betroffen.

(Siegener Zeitung online, Januar 2013 [02.06.2013])

Zweistelliger Millionenschaden nach Telekom-Brand

sz – Weit über 1300 Unternehmen beteiligten sich an der Umfrage. 95 Prozent waren vom Telekom-Brand betroffen und mussten negative betriebliche Auswirkungen ertragen.

Deutlich mehr als die Hälfte meldete einen Komplettausfall ihres Festnetzanschlusses von ein bis zwei Tagen. Über ein Viertel war für eine längere Zeit betroffen, fast 10 Prozent vier Tage oder länger. Die Ausfälle von Internet oder E-Mail-Empfang waren unter dem Strich sogar noch gravierender. (...)

Für fast zwei Drittel der Unternehmen bedeutete der Ausfall der Kommunikationsnetze einen finanziellen Schaden. Allein die in der Umfrage umrissenen Schadensangaben summieren sich auf über 5 Mio. Euro. Viele Unternehmen konnten ihre Schäden noch gar nicht konkret beziffern. Ein Schaden lag sogar im sechsstelligen Bereich. Der Schaden für die komplette regionale Wirtschaft in Siegen-Wittgenstein und Olpe dürfte deutlich im zweistelligen Millionenbereich liegen, sagt die IHK. (...)

(Siegener Zeitung online, Januar 2013 [02.06.2013])

1 *Lesen Sie die Zeitungsnachrichten und werten Sie aus, welche Folgen der Brand hatte.*

1 *Analysieren Sie mithilfe der Artikel, worin der Schaden sowohl für die Unternehmen als auch für die Privatkundschaft bestand.*

2 *Setzen Sie sich damit auseinander, wie sehr Ihr beruflicher Bereich von Kommunikationsnetzen abhängig ist.*

3 *Diskutieren Sie die zukünftige Entwicklung: Werden Abhängigkeit und Risiko größer?*

4 *Schreiben Sie einen fiktionalen Text: Wie sähe unsere Welt aus, wenn es plötzlich keine digitalen Medien mehr gäbe?*

Soziale Netzwerke und ihre Folgen

Rund 80 Prozent der Jugendlichen zwischen 12 und 19 Jahren nutzen tagtäglich Online-Communitys, also Foren, Chatsysteme oder soziale Netzwerke. Gehören Sie auch dazu?

1 *Analysieren Sie das Schaubild* *(➪ Kapitel 8, S. 143 ff.).*

a) Erläutern Sie die Bedeutung des Begriffs „Privacy-Option“. Nutzen Sie diese Option?

b) Beschreiben Sie die Aussage des Schaubilds.

c) Diskutieren Sie, welche Folgen es hat, sie nicht zu nutzen.

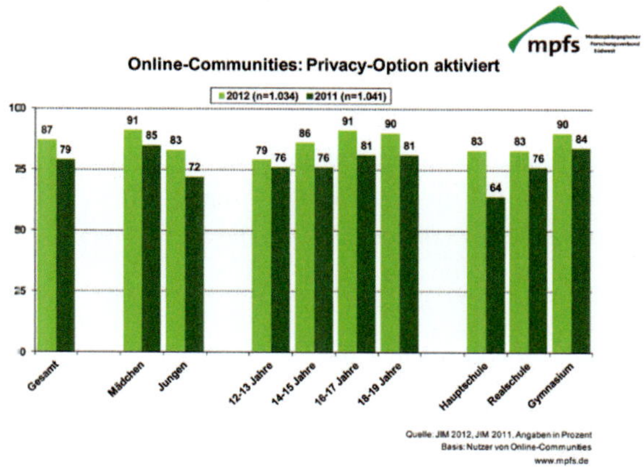

Ausschreitungen in den Niederlanden: schwere Krawalle nach Facebook-Party

3000 ungebetene Gäste einer privaten Geburtstagsparty sorgten in den Niederlanden für einen Großeinsatz der Polizei. Die Einladung hatte sich auf Facebook lawinenartig ausgebreitet. Die ungebetenen Gäste plünderten Geschäfte und lieferten sich Straßenschlachten.

(Focus online, 22.09.2012 [28.04.2013])

Die Rolle der neuen Medien in der Arabischen Revolution

„Die Revolution hat auf der Straße stattgefunden, nicht im virtuellen Raum. Sie hat 800 Menschen das Leben gekostet“, sagt der junge Blogger Abdallah aus Kairo. Der Ausdruck „Facebook-Revolution“ macht ihn fast wütend. Denn der Arabische Frühling hatte ganz reale politische und sozioökonomische Hintergründe, die zur Verzweiflung einer ganzen Generation führten. (...) Dennoch haben die neuen Medien bei den Umbrüchen eine entscheidende, wenn auch von Land zu Land unterschiedliche, Rolle gespielt. Facebook war anfänglich das wichtigste Medium zur Mobilisierung der Bevölkerung. Über Twitter und YouTube sendeten junge Araberinnen und Araber Informationen über Massenproteste um die Welt. Vor allem die symbiotische Vernetzung traditionellerer und neuer Medien war für die Umbrüche entscheidend. Das Zusammenspiel von TV, Internet und Mobiltelefonen veränderte die politische Kommunikation grundlegend und machte somit die Umstürze erst möglich.

(Dr. Asiem El Difraoui, Bundeszentrale für politische Bildung online, 03.11.2011 [02.06.2013])

Mobbing nach Absage: Facebook-Party abgesagt – 18-Jähriger begeht Selbstmord

(Focus online, 14.10.2012 [23.07.2013])

2 *Setzen Sie sich mit den Texten zu sozialen Netzwerken auseinander und reflektieren Sie Ihre persönlichen Erfahrungen.*

a) Listen Sie in einer Tabelle Vor- und Nachteile von sozialen Netzwerken auf.

b) Bewerten Sie die Ergebnisse in der Lerngruppe.

c) Diskutieren Sie: Wie können negative Folgen verhindert werden?

Tipp
Schauen Sie sich das Video an: www.youtube.com/watch?v=e4re7mwQzIA&list=PL74A45023E811E10D.

Meine Daten, deine Daten und wie man damit umgeht

Soziale Netzwerke: Ihre Visitenkarte im Internet

Wer auf der Suche nach einer neuen Stelle ist, sollte sich darüber im Klaren sein, dass Firmen mittlerweile sehr genau hinschauen, was man in Netzwerken treibt. Sprich: Ihr Auftritt bei Facebook, Xing & Co. ist Ihre persönliche digitale Visitenkarte, die Sie bereits vor dem ersten Kennenlernen beim potenziellen neuen Arbeitgeber abgeben. Entsprechend sorgfältig sollten Sie deshalb nicht nur die „normalen“ Bewerbungsunterlagen gestalten, sondern auch an Ihrem Social-Media-Auftritt feilen.

(Computerbild online, 09.05.2012 [03.06.2013])

1 *Werten Sie aus, ob und wie Ihre digitale Visitenkarte wirkt.*

a) Erläutern Sie, welche Daten (Informationen, Bilder, Sprache) in sozialen Netzwerken zum Hindernis bei Ihrem Berufsstart werden können und welche nützlich sind.

b) Bewerten Sie das Profil Ihres Partners aus der Sicht eines Arbeitgebers (→ Kapitel 5).

2 *Stellen Sie dar, welche Probleme in dem Gespräch angesprochen werden.*

Ömer zu Tim: „Du holst dir doch immer die neuesten Filme und die coolste Musik aus dem Netz. Kannst du für die Abschlussparty nächste Woche nicht ein Abendprogramm zusammenstellen?“ Tine: „Vorsicht Leute! Da gibt es rechtliche Regeln!“ Tim: „Ach so, aber für die Schülerzeitung darf man sich mit Texten und Fotos aus dem Internet bedienen?!“

Tipp

Sie können sich über Gefahren, Rechte und Pflichten im Internet informieren auf www.klicksafe.de/materialien/.

3 *Welche Regeln gelten für die Daten anderer? Diskutieren Sie über den Umgang mit Daten im Internet. Berücksichtigen Sie* » GUT ZU WISSEN.

a) Fassen Sie zusammen, was Sie über die Nutzung von Materialien aus dem Netz wissen.

Umgehen von Kopierschutzvorrichtungen – privater Gebrauch – Urheberrecht – Creative Commons – öffentliche Nutzung – Plagiat – Zitat – kommerzielle Nutzung – IP-Adresse – Fotos – Quelle

a) Recherchieren Sie die aktuellen rechtlichen Regeln und stellen Sie sie übersichtlich zusammen.

b) Tine gibt in der Schülerzeitung als Quelle zu einem Artikel über das Videoportal YouTube lediglich „Wikipedia“ an. Entscheiden und begründen Sie, ob diese Angabe ausreicht.

» GUT ZU WISSEN – Datensicherheit und Datenschutz

Nicht nur Aktivitäten in einem sozialen Netzwerk, sondern jede Bewegung im Internet von der E-Mail über die Recherche bis zum Online-Einkauf hinterlässt eine Spur. So entsteht ein **digitales Ich**. Gleichzeitig wächst der kommerzielle und kriminelle **Zugriff auf persönliche Daten** sprunghaft. Das oberste Gebot ist also, äußerst sparsam mit persönlichen Daten umzugehen. Das Internet vergisst nichts. Aber auch andere haben das Recht auf fairen Umgang mit ihren Daten und ihrem geistigen Eigentum (**Urheberrecht**).

Medienkompetenz – eine unverzichtbare Qualifikation

Medienkompetenz ist eine fachliche Kompetenz, die heute von einem Berufseinsteiger ganz selbstverständlich erwartet wird.

Handwerker Magazin – Rubrik IT

Grundausstattung: Kauftipps für die IT-Basis – Büro und Außendienst zu vernetzen ist das wichtigste Ziel für die IT-Basisausstattung. Welche Geräte von Beginn an vorhanden sein sollten. (...)

Betriebssoftware: Cloud-Computing für Handwerker – Von der Auftragsverwaltung über die Buchführung bis hin zur mobilen Zeiterfassung: Für Handwerksbetriebe gibt es inzwischen einige taugliche Cloud-Lösungen. (…)

Kundenmanagement: Wie Sie die richtige Software finden. Alle wichtigen Informationen über Projekte, Kunden und Partner im Blick: Kundenmanagement-Software (CRM) kann Handwerksunternehmer maßgeblich bei der Kundenbetreuung unterstützen. Bevor Sie sich für einen Anbieter entscheiden, sollten Sie jedoch Ihren Bedarf analysieren. (…)

Material-Checkliste: Neue App von Handwerker für Handwerker: Viel Zeit und Nerven sparen: Eine neue App hilft Handwerkern beim Organisieren des Arbeitsmaterials für den Kundentermin (…)

(Auszüge aus handwerk-magazin.de, [27.05.2013])

1 *Werten Sie die Auszüge aus dem Fachartikelangebot der Zeitschrift „handwerk magazin" aus. Berücksichtigen Sie* » GUT ZU WISSEN.

a) Erklären Sie, welche Art Medienkompetenz hier angesprochen wird.

b) Prüfen Sie, welche der genannten Kompetenzen in Ihrem Unternehmen verlangt sind. Werden weitere Fähigkeiten im Umgang mit Medien verlangt?

b) Erstellen Sie eine Übersicht bezogen auf Ihre Branche, in der Sie die Anforderungen zum Umgang mit Medien zusammenstellen.

2 *Prüfen Sie Ihre Medienkompetenz, indem Sie das Quiz auf den Internetseiten von Medienkompetenznetzwerke NRW unter www.mekonet.de durchführen.*

a) Wählen Sie einen Bereich aus (Datenschutz, Mobile Media, Web 2.0, Internet), bestimmen Sie den Schwierigkeitsgrad und beantworten Sie die Fragen.

a) Wählen Sie das Masterquiz mit den schwersten Fragen aus allen Bereichen.

b) Informieren Sie sich auf der Rückmeldeseite, wie Sie abgeschnitten haben.

c) Bewerten Sie, ob Ihre Medienkompetenz für Ihren Beruf ausreicht.

» GUT ZU WISSEN **Medienkompetenz**

Kompetenzen beschreiben allgemein den Sachverstand und die Fähigkeit in Bezug auf etwas. Zur Medienkompetenz gehört sowohl die Fähigkeit, Medien **als Werkzeug nutzen** zu können (Bedienung, Anwendung, Anpassung) als auch die **Fähigkeit zu kritischem Umgang** mit Medien (Datenschutz, rechtliche Situation, Umgang mit Quellen).

Kompetenzcheck – Testen Sie Ihren Lernerfolg

FAZIT

- Medienarten und ihre (Nutzungs-) Möglichkeiten kennenlernen

- Recherchestrategien anwenden
- Qualität von Informationen prüfen und beurteilen

- Risiken und Nutzen im Umgang mit eigenen und fremden Daten

- Merkmale von Medienkompetenz als berufliche Basisqualifikation

ZIELAUFGABE »

1 *Entwerfen Sie ein Quiz für die Lerngruppen (➪ S. 225). Wer findet am schnellsten die zielführenden Informationen?*

a) Überlegen Sie sich ein Sachgebiet und recherchieren Sie nach geeigneten Wissensfragen.
b) Halten Sie Ihre Fundstellen durch Speichern und genaue Quellenangabe fest.
c) Überprüfen Sie Ihre erwarteten Antworten mit unterschiedlichen Suchmaschinen.
d) Schreiben Sie nun das Quiz und teilen Sie es an die Lerngruppen aus. Halten Sie ein Lösungsblatt mit den Quellenangaben bereit.
e) Werten Sie die Lösungen aus und belohnen Sie die Sieger.

Tipp
Informieren Sie sich unter http://www.methopedia.eu/de/collection/car-race, wie man eine Internet-Rallye -anlegen kann.

» KOMPETENZCHECK – Medien kompetent einsetzen

- ☑ Kenne ich die Möglichkeiten und Grenzen verschiedener Medien?
- ☑ Nutze ich gezielt verschiedene Medienarten, sowohl Print als auch digital?
- ☑ Recherchiere ich überlegt nach bewusst ausgewählten Gesichtspunkten?
- ☑ Prüfe ich bei der Internetrecherche kritisch die angezeigten Suchergebnisse?
- ☑ Erkenne ich die Informationsqualität eines Textes anhand verschiedener Kriterien?
- ☑ Nutze ich mehr als eine Informationsquelle?
- ☑ Gebe ich die Herkunft meiner Informationen gewissenhaft an?
- ☑ Gehe ich sorgsam mit meinen persönlichen Informationen um?
- ☑ Achte ich die Datenrechte anderer?
- ☑ Kenne ich die Medien, die für meinen beruflichen Bereich einschlägig sind?

Kapitel 15

Vortragen, referieren und präsentieren

© Photos 12/Alamy, aus dem Film „The King's Speech", 2010

Sie bereiten in Ihrer Klasse die Teilnahme an einer Bildungsmesse vor, bei der Sie Ihre Schule vor anderen Schülerinnen und Schülern präsentieren wollen. Aus eigener Erfahrung wissen Sie, dass diese unklare Vorstellungen haben, was sie an einer „berufsbildenden Schule" erwartet. Das wollen Sie ändern! Sie möchten mit Ihrem Vortrag Ihr Publikum erreichen. Dafür können Sie verschiedene Mittel und Techniken einsetzen.

Kompetenzen	Methoden und Arbeitstechniken
✔ Auf die Bedürfnisse der Zielgruppe eingehen	✔ Vortrag planen und halten
✔ Redeskripte klar strukturieren	✔ Notizzettel anlegen
✔ Das Publikum ansprechen	✔ Sandwich-Methode
✔ Medien situativ angemessen einsetzen	✔ Körpersprache einsetzen
✔ Plakate und Folien gestalten	✔ Gestaltung und Einsatz von Medien
✔ Deutlich und moduliert sprechen	✔ Stegreifrede
✔ Aufgaben in der Gruppe fair verteilen	

Ziel und Aufbau der Präsentation

Ziel und Zielgruppe – von Anfang an im Blick

Situation

Sie treffen in der Stadt eine ehemalige Mitschülerin, die von Ihnen wissen möchte, was Sie in Ihrem Betrieb im Moment genau machen und wie es Ihnen dort geht. Sie berichten ihr daraufhin von Ihrer Situation. Kurze Zeit später treffen Sie einen ehemaligen Lehrer, der Ihnen die gleichen Fragen stellt. Auch ihm erzählen Sie, wie Ihr Leben im Betrieb ist.

1 *Entwerfen Sie zwei verschiedene Gesprächsverläufe für das spontane Treffen.*

a) Stellen Sie in Partnerarbeit zusammen, was Sie jeweils der Mitschülerin bzw. dem ehemaligen Lehrer mitteilen möchten. Bereiten Sie die zwei kurzen Szenen vor.

b) Stellen Sie Ihr Ergebnis der Lerngruppe vor und sammeln Sie die Unterschiede.

c) Diskutieren Sie, was geschieht, wenn Sie Ihre Aussagen vertauschen und dem Lehrer das erzählen, was Sie für die Mitschülerin vorbereitet haben.

2 *Ihre Chefin nimmt sich halbjährlich Zeit für ein Gespräch mit ihren Auszubildenden. Sie vereinbart dafür einen Termin mit Ihnen. Auch Ihre Chefin interessiert es, was Sie zurzeit im Betrieb machen und wie Sie sich dabei fühlen. Bereiten Sie das Gespräch vor.*

a) Was möchten Sie erreichen? Führen Sie ein Brainstorming dazu durch.

b) Notieren Sie sich in einem Satz, welches Ziel Sie bei dem Gesprächstermin hauptsächlich verfolgen möchten.

a) Untersuchen Sie mithilfe des Modells „Vier Seiten einer Nachricht“ (Kapitel 1, S. 30), welche Seite bei dem geplanten Gespräch im Vordergrund steht und inwiefern die übrigen Seiten eine Rolle spielen.

b) Formulieren Sie in einem Satz Ihr Gesprächsziel.

c) Vergleichen Sie mit der Eingangssituation: Verfolgen Sie dort auch Ziele? Gibt es Unterschiede zu dem Gespräch mit der Chefin?

3 *Vergleichen Sie die (Gesprächs-)Ziele in den Situationen:*
ein freiwilliges Referat in der Schule halten – sich in einer Gruppenarbeit an der Diskussion beteiligen – mit einer Kundin sprechen – eigene Ideen bei einem Auftraggeber vorstellen – der Ausbildungsleiterin ein Problem beschreiben – eine Präsentation in einer Prüfung vortragen – ein Urlaubserlebnis im Verein erzählen - mit dem Lehrer über eine Zensur sprechen.

a) Untersuchen Sie, welche Ziele möglich sind. Es können auch mehrere für eine Situation ausgewählt werden.
informieren, zusammenfassen, werben, dem Publikum sympathisch sein, das eigene Wissen zeigen, Freude am Präsentieren vermitteln, überzeugen, Nachdenken beim Publikum auslösen, Vorgaben des Publikums erfüllen, zum Handeln anregen usw.

b) Wählen Sie drei Situationen aus und notieren Sie jeweils in einem Satz ein Ziel, das Sie erreichen wollen.

c) Können Sie während des Vortrags oder Gesprächs überprüfen, ob Ihr Ziel erreicht ist? Diskutieren Sie die ausgewählten Situationen mit einer Lernpartnerin oder einem Lernpartner.

Ziel und Zielgruppe – von Anfang an im Blick

4 *Untersuchen Sie, wie Sie Vortragssituationen in der Schule, im Betrieb, in Vereinen usw. als Zuhörerin oder Zuhörer empfunden haben.*

a) Sammeln Sie Ihre Eindrücke auf verschiedenfarbigen Moderationskarten. Verwenden Sie dabei eine Farbe für Aspekte, die Sie ansprechend, und eine andere für Aspekte, die Sie als unangenehm und anstrengend empfunden haben.

b) Vergleichen Sie in Kleingruppen Ihre Ergebnisse. Klären Sie, ob für alle die gleichen Elemente positiv und negativ besetzt sind.

5 *Entwerfen Sie einen Vortrag. Berücksichtigen Sie die Checkliste.*

a) Sie bereiten ein Referat zum Thema „Mein erster Arbeitstag“ für die Lerngruppe vor. Beschreiben Sie Ihre Zielgruppe.

Jugendliche, ähnliche Lebenslage, feste Gruppe, Teil der Berufsschule, Standardsprache, ähnlicher Bildungsstand, Erwartung eines unterhaltsamen Vortrags, Erfahrung derselben Situation

b) Formulieren Sie einen zielgruppenorientierten Vortrag. Achten Sie dabei auf eine angemessene Ausdrucksweise.

c) Tragen Sie Ihr Ergebnis der Lerngruppe vor und beurteilen Sie untereinander, ob der Vortrag passend auf die Zielgruppe ausgerichtet ist.

a) Sie bereiten ein Referat vor, das Sie im Jugendzentrum zum Thema „Meine nächste Urlaubsreise nach …“ halten wollen. Beschreiben Sie Ihre Zielgruppe.

b) Bereiten Sie einen Vortrag vor. Notieren Sie dazu Stichwörter auf Karteikarten.

c) Tragen Sie in Kleingruppen Ihre Ergebnisse vor und prüfen Sie, ob der Vortrag auf die Zielgruppe ausgerichtet ist.

Tipp

Auch wenn Sie im Betrieb oder in der Schule zu einem vorgegebenen Thema sprechen, machen Sie dieses Thema zu Ihrem eigenen. Interessieren Sie sich und Ihr Publikum dafür.

CHECKLISTE **Zielformulierung und Zielgruppenorientierung**

- ☑ Das Hauptziel ist klar definiert und in einem Satz zusammengefasst.
- ☑ Die Inhalte sind so ausgewählt, dass der Großteil der Zuhörerinnen und Zuhörer gut folgen kann.
- ☑ Auf die speziellen Interessen der Zielgruppe ist Rücksicht genommen (z. B. indem ein Thema für Auszubildende im 2. Lehrjahr anders aufbereitet wird als für neue Auszubildende).
- ☑ Es ist klar, ob persönliche Inhalte zur Vortragssituation passen (hängt vom Anlass und vom Publikum ab).
- ☑ Der zeitliche Umfang passt zur Situation.
- ☑ Die Sprachebene ist angemessen (in der Regel moderne Standardsprache; ➪ Kapitel 1, S. 26).

Referat und Präsentation planen und gliedern

Ohne Planung geht es nicht. Sie fühlen sich sicherer, wenn Sie Ihr Anliegen durchdacht haben. Das Publikum kann dem Gedankengang besser folgen, wenn eine klare Struktur vorliegt.

1 *Während einer Informationsveranstaltung für Schülerinnen und Schüler der 9. Klasse hat ein Auszubildender den folgenden mündlichen Vortrag gehalten. Das Thema ist „Berufsschule als Teil der Ausbildung". Geben Sie Ihren Leseeindruck wieder.*

Hallo zusammen, ich bin's, der Ömer Maier.	Begrüßung
Was geht ab, wenn du in der Berufsschule bist, also sozusagen #Berufsschule, das ist mein Thema heute.	Einleitung
Eigentlich dachte ich mir, dass ich in meinem Leben genug Schule besucht hatte. Die Ausbildung ist ja was anderes, da lernt man Sachen, die man auch braucht. Und dann also doch wieder Schule, Berufsschule.	Hinführung (Ohröffner)
Also, ich hin, bin angekommen und dann – ne, irgendwie anders.	Hauptteil
Erst mal die Leute, hier kannste dich austauschen mit denen, die dasselbe machen, deine Ausbildung halt. Und dann kannste Tipps holen oder gucken, ob's im Betrieb richtig läuft, oder wie der Chef so in 'ner anderen Firma tickt.	*1. Aspekt*
Und erst der Fachunterricht, da erklärt dir dann auch mal jemand ganz genau, wie die Sachen funktionieren. Versteht man mal wie's zusammenhängt, was man da tagtäglich im Betrieb so macht und auch was man machen könnte, was noch so möglich ist.	*2. Aspekt*
Außerdem kannste dich in Ruhe auf die Prüfung vorbereiten, da is nicht so 'ne Hektik, von wegen muss fertig werden oder grad kein' Bock.	*3. Aspekt*
Ich sag jetzt mal: Beruf und Schule das is duale Ausbildung. Also gut halt und irgendwie anders als normale Schule. Noch Fragen?	Schluss

2 *Prüfen Sie die Angemessenheit des Vortrags.*

a) Prüfen Sie, ob der Vortrag sein Ziel, die 9. Klasse zu informieren, erreicht haben kann.
b) Formulieren Sie Ömers mögliche persönliche Ziele.
c) Beurteilen Sie, ob die Rede für die Zielgruppe angemessen war.

3 *Ömer beendet seinen Vortrag, indem er das Publikum direkt anspricht. Beurteilen Sie die Wirkung.*

a) Erläutern Sie, was er damit erreicht. Fühlen Sie sich angesprochen?
b) Diskutieren Sie, welche Vor- und Nachteile es mit sich bringt, wenn man während eines Vortrags Fragen zulässt.

Referat und Präsentation planen und gliedern

4 *Sie sollen Ömers Thema im Jugendparlament Ihrer Stadt vortragen. Hier geht es um die bessere Zusammenarbeit mit den Unternehmen vor Ort. Es wird Standardsprache erwartet. Berücksichtigen Sie* » GUT ZU WISSEN.

4 *Sie sollen Ömers Thema vor einer ausländischen Gruppe vortragen. Es sind Facharbeiterinnen und -arbeiter, die seit einem Monat in Deutschland arbeiten und an einem Informationstag der Region teilnehmen. Berücksichtigen Sie* » GUT ZU WISSEN.

a) Überarbeiten Sie Ömers Begrüßung und die Einleitung. Formulieren Sie in ganzen Sätzen.
b) Prüfen Sie Ömers Argumente auf Angemessenheit für Ihr Zielpublikum. Erstellen Sie ggf. neue. Formulieren Sie einen sprachlich angemessenen Hauptteil.
c) Überarbeiten Sie den Schluss. Was ist das Ergebnis Ihres Vortrages? Welche Punkte sollte man sich abschließend merken?

5 *Bereiten Sie einen Vortrag vor der Lerngruppe zum Thema „Erfahrungen bei Bewerbungsgesprächen" vor. Sie können sowohl eigene Erfahrungen einbringen als auch solche aus dem Kollegen- oder Freundeskreis.*

a) Formulieren Sie den Vortrag.
b) Überarbeiten Sie Ihre Ergebnisse in einer Schreibkonferenz (➪ Kapitel IV, S. 70).

» GUT ZU WISSEN — Vorträge strukturieren

Einleitung: In der Einleitung nimmt man höflich Kontakt zum Publikum auf. Die **Begrüßung** und die Sprachebene richten sich nach der Zielgruppe. Bei einem fremden Publikum ist die „Sie-Anrede" selbstverständlich, ebenso wie die Nennung des eigenen Namens. Vor Kolleginnen und Kollegen etwa wählt man die im Umgang übliche Anredeform. Es geht darum, die Zuhörerinnen und Zuhörer **über das Thema zu informieren**.

Hinführung: Indem man einen Aspekt auswählt, führt man kurz in das Thema ein. Häufig wird ein **aktueller Bezug** gewählt (z. B. neue Produktionsmethode, neue rechtliche Regelungen, Berichte in den Medien). Eine andere Möglichkeit ist es, über eine **Situation** oder eine **bildliche Darstellung** in das Thema einzusteigen (➪ Ohröffner, S. 247).

Hauptteil: Damit das Publikum den Ausführungen gut folgen kann, bringt man den Inhalt in **drei bis fünf Aspekten** auf den Punkt. Die Anzahl richtet sich auch nach den **Zeitvorgaben**. Wichtig ist, dass man das **Vortragsziel** deutlich vor Augen haben sollte. Weniger Wichtiges wird weggelassen, Einzelheiten werden zusammengefasst. Kommen etwa Zahlen in der Präsentation vor, so werden die Werte gerundet und in einen Zusammenhang gebracht (z. B. „Wir bieten unser Produkt zurzeit für 45 Euro an, damit hat sich der Verkaufspreis in den letzten zehn Jahren verdoppelt."). Hilfreich ist es auch, wenn Zahlen in Beziehung zu bekannten Größen gesetzt werden (z. B. Flächen in Fußballfelder umrechnen).

Schluss: Nach dem letzten Gliederungspunkt formuliert man ein bis zwei abschließende Sätze. Hier gibt man dem Publikum einen Aspekt mit auf den Weg, der **das eigene Vortragsziel klar betont** (Beispiel: Abschlusssatz für einen Vortrag über das sinnvolle Bearbeiten von Reklamationen: „Wenn ich alle diese Schritte beachte, kann ich sicher sein: Der Kunde hat das Gefühl, dass seine Reklamation in guten Händen ist."). Außerdem prägt ein schwungvoll und souverän vorgetragener Schluss den **Gesamteindruck**, den das Publikum vom Vortrag mitnimmt.

Den Leitfaden notieren

Ein abgelesener Vortrag wirkt ermüdend auf das Publikum. Bei vielen Inhalten den Überblick zu behalten fällt jedoch häufig schwer. Wie behält man den roten Faden während des Vortrags in der Hand?

Ömers Notizen

__1. Einstieg:__ #Berufsschule
__2. Wie finde ich Schule?__
Schule bringt nicht viel, ich habe mehr Lust auf die Ausbildung.
__3. Was bringt mir Berufsschule?__
– Kontakt zu anderen Auszubildenden in anderen Betrieben
– Fachunterricht geht in die Tiefe
– Vorbereitung auf die Prüfung
__4. Schluss:__ Berufsschule gehört zur dualen Ausbildung dazu.
__5. Fragen__ aus dem Publikum

Pauls Notizen

1. Begrüßung: Hallo, mein Name ist Paul Neumann und ich mache eine Lehre zum Bankkaufmann.
2. Hinführung: (SCHULRANZEN) Was mag hier wohl drin sein? Wisst Ihr es? Es ist eine KRAWATTE, meine Arbeitskleidung.
3. Hauptteil: Warum gibt es die Berufsschule? So ist es auch mit meiner Lehre, es gibt zwei Ausbildungsorte, die Bank (KRAWATTE) und die Berufsschule (RANZEN). Je nachdem, was ich lernen soll, nutze ich den einen oder den anderen Ort, Praxis oder Theorie und Hintergründe. Natürlich ist das in einem Stundenplan festgelegt.
In der Berufsschule erfahre ich zum Beispiel etwas über Rechnungswesen. Das Wissen über die Geldströme kann ich gut in den Arbeitsabläufen in der Bank anwenden.
4. Schluss: Deshalb ist es gut, dass es die Berufsschule gibt. So verstehe ich besser, wie das Unternehmen in der Praxis funktioniert.

1 *Die beiden Auszubildenden Ömer und Paul haben Notizen für ihren Vortrag zum Thema „Berufsschule als Teil der Ausbildung“ vor den Schülerinnen und Schülern der 9. Klasse vorbereitet. Oben finden Sie jeweils ihren Leitfaden. Vergleichen Sie beide Notizen.*

a) Bewerten Sie: Was hat Ömer gut gemacht, was fehlt bei Paul?
b) Erstellen Sie in Stichworten neue Notizen für den Vortrag. Nutzen Sie die von Ihnen als gut bewerteten Aspekte und gestalten Sie Ihre Notizen entsprechend. Berücksichtigen Sie » GUT ZU WISSEN.
c) Tauschen Sie Ihre Notizen mit einer Partnerin oder einem Partner und verbessern Sie sie.

» GUT ZU WISSEN **Notizen für die Präsentation**

Für die Notizen bieten sich **Karteikarten** an (maximal im DIN-A5-Format), weil sie nicht rascheln, nicht zu viel von der Rednerin oder vom Redner verdecken. Man kann bei Rückfragen gut an die entsprechende Stelle blättern. Für jeden Gliederungspunkt sollte eine eigene Karte verwendet werden. Die **Beschriftung** erfolgt einseitig, in deutlicher und gut lesbarer Schrift (Test: Wenn die Karte in Bauchhöhe gehalten wird, muss sie noch lesbar sein). Um sich schnell und mühelos auf den Karten zurechtzufinden, sollte man mit **Absätzen**, Markierungen von **Schlüsselwörtern** und der **Durchnummerierung** aller Karten arbeiten. Auch **Details zur Organisation** sollten vermerkt werden: Beispielsweise sollte notiert werden, welches Medium als nächstes benutzt werden soll (in Pauls Beispiel: Krawatte und Schulranzen). Falls man mit mehreren Personen vorträgt, hält man am Rand fest, wer welchen Part übernimmt.

Referieren für alle Sinne

Ein aufmerksames Publikum – aber wie?

Die beste Vorbereitung nutzt wenig, wenn Sie im Moment des Vortragens Ihr Publikum nicht erreichen können oder es während Ihrer Präsentation verlieren.

1 *Erläutern Sie, wie in der Karikatur die Aufmerksamkeit des Publikums erzielt wird. Wann wird das Mittel während des Vortrags wohl eingesetzt?*

2 *In Ihrer Berufsschulklasse sollen Sie einen Vortrag darüber halten, was Sie zuletzt in der Praxis gemacht haben. Formulieren Sie eine Hinführung, einen sogenannten Ohröffner.*

a) Schreiben Sie den folgenden Einstieg neu, indem Sie ihn zuhörerorientiert formulieren.
„Sehr geehrte Damen und Herren, mein Name ist ... und ich möchte Ihnen erzählen, was ich in der letzten Woche im Betrieb gemacht habe."

b) Präsentieren Sie Ihre Lösungen. Stimmen Sie in der Lerngruppe ab, welche Variante am besten gefällt. Begründen Sie, was diese Lösung so ansprechend macht.

3 *Sammeln Sie weitere fesselnde Einstiegsmöglichkeiten (Ohröffner). Führen Sie dazu ein Brainstorming durch.*

3 *Erstellen Sie eine Übersicht an Ohröffnern, indem Sie jeweils das Mittel und Beispiele dazu benennen.*

persönliches Erlebnis (z. B. „Letzte Woche hatte ich einen weinenden Kunden am Telefon.")

4 *Beim Sommerfest Ihres Berufsverbandes sollen Sie etwas zu Ihrer aktuellen Ausbildungssituation erzählen. Thema ist „Was ist gut, was ist schlecht an unserer Ausbildung". Viele Unternehmen der Region werden dort sein. Stellen Sie Mittel zusammen, wie Sie die Aufmerksamkeit dieses Publikums erreichen können.*

a) Prüfen Sie, welche Möglichkeiten Sie zur Auflockerung des Vortrags einbauen könnten.
Umfragen (z. B. „Wie oft sprechen Sie mit Ihren Auszubildenden?"), Rätsel (z. B. „Haben Sie eine Idee, was das ist?"), Schaubilder, Zahlenmaterial, Gegenstände usw.

b) Diskutieren Sie in Partnerarbeit Ihre Ideen mit Blick auf Angemessenheit.

5 *Bereiten Sie ein Sandwich-Referat über ein Hobby von Ihnen für die Lerngruppe vor. Berücksichtigen Sie* » GUT ZU WISSEN.

a) Erstellen Sie vier grundlegende Fragen, die von den Kleingruppen vorab bearbeitet werden. Präsentieren Sie Ihren Vortrag mit der Sandwich-Methode.

b) Werten Sie Ihre Erfahrungen mit der Sandwich-Methode in der Lerngruppe aus. Ist sie publikumswirksam?

» GUT ZU WISSEN **Sandwich-Methode**

Bei der Sandwich-Methode wird die gesamte Lerngruppe aktiv in die Erarbeitung einbezogen. Zuerst wird ein Thema kurz der gesamten Lerngruppe genannt, ggf. können auch einige grundlegende Fragen ausgeteilt werden. In Kleingruppen wird anschließend erarbeitet, was von dem Thema erwartet wird, was bereits bekannt ist, oder die zuvor gestellten Fragen werden beantwortet. Die Ergebnisse werden schriftlich festgehalten. Darauf folgt eine Phase, in der Sachinformationen ausführlich in einem Vortrag dargestellt werden. Alle kehren nun in die Kleingruppen zurück und prüfen ihre Arbeitsergebnisse aus der ersten Gruppenarbeit, und zwar vor dem Hintergrund des neu gewonnenen Wissens. Daran kann sich nochmals eine Fragerunde an die Vortragende oder den Vortragenden anschließen.

Die richtige (Aus-)Sprache wählen

Kurt Tucholsky: Ratschläge für einen schlechten Redner

Sprich, wie du schreibst. Und ich weiß, wie du schreibst. Sprich mit langen, langen Sätzen – solchen, bei denen du, der du dich zu Hause, wo du ja die Ruhe, deren du so sehr benötigst, deiner Kinder ungeachtet, hast, vorbereitest, genau weißt, wie das Ende ist, die Nebensätze schön ineinander geschachtelt, sodass der Hörer, ungeduldig auf seinem Sitz hin und her träumend, sich in einem Kolleg wähnend, in dem er früher so gern geschlummert hat, auf das Ende solcher Periode wartet … nun, ich habe dir eben ein Beispiel gegeben. So musst du sprechen.

1 *Erklären Sie, warum es Ratschläge für einen schlechten Redner sind.*

a) Erläutern Sie, welche Wirkung ein Redner mit dieser Art zu reden erzielt.
b) Formulieren Sie einen Ratschlag für einen guten Redner.

2 *Lesen Sie Tucholskys Ratschläge laut vor.*

a) Erarbeiten Sie in Partnerarbeit verschiedene Mittel, wie Sie den Text lebendig und möglichst verständlich vorlesen können.
b) Probieren Sie die Mittel mit einer Lernpartnerin oder einem -partner aus und prüfen Sie ihre Wirkung.

3 *Wie deutlich sprechen Sie? Üben Sie Ihre Aussprache.*

a) Stellen Sie einzelne Wörter zusammen, deren Aussprache Ihnen schwerfällt.
Streichholzschächtelchen, Nasennebenhöhlenentzündung, Eichhörnchen, Rindfleischetikettierungsüberwachungsaufgabenübertragungsgesetz
b) Sammeln Sie Zungenbrecher und üben Sie laut deren Aussprache.

Tipp
Bewegen Sie bewusst die Lippen und sprechen Sie Endungen deutlich aus, dann sind Sie besser zu verstehen. Üben Sie vor einem Spiegel.

4 *Nehmen Sie in Kleingruppen Ihre Sprechübungen gegenseitig auf. Untersuchen Sie, wer an welcher Stelle noch Übungsbedarf hat. Entwerfen Sie für jeden gezielte Übungen.*

5 *Erstellen Sie ein Cluster zum Thema „Die richtige (Aus-)Sprache wählen“.*

Mit dem Körper sprechen

Die Augen des Publikums sind während des Vortrags auf Sie als Person gerichtet. Richtig eingesetzte Körpersprache unterstützt Ihre Präsentation.

1 *Erläutern Sie, welche dieser Rednerpositionen auf die Zuhörerinnen und Zuhörer kompetent und zugewandt wirkt. Beschreiben Sie genau die Körperhaltung (Kopf, Beine, Arme usw.).*

2 *In welcher Position stehen Sie am sichersten? Üben Sie Ihre Standhaftigkeit.*

Stellen Sie sich einander auf Armlänge gegenüber. Variieren Sie die Position Ihrer Füße (dicht zusammen oder hüftbreit auseinander) und Ihrer Knie (durchgedrückt oder locker). Ihre Lernpartnerin oder Ihr Lernpartner versucht behutsam, Sie durch Berührung an den Schultern aus dem Gleichgewicht zu bringen.

3 *Prüfen Sie, wie der Blickkontakt wahrgenommen wird. Nutzen Sie* » GUT ZU WISSEN.

Stellen Sie sich einander gegenüber und schauen Sie Ihrem Gegenüber abwechselnd in die Augen und etwas oberhalb der Nase auf die Stelle zwischen den Augenbrauen, in das sogenannte „dritte Auge". Probieren Sie aus, wie weit Sie auseinanderstehen müssen, damit Ihr Gegenüber den Unterschied nicht wahrnimmt.

4 *Wie ist Ihre Körperhaltung bei einem Vortrag? Erarbeiten Sie Ihre optimale Vortragshaltung.*

a) Probieren Sie mit einer Lernpartnerin oder einem Lernpartner aus, wie Sie sich vor Publikum hinstellen sollten. Achten Sie dabei auch darauf, wie Sie Ihre schriftlichen Notizen halten wollen.

b) Geben Sie sich gegenseitig Feedback.

4 *Erstellen Sie eine Checkliste, worauf Sie bei der Körpersprache während eines Vortrags achten sollten.*

- ☑ aufrecht stehen
- ☑ Arme locker neben dem Körper lassen
- ☑ ...

» GUT ZU WISSEN – Blickkontakt und Körperhaltung

Um einen guten **Kontakt zum Publikum** aufzubauen, sollte man die gesamte Gruppe im Blick haben. So haben alle das Gefühl, dass die Rednerin oder der Redner zu ihr oder ihm spricht – **Blickkontakt** ist also gefordert. Intensives Beobachten wird jedoch als irritierend empfunden, es empfiehlt sich die **Methode des „dritten Auges"** anzuwenden und eher Gruppen im Blick zu behalten. Die Körperhaltung sollte **Sicherheit und Kompetenz** ausstrahlen. Wichtig ist auch, dass die **Kleidung** angemessen ist und man sich darin wohlfühlt.

Inhalte visualisieren – Medien nutzen

Sich für das richtige Medium entscheiden

1 *Nennen Sie Beispiele aus Schule, Beruf und Freizeit, bei denen die Mediennutzung den Vortrag positiv oder negativ beeinflusst hat.*

2 *Bereiten Sie das Thema „Lampenfieber und wie man damit umgehen kann“ mit einem der folgenden Medien für eine Präsentation vor: Overheadfolien, Moderationskarten an einer Pinnwand, Flip-Chart, Plakat oder Tafel.*

a) Entscheiden Sie sich in Ihrer Gruppe für ein Medium. Wählen Sie ein Mitglied aus, das den Arbeitsprozess beobachtet und Notizen anfertigt.
b) Erstellen Sie einen Vortrag zu dem Thema und gestalten Sie Ihr Medium.
c) Üben Sie den Vortrag und den Einsatz des Mediums in der Kleingruppe. Präsentieren Sie ihn dann der Lerngruppe. Der Beobachter notiert dabei Schwierigkeiten und Vorteile des Mediums.

3 *Erstellen Sie eine Übersicht über die verschiedenen Medien nach dem folgenden Muster.*

a) Übertragen Sie die Tabelle im Querformat auf ein DIN-A4-Blatt oder in eine Datei. In Kleingruppen wird die Spalte für das eigene Medium mithilfe des Beobachters ausgefüllt.
b) In der Lerngruppe werden die Ergebnisse zusammengetragen und die Übersicht ergänzt.

	Overheadfolie	Moderationskarte	Flip-Chart	Plakat	Tafel
Handhabung während der Präsentation			*erfordert Übung beim Beschreiben*		
Zeitlicher Aufwand vor und während der Präsentation				*muss vorher vorbereitet, kann aber noch ergänzt werden*	
Korrekturmöglichkeiten		*Reihenfolge kann verändert werden*			
(Technische) Voraussetzungen		*keine*			
Räumlichkeiten	*ggf. Abdunklung notwendig*				
Kosten				*für Karton, Stifte, kopierte Abbildungen*	
Besonderheiten					*keine Ergebnissicherung*

4 *Diskutieren Sie, welches Medium sich am besten eignen könnte. Begründen Sie Ihre Wahl. Berücksichtigen Sie auch die möglichen technischen Voraussetzungen vor Ort.*
Aufbereitung von Zahlenmaterial – Referat in der Berufsschule – Ergebnis einer Gruppenarbeit im Unternehmen – Vorstellung eines Auftrags bei Kundschaft – Vortrag vor einer großen Gruppe – Brainstorming in der Klasse – Präsentation der Klassenfahrt am Elternabend

Mit PowerPoint Texte in Form bringen

DIE FRAGE IST:
SOLL MAN SO FRÜH WIE MÖGLICH DEN FÜHRERSCHEIN MACHEN?

Das beschäftigt viele Schüler.
Super ist, dass man dann endlich selbstständig ist. Zumindest, wenn man genug Geld hat.
Ein Führerschein KOSTET:
Erst der Unterricht, dann die Ausgaben fürs Tanken – wenn man überhaupt ein Auto geliehen bekommt!
Mein Vater z. B. würde sein neues Auto bestimmt nicht verleihen.
Dann doch lieber erst dann den Führerschein machen, WENN MAN SICH EIN EIGENES AUTO LEISTEN KANN.

Aber die meisten möchten jetzt schon gerne unterwegs sein, UNABHÄNGIG von Mitfahrgelegenheiten.
Dann muss man auch keine Angst haben, dass der Fahrer zu viel getrunken hat.
Ein Problem bleibt die Parkplatzsuche.
Abends in der Stadt gibt es kaum Parkplätze.
Da hilft dann auch der Führerschein nicht weiter.
FAZIT: JEDER MUSS ES SELBST FÜR SICH ENTSCHEIDEN!!!

1 *Tine soll im Jugendzentrum einen Vortrag zum Thema „Ausziehen von zu Hause während der Ausbildung“ halten. Sie hat bei ihren ersten Überlegungen diese Folie entworfen.*

a) Beschreiben Sie Ihren ersten Eindruck.

b) Prüfen Sie anhand der Checkliste, inwieweit Tine sich an die Regeln zur Gestaltung von Texten bei Präsentationen gehalten hat.

2 *Gestalten Sie Tines PowerPoint-Folie neu nach den Angaben der Checkliste.*

2 *Gestalten Sie Tines PowerPoint-Folie sowohl grafisch als auch inhaltlich neu. Ordnen Sie nach Pro- und Kontra-Argumenten.*

CHECKLISTE **Visualisierung von Texten für eine Präsentation**

- ☑ Jedes neue Plakat, jeder Flip-Chart-Bogen, jede Overhead- oder PowerPoint-Folie besitzt eine Überschrift.
- ☑ Es sind höchstens sieben Inhaltspunkte pro Plakat, Folie usw. verwendet.
- ☑ Die Inhalte sind in Stichworten oder Halbsätzen notiert, mit entsprechenden Absätzen.
- ☑ Großbuchstaben sind nur für Überschriften oder zur Hervorhebung einzelner Wörter verwendet.
- ☑ Die Schrift ist auch von hinten gut lesbar.
- ☑ Es sind höchstens drei Farben im Text verwendet und sinnvoll eingesetzt worden.
- ☑ Alles ist grammatisch korrekt und die Rechtschreibung stimmt.
- ☑ Die Abbildung unterstützt den Text und lenkt nicht ab.
- ☑ Text und Bild sind ansprechend angeordnet.
- ☑ Die Anordnung und Gestaltung sind übersichtlich.
- ☑ Die Gestaltung wirkt einheitlich und stimmig.

Mit PowerPoint Präsentationen gestalten

1 *Stellen Sie die Vorzüge von PowerPoint zusammen. Welche Möglichkeiten bietet das Programm?*

viele Schriftarten, Musik möglich, verschiedene Layouts usw.

„Könntest du mir sagen, warum du mich liebst, ohne eine PowerPoint-Präsentation zu Hilfe zu nehmen?“

2 *Entwickeln Sie in Kleingruppen eine Idee für ein Produkt, das Sie im Rahmen einer PowerPoint-Präsentation vorstellen. Die Präsentation sollte maximal 15 Folien umfassen.*

a) Entwickeln Sie das Produkt. Notieren Sie sich wesentliche Eigenschaften und Funktionen des Produkts.

b) Wählen Sie die Gestaltung Ihrer Folien passend zum Produkt aus. Gestalten Sie zunächst die einzelnen durchnummerierten Folien (➪ S. 251), bevor Sie Übergänge, Musik oder Ähnliches bearbeiten.

c) Bereiten Sie die Präsentation vor. Stellen Sie eine Checkliste zusammen, woran Sie bei den Vorbereitungen denken müssen. Planen Sie auch für den Fall, dass die Technik nicht funktioniert.

- ☑ Datei auch im PDF-Format speichern
- ☑ Presenter/Funkmaus mitbringen
- ☑ ...

> **Tipp**
> Geben Sie sich besondere Mühe mit einer letzten, aussagekräftigen Folie, da diese während der ganzen Fragephase zu sehen ist.

d) Üben Sie den Vortrag zusammen mit der PowerPoint-Präsentation. Sprechen Sie ab, wer in der Kleingruppe welchen Part übernimmt. Tragen Sie Ihre Präsentation in der Lerngruppe vor. Geben Sie sich gegenseitig Feedback.

3 *Bewerten Sie die Arbeit mit PowerPoint.*

a) Erläutern Sie, welche positiven und welche negativen Erfahrungen Sie gemacht haben.

b) Ergänzen Sie die tabellarische Übersicht auf S. 250 um das Medium PowerPoint.

» GUT ZU WISSEN — Medieneinsatz während des Vortrags

Ist die Medienwahl entschieden, gilt es, das Medium während des Vortrags richtig einzubringen. Das Medium soll **den Inhalt unterstützen**, nicht überlagern. Der eigene Standort ist wichtig: Man sollte das **Medium gut bedienen können**, ohne lange den Blickkontakt zum Publikum zu unterbrechen. Beim Wechsel von Folien oder Flipcharts gibt man den Zuhörerinnen und Zuhörern kurz Zeit, um die Folie zu lesen, und beginnt erst dann mit den Ausführungen. Die **Folien** sollten **als Erinnerungsstütze dienen** und **nicht vorgelesen** werden. Sprachliche **Überleitungen** helfen, den Vortrag besser zu verfolgen (z. B. „Allerdings bringt dieses neue Verfahren auch einige Nachteile mit sich.“ - erst jetzt die nächste Folie mit den Nachteilen).

Die Zeit, die man für technische Arbeiten benötigt, sollte überschaubar sein und in einem angemessenen Verhältnis zur Vortragslänge stehen. Dauert der Einsatz von Moderationskarten oder der Aufbau für eine PowerPoint-Präsentation zu lange, sollte man auf ein Plakat oder eine Folie wechseln. Bei der Vortragsplanung müssen diese Zeitabschnitte mitberücksichtigt und die Handlungen geübt werden. Die **Visualisierungen** bleiben dem Publikum am besten im Gedächtnis, wenn sie **während des Vortrags weiterentwickelt** werden (durch Pfeile, Einkreisungen von Schlüsselwörtern usw.).

Kompetenzcheck – Testen Sie Ihren Lernerfolg

FAZIT

- Vortragsziele und Zielgruppen bestimmen
- Den Aufbau von Präsentationen planen
- Vortragsnotizen anfertigen

- Den „Ohröffner“ finden
- Körpersprache und Aussprache richtig einsetzen

- Verschiedene Präsentationsmedien kennen
- Texte und Vorträge mit PowerPoint gestalten

1 *Bereiten Sie eine Präsentation Ihrer Schule vor anderen Schülerinnen und Schülern vor. Die Präsentation soll auf einer Bildungsmesse gehalten werden. Dort gibt es für jede Schule einen Messestand und die Gelegenheit, sich an einer zentralen Stelle der Messehalle im Rahmen eines kurzen Vortrags vorzustellen. Auf Ihrem Messestand ist Platz für Informationswände mit Plakaten und Moderationskarten. Außerdem stehen dort Beamer und Leinwand zur Verfügung, über die im Hintergrund eine Präsentation laufen kann. Entscheiden Sie sich bewusst für geeignete Medien.*

2 *Erstellen Sie ein Referat zum Thema „Referate erstellen“. Nutzen Sie zur Vorbereitung den Kompetenzcheck unten.*

KOMPETENZCHECK Richtig referieren

- ☑ Habe ich das Vortragsziel geklärt?
- ☑ Bin ich mir über die Erwartungen des Publikums im Klaren (Vorkenntnisse, Alter, Zusammensetzung usw.)?
- ☑ Habe ich einen für das Publikum nachvollziehbaren, logischen inhaltlichen Aufbau gewählt?
- ☑ Ist in meinem Redeskript (Karteikarten) der rote Faden für mich gut erkennbar (grafische Gestaltung)?
- ☑ Habe ich einen passenden Einstieg, Ohröffner und Schluss gewählt?
- ☑ Habe ich Techniken zum Umgang mit meinem Lampenfieber bedacht?
- ☑ Habe ich die organisatorischen Voraussetzungen berücksichtigt (Raum, Technik, Publikumsgröße)?
- ☑ Begleiten die ausgewählten Medien die Präsentation angemessen?
- ☑ Habe ich die Präsentation mehrmals laut gesprochen und die Zeit gestoppt?
- ☑ Habe ich den Medieneinsatz und die passende Körpersprache geübt?

» Lernszenario

Medien verstehen und nutzen

Die Inhalte der Kapitel „Neue und alte Medien nutzen“ sowie „Vortragen, referieren und präsentieren“ helfen Ihnen dabei, die Handlungsaufträge aus der folgenden Situation herauszuarbeiten und auszuführen.

Tipp
http://www.planet-schule.de/dokmal/hier_gehts_los/

Handlungssituation

In Ihrer Stadt wird ein Wettbewerb für weiterführende Schulen ausgeschrieben; Auftrag ist es, einen Kurzfilm von exakt zehn Minuten gegen Gewalt und Mobbing zu drehen. Der fertige Film soll vor großem Publikum und einer Jury präsentiert werden. Für Beitrag und Präsentation sind ein Preisgeld von 3000 € für die Schule sowie neueste Smartphones für die erfolgreichen Teilnehmer ausgesetzt. Ihre Schule nimmt mit mehreren Teams daran teil; auch Sie sind dabei. Ihre Gruppe macht sich mit Eifer an die Arbeit, doch die ersten Schwierigkeiten entstehen schon bei der Klärung des Begriffs „Mobbing“. Weiter geht's: Wie dreht man einen Film? Welche Ausstattung braucht man? Was ist zu beachten?

Die Eingabe der Stichworte „Film“ und „drehen“ in die Suchmaschine beschert Ihnen mehr als vier Millionen Treffer; Begriffe wie Exposé, Drehplan, Drehgenehmigung, Kameraeinstellung und vieles mehr sorgen für weitere Verwirrung. Schließlich sammeln Sie die ersten Ideen: Zwei Mitschülerinnen möchten sich in Medien nach Mobbingfällen erkundigen, ein Mitschüler möchte Naidoos „Dieser Weg“ einspielen, eine Mitschülerin möchte den Facebook-Eintrag einer Betroffenen einblenden, andere möchten heimlich die Gespräche einer kleinen Clique aufnehmen, die im Verdacht steht, andere zu mobben – erste Bedenken regen sich.

Als großes Problem stellt sich auch die geforderte Präsentation vor Publikum und Jury heraus: Ihre Sorgen gehen von Lampenfieber über Präsentationsaufbau bis hin zur Wahl des geeignetsten Mediums. Ihr Team lässt sich nicht abschrecken und macht sich an die Arbeit.

Arbeiten Sie im Team und halten Sie sich bei der Erarbeitung Ihrer Aufträge an diese Schritte:

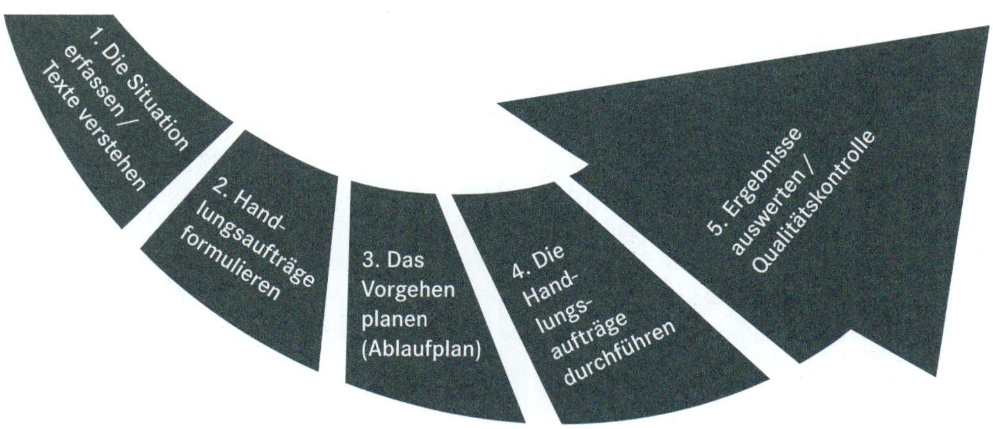

Anregungen zur Vorgehensweise können Sie S. 48 entnehmen.

Kapitel 16

In einer Diskussion clever argumentieren

16.1 Zielorientiert kommunizieren

16.2 Überzeugend argumentieren

16.3 Den Disskussionsablauf im Blick haben

Ihre Klasse kann sich nicht auf ein Ziel für die nächste Klassenfahrt einigen, Ihre Kommune diskutiert, ob das Geld für die Renovierung der Sportanlagen oder den Ausbau der Infrastruktur verwendet werden soll, Ihr Ausbildungsbetrieb droht mit der Einführung von Kurzzeitarbeit. – Strittige Themen, die Sie betreffen, begegnen Ihnen in der Schule, in Ihrem privaten Alltag und im Beruf.

Ob eine Diskussion über diese Themen zu einem zufriedenstellenden Ergebnis führt, hängt wesentlich davon ab, wie gut sie vorbereitet wird. Nicht zuletzt gilt aber auch: Diskutieren will geübt werden! Am Ende des Kapitels führen Sie eine Podiumsdiskussion selbstständig durch.

Kompetenzen	Methoden und Arbeitstechniken
✔ Kommunikationsformen zielführend einsetzen ✔ Überzeugende Argumente formulieren ✔ Eine Diskussion vorbereiten und durchführen ✔ Beziehungen zu Gesprächspartnern angemessen gestalten	✔ Blitzlicht ✔ Kartenabfrage ✔ Fishbowl ✔ Beobachtungsbögen einsetzen

Zielorientiert kommunizieren

Was will ich mit meiner Aussage erreichen?

Wir setzen die Sprache ein, um uns kommunikativ mit anderen auseinanderzusetzen. Je nachdem, welche Ziele wir mit der Kommunikation verfolgen, d. h., welche Sprechabsicht wir haben, nimmt die mündliche Darstellung unterschiedliche Formen an.

Wörterbox: überreden - beeinflussen - feststellen - drängen - streiten - zurückweisen - umstimmen - begründen - aufzeigen - verleiten - beweisen - belegen - ablehnen - argumentieren - beraten - informieren - anleiten - unterweisen - belehren - nachweisen - diskutieren - unterstützen - überzeugen - Meinungen austauschen - appellieren - kommentieren - eine Meinung äußern - Stellung nehmen - bemerken - unter Druck setzen

1 *Betrachten Sie die Fotos. Welche der oben genannten Kommunikationsformen passen jeweils dazu? Erläutern Sie.*

2 *Nennen Sie diejenigen der oben aufgeführten Kommunikationsformen, die in Diskussionen zum Einsatz kommen können.*

1 *Wählen Sie oben drei Kommunikationsformen aus und skizzieren Sie dazu jeweils passende Situationen.*

beraten - ein Einzelhandelskaufmann berät eine Kundin beim Kauf einer Espressomaschine

2 *Nennen Sie Kommunikationsformen, die argumentativ sind.*

Situation

Swenja, Schülerin der Berufsfachschule Wirtschaft, hat ein obligatorisches einmonatiges Praktikum in einer Drogerie absolviert. Als Frau Lange, Swenjas Praktikumsleiterin, ihr dafür die Note Drei verkündet, wendet die Schülerin ein: „Frau Lange, ich finde meine Note ungerecht. Sie haben uns am Anfang des Praktikums gesagt, dass wir eine gute Note bekommen werden, wenn wir pünktlich sind, fleißig und engagiert arbeiten, die Arbeit sehen und sie ohne Anweisung erledigen. Ich habe mich in der ganzen Praktikumszeit kein einziges Mal verspätet, war nie krank und habe meine Aufgaben immer zu Ihrer Zufriedenheit ausgeführt. Sie haben mich doch oft gelobt. Arbeiten wie Regale einräumen, Kunden helfen habe ich - soweit ich konnte - ohne Anweisungen erledigt. Ich finde, eine Zwei habe ich verdient."

3 *Untersuchen Sie Swenjas Aussage.*

a) Diskutieren Sie, ob Swenja damit wohl ihr Ziel erreicht.
b) Nennen Sie die Kommunikationsformen, die Swenja anwendet, um ihr Ziel zu erreichen.

Überzeugend argumentieren

Das Thema auswählen

Eine Diskussion will gut vorbereitet sein. Das beginnt bereits mit der Auswahl eines geeigneten Themas. Außerdem sollte man die eigene Meinung durch überzeugend formulierte Argumente vertreten. Nicht zuletzt ist es wichtig, auf Gegenpositionen richtig reagieren zu können.

1 *Sammeln Sie zusammen mit einer Partnerin/einem Partner Unterschiede zwischen einem Gespräch und einer Diskussion.*

Überlegen Sie sich konkrete Situationen für beide Kommunikationsarten und suchen Sie davon ausgehend jeweils passende Merkmale.

2 *Welche Themen eignen sich für ein Gespräch, welche für eine Diskussion?*

a) Informieren Sie sich über die Merkmale eines guten Diskussionsthemas in » GUT ZU WISSEN.

b) Welche der folgenden Themen eignen sich Ihrer Meinung nach eher für ein Gespräch und welche eher für eine Diskussion? Begründen Sie Ihre Auswahl.

- Kann man Ärzten noch trauen, nachdem man weiß, dass 70 Prozent der durchgeführten Operationen unnötig sind?
- Wo schmeckt es besser, bei McDonald's oder bei Burger King?
- Das Interesse für Fantasy nimmt zu. Wird unsere Gesellschaft immer infantiler oder ist Fantasy eine Art Flucht aus dem Alltagsstress?
- Unterhaltungselektronik: Segen oder Fluch?
- Kann man seine Individualität nur durch schräges Aussehen zum Ausdruck bringen?
- Wirkt sich schlechtes Wetter negativ auf die eigene Laune aus?
- Reality-Fernsehshows: Bringen sie etwas oder sind sie ein nutzloser Zeitvertreib?

3 *Suchen Sie ein Diskussionsthema für Ihre Lerngruppe.*

a) Sammeln Sie Vorschläge und prüfen Sie diese u. a. mithilfe der Blitzlicht- oder Themenabfrage-Methode (» GUT ZU WISSEN).

b) Einigen Sie sich auf ein Diskussionsthema.

4 *Suchen Sie in Zeitungen und/oder Zeitschriften nach aktuellen Themen, die sich für eine Diskussion eignen, und formulieren Sie entsprechende Diskussionsthemen.*

» GUT ZU WISSEN | Ein Diskussionsthema auswählen

Ein gutes Diskussionsthema regt zu einem kontroversen Meinungsaustausch an, d. h., es lassen sich dazu zahlreiche Pro- und Kontra-Argumente finden. Außerdem sollte es diesbezüglich Informationen in Form von Fakten, Statistiken, wissenschaftlichen Untersuchungen oder Expertenaussagen geben. Schließlich muss geprüft werden, ob das Thema in der Diskussionsrunde genug Befürworter und Gegner hat. Andernfalls droht die Diskussion langweilig zu werden. Bei der Themenauswahl sind folgende **Methoden** hilfreich:

Blitzlicht: Jeder Teilnehmer äußert sich kurz in ein bis zwei Sätzen zum vorgeschlagenen Thema. Die übrigen Teilnehmer hören währenddessen zu und dürfen allenfalls Verständnisfragen stellen. Auf diese Weise erhält man rasch ein Meinungsbild der Lerngruppe.

Themenabfrage: Ein mögliches Thema wird auf eine Plakatkarte geschrieben, die in der Mitte der Tafel angebracht wird. Rechts stellen sich alle Befürworter, links alle Gegner auf. So bekommt man einen schnellen Überblick, ob das Thema für eine Diskussion geeignet ist.

Argumente formulieren

Situation

Henning, Auszubildender im ersten Lehrjahr, arbeitet schon seit einigen Monaten in derselben Abteilung, möchte aber auch andere Abteilungen kennenlernen. Auf die Frage, warum er bisher nicht die Abteilung wechseln konnte, antwortet der Ausbildungsleiter A: „Das wird schon seine Richtigkeit haben. Schließlich haben wir uns etwas dabei gedacht."
Unzufrieden mit dieser Antwort geht Henning zu Ausbildungsleiter B. Dieser erklärt ihm den Sachverhalt wie folgt: „Sie arbeiten deswegen so lange in einer Abteilung, weil Sie dort die Grundlagen Ihrer Ausbildung lernen. Es ist sehr wichtig, dass Sie die elementaren Prozesse gut und sicher beherrschen, um komplexe Situationen, mit denen Sie zukünftig konfrontiert sein werden, meistern zu können." Henning bedankt sich und kehrt zurück zu seiner Arbeit.

1 *Analysieren Sie die Aussagen der beiden Ausbildungsleiter.*

a) Finden Sie in der Antwort des Ausbildungsleiters B mithilfe von » GUT ZU WISSEN Behauptung, Argument und Argumentationsstütze.

a) Vergleichen Sie die Antworten im Hinblick auf die Argumentation. Nutzen Sie dazu » GUT ZU WISSEN.

b) Erläutern Sie, womit der Ausbildungsleiter B Henning überzeugt.

» GUT ZU WISSEN **Aufbau eines Arguments**

Bestandteile eines Arguments	Bedeutung	Beispiel
Behauptung (These)	Hier wird eine Behauptung aufgestellt.	*„Es ist vorteilhaft, wenn man dem Kunden etwas zu trinken anbietet, z. B. Kaffee oder Wasser."*
Argument (Begründung)	Damit begründet man die Behauptung.	*„Denn der Kunde soll sich während seines Einkaufs wohlfühlen."*
Argumentationsstütze	Durch anschauliche Beispiele, Zahlen, Fakten usw. verstärkt man das Argument in seiner Wirkung.	*„So haben in den letzten Jahren einige Einzelhandelsunternehmen ein Café in das Geschäft integriert. Hier können sich die Kunden von ihrem Einkauf erholen oder der eine kann dort warten, während der andere noch Einkäufe erledigt."*

Beim lebendigen Austausch im Rahmen einer Diskussion kann und muss dieser Aufbau eines Arguments nicht immer streng eingehalten werden. Alle geäußerten Behauptungen müssen jedoch zumindest mit einem Argument begründet werden.

2 *Ergänzen Sie die unten stehenden Behauptungen um ein Argument und eine Argumentationsstütze.*

- Man sollte zum Vorstellungsgespräch gepflegte und bequeme Kleidung anziehen, in der man sich wohlfühlt.
- Bei der Erstellung einer Facharbeit ist es ratsam, sich nicht ausschließlich anhand des Internets zu informieren, sondern auch Fachbücher als Quellen zu nutzen.
- Die Preise für Alkohol sollten in Deutschland deutlich angehoben werden.

Argumente formulieren

Situation

Anna: Diesen Sommer sollten wir, finde ich, nach Griechenland in den Urlaub fliegen. Ich mag die Menschen dort. Sie sind so herzlich und freundlich. Und das Klima ...! Herrlich! Du musst nach so einem anstrengenden Jahr doch auch mal Sonne tanken. Wir haben hier in Deutschland viel zu wenig Sonne. Neulich habe ich in der Zeitung über eine Studie gelesen, mit der herausgefunden wurde, dass die meisten deswegen unter Vitamin-D-Mangel leiden. Dabei unterstützt dieses Vitamin das seelische Wohlbefinden. Im Übrigen sind die Flug- und Hotelpreise in Griechenland zurzeit so niedrig wie noch nie. Schau dir mal diese Internetseite an!

Philipp: Du weißt doch ganz genau, dass ich in die USA will. Warum muss ständig alles nach dir gehen? Meine Wünsche sind dir vollkommen egal. Das war schon immer so. Vielleicht ist es besser, wenn wir dieses Jahr getrennt Urlaub machen.

3 *Beschreiben und beurteilen Sie das jeweilige Diskussionsverhalten der beiden Personen.*

4 *Finden Sie die Argumente, die Anna zur Unterstützung ihrer Meinung vorbringt.*

a) Bestimmen Sie in jedem Argument die Begründung.
b) Benennen Sie die Mittel, die Anna benutzt, um ihre Argumente zu stützen (» GUT ZU WISSEN).
c) Formulieren Sie weitere Argumente, die für einen Urlaub in Griechenland sprechen.

5 *Wie könnte Philipp überzeugend argumentieren? Formulieren Sie mögliche Argumente für das Urlaubsziel USA. Setzen Sie zur Stützung der Argumente unterschiedliche Mittel ein (» GUT ZU WISSEN).*

6 *Spielen Sie mit einer Lernpartnerin/einem Lernpartner ein Rollenspiel. Verwenden Sie Ihre Ergebnisse aus den Aufgaben 4 und 5 und probieren Sie aus, wie die Diskussion noch verlaufen könnte.*

» GUT ZU WISSEN — Argumentationsstützen

Um den Gesprächspartner von der eigenen Position überzeugen zu können, ist es wichtig, gut zu argumentieren. Folgende Mittel sind als Argumentationsstützen geeignet, weil sie **sachlich** und **anschaulich** sind:

- anschauliche Beispiele (z. B.: „Mein Bekannter hat allein durch die Ernährungsumstellung nicht nur sein Gewicht reduziert, sondern auch seine Kondition und sein allgemeines Wohlbefinden gesteigert.“)
- Zahlen, Statistiken (z. B.: „Mehrere Statistiken zeigen, dass eine kontrollierte Ernährungsumstellung zu einer deutlichen und nachhaltigen Gewichtsreduktion führt.“)
- Fakten (z. B.: „Fakt ist, dass gesunde Menschen gesunde Nahrung zu sich nehmen.“)
- wissenschaftliche Ergebnisse (z. B.: „Die KiGGS-Studie des Robert-Koch-Instituts zeigt, dass der steigende Verzehr von Fast-Food-Produkten eine Zunahme des Übergewichts bei Kindern und Jugendlichen zur Folge hat.“)
- allgemein bekanntes Wissen (z. B.: „Es ist allgemein bekannt, dass man auf seine Ernährung achten muss, um nicht zuzunehmen.“)
- Verweis auf Experten (z. B.: „Der Fitnesspapst Dieter Eidems schreibt in seiner Erfolgsreihe ‚Forever Fit‘, dass ...“)

Unsachliche Argumentation entlarven

1 *Erläutern Sie die Argumentationsfehler in den folgenden Aussagen mithilfe von* » GUT ZU WISSEN.

- „Rindfleisch aus Bayern ist sicher. Huys, der Koch des Drei-Sterne-Restaurants ‚Goldener Anker', hat es erst gestern im Fernsehen gesagt."
- „So viele glauben an ein Leben nach dem Tod. Also muss da doch was dran sein."
- „Glauben Sie mir: Diese Reklamation muss zurückgewiesen werden. Schließlich bin ich ein bisschen älter als Sie und arbeite schon länger in dieser Abteilung."

Situation

Sonja arbeitet seit vier Monaten in einem kleinen Betrieb und verbringt täglich drei Stunden damit, die Blumen zu gießen, die Spülmaschine einzuräumen, Kaffee zu kochen, Einkäufe zu erledigen sowie den Empfangsbereich zu putzen. Ihr bleibt zu wenig Zeit, die Ausbildungsinhalte zu lernen. Außerdem weiß sie, dass eine solche Gestaltung der Ausbildungszeit nicht erlaubt ist. Sonja will ihre Ausbildungsleiterin auf diese Missstände ansprechen, weiß aber, dass diese in Diskussionen gern unsachlich wird. Um sich auf das Gespräch vorzubereiten, überlegt Sonja sich, mit welchen Äußerungen ihre Ausbildungsleiterin versuchen könnte, sie zu verunsichern.

2 *Formulieren Sie mögliche Äußerungen der Ausbildungsleiterin, die Killerphrasen enthalten (*» GUT ZU WISSEN*).*

2 *Bereiten Sie zu zweit einen Dialog vor.*

a) Formulieren Sie drei mögliche Äußerungen der Ausbildungsleiterin mit Killerphrasen.

b) Ergänzen Sie die Äußerungen um sinnvolle Entgegnungen (» GUT ZU WISSEN).

3 *Achten Sie in Fernsehdiskussionen auf unsachliche Argumente und Killerphrasen. Sammeln Sie solche Formulierungen und tragen Sie Ihre Ergebnisse im Plenum zusammen.*

» GUT ZU WISSEN — Unsachliche Argumentation und Killerphrasen

Folgende Mittel sind **unsachlich** und daher nicht für die Argumentation geeignet:

- subjektive, nicht auf Fakten gestützte Meinung (z. B.: „Ich finde, die Ernährungsumstellung bringt nichts.")
- emotionaler Druck (z. B.: „Wenn du deine Ernährung nicht bald umstellst, werde ich dich verlassen.")
- Befehle (z. B.: „Stell deine Ernährung sofort um!")
- Beleidigungen (z. B.: „Merkst du nicht, dass du fett bist? Du musst deine Ernährung endlich umstellen.")

Häufig werden in Diskussionen auch sogenannte **Killerphrasen** eingesetzt (z. B.: „Das hat bisher immer gut funktioniert!", „Jeder vernünftige Mensch würde so reagieren", „Ihre Frage ist unklug"). Dabei handelt es sich um unsachliche Scheinargumente bzw. leere Behauptungen. Sie sollen Widerspruch oder andersartige Meinungen im Keim ersticken, indem sie versuchen, den Gegner zu verwirren, zu verunsichern oder zu provozieren.

Umgang mit Killerphrasen:

- nachfragen (z. B.: „So geht das nicht, Frau Jung!", „Wie könnte es gehen?")
- auf der Sachebene antworten (z. B.: „Darum geht es nicht!", „Ich werde es noch einmal präzisieren.")
- die Absicht thematisieren (z. B.: „Sie haben keine Ahnung.", „Wollen Sie mich persönlich angreifen?")

Die Gegenposition einnehmen

Es stimmt nicht, dass Computerspiele nur die Gewaltbereitschaft von Jugendlichen fördern. Es gibt auch solche, die strategisches Denken, Konzentrations- und Reaktionsvermögen verbessern. So haben die psychologischen Untersuchungen der Universität Würzburg gezeigt, dass man die Intelligenz durch geeignete Computerspiele steigern kann.

Dass Jugendliche mithilfe von Computerspielen Frust abbauen, ist kein Argument für Ihre These, Computerspiele seien gefährlich. Der Frustabbau an sich ist nichts Gefährliches. Im Gegenteil. Und es spricht eher für Computerspiele, wenn sie den Jugendlichen dabei helfen.

1 *Ordnen Sie die Sprechblasen den verschiedenen Möglichkeiten zu, in Diskussionen die Gegenposition einzunehmen. Nutzen Sie dazu* >> GUT ZU WISSEN. *Bestimmen Sie ggf. auch die jeweiligen Schritte.*

2 *Arbeiten Sie in Gruppen zu viert. Formulieren Sie Entgegnungen auf folgendes Argument nach den in* >> GUT ZU WISSEN *beschriebenen Möglichkeiten.*
„Das Internet wird bald Bücher als Medium ersetzen, weil es hinsichtlich der Informationsbeschaffung bequemer und schneller ist. Die meisten meiner Mitschüler benutzen beispielsweise schon heute ausschließlich Internetquellen für ihre Facharbeit."

3 *Wie können Sie Widerspruch äußern? Sammeln Sie Formulierungen.*
Möglichkeit 1: „Ich kann Ihre Meinung nicht teilen, weil ..."
Möglichkeit 2: „Gerade weil es so ist, spricht diese Tatsache für meine These ..."
Möglichkeit 3: „Sie haben sicherlich recht! Bedenken Sie aber ..."

>> GUT ZU WISSEN – In Diskussionen die Gegenposition einnehmen

Möglichkeit 1: Man bezweifelt die Argumentation des Gegners
Dabei bezieht man sich auf seine Behauptung. Diese Möglichkeit eignet sich für den Anfang einer Diskussion, wenn verschiedene Positionen geäußert werden.
Schritt 1: Man stellt die Behauptung des Gegenübers infrage (z. B.: „Es stimmt nicht, dass ...").
Schritt 2: Man formuliert eine Gegenbehauptung mit Argument und Argumentationsstütze.

Möglichkeit 2: Man bezweifelt die Begründung der Behauptung
Der Zusammenhang zwischen der Behauptung und der Begründung des Gegners wird infrage gestellt – z. B. in fortgeschrittenen Stadien einer Diskussion, wenn man versucht, Argumente des Gegners außer Kraft zu setzen.
Schritt 1: Man bezweifelt den Zusammenhang zwischen der Behauptung und der Begründung des Gegners.
Schritt 2: Man erläutert den logischen Fehler.
Schritt 3: Man versucht, das Argument des Gegners zum eigenen Vorteil zu deuten (z. B.: „Ihr Argument spricht eher für meine These, weil ..."). Alternativ kann man ein eigenes Argument entgegenstellen (z. B.: „Dagegen beweist die Tatsache, dass ..., meinen Standpunkt").

Möglichkeit 3: „Sie haben recht! Aber ..."
Dabei akzeptiert man im Prinzip das Argument des Gegners, entkräftet es aber mit einem schwerwiegenderen Argument. Die Ja-aber-Möglichkeit ist für eine vertiefte Diskussion geeignet.

Den Diskussionsablauf im Blick haben

Eine Diskussion vorbereiten

Damit eine Diskussion reibungslos verläuft, sollte man sie gut vorbereiten. Beispielsweise wählt man die Diskussionsform aus, bestimmt eine Diskussionsleiterin bzw. einen Diskussionsleiter und bereitet sich inhaltlich vor. Während der Diskussion ist es wichtig, dass sich alle Teilnehmer/-innen an vorab festgelegte Regeln halten. Um die Erkenntnisse aus einer Diskussion nutzen zu können, ist es außerdem ratsam, Protokoll zu führen und die Ergebnisse zu besprechen.

1 *Welche Erwartungen haben Sie an eine Diskussion? Welche Ziele werden damit Ihrer Einschätzung nach verfolgt?*

a) Arbeiten Sie in Gruppen und sammeln Sie Ihre Ideen mittels der Kartenabfrage-Methode (» GUT ZU WISSEN).

b) Vergleichen Sie Ihre Ergebnisse mit den Ausführungen im unteren Kasten (» GUT ZU WISSEN).

2 *Erarbeiten Sie Diskussionsregeln, die in Ihrer Lerngruppe gelten sollen.*

a) Sammeln Sie im Plenum zehn Diskussionsregeln an der Tafel.

b) Übertragen Sie die Regeln auf eine Karteikarte und nehmen Sie diese zu Ihren Lernunterlagen, sodass Sie sie in Diskussionen stets vor Augen haben.

3 *Schildern Sie Probleme, die auftreten können, wenn die in Aufgabe 2 erarbeiteten Regeln in Diskussionen von den Teilnehmern nicht eingehalten werden. Schlagen Sie auch jeweils Lösungsmöglichkeiten vor.*

Denken Sie an Situationen, die Sie in Diskussionen bereits selbst erlebt haben.

» GUT ZU WISSEN | Kartenabfrage-Methode

- Ein Gedanke bzw. Stichpunkt wird auf eine Karte geschrieben (maximal drei Zeilen). Es ist wichtig, groß und leserlich zu schreiben.
- Die Karten werden aufgehängt (Wand, Tafel) und dabei sortiert: Alle Karten, die inhaltlich zusammengehören, werden zusammen angeordnet (inhaltlich gleiche Karten werden aussortiert). Es entstehen mehrere Kartengruppen (Cluster). Für jede dieser Gruppen wird eine Überschrift formuliert.

» GUT ZU WISSEN | Diskussionsziele

Das Ziel einer Diskussion besteht darin, das diskutierte Problem zu lösen bzw. eine Antwort auf die strittige Frage zu finden. Dies kann auf verschiedenen Wegen erreicht werden:

Konsens: Die Diskussionsteilnehmer/-innen kommen zu einer Einigung. Eine Partei konnte die andere mit ihrer Argumentation überzeugen bzw. die Gegenposition entkräften. Alle Beteiligten akzeptieren die Lösung einer Partei.

Kompromiss: Beide Parteien haben gute Argumente vorgebracht. Die Diskussionsleitung fasst die besten Pro- und Kontra-Argumente zusammen und bittet die Teilnehmer/-innen, Kompromissvorschläge zu unterbreiten, oder schlägt selbst einen für alle Beteiligten annehmbaren Kompromiss vor.

Dissens: Die Parteien akzeptieren beide Positionen. Sie gewinnen bisher unbekannte Einblicke in die Lösung des Problems über den Standpunkt der jeweils anderen Seite. Sie erkennen, dass es mehrere Meinungen über die Lösung des Problems geben kann.

Eine Diskussion vorbereiten

GUT ZU WISSEN — Aufgaben der Diskussionsleitung

Die Diskussionsleitung

- eröffnet die Diskussion, indem sie Thema, Dauer und Ziel nennt;
- sammelt Wortmeldungen und erteilt den Teilnehmern das Wort;
- lenkt den Verlauf: beachtet die Einhaltung der Diskussionsregeln (unterbindet Störungen, stoppt unsachliche und vom Thema abweichende Beiträge), achtet auf die Einhaltung der Zeit (ermahnt Dauerredner), fasst Teilergebnisse zusammen, regt die Diskussion mit Fragen an, wenn sie ins Stocken gerät;
- formuliert ein Schlusswort, indem sie ein Fazit zieht und auf noch ausstehende Ergebnisse bzw. auf Fragen hinweist, die sich aus der Diskussion ergeben haben.

4 *Informieren Sie sich über die Aufgaben einer Diskussionsleiterin/eines Diskussionsleiters in* GUT ZU WISSEN.

a) Nennen Sie Eigenschaften, die jemand, der diese Rolle in einer Diskussion übernimmt, besitzen sollte.
durchsetzungsfähig – aufmerksam – ...

b) Wie kann sich die Leiterin/der Leiter auf eine Diskussion vorbereiten? Sammeln Sie im Plenum verschiedene Möglichkeiten.

5 *Analysieren Sie das Verhalten von Moderatorinnen und Moderatoren in Fernsehdiskussionen.*

a) Machen Sie sich Notizen, ob die oben genannten Aufgaben einer Diskussionsleitung im Laufe der Sendung zufriedenstellend erfüllt werden oder nicht. Den Beobachtungsbogen von S. 265 können Sie nutzen.

b) Tragen Sie Ihre Ergebnisse im Plenum zusammen und formulieren Sie eine zusammenfassende Bewertung des jeweiligen Verhaltens.

Hillary R. Clinton, ehemalige Außenministerin der USA, zu Gast bei „Günther Jauch“; hier zusammen mit der Theologin Margot Käßmann und Verteidigungsministerin Ursula van der Leyen

6 *Bereiten Sie eine Diskussion zum Thema „Unterhaltungselektronik: Segen oder Fluch?“ mithilfe der unten stehenden Checkliste vor.*

CHECKLISTE — Vorbereitung einer Diskussion

- ☑ Alle Diskussionsteilnehmer/-innen müssen die Diskussionsregeln kennen und einhalten.
- ☑ Es wird eine Person bestimmt, die die Diskussion leitet.
- ☑ Es werden Personen damit beauftragt, den Diskussionsverlauf und die Ergebnisse zu protokollieren.
- ☑ Warm-up: Informationen, Gedanken und Ideen über das Diskussionsthema werden ausgetauscht, um eine begründete Position einnehmen und überzeugende Argumente formulieren zu können. Hierzu eignet sich beispielsweise die Methode Kugellager (Kapitel 3, S. 62).
- ☑ Jede Teilnehmerin/Jeder Teilnehmer bezieht Position zum Diskussionsthema und formuliert vorab einige Argumente.

Eine Diskussion durchführen

1 *Führen Sie eine Diskussion zum Thema „Unterhaltungselektronik: Segen oder Fluch?“.*

Verwenden Sie dafür die Fishbowl-Methode (>> GUT ZU WISSEN). Orientieren Sie sich bei der Vorbereitung an der Checkliste von S. 263.

Führen Sie eine Podiumsdiskussion durch (>> GUT ZU WISSEN). Orientieren Sie sich bei der Vorbereitung an der Checkliste von S. 263 und den folgenden Teilaufgaben.

a) Bilden Sie Gruppen: Es finden sich jeweils sechs Befürworter und sechs Gegner zusammen. Achten Sie darauf, dass jede Position durch eine Gruppe vertreten wird.

b) Formulieren Sie in Ihrer Gruppe fünf Argumente zur Stützung Ihrer Position.

c) Wählen Sie einen Gruppensprecher, der Ihre Gruppe als Experte vertritt.

d) Bereiten Sie in der Gruppe eine kurze Stellungnahme vor, mit der der Experte seinen Standpunkt auf dem Podium darlegen kann.

2 *Führen Sie eine Diskussion zum Thema „Soll an unserer Schule eine Internet-Lernplattform eingeführt werden?“. Wählen Sie eine der genannten Methoden aus >> GUT ZU WISSEN und bereiten Sie die Diskussion entsprechend vor.*

>> GUT ZU WISSEN — Diskussionsmethoden

Fishbowl-Methode

Die Teilnehmer/-innen bilden einen Innen- und einen Außenkreis. Im Innenkreis sitzen drei Teilnehmer/-innen sowie die Diskussionsleitung. Ein Stuhl im Innenkreis bleibt frei. Im Außenkreis sitzen die restlichen Teilnehmer, einer oder zwei von ihnen protokollieren den Diskussionsverlauf.

Nachdem die Diskussionsleitung in die Diskussion eingeführt hat, nehmen die Teilnehmer/-innen im Innenkreis zu dem vorgegebenen Sachverhalt Stellung und diskutieren darüber. Die Teilnehmer/-innen des Außenkreises können sich an dieser Diskussion beteiligen, indem sie sich auf den freien Stuhl setzen. Setzt sich eine Person in den Innenkreis, erhält sie als Nächste das Wort. Nachdem sie ihren Standpunkt vertreten hat, kehrt sie wieder in den Außenkreis zurück. Alle Teilnehmer/-innen des Innenkreises können diesen jederzeit verlassen.

Podiumsdiskussion

Die Diskussionsrunde besteht neben der Diskussionsleitung aus einer Expertengruppe und den Zuschauern. Die Experten vertreten verschiedene Positionen zu einem Thema und diskutieren darüber. Dabei ist es möglich, dass Zuschauer/-innen Fragen stellen. Teilnehmer/-innen aus dem Publikum sollten arbeitsteilig jeweils einen Experten beobachten und seine Argumente protokollieren.

Die Diskussionsleitung stellt die Experten dem Publikum vor und bittet sie, jeweils ihren Standpunkt darzulegen.

Die Experten äußern sich zu Ihrer Position. Damit ist die Diskussion eröffnet.

Eine Diskussion protokollieren

Die Grundlage für die Auswertung einer Diskussion sind die Protokolle. Es ist sinnvoll, mehrere Personen zu bestimmen, die unterschiedliche Aspekte einer Diskussion protokollieren, z. B. Diskussionsleitung, Teilnehmerverhalten, Argumentation. Hierbei sind Beobachtungsbögen hilfreich.

Beobachtungsbogen: Auswertung der Diskussionsleitung

Kriterien	+	–	0
• Eröffnung der Diskussion (Thema, Dauer, Ziel nennen)			
• Führung der Diskussion (Wortmeldungen sammeln, Wort erteilen)			
• Lenkung des Verlaufs (Störungen unterbinden, unsachliche Beiträge stoppen, auf die Einhaltung der Zeit achten, Teilergebnisse zusammenfassen, die Diskussion anregen)			
• Schlusswort formulieren (Ergebnis zusammenfassen, evtl. Ausblick geben)			

Beobachtungsbogen: Argumentationsauswertung der Parteien

Kriterien	+	–	0
• Hat die Partei ihre Position klar dargestellt?			
• Stützung der Argumente (Wurden die Thesen belegt? Wurden unterschiedliche Mittel zur Stützung der Argumente genutzt?)			
• sachliche Argumentation			
• argumentative Entkräftung der Position des Gegners (Wurden Argumente des Gegners entkräftet? Wurden verschiedene Möglichkeiten dazu genutzt?)			
• Kamen die Parteien zu einem Ergebnis (Konsens, Kompromiss oder Dissens)?			

Beobachtungsbogen: Auswertung des Teilnehmerverhaltens

Kriterien	+	–	0
• Sind die Teilnehmer / -innen stets beim Thema geblieben?			
• Sind die Teilnehmer / -innen auf die Fragen eingegangen?			
• Haben die Teilnehmer / -innen auf den Vorredner Bezug genommen?			
• Haben sich die Teilnehmer / -innen respektvoll gegenüber der Gegenseite verhalten?			
• Haben die Teilnehmer / -innen laut und deutlich gesprochen?			
• Haben die Teilnehmer / -innen die anderen beim Reden angeschaut?			

1 *Bestimmen Sie für die Diskussion „Unterhaltungselektronik: Segen oder Fluch?“ (➪ S. 263 f.) eine Person, die die Diskussionsleitung beobachtet, sowie je zwei Personen, die die Argumentation jeweils einer Partei sowie das Teilnehmerverhalten der betreffenden Partei protokollieren. Nutzen Sie die Beobachtungsbögen oben. Kopieren Sie diese, schreiben Sie nicht ins Buch.*

Kompetenzcheck – Testen Sie Ihren Lernerfolg

FAZIT

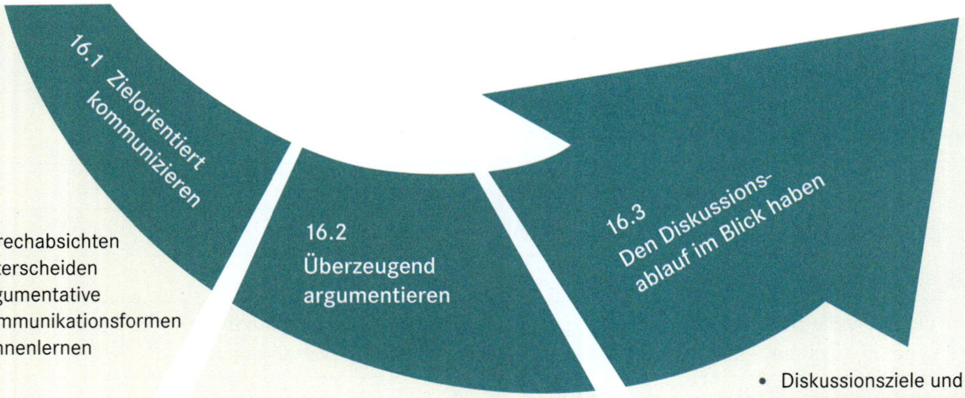

- Sprechabsichten unterscheiden
- Argumentative Kommunikationsformen kennenlernen

- Ein Diskussionsthema finden und formulieren (Blitzlicht, Themenabfrage)
- Den Aufbau eines Arguments kennenlernen
- Verschiedene Arten von Argumentationsstützen einsetzen
- Argumentationsfehler analysieren (Killerphrasen u. a.)
- Entgegnungen auf Argumente formulieren

- Diskussionsziele und -regeln erarbeiten (Kartenabfrage)
- Aufgaben der Diskussionsleitung kennenlernen
- Diskussionsmethoden anwenden (Fishbowl-, Podiumsdiskussion)
- Beobachtungsbögen zur Bewertung einer Diskussion einsetzen

ZIELAUFGABE »

1 *Wählen Sie im Plenum ein kontroverses Thema und führen Sie dazu eine Podiumsdiskussion durch. Beachten Sie dabei den nachstehenden Kompetenzcheck.*

» KOMPETENZCHECK – Eine Podiumsdiskussion durchführen

Vorbereitung

- ☑ Haben wir ein für eine Diskussion geeignetes Thema gewählt?
- ☑ Haben wir das Thema diskussionsanregend formuliert?
- ☑ Haben wir uns über das Thema informiert bzw. einen Gedankenaustausch dazu durchgeführt (Warm-up)?
- ☑ Haben wir die Diskussionsleitung und mehrere Personen, die das Protokoll führen, gewählt?
- ☑ Haben wir in der Gruppe die eigene Position zu dem Thema festgelegt sowie Argumente und eine Stellungnahme formuliert?
- ☑ Haben wir in der Gruppe mögliche Pro- und Kontra-Argumente abgewägt?
- ☑ Haben wir eine Gruppensprecherin/einen Gruppensprecher gewählt, die/der unsere Position in der Diskussion vertritt?

Durchführung

- ☑ Haben wir die Diskussion nach den Regeln für eine Podiumsdiskussion durchgeführt?
- ☑ Haben sich alle Teilnehmer/-innen an die Diskussionsregeln gehalten?

Auswertung

- ☑ Haben die Protokollanten die ausgefüllten Beobachtungsbögen im Plenum vorgestellt?
- ☑ Haben wir die Ergebnisse im Plenum besprochen?

Kapitel 17

Wie Sprache wirkt und beeinflusst

17.1 Mit gutem Stil

17.2 Werbeanzeigen untersuchen

Im letzten Jahr hatten sich in Ihrem Ausbildungsgang weniger Auszubildende angemeldet als zuvor. Dies nimmt Ihre Schulleitung zusammen mit dem Hauptarbeitgeber der Region zum Anlass, die Werbung zu verstärken, um die Anmeldezahlen in diesem Jahr wieder zu erhöhen. Sie als Schülerinnen und Schüler dieses Ausbildungsganges sollen in die Werbeaktion einbezogen werden. Um diese erfolgreich gestalten zu können, muss Ihnen bewusst werden, dass Sprache sehr vielfältig verwendet werden kann: nicht nur Sprachstil, Wortwahl und Satzbau beeinflussen die Hörer/-innen und Leser/-innen. Auch die Kombination von Sprache, Schrift, Bildern und Farbe bestimmen über den Erfolg oder Misserfolg einer Werbekampagne. Ihre Aufgabe am Ende des Kapitels wird es sein, eine Werbeanzeige für Ihren Ausbildungsgang zu erstellen.

Kompetenzen	Methoden und Arbeitstechniken
✔ Sprachvarietäten unterscheiden	✔ Kurzvortrag halten
✔ Fachsprachen in ihrer Funktion kennen	✔ Elemente einer Werbeanzeige
✔ Die AIDA-Formel anwenden	✔ Wirkung von Bildern und Farben einsetzen
✔ Sprachliche Mittel in der Werbung analysieren	✔ Sprache gezielt verwenden
✔ Sich situationsangemessen verhalten	

Mit gutem Stil

Sprachvarietäten

In den unterschiedlichsten Situationen und aus den verschiedensten Anlässen sprechen Sie mit Menschen. Wenn Sie ein Gespräch führen, wollen Sie Ziele erreichen: Sie wollen informieren, unterhalten, sich (gut) darstellen. Je nach Gelegenheit nutzen und variieren Sie dabei Sprache. Wenn Sie einen Vortrag halten, einen Brief schreiben oder einfach nur mit anderen Menschen sprechen, müssen Sie sich im Voraus darüber im Klaren sein, auf welcher Sprachebene Sie Ihre Gesprächspartnerin / Ihren Gesprächspartner (oder Ihr Publikum) ansprechen wollen.

1 *Untersuchen Sie die nachfolgenden Dialoge.*

a) Lesen Sie die Dialoge und besprechen Sie mit Ihrer Lernpartnerin / Ihrem Lernpartner folgende Details:
- Welche Situation liegt vor?
- In welchem Rahmen spielt die Szene (privat, Büro, Straße)?
- Welche Rolle oder Position könnten die Teilnehmer innehaben (Chef, Angestellter, Familie ...)?

a) Lesen Sie die Dialoge und finden Sie eine Beispielsituation sowie mögliche Adressaten für den jeweiligen Text.

b) Beschreiben Sie die gewählte Sprachebene (» GUT ZU WISSEN, S. 269).

Text 1

A: Guten Tag, Firma Liko, mein Name ist Anna Schneider – was kann ich für Sie tun?
B: Tach. Hier spricht Peter Müller. Ich möchte ...

Text 2

A: Moin! Alles fit?
B: Jau – selbst?

Text 3

A: Guten Morgen, Herr Kaiser! Wir haben uns aber lange nicht gesehen. Wie geht es Ihnen?
B: Guten Morgen – ach, Herr König, das freut mich aber, Sie zu treffen! Danke, mir geht es gut, und wie ist die Situation bei Ihnen?

Text 4

A: Guten Tag. Sie sind sicherlich Herr B.?
B: Ja, das stimmt.
A: Mein Name ist A, ich bin ...
Bitte, nehmen Sie Platz!

Text 5

A: Guten Tag. Mein Name ist Groß, Alexander Groß. Ich habe einen Termin um 14 Uhr mit Herrn Kaiser.
B: Guten Tag, Herr Groß. Haben Sie gut hergefunden? Leider müssen Sie noch einen Moment warten, Herr Kaiser ist in einer Besprechung. Wollen Sie dort Platz nehmen?

Text 6

A: Grüß Gott!
B: Grüß Gott – sche, dass du scho doa bischt!

Text 7

A: Guten Abend, meine sehr verehrten Damen und Herren! Ich heiße Peter Pan und Sie herzlich willkommen hier bei ...
Ich freue mich, dass Sie alle der Einladung gefolgt sind und den Schnee ignoriert haben, um heute Abend hier zusammen mit uns ...

Sprachvarietäten

Text 8

A: Hi, Tim! Was machst du denn hier?
B: Ach, hallo Thomas, das ist ja witzig, dass wir uns treffen. Bist du auch wegen des Vortrags hier? Übrigens, das ist meine Freundin Tina. Tina, das ist Tim.

Text 9

A: Pass doch auf, du Trampel!
B: Oh, Entschuldigung! Haben Sie sich wehgetan?
A: Blöde Frage – natürlich tut es weh, wenn ...

2 *Führen Sie mit Ihrer Lernpartnerin / Ihrem Lernpartner einzelne Gespräche weiter und erfinden Sie im vorgegebenen Sprachstil passende Verabschiedungen zum jeweiligen Dialog.*

a) Machen Sie sich Notizen und führen Sie die Dialoge vor der Klasse auf.
b) Verhalten Sie sich dabei möglichst der Situation angemessen und integrieren Sie die entsprechende Gestik (Hand geben usw.) und Mimik in die Dialoge.

» GUT ZU WISSEN **Sprachvarietäten**

Standardsprache: überregionale mündliche und schriftliche Sprachform, unterliegt als öffentliches Verständigungsmittel festgelegten Regeln (in Grammatik, Aussprache und Rechtschreibung); Verwendung: in den Medien (Radio, TV), in öffentlichen Reden, in Anschreiben, Schriftwechsel in Firmen usw.

Umgangssprache: Sprachform des alltäglichen mündlichen Umgangs, orientiert sich an der Standardsprache; die konkrete Sprechsituation ermöglicht eine etwas lockerere Regelauslegung; Verwendung: im privaten Bereich.

Dialekt (Mundart): regional gefärbte, charakteristische Sprachform eines begrenzten geografischen Gebiets, betont die Zugehörigkeit zu diesem Gebiet; Verwendung: im privaten Bereich.

Soziolekt (Gruppensprache): Sprachform, die die Zugehörigkeit der Sprecher zu einer bestimmten sozialen Gruppe betont; Verwendung: im privaten Bereich.

Fachsprache: Sprachform, die eine präzise und differenzierte Verständigung über berufsspezifische Inhalte ermöglicht; Verwendung: im beruflichen Kontext.

Jugendsprache: Sprachform, die die gruppeninterne Verständigung Jugendlicher in den Vordergrund stellt, orientiert sich an der Umgangssprache, ist gekennzeichnet durch Wortneubildungen, Anglizismen usw.; Verwendung: in der jeweiligen Gruppe (z. B. Schülersprache, Szenesprache, Netzjargon, Graffitijargon).

3 *Finden Sie Beispiele für Situationen, in denen die Sprecher die jeweilige Sprachebene benutzen.*

4 *Ordnen Sie die folgenden Begriffe für das Wort „Geld“ der passenden Sprachebene zu:*
Bares – Cash – Einkommen – Heu – Knete – Kohle – Kröten – Mammon – Mäuse – Piepen – Pinkepinke – Vermögen – Zahlungsmittel – Zaster.

5 *Diskutieren Sie Fehler, die man in Bezug auf die Nutzung der Sprachebenen machen kann.*

6 *In Text 9 benutzen die Gesprächspartner unterschiedliche Sprachebenen. Besprechen Sie mit Ihrer Lernpartnerin / Ihrem Lernpartner, wie das auf Sie wirkt.*

6 *Diskutieren Sie in kleinen Teams, was geschieht, wenn in einem beruflichen Kontext eine Gesprächspartnerin / ein Gesprächspartner die Situation falsch einschätzt und einen unpassenden Sprachstil wählt.*

Fachsprachen

» GUT ZU WISSEN | **Fachsprache**

Sprache dient der Verständigung, Fachsprachen dienen der schnellen und genauen Verständigung unter Fachleuten. Das Besondere ist, dass Wörter benutzt werden, die nur von den Anwendern dieser Fachsprache verstanden werden. Dieser **Fachwortschatz** macht Fachsprachen aus. Durch ihn sind viele Fachsprachen nur schwer für die Allgemeinheit verständlich.

Fachsprachliche Texte verwenden oft Passivkonstruktionen (... *wird getan* ...) oder Konstruktionen mit *man*. Die Formulierungen werden verwendet, weil die Handlung oft wichtiger ist als die Person, die sie ausführt.

Als Beispiele für Fachsprachen wären besonders berufliche Bereiche zu nennen: Mathematik, Elektrotechnik, Medizin, Musik, Handel, IT-Bereich.

1 *Lesen Sie die nachfolgenden Texte. Aus welchen Fachbereichen stammt der jeweilige Text?*

Text 1

Typisch für den Sportschuh ist die innovative, aus dem Wettkampfbereich abgeleitete Sohlenkonstruktion 3D advanced chassis®. Das Chassis besteht aus einer Contragrip®-Außensohle, einer Zwischensohle und einer Innensohle. Im Inneren des Schuhes ist die Ortholite®-Innensohle aus einer Kombination verschiedener PU- und Gummieinsätze aufgebaut. Dieser atmungsaktive Stockliner verspricht lange Haltbarkeit und ein bequemes Einsteigen, er kontrolliert Feuchtigkeit und Gerüche im Schuh zuverlässig und sorgt so für ein gutes Fußklima. Die Erschütterungs-Dämpfung und die Pronationsstütze werden in der Zwischensohle aus mikrozellenförmigem EVA realisiert.

Die Non-Marking-Running Contragrip®-Außensohle besteht aus einer Gummi-Kombination mit unterschiedlichen Härten.

(Nach: www.joggen-online.de/laufschuhe-im-test/gelaende-laufschuhe/salomon-xa-pro-3d-ultra-gtx.html [25.07.2013])

Text 2

BAföG-Gesetz § 18 Darlehensbedingungen

(3) Das Darlehen und die Zinsen nach der bis zum 31. März 1976 geltenden Fassung des Absatzes 2 Nr. 1 sind – vorbehaltlich des Gleichbleibens der Rechtslage – in gleichbleibenden monatlichen Raten, mindestens solchen von 105 Euro, innerhalb von 20 Jahren zurückzuzahlen. Für die Rückzahlung gelten alle nach Absatz 1 an einen Auszubildenden geleisteten Darlehensbeträge als ein Darlehen. Die erste Rate ist fünf Jahre nach dem Ende der Förderungshöchstdauer oder bei Ausbildungen an Akademien fünf Jahre nach dem Ende der in der Ausbildungs- und Prüfungsordnung vorgesehenen Ausbildungszeit des zuerst mit Darlehen geförderten Ausbildungs- oder Studienganges zu leisten. Von der Verpflichtung zur Rückzahlung ist der Darlehensnehmer auf Antrag freizustellen, solange er Leistungen nach diesem Gesetz erhält.

(Nach: www.das-neue-bafoeg.de/de/240.php [25.07.2013])

2 *Vergleichen Sie die beiden Texte:*

a) Welcher Text ist schwieriger?

b) Erstellen Sie eine Liste der Fachbegriffe eines Textes und ersetzen Sie sie durch allgemeinverständliche Begriffe. Wie wirkt der Text jetzt?

2 *Geben Sie die Texte mit eigenen Worten sinngemäß wieder, aber lassen Sie dabei möglichst viele fachsprachliche Ausdrücke weg. Wie wirken die Texte jetzt?*

Fachsprachen

3 *Untersuchen Sie detailliert die sprachlichen Unterschiede. Übernehmen Sie folgende Tabelle auf ein Zusatzblatt und ergänzen Sie sie:*

	Vorwiegend benutzte Wortarten	Beobachtungen zum Satzbau	Wirkung
Text 1		*Hauptsätze*	
Text 2			

a) Welche Wortarten (Nomen, Adjektive, Verben) fallen Ihnen besonders auf?
b) Beschreiben Sie den Satzbau des jeweiligen Textes. Was fällt Ihnen auf?
c) Welche Absicht steckt hinter dem Gebrauch dieser Wortarten und des Satzbaus?
d) Für welche Zielgruppe ist der jeweilige Text geschrieben?
e) Welche Wirkung hat er auf Sie als Leser/-in? Ergänzen Sie in der rechten Spalte der Tabelle.

GUT ZU WISSEN **Adressatenbezug und Funktion von Texten**

Der Sprachgebrauch hängt wesentlich davon ab, welche **Aufgabe / Funktion** ein Text hat und für welche Adressaten er gedacht ist. So benutzt man beispielsweise bei der Erzählung einer witzigen Alltagssituation eine andere sprachliche Art der Darstellung als etwa bei der Beschreibung eines Arbeitsvorgangs oder beim Mitarbeitergespräch mit dem Chef.

Je nachdem, ob die Adressaten auf demselben Wissensstand wie die Sprecher bzw. Schreiber sind, werden Fachausdrücke in größerem oder geringerem Umfang benutzt. Im Vordergrund der Überlegungen zur Ausdrucksweise sollten immer die Funktion und die Verständlichkeit von Sprache und Text stehen.

4 *Bereiten Sie einen Kurzvortrag (1–2 Min.) zu einem Fachthema aus Ihrer beruflichen Tätigkeit vor. Ziel ist es, eine Kundin / einen Kunden über Ihren Arbeitsvorgang zu informieren.*

a) Wählen Sie die angemessene Sprache und behalten Sie stets das Ziel Ihres Vortrags im Auge. Bedenken Sie auch, was Ihre Kundin / Ihr Kunde über das Thema weiß.
b) Tragen Sie Ihren Text Ihrer Lernpartnerin / Ihrem Lernpartner vor und verbessern Sie sich gegenseitig.
c) Tragen Sie dann den ausgearbeiteten Vortrag Ihrer Lerngruppe vor.

a) Erarbeiten Sie Ihren Kurzvortrag und halten Sie ihn sich gegenseitig.
b) Sie wollen nun den gleichen Sachverhalt Ihrer Chefin / Ihrem Chef kurz darstellen. Benutzen Sie die in Ihrem Fachgebiet gängigen Fachbegriffe.
c) Tragen Sie Ihre Vorträge der Lerngruppe vor.
d) Erläutern Sie die Wirkung der Fachsprache.

5 *Verfassen Sie einen Fachtext zu einem selbst gewählten Thema aus Ihrem Arbeitsbereich.*

- Legen Sie fest, welchen Fachwissensstand Ihre Leser/-innen haben.
- Verwenden Sie auch Fachbegriffe.

Werbeanzeigen untersuchen

1 *Fühlen Sie sich von dieser Anzeige angesprochen? Warum (nicht)? Formulieren Sie mit eigenen Worten, worum es in der Werbung geht.*

2 *Ordnen Sie die einzelnen Begriffe der Anzeige zu.*

Bild – Text mit Zusatzinformationen – Headline – Produkt-, Marken-, Firmenname – Slogan

3 *Betrachten Sie das Bild genauer. Diskutieren Sie die folgenden Fragen mit Ihrer Lernpartnerin / Ihrem Lernpartner:*

- Welchen Stellenwert hat das Bild?
- Wie ist die Anordnung innerhalb des Bildes? Aus welcher Perspektive ist das Foto aufgenommen?
- Welche Gefühle/Stimmungen/Sehnsüchte weckt es?
- Gibt es Assoziationen, die Sie mit dem Motiv verbinden?
- Gibt es andere Eindrücke (Düfte, Erinnerungen), die beim Betrachten aufkommen?

Tipp

Bei der Untersuchung einer Werbeanzeige hilft Ihnen folgender Dreischritt:

Was wird dargestellt? (Inhalt)

↓

Wie wird es dargestellt? (Untersuchung der Gestaltung)

↓

Welche Wirkung hat das?

4 *Untersuchen Sie den Text.*

a) Erklären Sie in eigenen Worten den Text und seine Darstellung. Welche Wortarten kommen zum Einsatz? Warum?

b) Überlegen Sie: Käme der Text ohne das Bild aus und umgekehrt?

c) Bewerten Sie nun das Zusammenspiel von Text und Bild.

5 *Wenden Sie die Informationen aus* GUT ZU WISSEN *auf die Anzeige (S. 272) an und überlegen Sie sich Antworten auf die folgenden Fragen:*

a) Welche Zielgruppe wird in der Anzeige wie angesprochen? Nennen Sie Beispiele, wo / in welcher Zeitschrift man diese Printwerbung veröffentlichen könnte/sollte. Begründen Sie Ihre Einschätzung.

b) Welches Image wird mit dem Bild bzw. dem Bild-Text-Zusammenspiel erzeugt?

c) Auf welche Art wird das AIDA-Prinzip umgesetzt?

d) Präsentieren Sie Ihre Antworten, indem Sie die Wirkung der Werbeanzeige detailliert analysieren und Ihrer Lerngruppe Ihre Gedanken und Argumente dazu erläutern.

GUT ZU WISSEN – Wie Werbung wirkt – Das AIDA-Prinzip

Viele Werbeanzeigen benutzen „packende" Bilder und ein gelungenes Zusammenspiel von Bild und Text, um die Aufmerksamkeit des Betrachters zu wecken. Meist entspricht der Aufbau einer Werbung dem AIDA-Prinzip:

Attention: Die Aufmerksamkeit der Kunden wird angeregt.

Interest: Das Interesse der Kunden am Produkt wird geweckt.

Desire: Der Besitzwunsch der Kunden nach dem Produkt wird ausgelöst.

Action: Die Kunden handeln bzw. kaufen (möglicherweise) das Produkt.

Mit diesem Aufbau soll die Zielgruppe für die Werbung besonders angesprochen werden. Eine genaue Kenntnis dieser Zielgruppe ist für den Verkauf – und damit die Werbung – von herausragender Bedeutung.

6 *In Aufgabe 4 haben Sie sich mit dem kurzen Text der Anzeige befasst. Suchen Sie in* GUT ZU WISSEN *(S. 274), welche sprachlichen Mittel Sie dort betrachtet haben.*

6 *Suchen und benennen Sie anhand von* GUT ZU WISSEN *(S. 274) die sprachlichen Mittel des kurzen Anzeigetextes und eines weiteren Werbetextes Ihrer Wahl.*

GUT ZU WISSEN — Sprachliche Mittel untersuchen

Die gewünschte Wirkung des AIDA-Prinzips wird auch mit sprachlichen Mitteln erreicht. Dies sind Wörter, Teilsätze oder ganze Sätze, die die Botschaft einprägsam vermitteln. Im Bereich der Werbung werden oft Wörter benutzt, deren Funktion es ist, die Tatsachen zu beschönigen. Hierzu gehören z. B.:

- **Adjektive:** lautmalerische oder beschönigende Eigenschaftswörter, z. B.: *aprilfrisch, blütenweiß;* ***aktiver*** *Sonnenschutz;* ***aufregende*** *Süße;* ***vollendeter*** *Kaffeegenuss.*
- **Alliteration:** Wörter mit dem gleichen Anlaut, z. B.: ***M****ilch* ***m****acht* ***m****üde* ***M****änner* ***m****unter*
- **Ambiguität:** Zweideutigkeit, Doppelsinn, z. B.: *Das Fahren des Autos (= Das Auto fährt. Jemand fährt das Auto.)*
- **Ellipse:** Auslassen eines Satzteils, z. B.: *Je eher, desto besser!*
- **Hochwörter:** Bezeichnungen aus gesellschaftlich angesehenen Bereichen: Poesie, Adel, Geschichte, z. B.: *Fürst von Metternich, Fürst Bismarck, Imbisshalle* statt *Wurstbude*
- **Metapher:** verkürzter Vergleich, z. B.: *Mit der Frische des Frühlings*
- **Neologismus:** Neubildung von Wörtern, z. B.: *unkaputtbar*
- **Personifikation:** Vermenschlichung von Dingen / Begriffen, z. B.: *Da lacht die Wäsche!*
- **Reim:** Gleichklang von Wörtern am Zeilenende, z. B.: *... macht Kinder* ***froh*** */ und Erwachsene eben****so****!*
- **rhetorische Frage:** Frage, auf die keine Antwort erwartet wird, z. B.: *Gibt es ein besseres Bier?*
- **Steigerung (Superlativ, Komparativ):** häufig Alleinstellungswerbung oder vergleichende Werbung (gesetzliche Einschränkungen), z. B.: *Das* ***Beste*** *vom Norden*
- **Fremdwörter:** meist aus dem Englischen, z. B.: *Come in and find out*

Tipp: Eine Liste mit weiteren sprachlichen Mitteln finden Sie in GUT ZU WISSEN, Kapitel 13, S. 211.

7 *Lesen Sie folgende Slogans Ihrer Lernpartnerin / Ihrem Lernpartner laut vor und achten Sie dabei auf Betonung und Sprechpausen.*

a) Wofür wird jeweils geworben?

b) Bestimmen Sie anhand von GUT ZU WISSEN die sprachlichen Mittel.

c) Nennen Sie diese und beurteilen Sie die Wirkung: Welcher Slogan kommt warum am besten an?

Geiz ist geil.

3 ..., 2 ..., 1 – meins.

Mit dem Zweiten sieht man besser.

Wohnst du noch oder lebst du schon?

Quadratisch, praktisch, gut.

We love to entertain you.

... macht Kinder froh und Erwachsene ebenso.

Pack den Tiger in den Tank!

Der Joghurt mit der Ecke.

Die Sprache der Werbung

Text 1 – In einem gepflegten Schwimmbad herrschen klare Verhältnisse

Es ist ein gutes Gefühl, in die D&W Poolwelt einzutauchen und zu wissen, dass man bei der Wasserpflege nicht so schnell ins Schwimmen oder Schwitzen gerät. Der hohe Qualitätsstandard sorgt von Anfang an für klare Verhältnisse. Immerhin gilt es, ungebetenen Besuchern wie Bakterien, Blättern, Blütenpollen, Pilzen und anderen unangenehmen Gästen das Wasser abzugraben. [...]

Wir sind mit allen Wassern gewaschen – D&W – Pool!

Text 2 – Mittel gegen Heuschnupfen

Wenn die Nase heuverschnupft ist, lässt sich das Leben vor lauter Niesen kaum genießen.
Wenn Sie unter Nies-Attacken leiden, die Nase kribbelt, läuft und verstopft ist, wenn Sie nicht mehr richtig durchatmen können, sich geschwächt und niedergeschlagen fühlen – dann haben Sie eines gemeinsam mit 8 Millionen Deutschen: Heuschnupfen.
Die Ursache: Blütenpollen von Wiesen, Wäldern und Feldern [...] – Genießen Sie es, bei Heuschnupfen nicht verschnupft zu sein.

(Beide Texte nach: www.creativeconsult.de/werbetexter/textbeispiele.html [25.07.2013])

1 *Wählen Sie einen der Texte aus.*

a) Benennen Sie die benutzten sprachlichen Mittel und erklären Sie, welche Wirkung jeweils davon ausgeht.

b) Für welche Zielgruppen wurde der Text geschrieben und wo könnte er erscheinen?

1 *Bearbeiten Sie die Texte.*

a) Benennen Sie die benutzten sprachlichen Mittel und erklären Sie, welche Wirkung jeweils von ihnen ausgeht.

b) Vergleichen Sie die Texte: Für welche Zielgruppen wurden sie geschrieben und wo könnten sie erscheinen?

c) Diskutieren Sie Ihre Ergebnisse mit Ihrer Lernpartnerin / Ihrem Lernpartner.

2 *Suchen Sie sich eine Werbeanzeige aus einer Zeitschrift. Beschreiben Sie anhand der Anzeige, welche Zielgruppe angesprochen wird. Wie wirkt der Text und das Bild-Text-Zusammenspiel?*

> *Tipp*
> Wählen Sie eine Anzeige aus einer für Ihren Berufszweig typischen Zeitschrift.

3 *Entwerfen Sie eine Werbeanzeige. Überlegen Sie, für welche Zielgruppe Ihre Anzeige sein soll und welche Strategie sie verfolgt.*

a) Erfinden Sie einen eingängigen (Fantasie-)Namen für ein Produkt.

b) Formulieren Sie den Anzeigentext. Verwenden Sie verschiedene Stilmittel, damit sich der Text eingängig liest.

c) Vervollständigen Sie jetzt Ihre Werbeanzeige für Ihr Produkt: Erfinden Sie eine Headline sowie einen Slogan und entwickeln Sie eine Idee für ein passendes Bild.

d) Gestalten Sie Ihre eigene Werbeanzeige als Poster und stellen Sie es Ihrer Lerngruppe vor.

Kompetenzcheck – Testen Sie Ihren Lernerfolg

FAZIT

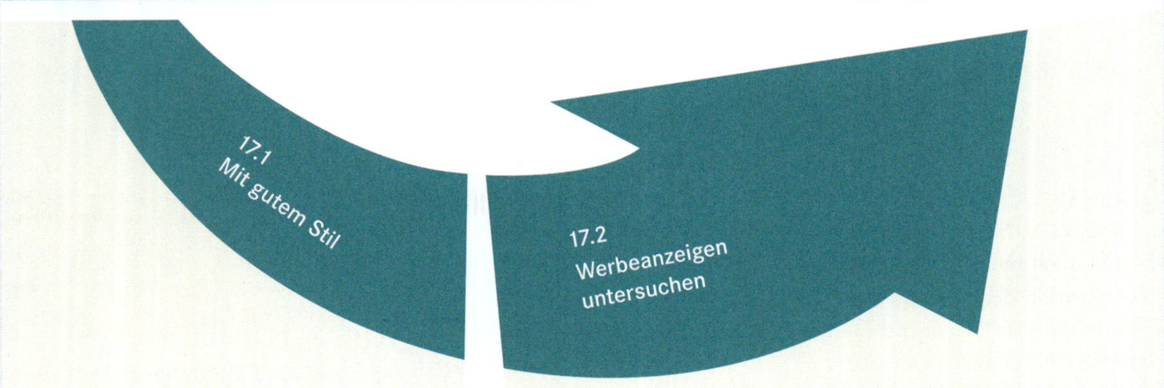

- Sprachebenen kennen und anwenden
- Über Fachsprachen und Zielgruppen reflektieren

- Werbeanzeigen analysieren
- Die Sprache der Werbung untersuchen

1 *Wenden Sie Ihr Wissen an: Analysieren Sie die Produktwerbung. Überprüfen Sie Ihre Ergebnisse anhand des Kompetenzchecks.*

ZIELAUFGABE »

2 *Entwerfen Sie eine Werbeanzeige für Ihren Ausbildungsgang.*

» **KOMPETENZ-CHECK** | **Eine Werbeanzeige analysieren**

- ☑ Habe ich Inhalt, Gestaltung und Wirkung der Werbeanzeige erfasst?
- ☑ Habe ich die Wirkung der Bildes analysiert (Anordnung, Gefühle, Stimmungen, Sehnsüchte, Assoziationen)?
- ☑ Habe ich den Text inhaltlich und formal (Satzbau, Wortarten, sprachliche Mittel) analysiert?
- ☑ Habe ich das Bild-Text-Zusammenspiel behandelt?
- ☑ Habe ich die Wirkungsweise der Anzeige erklärt (AIDA-Formel) und die Absicht interpretiert?

Lernszenario

Sprache und Sprachgebrauch untersuchen

Die Inhalte der Kapitel „In einer Diskussion clever argumentieren" und „Wie Sprache wirkt und beeinflusst" helfen Ihnen dabei, die Handlungsaufträge aus der folgenden Situation herauszuarbeiten und auszuführen.

Handlungssituation

Die Berufsschulen in Ihrer Region arbeiten in Wirtschaft-Live-Projekten.

Ihre Klasse betreut die Bestückung und den Vertrieb von Moderatorenkoffern. Diese sollen an Behörden, andere Schulen und an Unternehmen verkauft werden. Weitere Einnahmen erzielen Sie aus Flohmarktaktionen und aus dem wiederholten Verkauf von Zitronenwaffeln in den Pausen. Das aus den Verkaufsaktionen eingenommene Geld verwalten und verplanen Sie als Klasse.

Die Interessenten für die Medienkoffer müssen geworben werden. Für die Flohmarktaktion und für den Kuchenverkauf müssen Informationsblätter und Verkaufsplakate gestaltet werden.

Das Verfassen der Werbeanschreiben und die Vorbereitung von mündlichen Gesprächen mit möglichen Interessenten ist Ihre Aufgabe. Sie gestalten auch Informationsblätter und Werbeplakate über die geplanten Verkaufsaktionen.

Von den Schülerinnen und Schülern aus den Jahrgängen vor Ihnen wissen Sie, dass hohe Einnahmen aus diesen Aktionen zu erwarten sind. In Ihrer Klasse entbrennt rasch eine Auseinandersetzung über die Verwendung der Gewinne.

Ein Teil der Schüler möchte von dem Geld ein Klassenfest durchführen, während ein anderer Teil es lieber für die Gestaltung eines Abschlussfestes sparen möchte. Wieder andere finden, dass die Summe einem wohltätigen Zweck gespendet werden sollte. Einige Schülerinnen und Schüler können sich vorstellen, die Einnahmen der Klassenkasse zuzuführen, um sie dann später für eine Studienfahrt zu verwenden.

Ihre Klassenlehrerin möchte sich in die Entscheidung nicht einmischen, will aber eine Entscheidung, die möglichst von allen Klassenmitgliedern getragen wird.

Im Unterricht haben Sie sich mit dem Thema Diskussion befasst und auch Diskussionsrunden durchgeführt. Ihre Klassenlehrerin schlägt vor, dass sich die Klasse in einer den Regeln entsprechenden Diskussionsrunde über die Verwendung der Einnahmen austauscht und auf dieser Grundlage gemeinsam entscheidet.

Sie führen diese Diskussion durch. Ein Moderator leitet die Diskussion, und vier Klassenmitglieder vertreten die jeweilige Meinung, indem sie ihre Argumente vortragen. Diese werden vor der Diskussion von einzelnen Gruppen erarbeitet.

Der Rest der Klasse führt als Publikum ein Diskussionsprotokoll. Am Ende der Diskussion stellt das Publikum seine Abstimmung auf einer Meinungslinie (➪ S. 180) begründet dar.

Klassenfest	Abschlussfest	Spende	Studienfahrt

Rollenkarte Moderator/-in

Sie bereiten gezielte Fragesellungen vor, mit deren Hilfe Sie das Thema der Diskussionsrunde ordnen. Sie sorgen dafür, dass die Teilnehmer der Diskussionsrunde gleichberechtigt am Gespräch beteiligt werden und dass diese auch tatsächlich auf die Fragen und Anregungen eingehen.

Rollenkarte Vertreter/-in pro Studienfahrt

Sie finden eine Studienfahrt sehr wichtig, weil Sie davon überzeugt sind, dass diese Fahrten für die Klassenbildung und den Zusammenhalt der Klasse sehr wichtig sind. Deshalb sind Sie auch der Meinung, dass möglichst alle Schülerinnen und Schüler daran teilnehmen können sollen. Einigen wird aber das Geld fehlen, sodass diese Unterstützung aus den Erlösen der Verkaufsaktionen kommen könnte.

Rollenkarte Vertreter/-in pro Abschlussfest

Für Sie ist es sehr wichtig, dass der erreichte Abschluss auch in einem angemessenen Rahmen festlich begangen wird, dass z. B. die Familienangehörigen eingeladen und auch mit interessanten Speisen und Getränken versorgt werden. Schließlich haben alle Schülerinnen und Schüler mit dem erfolgreichen Abschluss etwas erreicht. Sie gehen nach dem Abschluss auseinander, und ein neuer Lebensabschnitt beginnt. Um das Fest zu einem Erfolg zu machen, müssen allerdings auch finanzielle Rücklagen vorhanden sein.

Rollenkarte Vertreter/-in pro Klassenfest

Sie sind der Überzeugung, dass die Klasse möglichst rasch etwas Gemeinsames unternehmen muss. Die Studienfahrt und das Abschlussfest stellen nach Ihrer Auffassung Klassenaktivitäten dar, die eher langfristig ausgerichtet sind. Eine Spende kommt für Sie gar nicht infrage, weil das Geld schließlich durch Ihren Arbeitseinsatz erwirtschaftet wurde.

Rollenkarte Vertreter/-in pro Spende

Sie sind der Meinung, dass die Menschen in Deutschland in einem Wohlstandsland leben und sich viele Dinge leisten können, während andere Menschen auf der Welt leiden und hungern. Sie sind davon überzeugt, dass die Studienfahrt, das Klassenfest und das Abschlussfest auf jeden Fall von jeder Schülerin und jedem Schüler der Klasse finanziert werden kann, wenn diese nur einigermaßen vernünftig mit ihrem Geld haushalten.

Arbeiten Sie im Team und halten Sie sich bei der Erarbeitung Ihrer Aufträge an diese Schritte:

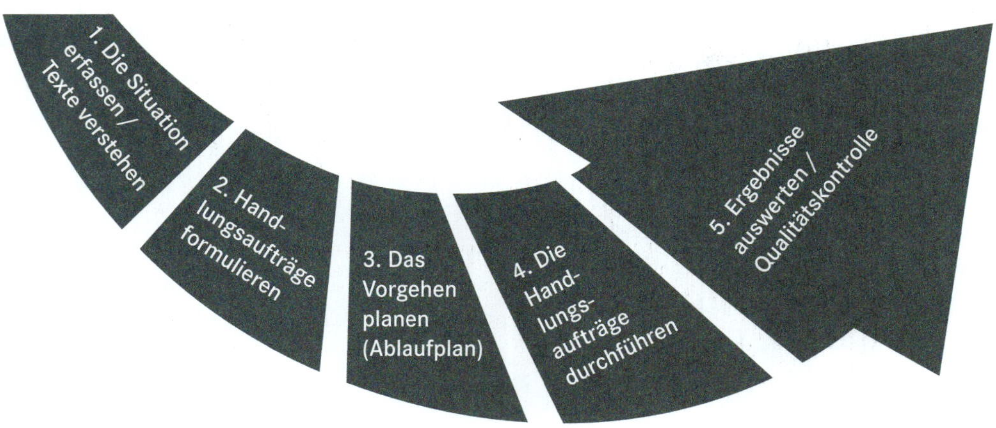

Anregungen zur Vorgehensweise können Sie S. 48 entnehmen.

Konzipieren, organisieren, realisieren – Arbeiten im Projekt

Geht Ihnen auch manchmal etwas daneben, weil Sie schlecht geplant haben? Sie lernen ein strukturiertes und erprobtes Vorgehen für umfangreichere Projekte kennen.

Am Ende des Kapitels werden Sie einen gemeinsamen Ausflug mit Ihrer Klasse planen, durchführen und dokumentieren.

Kompetenzen	Methoden und Arbeitstechniken
✔ Projektziele festlegen ✔ Projekte strukturieren ✔ Projekte steuern ✔ Verantwortung im Team übernehmen	✔ SMART-Formel für Projektziele verwenden ✔ Projektauftrag verfassen ✔ Arbeitspakete zusammenstellen ✔ Projektstrukturplan und Projektablaufplan erstellen ✔ Meilensteindiagramm anfertigen ✔ Meilensteintrendanalyse durchführen

Von der Projektidee zum Projektauftrag

Projektziele bestimmen

Ob es sich um Projekte im privaten Bereich oder um Projekte im Arbeitsleben handelt: Projekte sind stets mit Zielvorstellungen verbunden. Soll ein Projekt erfolgreich verlaufen, müssen die Schritte bis zum angestrebten Ziel zuvor geplant werden. Die Bezeichnung „Projekt“ leitet sich vom lateinischen Wort „proiectum“ ab und bedeutet nichts anderes als „nach vorn geworfen“. Ein Projekt ist also vorwärtsgerichtet, zielorientiert und bezweckt Ergebnisse.
Am Anfang eines Projekts steht meistens eine Projektidee. Manchmal ist die Zielsetzung auch schon vorgegeben und terminiert, jedoch das Vorhaben sehr allgemein formuliert (z. B. 100-jähriges Bestehen der Schule), sodass im nächsten Schritt eine genaue Zielsetzung zu entwickeln ist.

Situation

An Ihrer Berufsschule finden zweitägige Exkursionen statt mit dem Ziel, Ihre berufliche Ausrichtung besser kennenzulernen. Jede Klasse erhält den Auftrag, beide Tage selbstständig zu organisieren und anschließend die Ergebnisse in einem Galeriegang (Museumsrundgang) zu präsentieren.

1 *Sammeln Sie in Ihren Teams erste Ideen zur dargestellten Situation. Führen Sie dafür ein Brainstorming oder Brainwriting durch.*

Muster

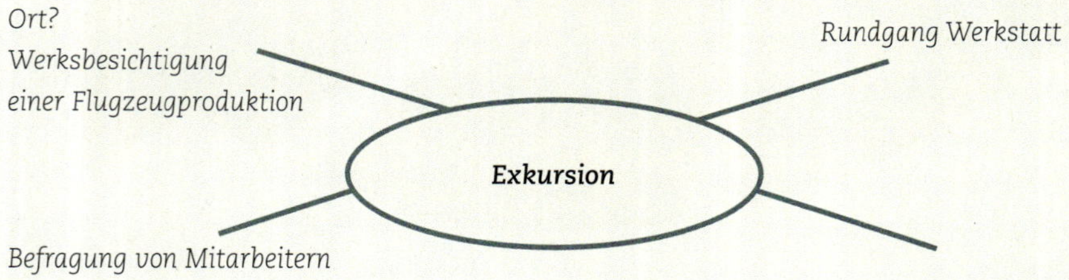

2 *Halten Sie die Projektziele zu Ihren Ideen aus Aufgabe 1 mithilfe der SMART-Formel schriftlich fest. Berücksichtigen Sie dabei* **>> GUT ZU WISSEN**.

3 *Beurteilen Sie die Projektideen und legen Sie sich auf eine fest, die Sie verwirklichen wollen.*

>> GUT ZU WISSEN | **Die SMART-Formel für die Projektziele**

Im Projektmanagement dient die SMART-Formel der klaren und verständlichen Formulierung von Zielen. Fünf Bedingungen sollten erfüllt sein, damit ein Ziel S.M.A.R.T. ist:

S spezifisch – Ziele müssen eindeutig formuliert sein.

M messbar – Ziele müssen messbar sein.

A akzeptiert – Ziele müssen von den Empfängern akzeptiert werden.

R realistisch – Ziele müssen möglich sein.

T terminiert – Ziele haben einen terminlichen Rahmen.

Den Projektauftrag formulieren

Der Projektauftrag bestätigt Ihr Vorhaben formell. Er ist eine Art Vertrag zwischen Ihrem Projektteam (Auftragnehmer) und der zuständigen Lehrkraft oder der Schulleitung (Auftraggeber). In diesem werden die Rahmenbedingungen festgelegt, unter denen ein Projekt ablaufen soll. Zudem ernennen Sie bereits in dieser Phase eine Projektleiterin / einen Projektleiter.

Ein Projektauftrag kann folgendermaßen strukturiert sein:

Muster

PROJEKTAUFTRAG	
Projektname	Exkursion zur Flugzeugbaugesellschaft Fly
Projektleiter/-in	Thomas Altmann
Projektanlass	Exkursionstage zum Thema „Mein Beruf“
Projektziele • Sachziel • Kostenziel • Terminziel	... ... ca. 200 Euro 22.07. Präsentation der Arbeitsergebnisse (Galeriegang) ...
Projektausstattung	Aula für Galeriegang 24 Stellwände 7 Beamer ...
Auftragsbedingungen	...
Meilensteine/Termine	...
Unterschriften	...

1 *Fertigen Sie einen Projektauftrag zur dargestellten Situation (➪ S. 280) oder zu einem aktuellen Projekt an Ihrer Schule an. Berücksichtigen Sie dabei ggf. die zuvor erarbeiteten Ergebnisse.*

Weitere Ideen für Projekte können sein:
- Informationstage zu verschiedenen Themen (Sport, Gesundheit, Politik)
- Abschlussfest Ihres Ausbildungsjahres
- verschiedene Sportveranstaltungen
- Spendensammelaktionen
- Engagement für soziale Ideen

Ein Projekt planen

Arbeitspakete zusammenstellen

Damit ein Projekt erfolgreich umgesetzt werden kann, braucht es eine gute Planung. Einzelne Arbeitsschritte und Abfolgen werden präzise und detailliert betrachtet, sodass jedes Teammitglied weiß, was bis wann zu erledigen ist.

GUT ZU WISSEN | **Planungssitzung durchführen**

Um möglichst viele Einzelheiten gleich von Anfang an zu bedenken, wird in Wirtschaftsunternehmen eine sogenannte Planungssitzung einberufen, auf der alle Beteiligten ihre Ideen, Vorstellungen und Ziele darstellen können. Meist kristallisieren sich dann einzelne Aufgabenbereiche heraus, die in Arbeitspaketen zusammengefasst werden. So finden sich oftmals Teams zusammen, die ihr Interesse zur Mitarbeit an einem bestimmten Themengebiet bekunden.

Die nachfolgenden Punkte sollten bei einer Planungssitzung unbedingt erarbeitet werden:

- Arbeitspakete definieren und in einen zeitlichen Ablauf einordnen
- Arbeitspakete den Teams zuordnen
- Projektablaufplan erstellen
- Kosten veranschlagen und ggf. Finanzierungsmöglichkeiten bedenken

1 *Vervollständigen Sie die folgenden Arbeitspakete für das dargestellte Projekt bzw. stellen Sie die Arbeitspakete für Ihr Schulprojekt zusammen.*

Dieses Musterbeispiel zeigt, wie Arbeitspakete zum Projekt „Exkursion zur Flugzeugbaugesellschaft Fly" aussehen können:

Arbeitspaket 1

Organisation Fahrt und Unterkunft

...

Arbeitspaket 2

Organisation Besichtigung

Firma kontaktieren
Ansprechpartner/-in finden
Informationen einholen
Besichtigungszeitraum besprechen
Rahmenbedingungen klären
...

Arbeitspaket 3

...

Arbeitspaket 4

Durchführung Exkursion

Ergebnisse protokollieren
Fragen an Belegschaft stellen
Eindrücke festhalten (z. B. fotografieren)
...

Arbeitspaket 5

...

Arbeitspaket 6

Galeriegang vorbereiten

Material sichten
Plakate entwerfen
Drucker/Kopierer suchen
benötigte Medien reservieren
...

2 *Tauschen Sie Ihre Ergebnisse mit denen anderer Arbeitsgruppen und prüfen Sie diese auf Vollständigkeit.*

Das Projekt strukturieren

Ein bedeutender Faktor bei der Planung ist die Zeit. Im Projektmanagement teilt man deshalb Projekte in mindestens drei Phasen ein: Vorbereitungs- und Sammelphase, die eigentliche Planungsphase und die Durchführungsphase. Diesen Abschnitten werden die zuvor zusammengestellten Arbeitspakete zugeordnet, sodass zunächst ein grober, zeitlich strukturierter Ablauf ersichtlich wird.

1 *Ordnen Sie Ihre Arbeitspakete den drei Phasen zu. Übertragen Sie dafür die folgende Tabelle auf ein Extrablatt.*

Muster

PROJEKTSTRUKTUR		
1 Vorbereitungs- und Sammelphase	2 Planungsphase	3 Durchführungsphase
…	…	**Arbeitspaket 4** **Durchführung Exkursion** Ergebnisse protokollieren Fragen an Belegschaft stellen Eindrücke festhalten (z. B. fotografieren) …
…	…	…

2 *Verteilen Sie die Aufgaben auf einzelne Teams. Halten Sie die Ergebnisse schriftlich fest. Überlegen Sie zuvor gemeinsam, wer beispielsweise gut telefonieren, organisieren oder protokollieren kann.*

Beispiel:

Projektleiter: Thomas Altmann
Projekteams: Team 1: Organisation Fahrt und Unterkunft – Arnie (TL), Sandra, Gülnaz, Kevin, Viktor
Team 2: Durchführung Exkursion – Peter (TL), Nadine, Jana, Benedikt
Team 3: Finanzen – Ursi (TL), Wally, Mario, Karla, Julia
…

3 *Legen Sie einen Projektordner an, in dem Sie die Projektorganisation und andere Dokumente (Rechnungen, Verträge, Protokolle usw.) sammeln.*

Einen Projektablaufplan erstellen

Wenn die inhaltliche Planung der Arbeitsschritte steht, sollte man als Nächstes die genaue zeitliche Abfolge festlegen – dies geschieht am besten mithilfe eines Projektablaufplans. Hierzu wird eine zeitliche Reihenfolge, z. B. in Kalenderwochen, festgelegt und den einzelnen Arbeitspaketen ein Bearbeitungszeitraum zugeordnet.

So könnte Ihr Projektablaufplan aussehen:

Muster

PROJEKTABLAUFPLAN (Ausschnitt)												
	Kalenderwoche	24	25	26	27	28	29	30	31	32	33	34
Arbeitspakete	**Beginn**											
1 Organisation Fahrt und Unterkunft	09.06											
2 Organisation Besichtigung	17.06											
...												
...												

Die eingeplante Dauer der Aktivitäten wird farblich hinterlegt.

Motivierend ist die Festlegung sogenannter Meilensteine, d. h. die Planung bestimmter Zwischenziele in Ihrem Projekt, die für den Verlauf und das Ergebnis Ihres Projekts entscheidend sind. Zur Darstellung eignet sich ein Meilensteindiagramm.

Muster

MEILENSTEINDIAGRAMM

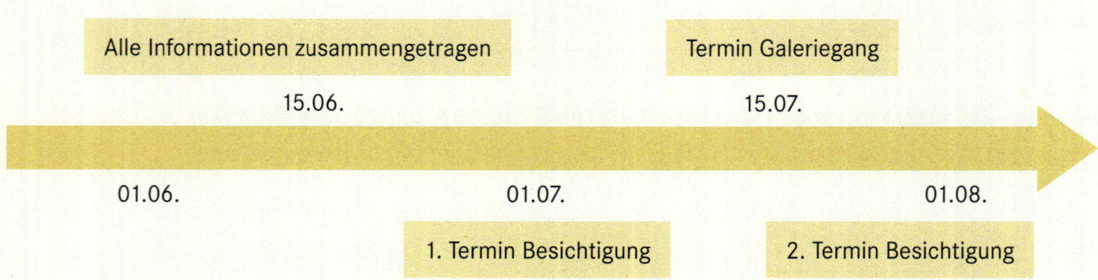

1 *Erstellen Sie einen Projektablaufplan für Ihr Projekt und einigen Sie sich auf zwei bis drei Meilensteine.*

a) Legen Sie realistische Zwischenziele fest, die auch in den gesetzten Zeiträumen erreichbar sind.
b) Planen Sie „Zeitpuffer“ ein – bedenken Sie, dass einige Arbeitspakete die Mitarbeit von Außenstehenden benötigen (Reiseplanung, Finanzen), die eigene Zeitvorgaben zu erfüllen haben.

Ein Projekt durchführen

Wenn die Vorbereitungs- und Planungsphasen erfolgreich abgeschlossen wurden, beginnt die Durchführungsphase – die eigentliche Arbeit zur Erreichung des Projektziels. Hierbei spielt die Projektleitung eine wichtige Rolle, denn der/die Leiter/-in des Projekts ist für einen möglichst reibungslosen Ablauf verantwortlich. Die vier wichtigsten Aufgaben für die Projektsteuerung und -kontrolle sind:

- den Überblick behalten
- die Arbeit in den Teams steuern
- korrigierend eingreifen, wenn etwas nicht nach Plan verläuft
- sämtliche Absprachen und Arbeitsschritte dokumentieren

Die meisten Wirtschaftsunternehmen starten in ein Projekt mit einem Kick-off-Meeting.

1 *Führen Sie in Ihrem Projektteam das Kick-off-Meeting durch. Berücksichtigen Sie dabei* » GUT ZU WISSEN.

2 *Planen Sie Termine für weitere Teamsitzungen.*

Tipp

Ein guter Projektleiter steuert nicht nur das Projekt, sondern bietet seinen Teammitgliedern auch Hilfe an und fördert den Zusammenhalt im Team.

» GUT ZU WISSEN Teamsitzungen

Das Kick-off-Meeting

Alle Teilnehmer/-innen des Projekts sind zum Kick-off-Meeting anwesend, damit alle mit demselben Informationsstand ins Projekt starten. Die Eckpunkte des Projektablaufs werden vorgestellt, alle Beteiligten haben die Gelegenheit, Fragen zu stellen und Informationen auszutauschen. Gleichzeitig ist dieses Treffen auch ein wichtiger Motivationsfaktor, denn es bildet den Auftakt zu einem Gemeinschaftsprojekt.

Sitzungen während des Projekts

Während der Projektarbeitsphase treffen sich nur selten alle Teilnehmer – meistens finden aber regelmäßige Teambesprechungen statt, um den Stand der Planung mit dem tatsächlichen Stand der Arbeit (und den Ergebnissen) abzugleichen. So kann frühzeitig korrigierend eingegriffen werden, wenn etwas nicht nach Plan verläuft.
Der Projektleiter entscheidet dann – meist in Absprache mit den Teamleitern –, ob es Sinn macht, Arbeitsschritte vorzuziehen, abzukürzen oder auszulagern.

Besprechungen meistern und protokollieren

... und wenn ein Projekt trotz aller Maßnahmen hinter dem Zeitplan zurückbleibt, die Kosten weit überschritten werden, die Teammitglieder gegen- statt miteinander arbeiten? Dann ist dies kein Grund, aus der Fassung zu geraten.

1 *Diskutieren Sie in Ihrem Team Vorgehensweisen, wie man in der oben beschriebenen Situation reagieren sollte.*

a) Halten Sie Ihre Ergebnisse schriftlich fest.
b) Tauschen Sie Ihre Arbeitsergebnisse mit denen anderer Teams aus und ergänzen Sie Ihre Ergebnisse ggf.

Ein international eingesetzter Projektleiter hat einmal gesagt:

„Ein Projektleiter trägt unglaublich viel Verantwortung:

Er steuert, kontrolliert, hilft, plant, erinnert, unterstützt, ermahnt, motiviert, kritisiert, delegiert ...,
aber ein **guter** Projektleiter lobt vor allen Dingen stets seine Mitarbeiter, die die Arbeit machen!"

2 *Stimmen Sie der Aussage in allen Punkten zu? Diskutieren Sie in Ihrem Team.*

Protokoll führen

Bei der Vielzahl an Besprechungen ist es wichtig, dass Ergebnisse, Verabredungen, Absprachen oder Terminänderungen in Besprechungsprotokollen festgehalten werden (➪ Protokoll, Kap. 7, S. 127 f.). Auch diese sollten im Projektordner abgeheftet werden. Der Protokollführer sollte der Projekt- und der Teamleitung Kopien von allen Besprechungsergebnissen, Ablaufplänen, Terminänderungen usw. zur Verfügung stellen – nur so behält die Leitung jederzeit den Überblick.

1 *Erstellen Sie für die Teambesprechungen ein Formular, das es dem Protokollführer erleichtert, die wichtigsten Termine/Absprachen kurz zu notieren. Denken Sie dabei an folgende Punkte:*

- Projektleiter und Teilnehmer
- Datum, Zeit und Ort
- Thema bzw. TOPs
- Ergebnisse
- Planungen für die nächste Zeit
- Verantwortlichkeiten
- Unterschrift

Tipp
Kopieren Sie das Musterformular mehrfach. So kann der Protokollführer die Aufzeichnungen sofort eintragen.

2 *Überlegen Sie sich eine Möglichkeit, wie die Absprachen und Informationen möglichst effizient an die Team- und Projektleitung weitergegeben werden können.*

Ein Projekt abschließen

Nicht nur zum Ende eines Projekts, sondern auch zur (Selbst-)Kontrolle zwischendurch sollten die Teams einen Soll-Ist-Vergleich durchführen. So kann man auf einen Blick feststellen, welche Arbeiten z. B. mehr Zeit in Anspruch genommen haben als geplant oder welche Meilensteine nicht termingerecht erreicht wurden.

In den meisten Unternehmen wird die sogenannte Meilensteintrendanalyse mithilfe geeigneter Software erstellt. Sie können für Ihre Projektanalyse auch ein Textverarbeitungsprogramm oder ein Kalkulationsprogramm verwenden.

So könnte Ihre Meilensteintrendanalyse aussehen:

Muster

MEILENSTEINTRENDANALYSE (Ausschnitt)									
	KW	24	25	26	27	28	29	30	31
Arbeitspakete	**Beginn**								
1 (Mail-)Adressen heraussuchen	09.06.								
1 Mail/Brief verfassen	09.06.								
1 Rücklauf auswerten	16.06.								
2 Partner kontaktieren	17.06.								
2 Ansprechpartner finden	17.06.								
...	...								
...	...								

planmäßiger Meilenstein

überzogener Meilenstein

1 *Vervollständigen Sie die Meilensteintrendanalyse für das Projekt „Exkursion" bzw. entwickeln Sie diese für Ihr eigenes Projekt.*

Zum Abschluss eines Projekts werden die Ergebnisse oft einem Publikum präsentiert. Es gilt nicht nur die Ergebnisse darzustellen, sondern auch die Informationen so aufzubereiten, dass das Publikum einen guten Einblick in das Projekt erhält. Überlegen Sie deshalb vorher sehr genau, welche Medien Ihre Informationen am besten übermitteln (➪ Präsentieren, Kapitel 15, S. 241 ff.).

Kompetenzcheck – Testen Sie Ihren Lernerfolg

FAZIT

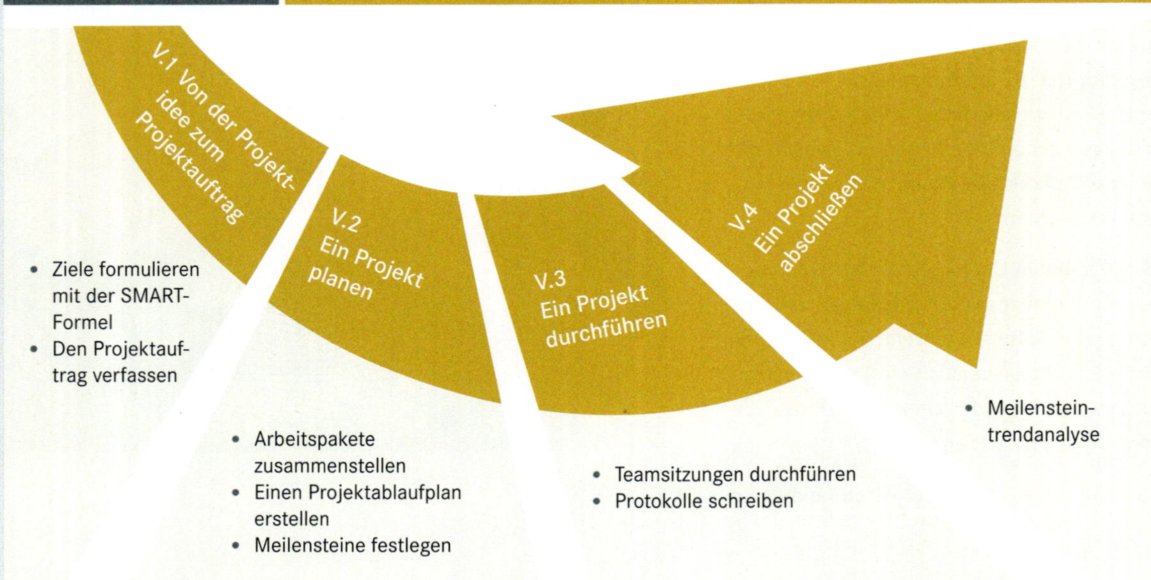

ZIELAUFGABE »

1 *Überlegen Sie sich ein Ziel für eine eintägige Fahrt mit Ihrer BS-Klasse zu einer Messe, in der Firmen aus Ihrem Berufsstand ausstellen. Integrieren Sie ein geselliges Beisammensein im Anschluss (Grillen, Essen gehen, Marktbesuch usw.).*

a) Planen Sie die Fahrt als Projekt in Teams und überlegen Sie sich einen Schwerpunkt für eine anschließende Präsentation für die Schüler/-innen anderer Klassen (z. B. Fortschritte der Konkurrenz; neue Produkte; Selbstmarketing).

b) Dokumentieren Sie die Fahrt und Ihre Eindrücke auf Papier / Foto / Video usw.

» KOMPETENZCHECK Projektarbeit

- ☑ Haben wir klare Ziele formuliert, sodass ein Projektauftrag verfasst werden kann?
- ☑ Haben wir anstehende Aufgaben verschiedenen Arbeitspaketen zugeordnet?
- ☑ Hat sich jeder einem Team zugeordnet; gibt es für jedes Team eine Teamleiterin / einen Teamleiter?
- ☑ Haben wir festgehalten, welche Aufgaben in der Vorbereitungs-, Planungs- und Durchführungsphase zu erledigen sind?
- ☑ Haben wir einen Projektordner erstellt und ist jemand dafür verantwortlich?
- ☑ Haben wir einen Projektablaufplan erstellt?
- ☑ Sind Termine für das Kick-off-Meeting und weitere Teambesprechungen während des Projekts gesetzt?
- ☑ Gibt es eine Protokollführerin / einen Protokollführer?
- ☑ Haben wir uns die Form der Präsentation gut überlegt?
- ☑ Ist die Präsentation ausreichend vorbereitet?

Kapitel 18

Textpool

18.1 Sachtexte

18.2 Literarische Texte

Auf den folgenden Seiten finden Sie eine Auswahl an Sachtexten und literarischen Texten. Das Kapitel beginnt mit aktuellen Sachtexten zu Themen wie Kommunikation und Medien, Globalisierung, Freizeitgestaltung und Generationsunterschiede. Daran schließen sich einige literarische Texte an, die Sie mithilfe erlernter Methoden und Schreibformate erarbeiten können. Ein Verweis am Ende jeden Textes (z. B. ⇨ Inhaltsangabe) stellt einen Vorschlag dar, welches Schreibformat mit dem jeweiligen Text besonders gut geübt werden kann.

Wiederholen Sie selbstständig die Erarbeitung von Texten und das Verfassen unterschiedlicher Schreibformate (z. B. Inhaltsangabe, Stellungnahme, Kreatives Schreiben). Üben Sie besonders die Aufgaben, die Ihnen noch schwer fallen.

- Überlegen Sie zuerst, was Sie noch einmal wiederholen möchten. Das Inhaltsverzeichnis hilft Ihnen, sich die behandelten Themen des Unterrichts zu vergegenwärtigen.
- Suchen Sie sich einen geeigneten Text aus, mit dem Sie üben möchten.
- Schlagen Sie in den dazugehörigen Kapiteln die Arbeitsschritte zur Wiederholung noch einmal nach, bevor Sie mit der schriftlichen Bearbeitung des Textes beginnen.

Sachtexte

Kein Anschluss unter dieser Nummer

VON MAREIKE ZECK

Gäbe es doch nur einen Tag lang keine nervigen Anrufe, dann könnte man endlich mal in Ruhe arbeiten. Die einen nehmen deshalb nur noch zu bestimmten Zeiten den Hörer ab, die anderen verzichten auch mal ganz auf das Telefon und kommunizieren nur noch über Mails.

(...) „In Zeiten, in denen dank Smartphone jeder immer erreichbarer ist, wird die Arbeit der Assistenten immer wichtiger", sagt Andrea van Harten vom Bundesverband Sekretariat und Büromanagement. Denn dass sich die Mail etabliert hat, habe bislang nicht dazu geführt, dass die Anrufe viel weniger geworden seien.

Auch Sabine Schmelz telefoniert noch viel, aber eigentlich schreibt sie lieber Mails oder organisiert die Termine per Outlook. Denn dann kann sie die Kommunikation immer nachverfolgen und sicher sein, was sie schon erledigt hat. Gerade bei der Abstimmung mit dem Chef seien Mails außerdem diskreter.

Denn daran wird eine Assistentin gemessen: Sie muss ihren Vorgesetzten auf dem Laufenden halten, ohne ihn zu nerven. Sie muss seine Termine koordinieren, ohne ihn zu übergehen. Und sie muss für ihn immer erreichbar sein, ohne Ausnahme. „Es geht darum, kurz und präzise zu informieren und schnell und auf den Punkt Absprachen zu treffen", sagt van Harten, die hauptberuflich Manager und ihre Personal Assistants bei der Zusammenarbeit coacht. „Ob man dafür Mails oder Anrufe nutzt, sollte man immer vom Gegenüber und der Situation abhängig machen", sagt van Harten. Wenn man sich gut kenne und auf höfliche Floskeln auch mal verzichten könne, sei ein Telefonat manchmal sogar schneller.

Wenn jeder so genau überlegen würde, bevor er zum Hörer greift, wäre Martin Weigert schon zufrieden. Viele täten es zu oft und unbedacht. Die ständige Erreichbarkeit der Geschäftspartner und Kollegen auszunutzen, findet er egoistisch. Und er gibt zu bedenken, dass es mittlerweile auch nicht mehr ohne Weiteres akzeptiert werde: „Diese Selbstverständlichkeit, dass jeder mit seinem Anruf einfach reinplatzen kann und man sich dann sofort seiner Sache widmet, die gibt es nicht mehr."

Auch van Harten hat das bei sich selbst und bei den Personal Assistants, mit denen sie arbeitet, beobachtet: „Wenn man heute irgendwo anruft, fragt man erst mal: ‚Störe ich?', bevor man überhaupt sein Anliegen erklärt." Das hat sich so eingebürgert. Das ist höflich. Aber ist es andersrum nicht auch egoistisch, wenn man seine Arbeitsabläufe so wichtig nimmt, dass man sich von jedem Anrufer gleich gestört fühlt?

Wenn Sandra Duhse ihre Arbeit gut machen will, kann sie auf das Wohlbefinden ihrer Gesprächspartner am anderen Ende der Leitung nicht immer Rücksicht nehmen. Die Rechtsanwaltsangestellte hat häufig mit Behörden zu tun. „Wenn ich bei den Sachbearbeitern am Gericht anrufe, sind die eigentlich immer genervt.", sagt Duhse. Gerade in Ämtern versucht man Anrufe so kurz wie möglich zu halten, denn vom vielen Auskunft geben, werden die Aktenstapel nicht kleiner. Der Gerichtsvollzieher, mit dem Duhse häufig zu tun hat, nimmt deswegen nur einmal in der Woche eine Stunde lang sein Telefon ab. Dann poppt bei Duhse im Outlook eine Notiz auf: „Anrufen!"

Denn das direkte Gespräch ist für die Rechtsanwaltsangestellte im Umgang mit den Behörden Gold wert. „Am Telefon kann ich höflich, aber doch bestimmt dafür sorgen, dass es vorwärtsgeht", sagt Duhse. „Wenn ich dann bei Gericht anrufe, frage ich am Ende noch mal ganz ausdrücklich, mit wem ich gesprochen habe", sagt Duhse. „Wenn ich mir dann demonstrativ den Namen notiere, dann weiß derjenige: Die ruft wieder an, wenn nicht bald was passiert."

In einer Mail ist es schwerer, zwischen den Zeilen etwas deutlich zu machen. Das liegt daran, dass es bei Texten nur die Inhaltsebene gibt, bei Gesprächen aber immer auch eine Beziehungsebene. Der Kommunikationswissenschaftler Manfred Piwinger beschreibt das in einem Aufsatz und plädiert generell dafür, wann immer es möglich ist, im Beruf mit der Stimme zu arbeiten. Denn darüber teile man mit, wie man gerade zu seinem Gesprächspartner steht. Eine der wichtigsten Informationen auf der Beziehungsebene. So wird Vertrauen aufgebaut. (…)

(Frankfurter Allgemeine Zeitung, 18./29.05.2013)

(➲ Inhaltsangabe, Kapitel 6, S. 115 ff.)

Indiens Straßenkinder lernen das Sparen

VON CHRISTOPH HEIN

Im indischen Delhi haben arme Kinder ihre eigene Bank. Dort ist ihr Taschengeld sicher. Und bringt sogar Zinsen.

„Heute habe ich wieder keine Bonbons gekauft“, sagt Samreen. Sie sagt es voller Stolz. Nicht etwa, weil die 13-Jährige sich zu dick fühlen würde. Im Gegenteil: Sie wirkt eher schmächtig. Samreen geht es ums Geld. „Mein Vater gibt mir 20 Rupien Essensgeld in der Woche. Wenn ich mich zusammenreiße, kann ich drei davon sparen“, sagt das Mädchen. Gut einhundert Rupien (1,41 Euro) hat sie schon zusammen.

Das Besondere: Samreen legt das Geld an – bei einer eigenen Bank für Straßen- und Slumkinder, der Bal Vikas Khazana im indischen Delhi. Bal Vikas heißt „kindliche Entwicklung“ auf Hindi, „Khazana“ ist das Schatzkästlein. Und in das darf jedes Straßenkind sein Geld legen, das dank eigener Arbeit oder Taschengeld ein paar Rupien macht und sich der Kinderbank anschließt. Der Begriff „Kleinsparer“ bekommt so eine ganz neue Bedeutung: Denn wer hier spart, ist selten größer als ein Meter fünfzig. Und selten legt er mehr an als den Gegenwert für eine Schale Reis.

Die Idee der Kinderbank wurde bei Butterflies entwickelt, einer indischen Hilfsorganisation für Straßen- und Slumkinder. Es geht darum, Geld für schlechtere Zeiten oder große Wünsche zurückzulegen – ganz wie bei einer Geschäftsbank. Dank Khazana lernen die Kinder aber auch Eigenverantwortung. Viel Zeit zum Lernen bleibt den meisten hier nämlich nicht. Sie schlagen sich als Verkäufer auf der Straße durch, sammeln Müll, helfen in Mittelklasse-Haushalten oder putzen Gemüse auf dem Markt. Aber einmal in der Woche, nach der Arbeit oder der Schule, treffen sich die Mitglieder der Kinderbank dann, um ihre Finanzgeschäfte zu erledigen.

An diesem Nachmittag sind Samreen und die anderen in der Ecke eines riesigen Schlafsaals am Rande ihres Slums in Delhi zusammengekommen. In Nisamuddin Dargah leben mehr als 500 Familien in Hütten. Ziegen laufen auf den Gassen herum, das Abwasser fließt frei, aber es geht den Menschen besser als jenen, die auf dem Bürgersteig schlafen müssen. Im Durchschnitt haben die Familien hier vier Kinder.

Die Decken im Schlafsaal sind zusammengerollt, die Kinder hocken auf dem Betonboden. „Ich habe neulich meinen ersten Kredit genommen. Davon habe ich meinem Vater eine Plastikuhr gekauft, meiner Mutter einen Armreif“, erzählt Samreen von ihrem Beitrag zum letzten Familienfest. Oft können die Kinder sogar den eigenen Eltern aushelfen, wenn die wieder einmal in der Finanzklemme stecken. In der Regel haben die keinerlei Ersparnisse, müssen von der Hand in den Mund leben. Wird einer krank, droht Elend. Vielen von ihnen fehlt schlicht ein Ausweis, um ein Bankkonto zu eröffnen. Sparen, das ist für sie Luxus. Ein Luxus, den sich ihre Kinder nun leisten können.

Samreens Vater fährt eine Fahrradrikscha. Er brachte die Familie aus Indiens Armutsgürtel in Bihar nach Delhi. „Die anderen Kinder auf der Straße haben mir von dem Programm erzählt. Ich wollte sofort mitmachen“, sagt Samreen. Heute hat sie wie jedes Kind ein Büchlein, in das sie mit blauem Filzstift alle Ein- und Ausgaben einträgt. Die Seiten haben Eselsohren. Die Zahlen aber sind fein säuberlich notiert. „Es ist wichtig, dass ich mein Geld auf unsere Bank bringe. Zu Hause würde sich nur jeder davon bedienen“, sagt Samreen. Andere erzählen, früher hätten ihnen Banden ihr weniges Geld weggenommen. Einige der Kinder, die fest arbeiten, haben ihr Geld früher bei ihrem Arbeitgeber deponiert. Der aber zahlte keinen Zins, sondern knöpfte ihnen für die „Verwaltung“ eine Gebühr ab.

Auch die Straßenkinder, die oft mit ihren Eltern für eine Saison in die Hauptstadt kommen, wenn die Feldarbeit im Dorf getan ist, sparen bei Khazana. Die Familien haben keine Chance, in ihren Dörfern vom Wirtschaftswachstum in Indien zu profitieren. Also sehen sie sich gezwungen, in die Städte zu ziehen. Jedes Jahr strömen Zehntausende in die Metropolen.

Auch dort ist das Leben brutal – niemand will die Neuankömmlinge. Sie hausen unter Plastikplanen am Straßenrand oder schlafen ungeschützt auf dem Bürgersteig. Die Väter werden dann Tagelöhner. Die Mütter schuften im Straßenbau. Und oft suchen sich auch die Kinder noch Arbeit. „Müllsucher werden sie am liebsten. Das ist nicht ganz so hart“, sagt Shashidhar Sabnavis, einer der Manager von Butterflies. „Aber viele sortieren auch Gemüse oder verkaufen Blumen vor den Tempeln.“ Läuft es gut, machen sie vielleicht 100 Rupien am Tag.

Das Leben auf der Straße ist hart, die Regeln für ein Überleben dort lernen die Kinder unfreiwillig und täglich. Bei der Kinderbank dagegen bekommen sie systematisch beigebracht, was man im Geschäftsleben braucht. Und das mit ihrem eigenen Geld. „Jedes halbe Jahr ist ein anderer dran, der dann die Geschäfte der Bank führt“, sagt Samreen. Der sogenannte „Freiwillige Manager“ wird aus ihrer Mitte gewählt. „So lernen die Kinder neben dem Umgang mit Geld auch Demokratie“, sagt Sharon Mary Jacob, die den Erfolg der Programme bei Butterflies prüft.

Einige der Kinder nutzen ihr Geld durchaus, um Bücher für die Schule zu kaufen oder die Schuluniform, die gut 150 Rupien kostet. Der Gruppendruck ist hoch – die Neuankömmlinge sehen, was die anderen Kinder mit ihren Ersparnissen machen. Ganz schnell verlieren sie den Drang, ihre paar Rupien für ein paar Süßigkeiten oder einen teuren Kinobesuch zu verplempern.

Khazana gibt es nun seit gut zehn Jahren, inzwischen arbeiten nach dem Modell mehr als 300 Niederlassungen in Indien, Nepal, Bangladesch, Afghanistan, Sri Lanka und Kirgistan. Allein in der Hauptstadt hat die Kinderbank zwölf Geschäftsstellen. Rund tausend Kinder zwischen neun und 17 Jahren sparen hier. Wer sein Geld mit Betteln, dem Verkauf von Drogen oder gar Stehlen verdient, wird ausgeschlossen. „Wir haben das Ziel, den Kindern Moral und Werte beizubringen“, sagt Butterflies-Mitarbeiterin Jacob.

Gemessen an den Einkommen im Slum, drehen die Sparer ein großes Rad: In den Büchern der 25 Kinder der Spargemeinschaft in Nisamuddin Dargah stehen mehr als 20.000 Rupien. Die Bank der Kleinen zahlt fünf Prozent Zinsen – deutlich weniger als eine Geschäftsbank –, gibt aber auch Kredite aus, wenn mindestens 20 Prozent angezahlt werden.

Diese nutzen vor allem die älteren Kinder ab 14 Jahren. Sie werden dank der Mini-Bank Kleinunternehmer: Einer von Samreens Freunden kaufte auf Kredit zwei Hühner, die er bei einem Slumfest schlachtete, grillte und mit gutem Gewinn verkaufte. „Jedes Kind hier bekommt einmal die Chance, etwas aus sich zu machen“, sagt Sabnavis. „Sind sie älter und wollen sie sich ein eigenes Geschäft aufbauen, dann helfen wir ihnen mit Gründerseminaren.“

(Frankfurter Allgemeiner Zeitung, 19.05.2013)

(➪ Inhaltsangabe, Kapitel 6, S. 115 ff.)

Deutsche sind bei Urlaubsreisen spendabel wie nie

Reiseweltmeister sind die Deutschen zwar nicht mehr – aber für die schönsten Wochen des Jahres geben sie so viel aus ...

Berlin. Reiseweltmeister sind die Deutschen zwar nicht mehr – aber für die schönsten Wochen des Jahres geben sie so viel aus wie nie zuvor.

Die Urlaubsausgaben erreichten im vergangenen Jahr trotz wirtschaftlicher Unsicherheiten mit rund 63 Milliarden Euro für Reisen von fünf Tagen und mehr einen Rekordwert. Das berichtete die Forschungsgemeinschaft Urlaub und Reisen (FUR) auf der weltgrößten Reisemesse ITB in Berlin, die am Mittwoch begann. Das entsprach einem Plus von vier Prozent. Jeder Bundesbürger ließ sich seine Reise im Durchschnitt 914 Euro kosten. Das beliebteste Flugziel bleiben die Balearen.

Der weltgrößte Branchentreff war am Vorabend erstmals von Bundeskanzlerin Angela Merkel eröffnet worden. (...)

Merkel rief die Deutschen auf, auch im eigenen Land Urlaub zu machen. Millionen bleiben zuhause. Aber auch Mallorca und Co. feierten im vergangenen Jahr mit einem Plus um 3,6 Prozent auf 4,1 Millionen Passagieren aus Deutschland erneut bei Flugreisen einen Rekord. Das geht aus jüngsten Zahlen des Statistischen Bundesamtes hervor.

Auch bei Alltours sind Mallorca-Reisen und zudem die Türkische Riviera in diesem Sommer besonders stark gefragt. (...)

Insgesamt stieg die Zahl der Fluggäste aus Deutschland mit Auslandsziel im vergangenen Jahr um 2,8 Prozent auf 77,3 Millionen. In Europa mussten die Griechen die größten Rückgänge verkraften, aus Deutschland kamen noch 2,06 Millionen Fluggäste nach Hellas, ein Zehntel weniger als ein Jahr zuvor der FUR-Reisestudie zufolge. Aber auch hier zeichnet sich ein Comeback ab: Bei Alltours sei „die Entwicklung sehr erfreulich“ mit einem Plus für Griechenland von 30 Prozent.

Für 2013 sind die Aussichten laut der FUR-Reiseanalyse ebenfalls positiv. „55 Prozent der Bundesbürger haben bereits feste Urlaubspläne, nur 12 Prozent wollen sicher nicht verreisen“, sagte FUR-Studienleiter Martin Lohmann. Die Reiseausgaben sollen stabil bleiben. Die meisten wollen genauso viel ausgeben wie 2012.

Laut der Deutschen Zentrale für Tourismus (DZT) sind Kurzreisen und speziell Städtereisen immer beliebter. Auch für Kurz-Trips greifen die Deutschen tiefer in die Tasche. Sie gaben im vergangenen Jahr laut FUR 20,1 Milliarden Euro nach 18,7 Milliarden Euro im Vorjahr aus. Das Gesamtvolumen der Urlaubsreisen war mit knapp 70 Millionen Reisen stabil.

Trotz allen Fernwehs: Die meisten Deutschen bleiben im Urlaub zu Hause. Das gilt für 31 Prozent aller Urlaubsreisen, wie die FUR-Anlayse ergab. Für immer mehr Ausländer ist Deutschland als Reiseland beliebt wie nie. Deutschland habe viele Pluspunkte. „Im europäischen Vergleich ist das Preis-Leistungsverhältnis unschlagbar“, sagte DZT-Chefin Petra Hedorfer.

Beliebter werde der Shoppingurlaub hierzulande: Der Einzelhandel verbuchte 1,5 Milliarden Euro Umsatz durch ausländische Gäste von außerhalb der EU, die umsatzsteuerfrei einkaufen können – ein Plus von 46 Prozent. Da machten sich die sprunghaft gestiegenen Zahlen der Russen, Araber und Schweizer bemerkbar – und der neuen Reiseweltmeister, der Chinesen.

68,8 Millionen Übernachtungen ausländischer Besucher waren es nach Angaben des Statistischen Bundesamtes insgesamt – ein Rekord. Das deutliche Plus von 8,1 Prozent brachte 2012 einen Wachstumsschub für das Reiseland Deutschland, wie Hedorfer sagte. Die Deutschen buchen inzwischen mehr als jede dritte Reise ganz oder teilweise im Internet. Im Touristikjahr 2011/2012 stiegen die Online-Buchungen um gut ein Fünftel auf einen Anteil von gut 36 Prozent, wie das Nürnberger Marktforschungsunternehmen GfK ermittelte. „Für

Reiseziele wie die USA, Großbritannien oder Frankreich liegt der Online-Buchungsanteil bereits bei über 50 Prozent", heißt es.

Auch beim klassischen Badeurlaub, der für ein gutes Fünftel der vorabgebuchten Urlaubsreisen stehe, liege der Anteil nahezu gleichauf mit der Buchung im stationären Reisebüro. Einer Reisestudie im Auftrag der EU-Kommission zufolge, buchen bereits 53 Prozent der Europäer ihr Reiseziel im Internet. Die meisten Europäer zieht es dabei in die Sonne. Jeder Vierte will vor allem an den Strand und ins Warme, wobei Spanien, Italien und Frankreich besonders beliebt sind.

Trotz aller Reisefreude sind die Deutschen laut FUR sensibel für politische und wirtschaftliche Unsicherheiten in den Zielländern. Zu den Verlierern zählten bislang Griechenland, Ägypten und Tunesien. Profiteure seien die Türkei und Spanien. Habib Ammar, Generaldirektor des Fremdenverkehrsamtes Tunesien, zeigte sich am Mittwoch auf der Reisemesse ITB dennoch zuversichtlich: Die jüngsten politischen Unruhen im Februar seien vielleicht ein Dämpfer für derzeitige Buchungen, für die Hauptsaison spiele das aber seiner Einschätzung nach keine Rolle. (dpa)

(http://www.rundschau-online.de [21.05.2013])

(➩ Texte visualisieren, Kapitel 3, S. 61 ff., Kapitel 9, S. 158 ff.)

Das ewige Mantra der Privatisierung

VON FRED GRIMM

Der Film „We Feed The World" hat zwar schon einige Jahre auf dem Buckel, aber eine Szene dürfte jedem Zuschauer im Gedächtnis geblieben sein. Gegen Ende dieses erfolgreichsten österreichischen Dokumentarfilms aller Zeiten erleben wir einen braun gebrannten Herren, den Nestlé-Chef Peter Braband-Lemathé, der in wenigen Sätzen tiefe Einblicke in sein Weltbild gibt.

Ich zitiere, leicht gekürzt: „Wasser ist das wichtigste Rohmaterial, das wir heute noch auf der Welt haben. Es geht darum, ob wir die normale Wasserversorgung der Bevölkerung privatisieren oder nicht. Und da gibt es zwei verschiedene Anschauungen. Die eine Anschauung pocht darauf, dass Wasser (für alle Menschen) zu einem öffentlichen Recht erklärt wird. Das ist die eine Extremlösung. Und die andere, die sagt, so wie jedes andere Lebensmittel sollte Wasser einen Marktwert haben. Ich persönlich glaube, es ist besser, man gibt einem Lebensmittel einen Wert, sodass wir alle bewusst sind, dass das etwas kostet."

Worte, die klingen wie ein kapitalistisches Glaubensbekenntnis: Alles hat einen Wert. Was einen Wert hat, wird zur Ware. Jede Ware bekommt einen Preis. Und was einen Preis erzielen kann, gehört in private Hand. Das Menschenrecht auf Wasser in diesem Zusammenhang als „Extremlösung" zu bezeichnen, fügt sich in eine Logik, die uns am liebsten wohl auch die Luft zum Atmen oder das Recht auf körperliche Unversehrtheit in Rechnung stellen würde. Es schauderte einen, was man da hörte, aber man nahm es nicht weiter ernst.

Anfang des Jahres machte ein Entwurf der EU-Kommission die Runde, nach dem sich die kommunale Wasserversorgung fortan privaten Investoren öffnen müsse – angeblich, um die Qualität des Trinkwassers auch in Zukunft sicherstellen zu können. Tatsächlich aber ging es darum, Konzernen wie dem des Herrn Braband-Lemathé endlich Zugang zur Ausbeutung der letzten verbliebenen öffentlichen Güter zu gewähren.

Bis heute gibt es kein Beispiel dafür, dass eine funktionierende Wasserversorgung durch Privatisierung besser geworden wäre, im Gegenteil. Es liegt im Wesen von Glaubensbekenntnissen, dass man ihnen mit Logik schlecht beikommt – das Mantra von der Privatisierung bildet da keine Ausnahme. Also entschlossen sich Menschen, dem Wasserwahnsinn ihren europäischen Bürgersinn entgegenzusetzen. Bis heute hat die Initiative „Wasser ist ein Menschenrecht“ europaweit über 1,2 Millionen Unterschriften gesammelt, um das, was der Nestlé-Chef so unschlagbar perfide eine „Extremlösung" nannte, festzuschreiben. Nie zuvor haben sich einer europaweiten Bürgerinitiative mehr Menschen angeschlossen. (...)

(Schrot & Korn, 04/2013)

(➪ Texterörterung, Kapitel 11, S. 180 ff.)

Vorsicht Gesundheitsgepferdung!

VON FRED GRIMM

So ein Skandal wie der mit dem Pferdefleisch in der Lasagne ist ja Gold wert. Von so etwas leben deutsche Comedians zwei Spielzeiten lang. „Woran erkennt man, ob Pferdefleisch in der Lasagne steckt? Der Nährwert auf der Packung wird nicht in Kalorien angegeben, sondern in PS.“ Oder: „Schon gehört? Lasagne wird teurer. Das liegt an der galoppierenden Inflation!“ Okay, ich will auf dem Thema nicht weiter herumreiten. Ist ja auch schon wieder eine Weile her und der nächste Lebensmittelskandal wahrscheinlich längst aufgedeckt, während Sie diese Zeilen lesen.

Irgendwas ist ja immer: Vergiftetes Tierfutter; Bio-Eier, die in Wahrheit aus dem Legeknast stammen; Käse, der eigentlich kein richtiger Käse ist, und Schinken, der in Wahrheit ... So genau möchte man das manchmal lieber gar nicht wissen.

Mittlerweile sind solche Skandale zum festen Ritual geworden. Dazu gehört eine von plötzlichem Tatendrang erfasste Verbraucherschutzministerin, die sich vor den Kameras in Drohungen wider die kriminellen Machenschaften ergeht – bei der aber leider auch nicht ganz das drin steckt, was ihr Titel verheißt. Komplettiert wird das Ganze durch Zeitungskommentatoren, die mahnend ihre Zeigefinger heben und uns klarmachen, wer die eigentlich Schuldigen an der ganzen Malaise sind: wir.

So schrieb die Frankfurter Rundschau angesichts der wiehernden Lasagne, dass die „Forderung der Verbraucher nach möglichst billigen Lebensmitteln das Geschäft der Kriminellen befördert“. Die Wirtschaftswoche, dozierte: „Dass die Hack-Kost für 1,99 Euro aber nicht sonderlich nachhaltig produziert sein kann, dürfte jedem halbwegs aufgeklärten Menschen klar gewesen sein.“ Und die Südwest-Presse setzte nach: „Wer Billig-Produkte kauft, bekommt Billiges.“ Tja, selber schuld. Da rennen diese naiven Billigheimer in die Supermärkte und glauben doch tatsächlich, die Packungen würden das enthalten, was draufsteht.

Abgesehen davon, dass es viele Menschen gibt, die für ihr Essen gern mehr Geld ausgeben würden, aber leider jeden Cent umdrehen müssen, hat es schon etwas Perfides, mit solchen Argumenten der Lebensmittel-Mafia beizuspringen. Schließlich sind die niedrigen Preise auch Folgen der Subventionspolitik, die industrielle Lebensmittelproduktion ohne Rücksicht auf Tiere und Umwelt begünstigt.

Und außerdem ist die These von den besinnungslosen Billigessern auch noch falsch. Pferde- statt Rindfleisch fand sich in teurer Lasagne ebenso wie in der billigen. Auch kann man dem Verbraucher, der Bio-Eier bezahlt, aber Legeknast-Eier bekommt, kaum eine „Geiz ist geil!“– Mentalität unterstellen. Ich fürchte, dass wir uns mit dem Dauerskandal so lange herumschlagen müssen, bis die Lebensmittelmafia endlich einmal vor dem Richter steht. Ich hätte da auch schon eine Idee für die Gefängniskost ...

(Schrot & Korn, 05/2013)

(➪ Texterörterung, Kapitel 11, S. 180 ff.)

Nicht verkehrt

VON URSULA OTT

Wird unsere Jugend heute mit zu wenig unterschiedlichen Reizen groß? Kein Grund zur Sorge. Was die heute alles erleben!

Letzte Woche auf einer Tagung über Bildung: Ein Hirnforscher trat auf, mit sorgenvoller Miene. Unsere Jugend, viele Stunden am Tag im Netz unterwegs, werde den Herausforderungen der Zukunft kaum gewachsen sein, mahnte er. Das Hirn von Heranwachsenden brauche nun mal unterschiedliche Reize, um die richtigen Verknüpfungen zu machen. So wie früher in der Großfamilie: alte Opas, peinliche Tanten, schwerhörige Omas. Heute seien die Kids, so der Hirnforscher, nur mit ihresgleichen unterwegs, in der Schule seien Mittelschichtskinder nur unter Mittelschichtskindern ihres Alters.

Und erst recht im Netz. Da klicken sie, so schnell kann man gar nicht gucken, alles weg, was ihnen nicht passt. Bei Facebook tummeln sie sich mit Ihresgleichen. Und falls sie überhaupt noch Bücher lesen, kaufen sie im Onlineversand Bücher, die andere auch schon gekauft haben, wenn sie das eine Buch gekauft haben. Totale Einheitssoße.

Ich fand das sehr einleuchtend. Und überlegte auf dem Heimweg schon, wie ich meinen Kindern Leih-Opas und schwerhörige Tanten vermitteln könnte. Vielleicht öfters ins Fußballstadion gehen? Ins Altenheim? In die Kirchengemeinde? Irgendwo werden sie doch noch ein paar Wesen finden, die hinreichend unterschiedlich sind, auf dass ihre Neuronen sich verknüpfen.

Als ich nach Hause kam, saß der eine Sohn am Abschlussbericht seines Voltaire-Austauschprogramms und ließ sich gepflegt über deutsch-französische Besonderheiten aus. Der andere skypte gerade mit seinem Grundschulfreund, den er dank Internet behalten hat, obwohl seine Eltern vor vier Jahren nach Italien ausgewandert sind. Eigentlich schienen die Jungs neuronal gar nicht so verkehrt. Und die sollten den Anforderungen der Zukunft nicht gewachsen sein?

Ich teilte meine Zweifel dem Forscher mit. Auf den ersten Blick sei ich begeistert gewesen von seinen Thesen, aber andererseits: Noch nie waren so viele Jugendliche im Ausland, zum Austausch, auf Fernreisen, zum Work and Travel. Ob das nicht „Fremde" genug sei? Wenn ich da an meine Jugend denke. Mein schwerhöriger Opa starb, da war ich sechs. (...) Es gab in meiner Klasse noch nicht mal ein einziges Kind ausländischer Herkunft. Und meine erste Fernreise führte mich mit 14 nach Berlin. Kann doch neuronal nur besser werden mit der nächsten Generation. Was die alles erleben!

Nein, das Reisen, sagte der Forscher, das allein helfe dem Hirn schon mal gar nicht. Noch wüssten wir ja gar nicht, ob die jungen Leute da in der Fremde wirklich zurechtkommen. Wieder war seine Miene sorgenvoll. Da fiel mir der Leitartikel einer Sonntagszeitung vom letzten Wochenende ein. (...)

Und da dämmerte es mir: Sind wir vielleicht alle nur neidisch auf die Jungen? Dass sie dermaßen virtuos mit dem Netz umgehen, während wir schon froh sind, wenn wir das neue Smartphone aktiviert kriegen? Dass sie virtuell mit zwölf und real mit 14 schon über den Teich fliegen, dass sie Freunde in aller Welt haben? (...)

Ich fürchte, wir Babyboomer, die wir ja immer so viele waren, sind manchmal einfach neidisch auf diese Generation, die ihren Wert ganz genau kennt. Sie sind wenig, sie werden Jobs kriegen, sie wollen aber auch das Leben genießen. Generation Y – die Personalchefs sind verwirrt. (...)

Keine Ahnung, was der Hirnforscher dazu sagt, aber ich mache mir nicht so viele Sorgen um diese Generation. Die wollen nicht mehr so viel arbeiten, die wollen es einfach gut haben. Es sei ihnen gegönnt!

(Sonntag aktuell, 05.05.2013)

(➪ Texterörterung, Kapitel 11, S. 180 ff.)

Elke Heidenreich: Trachtenmode (2005)

Eine Gruppe deutscher Dokumentarfilmer fuhr gegen Abend mit ihrem Jeep durch den Nationalpark. Sie kamen aus München, drei Männer und eine Frau. Sie wollten in Australien Tierfilme drehen und waren gerade erst angekommen, es war ihre erste Erkundungsfahrt, nur die Koffer hatten sie in der Übernachtungsstation am Rande des Parks zurückgelassen. Als einige Kängurus ihren Weg kreuzten, hielten sie an, um ein paar erste Fotos zu machen. Eines der Kängurus, mittelgroß, nicht scheu, begleitete sie bei der Weiterfahrt, hüpfte mal vor, mal neben dem Wagen her, und einer der Dokumentarfilmer holte seine Kamera heraus und filmte es bei seinen grotesken Sprüngen.

Dabei muss der Fahrer des Jeeps für einen Moment nicht aufgepasst und das Tier unglücklich gestreift haben – es stürzte jedenfalls plötzlich zu Boden und blieb regungslos liegen.

Die Filmer hielten den Wagen an und stiegen entsetzt aus. Das Tier lag da und rührte sich nicht, Blut war aber nirgends zu sehen. Sie zogen das Känguru vorsichtig zur Seite und lehnten es an einen Baum, wie man es vielleicht mit einem bewusstlosen Menschen getan hätte. Es war schwer und fühlte sich hart und knochig an. Sein Fell war fettig und roch nicht gut. Das Tier rührte sich nicht, nicht einmal Atem war festzustellen.

Die Dokumentarfilmer waren sehr erschrocken und wussten nicht, wie sie sich jetzt verhalten sollten. Der mit der Kamera filmte, denn auch das war ein Bild, ein wie schlafend am Baum lehnendes Känguru, und man überlegte, ob man Hilfe holen sollte. Schließlich fuhren die Frau und einer der Männer mit dem Jeep zum Lager zurück, der Kameramann und sein bayerischer Freund Waldi blieben bei dem noch immer reglosen Tier.

Warum Waldi seine Trachtenlederjacke mit den grünen Eichenlaubaufschlägen aus- und sie dem Känguru anzog, wusste später niemand mehr zu sagen – ein nur mäßig geschmackvoller Scherz. Auch setzte er dem stummen Tier seinen Sepplhut mit Gamsbart auf, und der Kameramann hielt alles im Bild fest. Es muss der Übermut dieses ersten Abends nach der langen Reise gewesen sein, der sie antrieb.

Sie waren von dem seltsam stillen Tier, das nun mit Trachtenjacke und Sepplhut unbeweglich am Eukalyptusbaum lehnte, zurückgetreten und filmten und lachten, als sich das Känguru auf einmal regte. Es tat einen tiefen Schnaufer, erwachte aus seiner Benommenheit und richtete sich groß auf. Noch ehe die beiden Männer angesichts der mächtigen Hinterbeine und des starken Schwanzes nun doch furchtsam etwas zurücktreten konnten, rannte das Tier mit einer Geschwindigkeit ins Unterholz davon, die ihm niemand zugetraut hätte.

Die beiden Männer lachten nicht mehr. Sie sahen das Känguru in der Ferne verschwinden. In der Jacke waren alle vier Flugtickets, Waldis Reisepass und seine sämtlichen Papiere, sein Führerschein, seine Kreditkarten und die Travellerchecks sowie eine alte, von seinem Großvater ererbte Schnupftabakdose, die auf dem emaillierten Deckel die Abbildung eines rotwangigen Mönchs zeigte und die den guten „Schmölzl Schnupftabak" enthielt.

Man wartet nun in Melbourne darauf, dass vielleicht ein schnupfendes Känguru in Trachtenmode mit Sepplhut auftaucht, um jodelnd nach München einzuchecken.

(→ Inhaltsangabe, Kapitel 12, S. 201 ff.)

Johann Peter Hebel: Kannitverstan (1808)

Der Mensch hat wohl täglich Gelegenheit, in Emmendingen und Gundelfingen so gut als in Amsterdam Betrachtungen über den Unbestand aller irdischen Dinge anzustellen, wenn er will, und zufrieden zu werden mit seinem Schicksal, wenn auch nicht viel gebratene Tauben für ihn in der Luft herumfliegen. Aber auf dem seltsamsten Umweg kam ein deutscher Handwerksbursche in Amsterdam durch den Irrtum zur Wahrheit und zu ihrer Erkenntnis. Denn als er in diese große und reiche Handelsstadt voll prächtiger Häuser, wogender Schiffe und geschäftiger Menschen gekommen war, fiel ihm sogleich ein großes und schönes Haus in die Augen, wie er auf seiner ganzen Wanderschaft von Tuttlingen bis nach Amsterdam noch keines erlebt hatte. Lange betrachtete er mit Verwunderung dies kostbare Gebäude, die sechs Kamine auf dem Dach, die schönen Gesimse und die hohen Fenster, größer als an des Vaters Haus daheim die Tür. Endlich konnte er sich nicht entbrechen, einen Vorübergehenden anzureden. „Guter Freund“, redete er ihn an, „könnt Ihr mir nicht sagen, wie der Herr heißt, dem dieses wunderschöne Haus gehört mit den Fenstern voll Tulipanen, Sternenblumen und Levkojen?“ – Der Mann aber, der vermutlich etwas Wichtigeres zu tun hatte und zum Unglück gerade so viel von der deutschen Sprache verstand als der Fragende von der holländischen, nämlich nichts, sagte kurz und schnauzig: „Kannitverstan“, und schnurrte vorüber. Dies war nur ein holländisches Wort oder drei, wenn man's recht betrachtet, und heißt auf Deutsch so viel als: Ich kann Euch nicht verstehen. Aber der gute Fremdling glaubte, es sei der Name des Mannes, nach dem er gefragt hatte. Das muss ein grundreicher Mann sein, der Herr Kannitverstan, dachte er, und ging weiter. Gaß aus, Gaß ein, kam er endlich an den Meerbusen, der da heißt: Het Ei, oder auf Deutsch: das Ypsilon. Da stand nun Schiff an Schiff, und Mastbaum an Mastbaum, und er wusste anfänglich nicht, wie er es mit seinen zwei einzigen Augen durchfechten werde, alle diese Merkwürdigkeiten genug zu sehen und zu betrachten, bis endlich ein großes Schiff seine Aufmerksamkeit an sich zog, das vor kurzem aus Ostindien angelangt war und jetzt eben ausgeladen wurde. Schon standen ganze Reihen von Kisten und Ballen auf- und nebeneinander am Lande. Noch immer wurden mehrere herausgewälzt und Fässer voll Zucker und Kaffee, voll Reis und Pfeffer und salveni (mit Erlaubnis) Mausdreck darunter. Als er aber lange zugesehen hatte, fragte er endlich einen, der eben eine Kiste auf der Achsel heraustrug, wie der glückliche Mann heiße, dem das Meer alle diese Waren an das Land bringe. „Kannitverstan!“ war die Antwort. Da dacht er: Haha, schaut's da heraus? Kein Wunder! Wem das Meer solche Reichtümer an das Land schwemmt, der hat gut solche Häuser in die Welt stellen, und solcherlei Tulipanen vor die Fenster in vergoldeten Scherben. Jetzt ging er wieder zurück, und stellte eine recht traurige Betrachtung bei sich selbst an, was er für ein armer Teufel sei unter so viel reichen Leuten in der Welt. Aber als er eben dachte: Wenn ich's doch nur auch einmal so gut bekäme, wie dieser Herr Kannitverstan es hat, kam er um eine Ecke und erblickte einen großen Leichenzug. Vier schwarz vermummte Pferde zogen einen ebenfalls schwarz überzogenen Leichenwagen langsam und traurig, als ob sie wüssten, dass sie einen Toten in seine Ruhe führten. Ein langer Zug von Freunden und Bekannten des Verstorbenen folgte nach, Paar und Paar, verhüllt in schwarze Mäntel, und stumm. In der Ferne läutete ein einsames Glöcklein. Jetzt ergriff unsern Fremdling ein wehmütiges Gefühl, das an keinem guten Menschen vorübergeht, wenn er eine Leiche sieht, und blieb mit dem Hut in den Händen andächtig stehen, bis alles vorüber war. Doch machte er sich an den letzten vom Zug, der eben in der Stille ausrechnete, was er an seiner Baumwolle gewinnen könnte, wenn der Zentner um zehn Gulden aufschlüge, ergriff ihn sachte am Mantel, und bat ihn treuherzig um Entschuldigung. „Das muss wohl auch ein guter Freund von Euch gewesen sein", sagte er, „dem das Glöcklein läutet, dass Ihr so betrübt und nachdenklich mitgeht." „Kannitverstan!" war die Antwort. Da fielen unserm Tuttlinger ein paar große Tränen aus den Augen, und es ward ihm auf einmal schwer und wieder leicht um's Herz. „Armer Kannitverstan!", rief er aus, „was hast du nun von allem deinem Reichtum? Was ich einst von meiner Armut auch bekomme: ein Totenkleid und ein Leintuch, und von allen deinen schönen Blumen vielleicht einen Rosmarin auf die kalte Brust, oder eine Raute." Mit diesem Gedanken begleitete er die Leiche, als wenn er dazu gehörte, bis ans Grab, sah den vermeinten Herrn Kannitverstan hinabsenken in seine Ruhestätte, und ward von der holländischen Leichenpredigt, von der er kein Wort verstand, mehr gerührt als von mancher deutschen, auf die er nicht achtgab. Endlich ging er leichten Herzens mit den andern wieder fort, verzehrte in einer Herberge, wo man Deutsch verstand, mit gutem Appetit ein Stück Limburger Käse, und, wenn es ihm wieder einmal schwer fallen wollte, dass so viele Leute in der Welt so reich seien, und er so arm, so dachte er nur an den Herrn Kannitverstan in Amsterdam, an sein großes Haus, an sein reiches Schiff und an sein enges Grab.

(➪ Figurencharakteristik, Kapitel 12, S 196 ff., ➪ Kreatives Schreiben, Kapitel. 13, S. 213 ff.)

James Thurber (1894–1961): Das kleine Mädchen und der Wolf

Eines Nachmittags saß ein großer Wolf in einem finsteren Wald und wartete, dass ein kleines Mädchen mit einem Korb voller guter Sachen für ihre Großmutter des Weges käme. Endlich kam auch ein kleines Mädchen daher. Es trug einen Korb voller Lebensmittel.

„Bringst du den Korb zu deiner Großmutter?", fragte der Wolf.
Das kleine Mädchen nickte.
Da erkundigte sich der Wolf, wo die Großmutter wohne.
Das kleine Mädchen gab ihm Auskunft und er verschwand im Wald.

Als das kleine Mädchen das Haus seiner Großmutter betrat, sah es, dass jemand im Bett lag, der ein Nachthemd und eine Nachthaube trug.
Das Mädchen war noch keine drei Schritte auf das Bett zugegangen, da merkte es, dass das nicht ihre Großmutter war, sondern der Wolf, denn selbst mit einer Nachthaube sieht ein Wolf einer Großmutter nicht ähnlicher als der Metro-Goldwyn-Löwe dem Präsidenten der Vereinigten Staaten. Also nahm das kleine Mädchen einen Browning aus ihrem Korb und schoss den Wolf tot.

Moral: Es ist heutzutage nicht mehr so leicht wie ehedem, kleinen Mädchen etwas vorzumachen.

(➪ Kreatives Schreiben, Kapitel 13, S. 213 ff.)

Michael Freidank: Schneewittschem (2001)

Es war ma ein krass geile alte Tuss, dem hatte Stiefkind. Dem alte Tuss hat immern in seim Spiegeln geguckt un den angelabert: „Spiegeln, Spiegeln an scheissndreck Wand, wem is dem geilste Tuss in Land?" „Du selbern, isch schwör!", hat dem Spiegeln gesagt. Un weil dem Spiegeln geschwört hat, hat dem dem geglaubt. Abern an eim Tag hat dem scheissndreck Spiegeln gesagt, dass dem Stieftochtern geilern is. Dem alte Tuss hat eim Typ angelabert un hat gesagt: „Fahr mit dem arschnloch Balg in Wald un stesch dem ab, Alder!" Dem Typ hat dem net gemacht, sondern hat dem Balg nur aus Auto geschmeisst. Dann is dem Balg losgelatscht un hat eim susse Haus gesehn un is rein un hat da gepennt. An Abend sin dem siebn krasse Swerge gekommen, wo dem Haus gehört, un ham gesagt: „Geil, Alder, was fur oberngeile Tuss, kuck ma wie geil dem aussieht!" Dem ham am nächstem Morgen dem Tuss gesagt, dass dem da bleiben kann, weil dem obernkrass geil aussieht! Dann sin auf Arbeit gefahrt. Da kam dem alte Tuss an Haus vorbei un hat dem Balg eim krass genmanipulierte Apfeln gegeben. Dem hat dem gegessen un is tot umgefallt, isch schwör! Als dem Swergen von Arbeit gekommen sin, ham die dem Balg in 3ern Cabrio geschmeisst un sin Klinik gefahrt. Weil dem Swergen geheizt sin wie Arschnlöchern, is dem Balg krass schlecht geworden un hat korreckt auf Ledernsitze gekotzt, Alder! Un isch schwör, dem hat wiedern gelebt!!!

(➪ Kreatives Schreiben, Kapitel 13, S. 213 ff.)

Kapitel 19

Operatoren kennen – Arbeitsanweisungen verstehen

Was sind Operatoren?

Operatoren sind Arbeitsanweisungen. Sie sind wesentlicher Bestandteil jeder Aufgabenstellung, denn sie benennen die Handlungen (in Form von Verben), die zum Lösen von Aufgaben notwendig sind.

Durch die Formulierung der Operatoren wird auch das Anforderungsniveau einer Aufgabe deutlich – von Ihnen werden Fähigkeiten und Vorkenntnisse verschiedener Komplexität verlangt: Wenn Sie z. B. einen Text mit eigenen Worten **wiedergeben** sollen, können Sie sich allein auf den Inhalt der Textvorlage beschränken. Sollen Sie einen Text **interpretieren**, müssen Sie zusätzlich auf bereits vorhandenes Wissen zurückgreifen. Sie müssen z. B. wissen, was Metaphern sind, wie man Figuren charakterisiert oder welche Formmerkmale ein Text haben kann. Entsprechend den unterschiedlich komplex zu erbringenden Leistungen lassen sich die Operatoren folgenden drei Anforderungsbereichen zuordnen:

Der **Anforderungsbereich I** umfasst das Wiedergeben, Beschreiben und Darstellen von Sachverhalten. Die von Ihnen erwarteten Tätigkeiten beziehen sich auf ein gegebenes Material (z. B. Text, Situation, Grafik) oder auf Sachverhalte in einem abgegrenzten Lernzusammenhang.

Operatoren **des Anforderungsbereiches II** verlangen das selbstständige Anwenden und Übertragen von Kenntnissen und Fertigkeiten auf neue Materialien und Situationen. Von Ihnen werden Tätigkeiten wie das Auswählen, Erklären von Sachverhalten und Zusammenhängen erwartet.

Der **Anforderungsbereich III** umfasst das Beurteilen, Bewerten und selbstständige Problemlösen auf der Grundlage angeeigneten Wissens. Von Ihnen wird erwartet, dass Sie sich selbstständig mit einem Thema, einer Problemstellung oder einem literarischen Text auseinandersetzen, d. h. verschiedene Positionen diskutieren, bewerten, kritisch reflektieren, begründet zu einem Thema Stellung nehmen oder Lösungswege vorschlagen.

Anforderungsbereich I
z. B. nennen

Anforderungsbereich II
z. B. vergleichen

Anforderungsbereich III
z. B. erörtern

Die wichtigsten Operatoren im Überblick

Anforderungsbereich I

Verb	Anforderung (erwartete Tätigkeit)	Beispielaufgabe im Buch
nennen aufschreiben/ herausschreiben notieren	Sie tragen die wesentlichen Informationen (Kernaussagen) eines Textes oder eines Sachverhaltes zusammen (Sie zählen sie auf), ohne dass Sie diese kommentieren.	S. 256, 2 S. 263, 4a S. 43, 4c
beschreiben	Sie stellen vorgegebene Situationen, Texte, grafische Darstellungen, Personen, Vorgänge, Sachverhalte sachlich genau dar, ohne sie zu bewerten.	S. 24, 1 S. 39, 3a S. 111, 4
wiedergeben (meist gekoppelt mit) zusammenfassen	Sie formulieren den Inhalt eines Textes mit eigenen Worten. Sie verknappen Inhalte, Aussagen, Zusammenhänge auf das Wesentliche und geben dies strukturiert in wenigen Sätzen wieder.	S. 116, 4b S. 197, 2b S. 202, 3c
darstellen/ vorstellen	Sie formulieren Ergebnisse, z. B. einer Informationsrecherche, einer Befragung, einer Diskussion, einer Gruppenarbeit, zusammenfassend oder unter einer bestimmten Fragestellung.	S. 227, 6b S. 231, 2b

Anforderungsbereich II

Verb	Anforderung (erwartete Tätigkeit)	Beispielaufgabe im Buch
erschließen	Unter Berücksichtigung von vorgegebenen Gesichtspunkten (z. B. die Verwendung von Sprachbildern, rhetorischen Stilmitteln) erarbeiten Sie sich den Sinngehalt oder die Problemstellung eines Textes oder Textteils.	S. 154, 2
deuten	Sie entschlüsseln sprachliche Bilder (z. B. Metapher, Vergleich, Personifikation), Textteile, Texte in ihrer übertragenen Bedeutung und beschreiben diese.	S. 145, 1c
charakterisieren	Sie erfassen die wesentlichen Merkmale, Eigenschaften, Erscheinungsformen von Personen, Sachverhalten, Vorgängen, Zuständen und beschreiben diese.	S. 198, 1d S. 214, 2
auswerten	Sie führen die wichtigsten Ergebnisse aus einzelnen Berichten, Umfragen, Beobachtungsbögen, Feedbacknotizen zu einer Gesamtaussage zusammen.	S. 115, 2
erklären	Sie stellen Sachverhalte, Aussagen, Hintergründe, Einsichten auf der Grundlage von bereits vorhandenen Kenntnissen dar.	S. 113, 1e S. 239, 1a S. 248, 1
erläutern	Eine Erläuterung gleicht der Erklärung. Sie formulieren jedoch anschaulicher durch das Hinzufügen von Beispielen und zusätzlichen Informationen.	S. 26, 1 S. 29, 2a S. 149, 3

Die wichtigsten Operatoren im Überblick

Verb	Anforderung (erwartete Tätigkeit)	Beispielaufgabe im Buch
vergleichen	Sie stellen Texte, Textaussagen, Problemstellungen, sprachliche Mittel usw. nach vorgegebenen Gesichtspunkten gegenüber und beschreiben Unterschiede oder Übereinstimmungen.	S. 32, 3c S. 147, 1 S. 194, 2
ordnen/zuordnen	Sie fügen Formulierungen, Aussagen, Texte aufgrund übereinstimmender Merkmale und ggf. nach einer Rangfolge zusammen.	S. 26, 2 S. 198, 1b S. 205, 3
einordnen	Sie stellen auf der Grundlage einer vorgegebenen Betrachtung Sachverhalte, Aussagen oder Problemstellungen in einen Zusammenhang (z. B. einzelne Figurenaussagen in den Textzusammenhang; einzelne Gedichte, Ereignisse in einen literaturgeschichtlichen Zusammenhang).	S. 31, 3b
untersuchen/ analysieren	Sie erfassen den Inhalt und die Form von Texten oder anderen Materialien (z. B. Karikaturen) nach vorgegebenen oder selbst gewählten Gesichtspunkten wie z. B. Kernaussagen, Aufbau, sprachliche Besonderheiten, Figurenkonstellationen, Erzählperspektive, Reimschemata usw., beschreiben und deuten diese. Sie arbeiten den Wechselbezug von Inhalt und Form (besonders bei literarischen Texten) heraus.	S. 29, 3 S. 141, 2 S. 142, 1 S. 161, 1 S. 197, 2

Anforderungsbereich III

Verb	Anforderung (erwartete Tätigkeit)	Beispielaufgabe im Buch
beurteilen	Sie formulieren selbstständig auf der Grundlage von vorhandenen Kenntnissen eine sachliche, vorurteilsfreie Position zu einem Sachverhalt, einer Aussage, einer Problemstellung, einem Text.	S. 25, 5c S. 27, 6 S. 115, 3
bewerten	Die Bewertung erfordert zunächst die Beurteilung von Sachverhalten, Problemstellungen usw. Diese Beurteilung ergänzen Sie allerdings durch Ihre persönliche Sichtweise auf der Grundlage Ihrer Wertmaßstäbe, die Sie dabei offenlegen.	S. 24 S. 108, 1 S. 233
begründen	Sie stellen einen Zusammenhang zwischen Ursachen und Folgen oder Wirkungen her. Sie untermauern eine Aussage, Meinung, Position, These durch Sach- und Fachkenntnisse, d. h. mit nachvollziehbaren Argumenten (z. B. mit Beispielen, Belegen).	S. 24, 1b S. 157, 4
sich auseinandersetzen mit	Sie befassen sich ausführlich mit einer Behauptung bzw. einer Problemstellung, bedenken unterschiedliche Aspekte des Problems, Ursachen, Folgen. Sie bauen auf dieser Grundlage eine schlüssige Argumentation auf.	S. 29, 2 S. 111, 2 S. 185, 4
erörtern	Sie betrachten oder diskutieren eine Aussage, These (Behauptung) oder eine Problemstellung von verschiedenen Seiten. Dabei wird durch eine Abfolge von Für-und-Wider- bzw. Sowohl-als-auch-Argumenten die Stichhaltigkeit der Argumentation beurteilt, bewertet und zu einer eigenen Stellungnahme bzw. zu Lösungsvorschlägen geführt. Grundlage für das Erörtern sind Tätigkeiten wie: sich auseinandersetzen, begründen, beurteilen, bewerten.	S. 144, 4 S. 175, 6 S. 178, 1 S. 180, 2 S. 189, 1

Die wichtigsten Operatoren im Überblick

Verb	Anforderung (erwartete Tätigkeit)	Beispielaufgabe im Buch
Stellung nehmen	Sie beurteilen und bewerten eine Problemstellung oder Behauptung und positionieren sich dazu mit überzeugenden Argumenten. Anders als bei der Erörterung müssen Sie nicht auf alle gegnerischen Positionen eingehen, wenngleich das Entschärfen dieser Ihre eigene Position aber stärken kann.	S. 154, 3c S. 176, 1 S. 187, 5
interpretieren	Auf der Basis einer umfassenden Analyse und Bewertung eines Textes oder anderer Materialien deuten Sie Sinnzusammenhänge und erläutern die Gesamtaussage eines Textes in einer begründeten Stellungnahme. Je nach Aufgabenstellung können Sie sich dabei auf den Text beschränken oder Informationen zum Autor und/oder zum geschichtlichen Hintergrund einbeziehen. Grundlage für das Interpretieren sind bzw. können Tätigkeiten sein wie: erschließen, untersuchen/analysieren, charakterisieren, vergleichen, bewerten, begründen.	S. 157, 1 S. 218, 6
entwerfen	Sie legen auf der Grundlage einer Arbeitsvorgabe wesentliche Punkte und Arbeitsschritte fest, z. B. für das Schreiben eines Textes, für das Gestalten einer Werbeanzeige oder Wandzeitung.	S. 30, 1 S. 105, 3a S. 243, 5
erstellen/ gestalten/ verfassen	Sie fertigen unter Beachtung von Vorgaben (z. B. Textsorten, Wechsel der Perspektive, Hinweise auf Adressaten) einen Text (z. B. Leserbrief, Vortrag, Dialog, Tagebucheintrag, Werbeanzeige) oder eine Arbeitsvorlage an.	S. 146, 2 S. 251, 2 S. 253, 2
gestaltend interpretieren	Grundlage und Orientierung kann auch eine Textvorlage sein, dann wird erwartet, dass Sie die Besonderheiten der Vorlage erfassen und in Ihrer Textproduktion berücksichtigen.	S. 216, 9 S. 217, 3 S. 220, 7

Textquellenverzeichnis

Berg, Sibylle: *Hauptsache weit, S. 96 f.* Aus: Das Unerfreuliche zuerst. Herrengeschichten. Köln: Kiepenheuer & Witsch 2001.

Bernau, Varinia: *Die Ökonomie des Teilens. Dabei sein ist alles, S. 180 f.* Aus: Süddeutsche Zeitung, 04.03.2013.

Brecht, Bertolt: *Der Radwechsel, S. 195.* Aus: Gesammelte Werke in 20 Bänden. Band 10: Gedichte 3. Frankfurt a. M.: Suhrkamp 1967, S. 1009.

Bund, Kerstin et al.: *Generation Y: Wollen die auch arbeiten?, S. 184 f.* Aus: http://www.zeit.de/2013/11/Generation-Y-Arbeitswelt/komplettansicht, 11.03.2013 (abgerufen am: 15.07.2013).

Deluxe, Samy: *Die Reise ist das Ziel S. 194.* Aus: http://www.magistrix.de/lyrics/Samy%20Deluxe/Die-Reise-Ist-Das-Ziel-80879.html (abgerufen am: 23.07.2013).

Di Lorenzo Giovanni: *Print in der Krise? Das Blatt wendet sich, S. 153.* Aus: Die Zeit, 22.11.2012.

Dohmen, Caspar: *Fair funktioniert, S. 160.* Aus: Süddeutsche Zeitung, 14.12.2012.

Eichendorff, Joseph von: *Aus dem Leben eines Taugenichts S. 210.* Aus: Novellen und Gedichte. Frankfurt am Main: Insel Taschenbuch, S. 18 ff.

El Difraoui, Asiem: *Die Rolle der neuen Medien im Arabischen Frühling, S. 237.* Aus: http://www.bpb.de/internationales/afrika/arabischer-fruehling/52420/die-rolle-der-neuen-medien?p=all, 03.11.2011 (abgerufen am: 02.06.2013).

Freidank, Michael: *Schneewittschem, S. 300.* Aus: Wem ist dem geilste Tuss im Land – Märchen auf Kanakisch und so. Frankfurt a. M.: Eichborn 2001, S. 75.

Gerhold, Roger: *Was fehlt ist der Lesernachwuchs, S. 155.* Aus: http://www.zeit.de/2012/48/01-Medien-Zeitung-Selbstdemontage, 22.11.2012 (abgerufen am: 15.07.2013).

Grimm, Fred: *Das ewige Mantra der Privatisierung, S. 294 f.* Aus: Schrot & Korn, 04/2013. *Vorsicht Gesundheitsgepferdung!, S. 295.* Aus: Schrot & Korn, 05/2013.

Groth, Julia: *Streuselkuchen für Vicenza, S. 110 f.* Aus: Frankfurter Allgemeine Zeitung, 24./25.03.2012.

Grün, Anastasius: *Zwei Heimgekehrte, S. 195.* Aus: http://www.gedichte-hoch-drei.de/gedichte-thema-12-29.php (abgerufen am: 23.07.2013).

Haas, Sibylle: *Auf den Teller statt in den Müll, S. 163 f.* Aus: Süddeutsche Zeitung, 16.10.2012. *Leiden für Luxus, S. 61.* Aus: Süddeutsche Zeitung, 01./02.12.2012. *Kultur des Teilens. Die Sinn-Gesellschaft, S. 189 f.* Aus: Süddeutsche Zeitung, 22./23.12.2012.

Haupt, Friederike: *Arme eine Welt, S. 187.* Aus: http://www faz.net/aktuell/politik/inland/auslandsjahr-erfahrungen-arme-eine-welt-12164743.html, 28.04.2013 (abgerufen am: 15.07.2013).

Hebel, Johann Peter: *Kannitverstan, S. 298.* Aus: Freidrich Seebaß: Das Gute Wort des Christlichen Hausfreundes aus dem Markgräflerland. Königstein im Taunus: Karl Robert Langewiesche Verlag 1951, S. 208 ff.

Heidenreich, Elke: *Trachtenmode, S. 297.* Aus: Elke Heidenreich/Bernd Schroeder: Rudernde Hunde. Geschichten. Frankfurt a. M.: Fischer 2005, S. 65 ff.

Hein, Christoph: *Indiens Straßenkinder lernen das Sparen, S. 291.* Aus: Frankfurter Allgemeine Zeitung, 19.05.2013.

Herrndorf, Wolfgang: *Tschick, S. 208.* Aus: Tschick. Reinbek rororo 2012. Kapitel 20.

Hess, Nicole: *Die italienische Spezialität stammt aus Mannheim, S. 112 f.* Aus: Rhein-Neckar-Zeitung, 28.08.2012.

Kressmann Taylor, Katherine: *Adressat unbekannt, S. 213–218.* Aus: Adressat unbekannt. Übersetzt von Dorothee Böhm. Hamburg: Hoffmann & Campe 2012.

Kunert, Günter: *Zentralbahnhof, S. 219.* Aus: Tagträume in Berlin und andernorts. München: Hanser 1972.

Müller, Fanny: *Aus dem Berufsleben, S. 201.* Aus: Keks, Frau K. und Katastrophen. Alle Geschichten und 39 mehr. Frankfurt a. M.: Gerd Haffmans bei Zweitausendundeins 2004.

Neuhaus, Carla: *Luxusmarken sind nicht fairer als Primark, S. 63.* Aus: Der Tagesspiegel online, 06.07.2014 (abgerufen am 21.08.2014).

Oelrich, Christiane: *Der Schmuggel trübt die Festlaune, S. 162.* Aus: Rhein-Neckar-Zeitung, 02./03.03.2012.

Ott, Ursula: *Nicht verkehrt, S. 296.* Aus: Sonntag aktuell, 05.05.2013. *Ü-Eier und Socken, S. 188.* Aus: Sonntag aktuell, 10.03.2013.

Özgür, Selim: *„Ich habe einen Jungen gesehen …“, S. 199 f.* Aus: www.experimenta.de, Februar 2012 (abgerufen am: 23.07.2013).

Perras, Arne: *Heldenplatz, S. 156 f.* Aus: Süddeutsche Zeitung, 18.12.2012.

Sam, Anna: *Gespräch im Supermarkt, S. 27.* Aus: Die Leiden einer jungen Kassiererin. Aus dem Französischen von Elisabeth Liebl. München: Riemann Verlag 2009, S. 122.

Schulz, Marlene: *Köttel im Gepäck, S. 221 f.* Aus: eXperimenta. Inkas – INstitut für KreAtives Schreiben, www.inkas-institut.de, Juni 2011, S. 16 f.

Schwarzbauer, Heike et al.: *Firmenjubiläum bei Müllers* und *Lachen macht glücklich und zufrieden, S. 70.* Aus: Schreibkompetenz fördern: Texte gestalten, überarbeiten, erstellen. Handreichungen und Materialien für den Deutschunterricht an beruflichen Schulen. Kölner Universitäts-Verlag GmbH 2010, S. 53. Siehe auch: www.chancen-erarbeiten.de (abgerufen am: 26.06.2013).

Slangen, Christoph: *Eine Familie wirft Lebensmittel für 940 Euro im Jahr in den Müll, S. 158.* Aus: Rhein-Neckar-Zeitung, 14.03.2012.

Thurber, James: *Das kleine Mädchen und der Wolf, S. 299.* Aus: James Thurber. 75 Fabeln für Zeitgenossen. Übersetzt von Ulla

Textquellenverzeichnis

Hengst und Hans Reisiger. Reinbek bei Hamburg: H. M. Ledig-Rowohlt 1984.

Tucholsky, Kurt: *Ratschläge für einen schlechten Redner, S. 248.* Aus: Panter, Tiger und andere. 1. Auflage, Berlin: Volk und Welt, 1957, Kapitel 52.

Watzlawick, Paul: *„Ich weiß nicht, was ...", S. 21.* Aus: http://arbeitsblaetter.stangl-taller.at/KOMMUNIKATION/Feedback.shtml (abgerufen am: 23.07.2013).

Wetekam, Burkhard: *Wo Wikipedia auf Brockhaus trifft, S. 56.* Aus: Die Zeit, 07.04.2011, Nr. 15.

Winkler, Stefan: *„Warum ist Empörung etwas Kostbares?", S. 178.* Aus: http://www.kleinezeitung.at/nachrichten/politik/2851107/warum-empoerung-etwas-kostbares.story, 11.10.2011 (abgerufen am: 15.07.2013).

Zeck, Mareike: *Kein Anschluss unter dieser Nummer, S. 290.* Aus: Frankfurter Allgemeine Zeitung, 16.05.2013.

Unbekannte und ungenannte Verfasser

Ausschreitungen in den Niederlanden: Schwere Krawalle nach Facebook-Party, S. 237. Aus: www.focus.de/panorama/videos/ausschreitungen-in-den-niederlanden-schwere-krawalle-nach-facebook-party_vid_33437.html, 22.09.12 (abgerufen am: 28.04.2013.)

Bafög-Gesetz § 18 Darlehensbedingungen, S. 270. Aus: http://www.das-neue-bafoeg.de/de/240.php (abgerufen am: 23.07.2013).

Bienvenido en Deutschland: So holen Sie spanische Auszubildende in Ihren Betrieb, S. 117f. Aus: http://www.handwerk-magazin.de/willkommen-in-alemania/150/3/183898/ (abgerufen am: 17.11.2012).

Bluewater-Affäre, S. 232. Aus: http://de.wikipedia.org/wiki/Bluewater-Aff%C3%A4re, 02.06.2013, 01.04.2012 (abgerufen am: 23.07.2013)

Brand sorgte für kompletten Ausfall von Internet und Telefon, S. 236. Aus: http://www.siegener-zeitung.de/a/644023/brand-sorgte-fuer-kompletten-ausfall-von-internet-und-telefon, 21.01.2013 (abgerufen am: 02.06.2013).

Deutsche sind bei Urlaubsreisen spendabel wie nie, S. 293. Aus: http://www.rundschau-online.de/wirtschaft/deutsche-sind-bei-urlaubsreisen-spendabel-wie-nie,15184892,22017216.html (abgerufen am: 21.05.2013).

Fremdwörter erkennen (Auszug), S. 84. Aus: http://www.focus.de/wissen/tests-onlinespiele/allgemeinbildung/fremdwoerter-im-test_aid_13521.html (abgerufen am: 10.07.2013).

Handwerker Magazin - Rubrik IT (Auszüge), S. 239. Aus: http://www.handwerk-magazin.de/it/158/381/ (abgerufen am: 27.05.2013).

Hiergeblieben!, S. 179. Aus: http://www.spiesser.de/artikel/die-ruhe-statt-dem-sturm?page=0,3, 12.03.2013 (abgerufen am: 15.07.2013).

Jahresbilanz des Presserats, S. 235. Aus: http://www.spiegel.de/kultur/gesellschaft/deutscher-presserat-veroeffentlicht-jahresbericht-2012-a-881619.html, 05.02.2013 (abgerufen am: 02.06.2013).

Medienbeschäftigung in der Freizeit, S. 228. Aus: Medienpädagogischer Forschungsverbund Südwest (Hrsg.), http://www.mpfs.de/fileadmin/JIM-pdf12/JIM2012_Endversion.pdf, S. 40, 02.06.2013 (abgerufen am: 23.07.2013).

Mittel gegen Heuschnupfen (leicht verändert), S. 275. Aus: http://www.creativeconsult.de/werbetexter/textbeispiele.html (abgerufen am: 25.07.2013).

Mobbing nach Absage: Facebook-Party abgesagt - 18-Jähriger begeht Selbstmord, S. 237. Aus: http://www.focus.de/panorama/welt/mobbing-nach-absage-facebook, 14.10.2012 (abgerufen Am: 23.07.2013).

Online-Communitys - Nutzungshäufigkeit und Nutzungsmuster (Auszug), S. 229. Aus: Medienpädagogischer Forschungsverbund Südwest (Hrsg.), JIM-Studie 2012, S. 40.

Publizistische Grundsätze (Pressekodex), S. 234. Aus: Deutscher Presserat (Hrsg.), Richtlinien für die publizistische Arbeit nach den Empfehlungen des Deutschen Presserats (in der Fassung vom 13. März 2013, http://www.presserat.info/inhalt/der-pressekodex/pressekodex.html., 02.06.2013 (abgerufen am: 23.07.2013).

Schwarzwälder Blätter, S. 155. Aus: http://www.zeit.de/2012/48/01-Medien-Zeitung-Selbstdemontage, 22.11.2012 (abgerufen am: 15.07.2013).

Soziale Netzwerke: Ihre Visitenkarte im Internet, S. 238. Aus: http://www.computerbild.de/artikel/cb-Ratgeber-Kurse-Internet-Bewerbung-2.0-Facebook-Co.-als-Tueroeffner-fuer-den-neuen-Job-7496769.html, 09.05.2012 (abgerufen am: 03.06.2013).

Trauer um Reporter, S. 156. Aus: Süddeutsche Zeitung, 20.12.2012.

Typisch für den Sportschuh ..., S. 270. Aus: http://www.joggen-online.de/laufschuhe-im-test/gelaendelaufschuhe/salomon-xa-pro-3d-ultra-gtx.html, 18.09.2012 (abgerufen am: 23.07.2013).

Zufriedenheit durch Übernahme, S. 140. Aus: DGB Ausbildungsreport 2012: Zahlen und Fakten, S. 48f.

Zweistelliger Millionenschaden nach Telekom-Brand, S. 236. Aus: http://www.siegener-zeitung.de/a/649960/zweistelliger-millionenschaden-nach-telekom-brand, 21.01.2013 (abgerufen am: 02.06.2013).

Bildquellenverzeichnis

Titel: Fotolia/canottieri, **S. 9**/Fotolia/stokkete, **S. 10/1**/Fotolia/.shock, **S. 10/2**/shutterstock/Konstantin Chagin, **S. 11**/Picture Alliance/Romain Fellens, **S. 13**/Fotolia/Lucky Dragon, **S. 14**/Colourbox/Production Studio Pressmaster, **S. 16**/shutterstock/Style-photography, **S. 17**/Imago Sportfotodienst, **S. 20/1**/Fotolia/Picture-Factory, **S. 20/2**/Asiseeit, **S. 22**/shutterstock/Pojoslaw, **S. 23**/Fotolia/JackF, **S. 24/1**/Fotolia/STUDIO GRAND QUEST, **S. 24/2**/shutterstock/schmalterphoto, **S. 24/3**/shutterstock/Blend images, **S. 25**/shutterstock/Aastock, **S. 26**/shutterstock/Elena Eliseeva, **S. 28**/Getty Images/Tim Platt, **S. 29/1**/shutterstock/bikeriderlondon, **S. 29/2**/shutterstock/Monkey Business Images, **S. 30**/shutterstock/Val Lawless, **S. 31**/shutterstock/Monkey Business Images, **S. 32**/shutterstock/StockLite, **S. 33**/shutterstock/Michael Jung, **S. 35**/shutterstock/Goodluz, **S. 36**/shutterstock/Blend Images, **S. 39/1**/Fotolia/Michael Jung; **S. 39/2**/Fotolia/Aletia2011, **S. 39/3**/Fotolia/Adam Gregor, **S. 40**/Toonpool/K.Schley, **S. 42**/Corbis/Blend Images/Sam Diephuis, **S. 44**/Topic Media/imagebroker, **S. 49**/Fotolia/WavebreakMediaMicro, **S. 51**/Fotolia/MartinP, **S. 55**/Fotolia/studiare, **S. 57**/Corbis/Hero Images, **S. 58**/Corbis/Design Pics/Kristy-Anne Glubish, **S. 59**/Colourbox, **S. 61**/shutterstock/Paul Prescott, **S. 67**/F1online, **S. 69**/Fotolia/nakophotography, **S. 71**/shutterstock/Sergey Nivens, **S. 81**/Fotolia/WavebreakmediaMirco, **S. 82**/shutterstock/CLS Design, **S. 83**/shutterstock/Nicku, **S. 85**/Epd-bild/Thomas Rohnke, **S. 89**/Interfoto/Sammlung Rauch, **S. 97**/shutterstock/Trevor Kelly, **S. 98**/shutterstock/Mark Herreid, **S. 104**/ shutterstock/Focal Point, **S. 105/1**/shutterstock/solomonviktor, **S. 105/2**/shutterstock/wavebreakmedia, **S. 105/3**/shutterstock/eurobanks, **S. 106**/Fotolia/contrastwerkstatt, **S. 107**/Fotolia/Dan Race, **S. 109**/ClipDealer/Sean Prior, **S. 110**/Interfoto/Ivan Vdovin, **S. 112**/Picture Alliance/Ronald Wittek, **S. 113**/shutterstock/Rikard Stadler, **S. 115**/shutterstock/Lucky Business, **S. 119**/shutterstock/Ditty about summer, **S. 121**/Emanuel Popa, **S. 123/1**/shutterstock/Dean Bertoncelj, **S. 123/2**/Fotolia/Monkey Business, **S. 123/3**/shutterstock/Nickola Che, **S. 123/4**/Fotolia/contrastwerkstatt, **S. 124**/shutterstock/Deklofenak, **S. 126**/shutterstock/Elenamiv, **S. 127**/shutterstock/Pressmaster, **S. 131**/shutterstock/Ozgur Coskun, **S. 134**/filitova, **S. 135**/shutterstock/Goodluz, **S. 139**/shutterstock/Sergey Nivens, **S. 142**/Statistisches Bundesamt, **S. 143/1**/Picture Alliance/Globus, **S. 143/2**/shutterstock/Lucky Business, **S. 144**/Picture Alliance/Globus, **S. 145**/Picture Alliance/Globus, **S. 148**/Picture Alliance/Globus, **S. 150**/Picture Alliance/Globus, **S. 151**/Corbis/Hill Street Studios/Matthew Palmer, **S. 152/1**/ALEX, **S. 152/2**/Der Spiegel, **S. 154**/shutterstock/maxuser, **S. 156**/Picture Alliance/dpa/empics, **S. 159**/Picture Alliance/Mani Hausler, **S. 165**/shutterstock/Aaron Amat, **S.166**/shutterstock/Jan Kranendok, **S.169**/shutterstock/Alexander Raths, **S.177**/shutterstock/Peter Scholz, **S.178**/Picture Alliance/Hendrik Schmidt, **S. 179**/shutterstock/Luminis, **S. 180**/GDI Gottlieb Duttweiler Institut, **S. 182**/shutterstock/pio3, **S. 184**/shutterstock/Monkey Business Image, **S. 186**/shutterstock/Karelnoppe, **S. 189**/shutterstock/Germanskydiver, **S. 191**/Fotolia/PhotoSG, **S. 192**/Fotolia/Igor Mojzes, **S. 193**/shutterstock/Jens Ottoson, **S. 194**/Picture Alliance/Christian Charisius, **S. 196**/shutterstock/Komar, **S. 205/1**/Blanvalet Verlag, **S. 205/2**/Friedrich Oetinger Verlag, **S. 205/3**/Carl's books/Random Group, **S. 207**/shutterstock/Boris Stroukosh, **S. 208**/Fotolia/dnkkolyan, **S. 210**/AKG-images, **S. 216**/Picture Alliance/dpa/Archiv Neumann, **S. 219**/Picture Alliance/Deutsche Fotothek/Morgenstern, **S. 223/1**/Picture Alliance/Photoshot, **S. 223/2**/Picture Alliance/dpa, **S. 223/3**/Picture Alliance/dpa, **S. 223/4**/Picture Alliance/Photoshot, **S. 225**/shutterstock/VLADGRIN, **S. 226**/shutterstock/Stuart Jenner, **S. 227**/Fotolia/L. Kauser, **S. 230**/shutterstock/DARG, **S. 232**/Picture Alliance/Abaca, **S. 233**/shutterstockGoodluz, **S. 235**/shutterstock/Igor Stevanovic, **S. 238**/shutterstock/dolphfyn, **S. 241**/Alamy/Photos12, **S. 242/1**/shutterstock/Iakov Filimonov, **S. 242/2**/shutterstock/Fotoluminate LLC, **S. 243**/shutterstock/Maxim Blinkov, **S. 244**/Fotolia/contrastwerkstatt, **S. 246**/shutterstock/Quang Ho, **S. 247**/shutterstock/bicubic, **S. 248**/shutterstock/auremar, **S. 249/1**/Fotolia/Jeanette Dietl, **S. 249/2**/Fotolia/Jonas Glaubitz, **S. 249/3**/shutterstock/Eldad Carin, **S. 249/4**/shutterstock/Kostudio, **S. 251**/Colourbox/Erwin Wodicka, **S. 252**/shutterstock/cartoonresource, **S. 255**/Picture Alliance/ZB/Jens Wolf, **S. 256/1**/shutterstock/Goodluz, **S. 256/2**/shutterstock/Stephanie Barbary, **S. 256/3**/shutterstock/Peter Brenik, **S. 259**/shutterstock/dotshock, **S. 263**/Picture Alliance/Paul Zinken, **S. 264**/shutterstock/Olaf Speier, **S. 267**/Frank Mikolajczyk/h-a-r-z.net, **S. 268**/Corbis/TetraImages, **S. 272**/ Bundeszentrale für gesundheitliche Aufklärung, **S. 275/1**/Fotolia/Luliia Sokolovska, **S. 275/2**/Picture Alliance/Oliver Berg, **S. 276**/Fa. Daimler, **S. 277**/Fotolia/Christian Schwier, **S. 279**/shutterstock/Goodluz, **S. 281**/shutterstock/Rido, **S. 285**/Fotolia/Kzenon, **S. 286**/shutterstock/Kurhan, **S. 287**/Fotolia/contrastwerkstatt, **S. 289**/shutterstock/stefancapra, **S. 291**/shutterstock/africa924, **S. 295**/shutterstock/Paul Cowan, **S. 299**/Fotolia/Andrey Kiselev, **S. 300**/shutterstock/Africa Studio

Textsortenverzeichnis

Annonce
Stellenanzeige 100

Berichte/Nachrichten
Auf den Teller statt in den Müll 163 f.
Ausschreitungen in den Niederlanden: Schwere Krawalle ... 237
Bienvenido en Deutschland: So holen Sie spanische Auszubildende in Ihren Betrieb 117 f.
Brand sorgte für kompletten Ausfall von Internet ... 236
Der Schmuggel trübt die Festlaune 162
Deutsche sind bei Urlaubsreisen ... 293 f.
Die italienische Spezialität stammt aus Mannheim 112 f.
Die Rolle der neuen Medien ... 237
Eine Familie wirft Lebensmittel für... 158
Fair funktioniert 160
Firmenjubiläum bei Müllers 70
Hiergeblieben! 179
Indiens Straßenkinder lernen das Sparen 291 f.
Jahresbilanz des Presserats 235
Kein Anschluss unter dieser Nummer 290 f.
Lachen macht glücklich und zufrieden 70
Leiden für Luxus 61 f.
Luxusmarken sind nicht ... 63
Online Communitys – Nutzungshäufigkeit ... 229
Soziale Netzwerke: Ihre Visitenkarte ... 238
Streuselkuchen für Vicenza 110 f.
Trauer um Reporter 156
Unfallbericht 78
Wegen Pflegenotstand: soziales Pflichtjahr für alle Schulabgänger? 169
Wo Wikipedia auf Brockhaus trifft 56
Zufriedenheit durch Übernahme 140
Zweistelliger Millionenschaden nach Telekom-Brand 236

Briefe/Leserbriefe
Bewerbungsanschreiben 102
E-Mail 136
Geschäftsbrief 129
Handys lenken im Unterricht ab 168
Mein Handy ist meine Uhr! 168
Persönlicher Brief 213–218
Privater Geschäftsbrief 133, 135
Reklamation 133
Schwarzwälder Blätter 155
Was fehlt, ist der Lesernachwuchs 155

Dialoge
Gespräch im Supermarkt 27
Unter Kollegen 44
Weich und warm – Kunden gut beraten (Verkaufsgespräch) 36

Fachtexte
Bafög-Gesetz § 18 Darlehensbedingungen 270
Handwerker Magazin – Rubrik IT 239
Komplementäre und symmetrische Kommunikation 29
Pressekodex 234
Typisch für den Sportschuh ... 270

Gedichte
Bertolt Brecht: Der Radwechsel 195
Anastasius Grün: Zwei Heimgekehrte 195

Glossen
Ü-Eier und Socken 188

Informationstexte
Bluewater-Affäre 232
Das Vorstellungsgespräch: Wichtige Fragen aus Unternehmenssicht 106
Fremdwörter erkennen 84
Inhaltsangabe zu „Streuselkuchen für Vicenza“ 111
Jobsuche in und außerhalb des Betriebs 99
Schriftliche und mündliche Prüfung 15
Symmetrische und komplementäre Kommunikation 29

Interviews
Warum ist Empörung etwas Kostbares? Interview mit Stéphane Hessel 178

Kommentare
Arme eine Welt 187
Das ewige Mantra der Privatisierung 294 f.
Die Ökonomie des Teilens 180 f.
Generation Y – Wollen die auch arbeiten? 184 f.
Kultur des Teilens – Die Sinn-Gesellschaft 189 f.
Nicht verkehrt 296
Print in der Krise? Das Blatt wendet sich 153
Vorsicht Gesundheitsgepferdung! 295

Kurzgeschichten/Erzählungen/ Kalendergeschichten
Sybille Berg: Hauptsache weit 196 f.
Johann Peter Hebel: Kannitverstan 298 f.
Elke Heidenreich: Trachtenmode 297
Günter Kunert: Zentralbahnhof 219
Fanny Müller: Aus dem Berufsleben 201
Selim Özgür: Ich habe einen Jungen gesehen ... 199 f.
Marlene Schulz: Köttel im Gepäck 221 f.

Lieder
Samy Deluxe: Die Reise ist das Ziel 194

Märchen
Michael Freidank: Schneewittschem 300
James Thurber: Das kleine Mädchen und der Wolf 299

Novellenauszüge
Joseph von Eichendorff: Aus dem Leben eines Taugenichts 210

Protokolle
Sitzungsprotokoll 127

Reportagen
Heldenplatz 156 f.

Romanauszüge
Wolfgang Herrndorf: Tschick 208
Katherine Kressmann Taylor: Adressat unbekannt 213–218

Satire
Kurt Tucholsky: Ratschläge für einen schlechten Redner 248

Schaubilder/Diagramme
Die neuen Azubis 145
Eisen und Nichteisen-Metalle 191
Fairer Handel 161
Fair-Trade-Bauern und Plantagenarbeiter 161
Immer mehr Teilzeit-Jobs 150
Lernen mit Bafög 148
Medienbeschäftigung in der Freizeit 2012 228
Neu abgeschlossene Ausbildungsverträge nach schulischer Vorbildung 142
Organigramm einer Arbeitsagentur 146
Qualifikation ist gefragt 144
Übernahme im Anschluss an die Ausbildung 140
Wachsende Vielfalt, schrumpfender Verkauf 152
Wenn Lehrstellen unbesetzt bleiben 143
Wer wirft wie viel weg 159
Wie viel Prozent des Gelernten nehmen wir auf? 11

Werbeanzeigen/Werbetexte
Daimler-Anzeige 276
Die Bahn 275
Gib Aids keine Chance 272
Mittel gegen Heuschnupfen 275
Werbeslogans 274

Wörterbuchauszüge
Saison 75
Von digital bis Downing Street 52

Verzeichnis der Methoden und Arbeitstechniken

aktives Zuhören 20
Arbeitsplan 16
Argumentationstreppe 171
Bewerbungsunterlagen zusammenstellen 105
Blitzlicht 257
Brainstorming 12
Brainwriting 175
Cluster 12, 101
Diagramme auswerten 139 ff.
Dreischrittinterview 21
Exzerpieren 59 f.
Feedback geben 21
Feedback nehmen 21
Figur charakterisieren 198
Figurenkonstellation grafisch darstellen 214
Fishbowl 227, 264
5-Schritt-Lesetechnik 58
Gruppenarbeit/Teamarbeit 18
Kartenabfrage 262
kontrollierter Dialog 31
kreative Schreibformen 213 ff.
Kugellager 62
Lernkarten und Lernkarteien 13
Lerntagebuch 14
Lesemethoden 58
- 5-Schritt-Lesemethode 58
- reziproke Lesemethode 181
- ÜFLAZ 58
Lesetechniken 56 f.
- diagonales Lesen 57
- intensives Lesen 57
- punktuelles Lesen 57
- sequenzielles Lesen 57
Markieren 54
Meinungslinie 180
Merkhilfen 14
Metaplanmethode 169
Mindmap 12 f.
mit Redekärtchen diskutieren 212
Mitschrift 13
Partnerdiktat 85
Placemat 198
Recherchieren in
- Bibliotheken 50
- Fachbüchern 51
- Nachschlagewerken 52, 75
Sandwich-Referat 247
Schreibgespräch 68
Schreibkonferenz 70
Schreibplan 68 f.
Sortieraufgabe 141
Sprachproben einsetzen 76
Standbilder bauen 25, 195
Stimmenskulptur 32
Strukturbild anfertigen 160 f.
Telefonieren 41
Textlupe 121
Themenabfrage 257
Think-Pair-Share 148
Umfrage durchführen 152
Vorwissen aktivieren 110
Zeitmanagement 16

Sachwortverzeichnis

Adressatenbezug (Text) 270 f.
AIDA-Prinzip 273
Aktiv 91
aktives Zuhören 20
Anforderungsprofil 98 f.
Anredepronomen 77 f.
Antithese formulieren 261
Appell 30 f.
Arbeitspakete 282
Arbeitsplan 16
Arbeitstechniken und Methoden
- aktives Zuhören 20
- Arbeitsplan 16
- Argumentationstreppe 171
- Bewerbungsunterlagen zusammenstellen 105
- Blitzlicht 257
- Brainstorming 12
- Brainwriting 175
- Cluster 12, 101
- Diagramme auswerten 139 ff.
- Dreischrittinterview 21
- Exzerpieren 59 f.
- Feedback geben 21
- Feedback nehmen 21
- Figur charakterisieren 198
- Figurenkonstellation grafisch darstellen 214
- Fishbowl 227, 264
- 5-Schritt-Lesetechnik 58
- Gruppenarbeit/Teamarbeit 18
- Kartenabfrage 262
- kontrollierter Dialog 31
- kreative Schreibformen 213 ff.
- Kugellager 62
- Lernkarten und Lernkarteien 13
- Lerntagebuch 14
- Lesemethoden 58
  - 5-Schritt-Lesemethode 58
  - reziproke Lesemethode 181
  - ÜFLAZ 58
- Lesetechniken 56 f.
  - diagonales Lesen 57
  - intensives Lesen 57
  - punktuelles Lesen 57
  - sequenzielles Lesen 57
- Markieren 54
- Meinungslinie 180
- Merkhilfen 14
- Metaplanmethode 169
- Mindmap 12 f.
- mit Redekärtchen diskutieren 212
- Mitschrift 13
- Partnerdiktat 85
- Placemat 198
- Recherchieren in
  - Bibliotheken 50
  - Fachbüchern 51
  - Nachschlagewerken 52, 75
- Sandwich-Referat 247
- Schreibgespräch 68
- Schreibkonferenz 70
- Schreibplan 68 f.
- Sortieraufgabe 141
- Sprachproben einsetzen 76
- Standbilder bauen 25, 195
- Stimmenskulptur 32
- Strukturbild anfertigen 160 f.
- Telefonieren 41
- Textlupe 121
- Themenabfrage 257
- Think-Pair-Share 148
- Umfrage durchführen 152
- Vorwissen aktivieren 110
- Zeitmanagement 16
Argument (Aufbau) 166 f., 258
Argumentationsstütze 166 f., 258 f.
Argumentationstreppe 171

Sachwortverzeichnis

Argumentieren
- Killerphrasen 260
- mündlich 166 ff., 256 ff.
- pro-kontra 173 ff.
- schriftlich 169 ff., 173 ff.
- unsachlich 260

Argumentierende Texte 153, 180, 184, 187, 189, 294, 295, 296
Argumenttypen 167
Aufzählung 85
Aussprache 248

Balkendiagramm 143, 228
Begrüßung 24 f.
Beobachtungsbogen 265
Beratungsgespräch 36 f.
Bericht 122 ff.
- Protokoll 127 f.
- Tätigkeitsbericht 124
- Unfallbericht 125 f.

Berichtsheft 122 f.
Beschreiben 120 ff.
- Personenbeschreibung 120
- Vorgangsbeschreibung 121

Beschwerdemanagement 40
Besprechung 285 f.
Betonung 194 f., 248
Beurteilungsgespräche 42 f.
Bewerbung 97 ff.
- Anschreiben 102 f.
- Deckblatt 105
- Foto 105
- Gespräch 106 f.
- Lebenslauf 104
- Mappe 102 ff.
- Persönlichkeitsprofil 98 f.

Beziehungsaussage 30 f.
Bibliothek 50
Blickkontakt 249
Blitzlicht 257
Brainstorming 12
Brainwriting 175
Brief 129 ff.
Brief schreiben (gestaltendes Interpretieren) 213 ff., 221 f.
Buchvorstellung 205

Charakterisieren (lit. Figur) 198
Checklisten
- Adressen schreiben 130
- Arbeitsplan 16
- Betreff formulieren 130
- Bewerbungsanschreiben 103
- Bewerbungsunterlagen 105, 108
- Brief schreiben 137
- Brief zu einem literarischen Text schreiben 222
- erfolgreiche Kommunikation 34
- Exzerpieren 60
- gestaltend Interpretieren (Brief, Tagebucheintrag) 222
- höfliche Kommunikation 27
- Informationsqualität (nach Internetrecherche) prüfen 233
- Inhaltsangabe (lit. Text) schrittweise erarbeiten 203
- Inhaltsangabe (lit. Text) überarbeiten 206
- Inhaltsangabe (Sachtext) überarbeiten 118
- Internetrecherche 231
- Konfliktgespräche (beruflich) führen 46
- Körpersprache in Schule und Beruf 25
- Kurzvortrag frei halten 22
- Lernort 11
- Leserbrief verfassen 168
- Medien kompetent einsetzen 240
- Meinung schriftlich darlegen 168
- Podiumsdiskussion durchführen 266
- privaten Geschäftsbrief schreiben 135
- Projektarbeit 288
- Prüfungsvorbereitung 15
- Reklamationsbrief überarbeiten 133
- Reklamationsgespräche strukturiert führen 40
- richtig referieren 253
- Schaubildanalyse überarbeiten 150
- Stellungnahme überarbeiten 176
- Tagebucheintrag verfassen 222
- Tätigkeitsbericht verfassen 124
- Telefongespräche führen 41
- Texte verstehen 64
- Texterörterung 190
- Visualisierung 164
- Visualisierung von Texten für eine Präsentation 251
- Vorbereitung einer Diskussion 263
- Werbeanzeige analysieren 276
- Zielformulierung und Zielgruppenorientierung 243

Cluster 12, 101

Das/dass-Schreibung 80 f.
Datenflut 236
Datenschutz und Datensicherheit 238
diagonales Lesen 57
Diagramm 139 ff.
- Arten analysieren 142 ff.
- erstellen 142, 145, 146, 159
- Manipulationen erkennen 147
- unterscheiden 142 ff., 146

Dialekt 269
digitale Medien 226 ff.
direkte Rede/indirekte Rede 92 f.
Diskussion 257 ff.
- Diskussionsleitung 263
- Diskussionsregeln 262
- Diskussionsthema wählen 257
- Diskussionsverlauf 262 ff.
- durchführen 264
- Fishbowl 264
- Gegenpositionen einnehmen 261
- Podiumsdiskussion 264
- Protokoll 265
- vorbereiten 262 f.
- Ziele 262

Dreischrittinterview 21
Du-Botschaft 19

Einwandbehandlung 38
E-Mail 136
Empfänger (Kommunikationsmodell) 30 ff.
Er-Erzähler 209
Ergebnisprotokoll 127 f.
Ergebnisse vorstellen 22
Erörterung, dialektisch 173 ff.
- Blockprinzip 174
- Texterörterung verfassen 173 ff.
- Reißverschlussprinzip 174

Ersatzprobe 76, 80 f.
Erzählform 209
Exzerpieren 59 f.

Fachbücher (Umgang mit) 51 f.
Fachsprache 269 ff.
Fachtexte 29, 234, 239, 270
Fachwörter 84, 270
Feedback-Regeln 21
Fehlerschwerpunkte diagnostizieren 74
Figur (literarische) 198
Figurencharakteristik 198, 214
Figurenkonstellation 214
Fiktionale Texte 194, 195, 196 f., 199, 201, 208, 210, 213 f., 215 f., 217, 218, 219, 221 f., 297–230
Fishbowl 227
Fragentypen 38
freies Sprechen 22
Fremdwörter 84
Fünf-Schritt-Lesetechnik 58

Gebrauchsanleitung 121
Gedicht 195
Geschäftsbrief 129 ff.
- mit Vordruck 129 ff.
- privater 134 ff.

Geschichte weitererzählen 219 f.
Gespräche
- konstruktiv führen 40, 42 f.
- vorbereiten 40 f.

Gesprächsregeln 18
Gesprächsverhalten 23 ff., 35 ff., 106 ff., 255 ff.
gestaltendes Interpretieren 215 ff.
Gestaltung von PowerPoint-Folien 251 f.
Gestik 24 f.
Getrennt- u. Zusammenschreibung 82 f.
Glosse 188
grafische Darstellung von Sachverhalten

Sachwortverzeichnis

61 ff., 139 ff., 250 f.
Grammatik
- Aktiv/Passiv 91
- das/dass-Schreibung 80 f.
- indirekte Rede 92 f.
- Modusformen 92 f.
- Partizip II 122 f.
- Sätze und Satzglieder 89, 94
- Satzverbindungen 70 f.
- Tempusformen 90
- Wortarten 88
Groß- und Kleinschreibung 77 f.
Gruppenarbeit/Teamarbeit 17 ff., 279 ff.

Haiku 195
Handout 205
höflich kommunizieren 26 ff., 32 f.

Ich-Botschaft 19
Ich-Erzähler 209
Imperativ 92 f.
Indikativ 92 f.
indirekte Rede 92 f.
Infinitiv mit zu 87
Informationen kritisch auswählen 232 f.
informierende Texte 15, 29, 56, 61, 70, 78, 84, 99, 106, 110, 111, 112, 117, 140, 156, 158, 160, 162, 163 f., 169, 179, 229, 232, 235, 236, 237, 238, 290, 291, 293
Inhaltsangabe (literarische Texte) 201 ff.
Inhaltsangabe (Sachtext)/Textwiedergabe 110 ff.
- Funktion 110 f.
- schreiben 115 f.
- strukturierte Textwiedergabe verfassen 183
inneres Team 32 f.
intensives Lesen 57
Interkulturelle Kommunikation 28
Internetquellen kritisch prüfen 232 f.
Internetrecherche 230 f.
Interview 178
Ironie 188

Jobsuche 99
Jugendbuch 205
Jugendsprache 26, 269

KAAPAV-Struktur 37
Karteikarten 246
Kartenabfrage 262
Kommasetzung
- bei Aufzählungen 85
- bei Infinitivgruppen 87
- zwischen Haupt- und Nebensatz 86, 89
Kommentar 153 f.
kommentierende Texte 153, 180, 184, 187, 189, 294, 295, 296
Kommunikation/kommunizieren 23 ff., 35 ff.
- betriebsintern 42 ff.
- höflich 26 ff., 32 f.
- inneres Team 32 f.
- interkulturell 28
- mit Kunden 36 ff.
- nonverbal 20, 24 f., 249
- Störungen 32 f., 44 f.
- symmetrisch und komplementär 29
- Vier-Seiten-Modell 30 f.
Kommunikationsmodell 30 f.
Kommunikationsstörungen 32 f., 44 f.
komplementäre Kommunikation 29
Konflikte lösen 32 f., 44 f.
Konfliktgesprächen eine Struktur geben 44 f.
Konjunktionen 70 f.
Konjunktiv 92 f., 116
kontrollierter Dialog 31
Körpersprache 24 f., 249
Korrekturprogramm 76
kreatives Schreiben 213 ff.
- Brief schreiben 213 ff., 221 f.
- Geschichte weiterschreiben 219 f.
- Tagebucheintrag verfassen 217 f., 221 f.
Kreisdiagramm 142
Kritik äußern, annehmen 44 f.
Kugellager 62
Kundengespräch 36 ff.
Kundengruppen 39
Kundentypen 39
Kurven-/Liniendiagramm 145
Kurzvortrag 22

Lebenslauf 104
Lernhilfen 13
Lernkarte 13
Lernkartei 13
Lernort 11
Lernszenarien
- Lesen und mit Texten umgehen 65 f.
- literarische Texte 223 f.
- Medien verstehen und nutzen 254
- Sachtexte und nicht lineare Texte verstehen und nutzen 191 f.
- Schreiben 138
- Sprache und Sprachgebrauch untersuchen 277 f.
- Sprechen und Zuhören 47 f.
Lerntagebuch 14
Lerntechniken 9 ff., 17 ff., 49 ff., 67 ff.
Lerntypen 10 f.
Lernweg 10 f.
Lesemethoden 58
- 5-Schritt-Lesemethode 58, 112 ff.
- reziproke Lesemethode 181
- ÜFLAZ 58, 112 ff.
Leserbrief 155, 168
Lesetechniken 56 f.
- diagonales Lesen 57
- intensives Lesen 57
- punktuelles Lesen 57
- sequenzielles Lesen 57
Lied/Song 194
literarische Figur 198
literarische Texte 194, 195, 196 f., 199, 201, 208, 210, 213 f., 215 f., 217, 218, 219, 221 f., 297–230
Lyrik 195

Manipulationen durch Diagramme 147
Markieren 54
Medien 226 ff.
- in Präsentationen nutzen 250 ff.
- Kompetenz 239 f.
Mediengebrauch beobachten 228 f.
Meilensteindiagramm 284
Meilensteintrendanalyse 287
Meinungslinie 180
Merkhilfen 14
Metaplanmethode 169
Mimik 24 f.
Mindmap 12, 61 f., 114
Mitarbeitergespräch 42 f.
Mitschrift 13
Modusformen 92 f.

Nachricht 156 f.
Nachschlagen 51 f., 75
nominalisierte Verben und Adjektive 77 f.
nonverbale Kommunikation 20, 24 f.
Notizen anfertigen 246

Operatoren 301 ff.
Organigramm 146

Partnerdiktat 85
Passiv 91
Persönlichkeitsprofil 98 f.
Placemat 198
Podiumsdiskussion 264
PowerPoint 251 f.
Präsentation 241 ff.
- Leitfaden/Notizen 246
- Medien 250 ff.
- Ohröffner 247
- planen und gliedern 242 f., 244 f.
- Zielgruppe 242 f.
Präsentationsmedien 250 ff.
Pressekodex 234 f.
Printmedien 151 ff., 226 ff.
privater Geschäftsbrief 134 ff.
Projekt 279 ff.
- Ablaufplan 284
- abschließen 287
- Arbeitspaket 282
- Auftrag 281
- Meilensteindiagramm 284
- Meilensteintrendanalyse 287

Sachwortverzeichnis

- Sitzung 285
- Struktur 283 f.
- Ziele 280
Protokoll 127 f., 265, 286
Pro-und-Kontra-Argumentation 173
Prüfungsvorbereitung 14 f.
punktuelles Lesen 57

Quellenangaben 53

Rap 194
Recherchieren 50, 230 f.
Rechtschreibung 77 ff.
- Anredepronomen 77 f.
- das/dass 80 f.
- elektronische Rechtschreibkorrektur 76
- Fach- und Fremdwörter 84
- Getrennt- und Zusammenschreibung 82 f.
- Groß- und Kleinschreibung 77 f.
- Nomen, Eigennamen 77 f.
- nominalisierte Verben und Adjektive 77 f.
- Rechtschreibhilfen 76
- Satzanfänge 77 f.
- s-Schreibung 79 f.
Redekärtchen 212
Referate 241 ff.
- Medien 250 ff.,
- Notizen 246
- Ohröffner 247
- planen und gliedern 242 f., 244 f.
Reklamation 40, 133 f.
Reklamationsgespräch 40
Reportage 156 f.
reziproke Lesemethode 181
rhetorische Mittel 211, 274
Rollenspiel 42 f., 277 f.
Roman 208 ff.
Rückblende 200

Sachinhalt 30 f.
Sachtexte 15, 29, 56, 61, 63, 65 f., 70, 78, 84, 110 f., 112 f., 117 f., 140, 153, 155, 156 f., 158, 160, 162, 163, 180 f., 187, 189 f., 232, 234, 236, 238, 270, 275, 290–296
Säulendiagramm 144, 237
Sandwich-Referat 247
Satzgefüge 70 ff., 86 f., 89
Satzglieder 94
Satzreihe 89
Satzverbindungen 70 ff.
Schaubild 139 ff.
- Analyse 140 f., 143 ff., 148 f.
- Funktion 140 f.
- Zusammenspiel von Text und Schaubild 140 f.
Schreibgespräch 68
Schreibkonferenz 70
Schreibplan 68 f.
Schriftsprache (vs. Mündlichkeit) 68
Selbstkundgabe 30 f.
Sender (Kommunikationsmodell) 30 ff.
sequenzielles Lesen 57
sinngestaltend vortragen 194 f.
Slogan 272 f., 274
SMART-Formel 280
Sortieraufgabe 141
soziale Netzwerke 237 f.
Soziolekt 269
Sprachebenen 26 f., 268 f.
Sprachliche Mittel / Stilmittel 211, 274
Sprachproben 76
Sprachstil 95, 268 f.
s-Schreibung 79 f.
Standardsprache 26, 269
Standbilder bauen 25, 195
Stärken-/Schwächenanalyse 98 f.
Stellenanzeige 100 f.
Stellungnahme 165 ff., 186 f.
- abschließen 172
- einleiten 169 f.
- verfassen 169 ff.
Stimmenskulptur 32
Strukturbild 160 ff.
Suchmaschine 231
symmetrische Kommunikation 29

Tagebucheintrag schreiben 217 f., 221 f.
Tätigkeitsbericht 124
Telefongespräche 41
Telefonnotiz 41
Tempusformen 90
Textarten unterscheiden 154
Texte vergleichen 208–212, 270
Texte visualisieren 61 ff., 112 f., 158 f., 160 ff.
Texterörterung 177 ff.
Textlupe 121
Textpool 289 ff.
Textsorten unterscheiden 152 ff., 157
Textwiedergabe (strukturierte) verfassen 183
Themenabfrage 257
Think-pair-share 148

ÜFLAZ 58
Umfrage durchführen 152
Umgangssprache 26, 269
Umstellprobe 76, 94
Unfallbericht 125 f.
Urheberrecht 53, 238

Verb 90
verbale Kommunikation 20
Verkaufsgespräch 36 f., 38
Verknüpfungswörter 70 ff.
Verlaufsprotokoll 128
Vier-Seiten-Modell 30 f.
Visualisieren 61 ff., 250 f.
Vorstellungsgespräch 106 f.
Vortrag
- mit Medienunterstützung 250 ff.
- strukturieren 242 f., 244 f.
Vortragen 194
Vorwissen aktivieren 110

Werbeanzeige untersuchen 272 ff., 276
Werbeslogan 272 f., 274
Werbesprache untersuchen 272 ff., 275
Werbung (rhetorische Mittel) 274
Wochenbericht 122 f.
Wortarten 88
Wörterbuch 52, 75

Zeichensetzung 85 ff.
Zeitformen 90
Zeitmanagement 16
Zeitstruktur von Erzähltexten 199 f.
Zielgruppe (bei Präsentationen) 242 f.
Zitieren 53
Zuhörtechniken 20